盾构施工标准化技术
指导手册

Technical Guidance Manual for
Standardized Shield Tunneling Construction

|主编| 李腾蛟

中南大学出版社
www.csupress.com.cn
·长沙·

图书在版编目(CIP)数据

盾构施工标准化技术指导手册／李腾蛟主编．

长沙：中南大学出版社，2025.6． --ISBN 978-7-
5487-6238-6

Ⅰ．U455.43-62

中国国家版本馆 CIP 数据核字第 2025RR5283 号

盾构施工标准化技术指导手册
DUNGOU SHIGONG BIAOZHUNHUA JISHU ZHIDAO SHOUCE
李腾蛟　主编

□**出 版 人**　林绵优

□**责任编辑**　刘颖维

□**责任印制**　李月腾

□**出版发行**　中南大学出版社

　　　　　　社址：长沙市麓山南路　　　　　邮编：410083

　　　　　　发行科电话：0731-88876770　　传真：0731-88710482

□**印　　装**　广东虎彩云印刷有限公司

□**开　　本**　787 mm×1092 mm　1/16　□**印张** 18　□**字数** 459 千字

□**版　　次**　2025 年 6 月第 1 版　　　　□**印次** 2025 年 6 月第 1 次印刷

□**书　　号**　ISBN 978-7-5487-6238-6

□**定　　价**　108.00 元

编委会

EDITORIAL COMMITTEE

◎ **主任委员**

李腾蛟

◎ **副主任委员**

陈明江	王 挺	陈 姣	赵月君	李宝龙
康 健	陆 帅	陈会良	张 捷	罗良乾
彭 程	黄 政	郑海勇	高迎可	林赟贶

◎ **编 委**

彭 飞	胡青山	李小龙	李雪冰	晏振华
刘小龙	吕志福	曾 冲	赵 垒	焦 昱
韩剑飞	陈荣辉	张 善	温克寒	杨智明
张立岩	钱志光	章 鑫	陈炽杰	袁 伟
陈炫州	张 翔	李俊伟	张世海	路小民
丘武龙	米鹏伟	崔可欣	张洪凯	

前 言
FOREWORD

19 世纪初，在伦敦的泰晤士河之下，盾构法施工首次开启了探索之旅。这段开创性的实践充满了艰辛与挑战，却如一颗坚韧的种子，为盾构技术的蓬勃发展埋下了希望的伏笔。彼时，布鲁诺尔的构想犹如划破夜空的璀璨星辰，为地下隧道建设照亮了全新的方向。此后，盾构施工法便如雨后春笋般，在全球各地生根发芽、迅速发展。

从早期依靠人力挖掘的手掘式盾构到如今功能强大、技术先进的各类盾构机型，从相对简单的基础施工工艺演进为涵盖多学科知识的复杂系统管理，盾构施工法在无数次的实践中不断改进、日臻完善，逐渐成为城市地下空间开发利用的有力武器。

迈入 21 世纪，科技的迅猛发展为盾构施工法带来了革命性的变化。智能化、信息化技术深度融入施工的各个环节，各类新型盾构工法如百花齐放般不断涌现。这些创新成果使得盾构施工能够轻松应对各种复杂多变的地质条件和严苛的环境要求，在现代地下工程建设领域的地位愈发重要，发挥着不可替代的关键作用。

当下，盾构施工已然成为城市轨道交通、市政基础设施等地下工程建设的主流方式。然而，盾构施工犹如一座庞大而复杂的迷宫，技术层面极为复杂，涉及岩土工程、机械工程、电气工程、自动化控制等多个专业领域，涵盖施工准备、现场作业、监测维护等众多关键环节，施工过程中还面临着各式各样的风险与挑战。为保障盾构施工的安全、质量与效率，提升盾构施工管理的整体水平，推动盾构施工朝着标准化、规范化、科学化的方向迈进，这本《盾构施工标准化技术指导手册》应运而生。

本手册内容全面，涵盖盾构始发及接收、盾构掘进施工、不同条件地段施工、附属结构施工、常见问题分析及预防处理、盾构后配套及场地布置、工程验收、盾构设备维修保养等盾构施工的各个方面。通过对施工流程、技术要点、质量控制措施及安全注意事项等的详细阐述，本手册旨在帮助施工人员更深入地理解和熟练掌握盾构施工技术，规范现场施工行为，有效降低施工风险。

在本手册编写过程中，作者广泛参考了国内外相关标准、规范，并充分汲取了大量工程实践经验，同时融入了中国交通建设集团有限公司在盾构施工领域多年积累的丰富经验与先进技术。在此，特别感谢盾构施工行业同仁及专家学者为本手册编写提供的大量真实工程案例。本手册编写团队力求内容详实、准确、实用，具备高度的可操作性。针对各项施工工艺，不仅详细介绍了作业内容与流程，还精心补充了实践案例，真正实现了理论与实践的有机结合。

需要说明的是，盾构施工是一项极为复杂的系统工程，其涉及领域广泛、技术专业性强，各环节紧密相连、相互影响。尽管编写团队全力以赴、精心编撰，但由于编者实践经验存在一定局限性，所掌握的方法和资料也难以做到全面覆盖，手册内容难免存在一些疏漏之处。在此，诚恳希望广大读者不吝赐教、批评指正。衷心期待本手册能够成为各位盾构施工从业者的得力助手，在实际工作中提供有益的参考与帮助，助力盾构施工行业不断向前发展。

作者

2025 年 3 月

目 录
CONTENTS

第1章 总则

1.1 作用及适用范围

本手册对盾构施工全过程及相关技术要点进行详细全面的叙述，包括盾构始发及接收、盾构掘进施工、不同条件地段施工、附属结构施工、常见问题分析及预防处理、盾构后配套及场地布置、工程验收等内容，可用于盾构法隧道施工技术指导和参考，促进盾构法隧道施工科学、经济、有序进行，规范施工作业过程，保证施工安全，实现施工进度及经济目标。当本手册内容与国家标准、行业标准及业主要求发生冲突时，执行后者的相关规定要求。

1.2 编写依据

①《盾构法隧道施工及验收规范》（GB 50446—2017）。

②《地下铁道工程施工质量验收标准》（GB/T 50299—2018）。

③盾构施工相关经验及总结。

④《中国交建城市轨道交通项目标准化管理指导手册》。

⑤中国交建盾构施工培训教材讲义。

第 2 章　盾构始发及接收

2.1　盾构始发

盾构始发是指盾构从组装调试到完全进入区间隧道并完成试掘进为止的施工过程。盾构始发是盾构施工最危险也是最重要的一个环节。据近年来盾构法施工事故统计，盾构施工重大事故近 50% 发生在始发及接收阶段。顺利的始发能显著节约工期、人力、物力及财力。始发阶段一旦出现事故，则必定是较为严重的事故，轻则造成工期延误、资源浪费，重则损坏主要施工机器和已经完成的隧道，甚至造成人员伤亡，导致巨大损失。

2.1.1　盾构始发方法

目前常用的始发方法有常规始发、套筒始发、分体始发、冷冻加固始发、平移始发等。为了了解各方法之间的区别，下面从概念及适用情况、工艺流程、施工要点及注意事项等几方面加以阐述。图 2-1 为盾构始发前准备工作流程图。

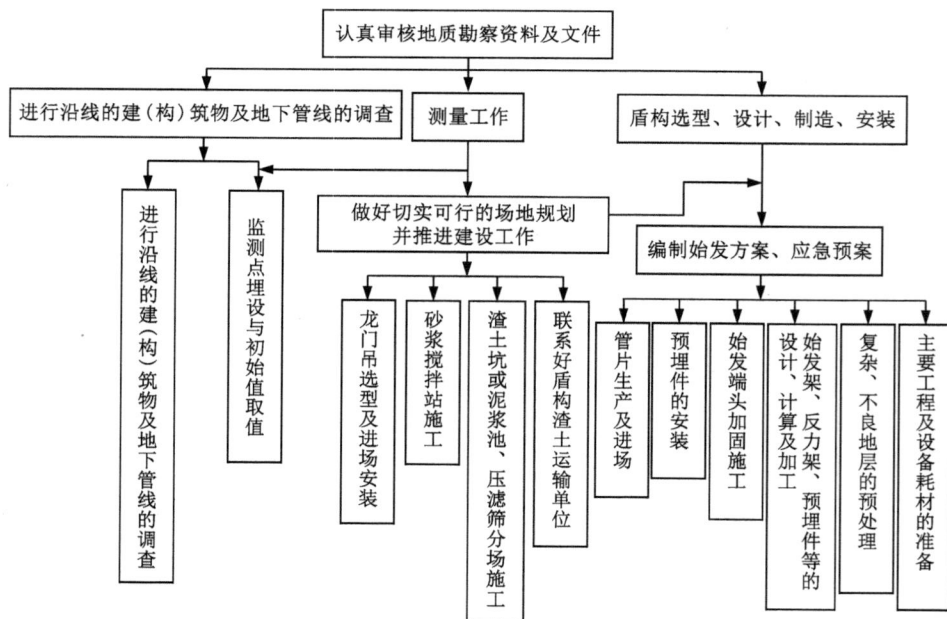

图 2-1　盾构始发前准备工作流程图

1. 常规始发

（1）概念及适用情况

常规始发是最常用、成本较低的始发方法，在无特殊情况下一般采用此方法。其主要内容包括：始发基座定位安装，盾构吊装、组装，反力架安装，洞门密封橡胶帘布板安装，负环管片（含钢环、钢支撑）安装，盾构试运转，洞门处理，盾构加压贯入作业面和掘进等。

（2）工艺流程

图2-2为土压盾构始发流程图。土压盾构的常规始发从端头加固和测量放样开始，随后进行基座安装和洞门密封，接着盾构机下井，完成盾构连接和空载调试；再安装反力架、凿除洞门并安装负环管片，之后开始始发掘进和负荷调试；洞门密封后盾尾注浆回填，最后进行盾构掘进及管片安装。

图2-3为泥水盾构始发流程图。在工艺流程上，泥水盾构与土压盾构基本一致，但是在盾构机空载调试时，泥水盾构需要额外安装、调试制浆系统泥水分离设备并调制泥浆。

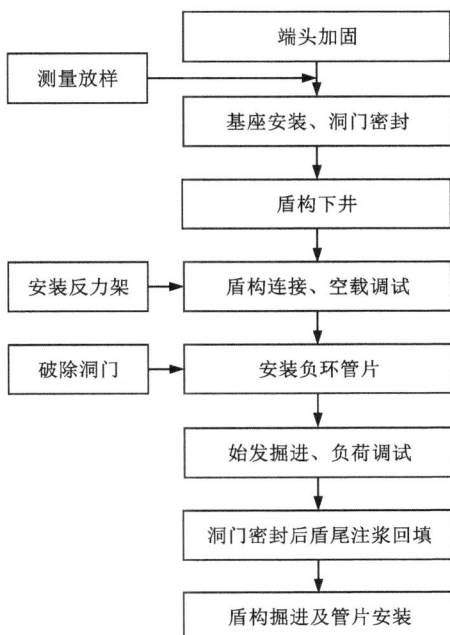

图2-2　土压盾构始发流程图

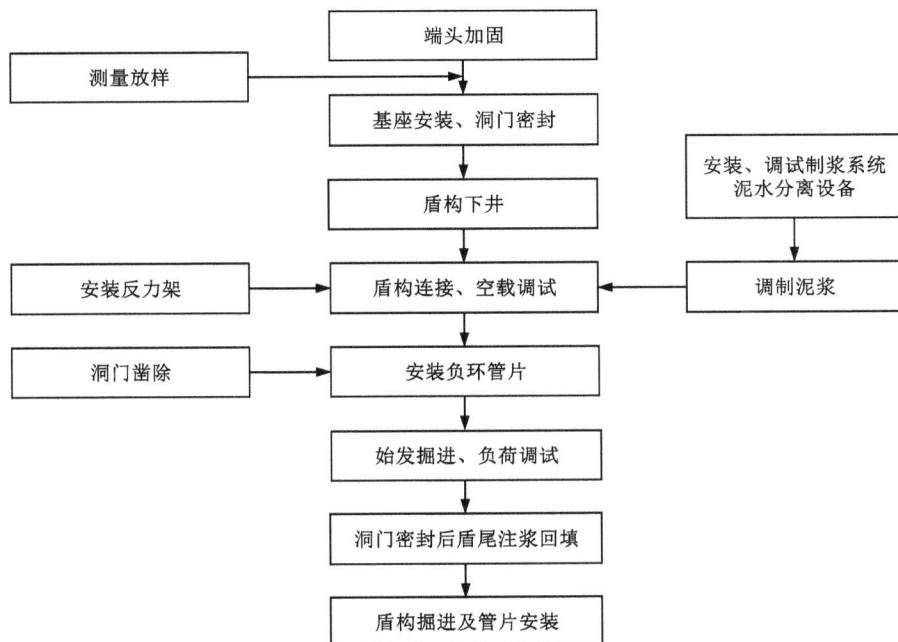

图2-3　泥水盾构始发流程图

（3）施工要点及注意事项

①在进行始发基座、反力架和首环负环管片的定位时，要严格控制始发基座、反力架和首环负环管片的安装精度，确保盾构始发的轴线符合始发方案要求。

②首环负环管片定位时，管片的后端面与线路中线垂直。负环管片轴线应符合始发方案要求。负环管片宜采用错缝拼装方式。

③盾构机轴线与隧道设计轴线基本保持平行，盾构中心线比设计轴线适当抬高 2~3 cm。

④始发前在基座轨道上涂抹油脂，可减少盾构推进阻力；在刀头和橡胶帘布板上涂抹油脂，可避免推进时刀头损坏洞门橡胶帘布板。

⑤在始发阶段，地层受加固影响相对较硬，而盾构始发基座相对不会变形，要特别注意盾构机的姿态控制，尽量避免盾构机栽头与偏离。盾构机与周围摩擦力较小，则盾构易旋转，为防止此类事件发生，需在始发基座及盾构机上焊接防扭转支座，为盾构机初始掘进提供反扭矩。要特别注意盾体防扭装置的安装及焊接的质量，以及加强盾构姿态测量。在盾构机推进过程中要对即将进入洞口的防扭装置割除打磨，以免损坏帘布密封。盾体进入土体后如发现盾构有较大转角（不超过警戒值，一般为 1.5°），可以通过采取刀盘正反转的措施对姿态进行调整。始发掘进时采取低推力、低速度（一般不大于 5 mm/min）向前推进，尽量减少对土体的扰动。

⑥在始发基座上向前推进时，通过控制推进油缸行程，盾构机基本沿始发基座向前推进。

⑦始发阶段要注意对推力、扭矩的控制，同时也要注意各部位油脂的有效使用。掘进总推力控制在反力架极限承载能力以下，同时确保在此推力下刀具切入地层所产生的扭矩小于始发基座提供的反扭矩。

⑧始发掘进过程中还必须对后盾支撑进行全程监视，如有异常及时进行处理加固，确保始发顺利。

⑨盾尾进入钢环后要及时做好洞门密封工作。

2. 套筒始发

（1）概念及适用情况

在一些项目中，由于端头加固空间不足、加固效果不理想或地层原因，始发风险较大，为避免始发后洞门钢环出现渗漏、喷涌风险，在原洞门钢环外增加钢套筒进行延伸密封。

与常规始发不同，套筒始发盾构机盾体放入钢套筒后，会安装上部盖板及反力架。盾构机拼装负环管片，当负环管片顶紧反力架后，通过套筒上部加料孔填满砂并加满水封闭。切削洞门前对钢套筒进行密封试压，试验通过后，盾构机开始掘削穿过连续墙（或提前凿除）。待盾构机完全进入加固土体后，开启同步注浆，当盾尾全部进入隧道一段距离后，对洞门位置管片壁后进行二次补浆。图 2-4~图 2-7 为套筒始发示意图与实例。

（2）工艺流程

图 2-8 为盾构套筒始发流程图。始发时首先进行场地移交，同时分别开展钢套筒制作（含厂内试拼装）、底板及洞门钢环复测；接着依次安装过渡环、洞门引轨并完成钢套筒基础处理，安装钢套筒底座、盾构机、反力架及上盖板（其间需对反力架做密封处理），然后进行后端负环管片拼装，再进行填砂、灌水及密封检测；完成上述步骤后盾构切削洞门始发；在盾构完全进入加固体后开始同步注浆，推进 10 环后二次补浆，最后进入正常掘进阶段。

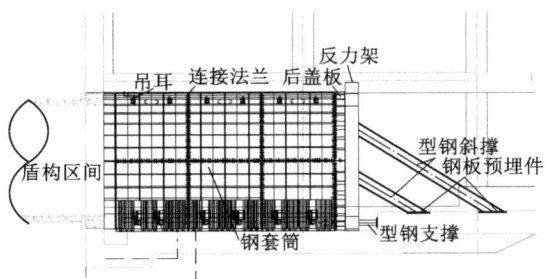

图 2-4　套筒始发示意图

图 2-5　套筒始发实例

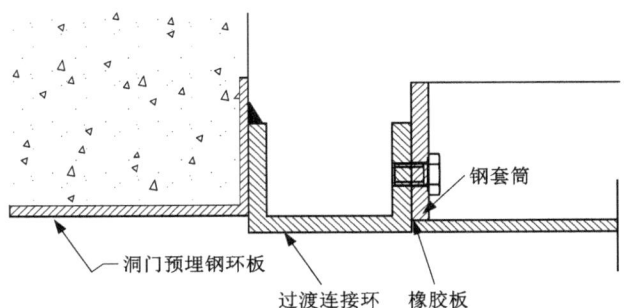

图 2-6　洞门与钢套筒连接示意图

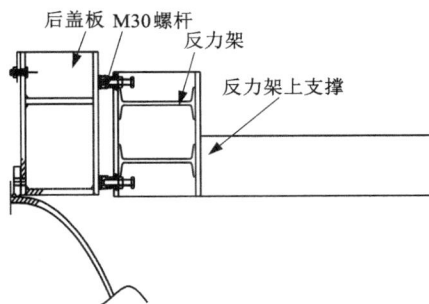

图 2-7　反力架与后盖板的平面示意图

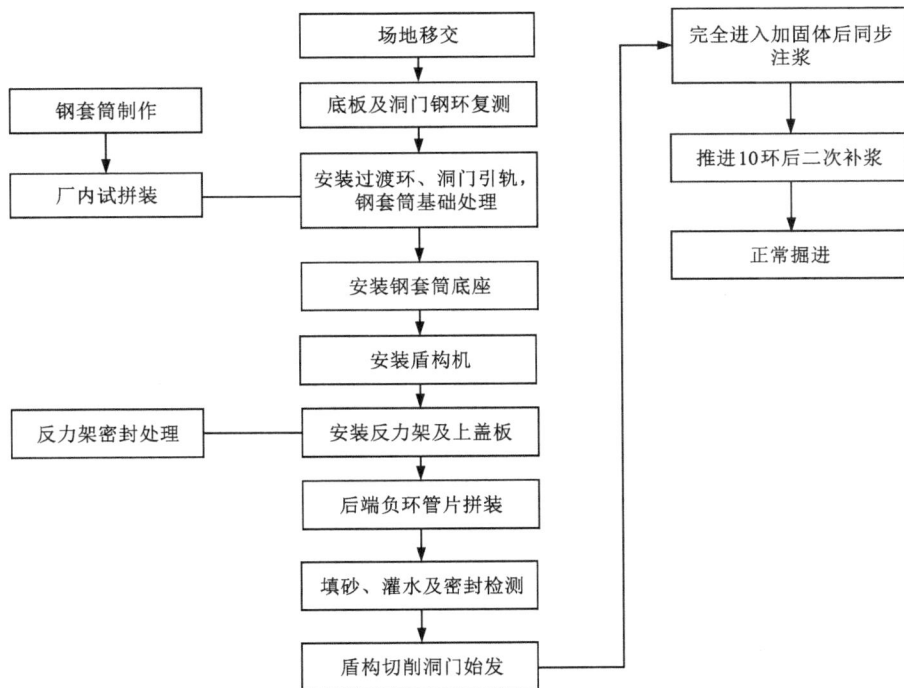

图 2-8　盾构套筒始发流程图

（3）施工要点及注意事项

除了与常规始发需注意事项相同外，套筒始发还需注意：

①为了检查钢套筒的承载能力及密封性能，回填完成后、盾构始发前，必须对现场安装后的钢套筒进行水压力试验，水压力不小于始发段地层的水土压力。

②要严格控制盾构测量精度和钢套筒安装精度，防止刀盘碰到钢套筒。

③在盾构通过洞门时，掘进速度应控制在 5 mm/min 以下，刀盘转速也不宜过大，控制在 0.5 r/min 左右。

④始发套筒内的导轨必须顺直，严格控制标高、间距及中心轴线，基准环的端面与线路中线垂直。盾构安装后、始发前对盾构的姿态要复测，复测无误后才开始掘进。

3. 分体始发

（1）概念及适用情况

当车站长度无法满足盾构整体始发时常采用分体始发。图 2-9 为盾构分体始发示意图。

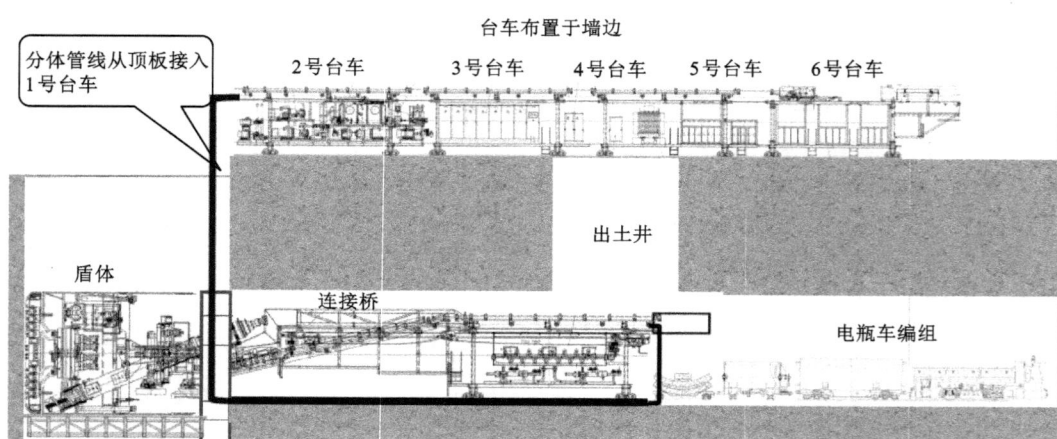

图 2-9　盾构分体始发示意图

盾构分体始发就必须对盾构原设备进行必要的改造和增加部分设备。

盾构的改造直接影响到盾构始发的安全、效率、功能，故对盾构改造应根据以下原则：

①最大限度地利用盾构原有设备，减少对原有设备的改造，取消不必要的设备。

②满足始发竖井的空间要求和材料垂直运输通道的要求。

③有利于盾构的下井安装及始发阶段掘进完成后其余台车的下井。

④从经济角度特别是能耗的角度考虑尽量减少井下台车与台车之间连接管线的长度。

⑤能够快速完成始发阶段掘进。

⑥不占用地面必要的工作面。

⑦尽量利用现有龙门吊作为垂直运输设备。

根据以上原则，盾构始发时将不能下井的台车放置在地面，通过延长管线实现地上地下连接。

一般泵站动力开关都在地面台车上，所以不增加后续管路连接，而增加泵站与螺旋输送机、拼装机、推进系统、主动铰接系统、同步注浆机构等的管路，控制柜到刀盘电机的主电缆，以及盾体与地面台车之间的控制电路。

（2）工艺流程

图 2-10 为盾构分体始发流程图。首先要进行盾构始发端头加固，增强土体稳定性。之后安装始发托架并铺设施工轨道，接着将盾构下井组装并连接分体管路。完成组装后进行盾构空载调试，再安装反力架并做好洞门密封，接着安装负环管片并进行盾构负载调试。负载调试完成后凿除洞门，开始盾构掘进和管片拼装工作。当盾尾通过洞门密封后进行注浆，最后掘进至合适位置进行二次转接。

（3）施工要点及注意事项

图 2-11 为施工现场的管线支架图及管线布置图。在施工中应该注意以下几点：

①在安装的过程中应根据短竖井的空间来考虑设备安装步骤，避免因设备安装空间不够而造成安装困难。另外增加的连接管线应与原设备同一规格型号。

②在掘进过程中及时延放或断开台车之间的连接管线，防止拉断管线。

③掘进足够距离后，恢复盾构原有设备，进入正常掘进。

④分体始发中间连接管线数量较多。盾构始发时管线分离成捆，管线从地面至洞下时采取地面支架固定。

⑤洞下管线沿管片内侧布置，尽量避免管片、轨道与管线直接接触。在管线成捆的前提下采用平移滑轨方式使管线紧跟盾构前移。

⑥确保管线在无损的情况下延伸，以配合盾构的正常掘进。尽量使用延伸装置，避免大量使用人力延伸管线。

⑦在盾构初始设计阶段应考虑到由于分体始发，皮带机需改装以实现出土。在台车上预留临时出渣孔洞，组装时只需将皮带机挪至预留位置同时黏结皮带即可。

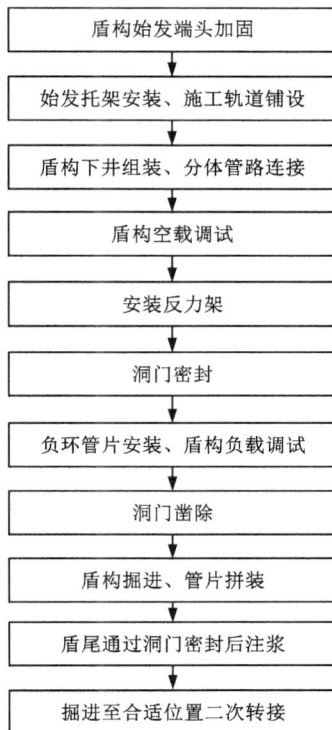

盾构始发端头加固
↓
始发托架安装、施工轨道铺设
↓
盾构下井组装、分体管路连接
↓
盾构空载调试
↓
安装反力架
↓
洞门密封
↓
负环管片安装、盾构负载调试
↓
洞门凿除
↓
盾构掘进、管片拼装
↓
盾尾通过洞门密封后注浆
↓
掘进至合适位置二次转接

图 2-10　盾构分体始发流程图

图 2-11　管线支架图及管线布置图

4. 冷冻加固始发

（1）概念及适用情况

在端头加固空间不足或其他加固方法不能保证始发安全的情况下采用冷冻加固始发。冷冻加固始发是将洞门前方地层温度降低到冰点以下，使地层颗粒及水形成稳定的整体，再进行洞门凿除的始发方法。按照冷冻介质，一般分为盐水冷冻和液氮冷冻；按照冷冻形式，一般分为垂直冷冻和水平冷冻。因不同方法对始发整体流程影响不大，且端头加固会另作阐述，本节就不一一说明，只以水平冷冻为例进行介绍。

（2）工艺流程

图2-12为冷冻始发流程图。冷冻始发前需要进行施工准备，同时开展冻结站安装和冻结孔钻进工作。完成后连接冷冻管路，进行积极冻结至符合设计要求。随后开始凿除洞门，凿至内层钢筋后凿除剩余钢筋混凝土，在此过程中须维持冻结。接着拔除掘进区域冻结管，让盾构推过有效冻结区。最后割除封堵外圈冻结孔并融沉注浆，完成后撤场。

（3）施工要点及注意事项

①在打开洞口前，要打探孔验证围护桩附近土层的冻结状况。在打开洞口后，要对暴露冻结壁表面进行保温，并严密监测其壁面的温度变化和变形情况。

②监测地表变形，如发现隧道推进过程中发生明显地层沉降问题，立即采取注浆加固，并增加对地面管线的监测频率。

③密切注意隧道盾构进出洞口与冻结施工的相互干扰情况。

④在盾构通过冻结壁时避免推进停顿和刀盘停转。

⑤盾构推进通过冻结壁时，如因土体冻结造成出土困难，可在盾构土仓内灌入相对密度为1.25左右的盐水。

⑥一旦盾构头被冻结，可在机头内用蒸汽加热化冻。

5. 平移始发

（1）概念及适用情况

因交通道路改造需封闭回填始发井或始发井井口尺寸不满足盾构吊装下井条件时，为了顺利始发，须在临近工作井处进行盾构下井作业，再平移至始发井内进行盾构的安装、调试及始发作业。盾构平移分为横向和沿掘进方向两种。以下主要介绍盾构横向平移始发。

（2）工艺流程

图2-13为盾构横向平移始发流程图，图2-14为盾构本体平移时的施工现场图。进行平移始发时首先进行端头加固，随后安装洞门密封，并铺设后配套平移平台，同时按需铺设平移钢板或轨道，如图2-15所示。接着将台车、连接桥下井平移至预定位置，如图2-16所示。之后安装并固定盾构始发基座，再将盾构本体下井组装，安装支撑装置并固定盾构后进行平移就位。图2-17、图2-18为盾构纵向平移示意图。就位后复测量盾构及基座位置，调整基座轴线和高程到预定值，再固定、加固始发基座。安装反力架，同时对盾构进行连接和空载调试，然后进行洞门凿除与负环管片安装。完成后开始始发掘进、负荷调试，对洞门密封后的盾尾注浆回填，最后进入正常的盾构掘进及管片安装阶段。

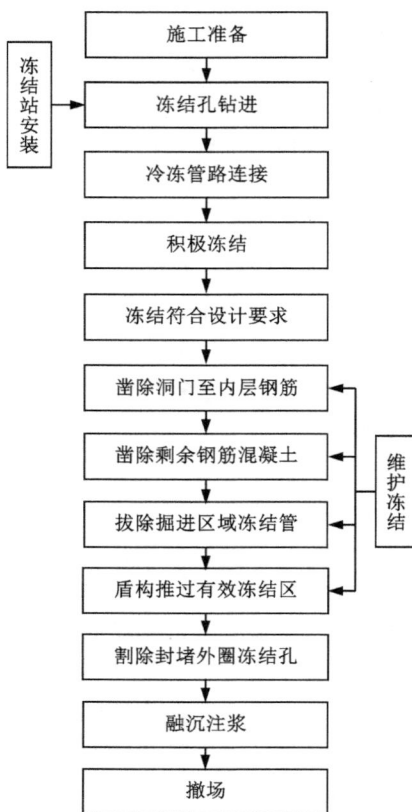

图2-12　冷冻始发流程图

端头加固

安装洞门密封

铺设后配套平移平台

铺设平移钢板或轨道 →

台车、连接桥下井平移并拉入预定位置

盾构始发基座安装、固定

盾构本体下井组装

安装支撑装置和固定盾构

测量放样 →

盾构机平移就位

复测量盾构及基座位置

调整基座轴线、高程至预定值

固定、加固始发基座

安装反力架 → 盾构连接、空载调试

洞门破除 → 安装负环管片

始发掘进、负荷调试

洞门密封后盾尾注浆回填

盾构掘进及管片安装

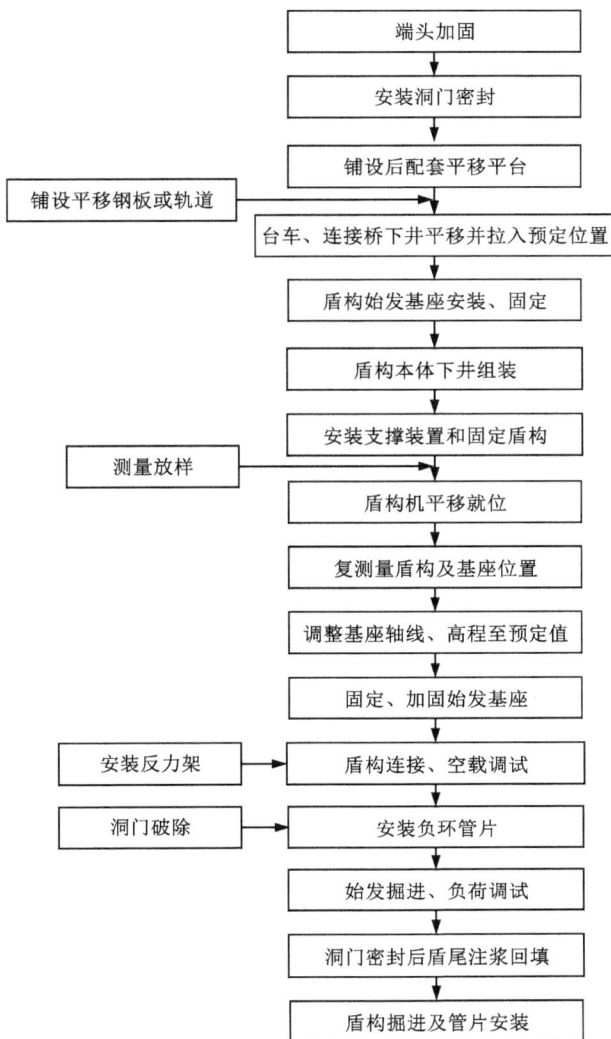

图 2-13　盾构横向平移始发流程图

图 2-14　盾构本体平移时的施工现场图

图 2-15　铺设后配套平移平台及轨道

图 2-16　台车平移就位

图 2-17　盾构纵向平移示意图(现场)

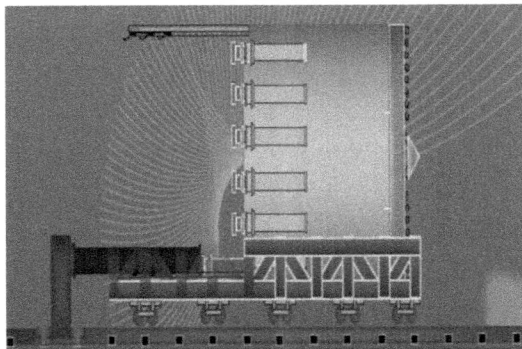

图 2-18　盾构纵向平移示意图(模拟)

图 2-19 为盾构沿掘进方向平移始发流程图。该流程与盾构过站原理基本一致。

（3）施工要点及注意事项

1）横向平移

①清理盾构平移场地并确保场地平整，再在混凝土面上铺设钢板。

②钢板锚固必须牢固，接缝焊接后打磨平整，钢板上抹黄油以减少移动托架和钢板之间的摩擦力。

③搭设台车平台时要求尽量保持水平，防止台车在平移过程中发生侧滑事故。

④盾构在平移前，一定要将主机和托架焊接牢固。

⑤提前将盾构平移轨道上的杂物清理干净。

⑥千斤顶在推进过程中，严格控制推进速度，及时进行纠偏，防止托架侧移。

⑦为千斤顶提供反力的构件必须加固牢靠，防止出现意外。

⑧千斤顶行程不够时，可通过增加垫块来延长，尽量减少千斤顶的移动次数。

⑨托架比较笨重，在准确放置托架前，先在托架底部钢板上涂抹黄油，确保润滑效果，之后在钢板上涂抹黄油，因为托架钢板与基面钢板接触紧密，基面钢板上的黄油进不了托架内部，达不到理想的润滑效果。

⑩加强托架刚度，特别加强托架受力点处（千斤顶顶推处）的刚度。托架底部加焊钢板，加大托架受力面积，保证托架底部的平整度。防止托架在平移过程中发生变形或其他意外情况，并设专人观测盾构姿态和托架变形情况，一旦出现异样马上停止施工并查明原因，解决后方可继续。

⑪各种滑轮、钢丝绳、导链使用前先进行安全检查，合格后方能使用。

2）纵向平移

①盾构过站的摩擦力必须尽量减到最小。

②盾构过站的车架平台必须简便快捷地搭设而且要非常牢固，不但能够满足盾构车架平移的要求，还能够保证日后盾构推进过程中电机车的安全运行。

③在盾构轨道铺设、基座安放、台车平台和轨道铺设、平移到位后定位加固等过程中必须经常进行测量复核，确保定位准确。

④提供过站反力的装置必须牢固，且在过程中需要经常检查，一旦发现异常，立即停止平移并进行加固。

⑤平移轨道尽量搭设平直，不要有坡度，以免平移过程中发生滑移。若避免不了轨道带

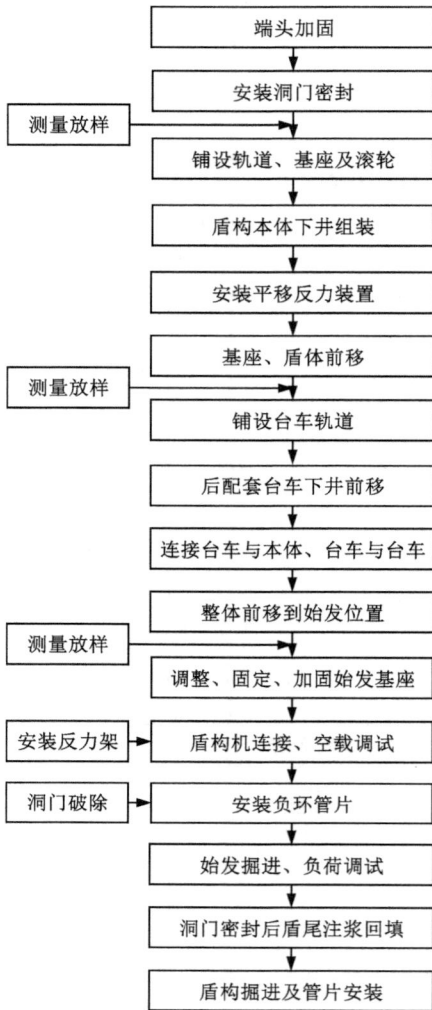

图 2-19　盾构沿掘进方向平移始发流程图

流程框（自上而下）：
端头加固 → 安装洞门密封 → 铺设轨道、基座及滚轮 → 盾构本体下井组装 → 安装平移反力装置 → 基座、盾体前移 → 铺设台车轨道 → 后配套台车下井前移 → 连接台车与本体、台车与台车 → 整体前移到始发位置 → 调整、固定、加固始发基座 → 盾构机连接、空载调试 → 安装负环管片 → 始发掘进、负荷调试 → 洞门密封后盾尾注浆回填 → 盾构掘进及管片安装

左侧标注：测量放样（铺设轨道、基座及滚轮）、测量放样（铺设台车轨道）、测量放样（调整、固定、加固始发基座）、安装反力架（盾构机连接、空载调试）、洞门破除（安装负环管片）

坡度,则平移过程中必须设置限位装置。

⑥为确保盾构能顺利通过车站结构,在铺设盾构轨道之前和之后都要进行详细的净空测量,并留有相应的空间余量。

2.1.2　盾构始发准备工作

2.1.2.1　端头土体加固

1.端头土体加固作用及方案选取原则

（1）端头土体加固作用

端头土体加固是指盾构在进、出洞时预先对进出洞一定范围内的土体进行加固处理,起到止水及稳定围护结构后方土体的作用。端头加固可大大降低盾构始发、接收、洞门凿除过程中的涌水、涌砂、地表塌陷、塌方的风险;通过对地基的改良处理,可满足盾构设备吊装作业所需的地基承载力;端头加固还会对盾构始发、接收端附近区域地面的建(构)筑物起到一定的保护作用。

（2）端头土体加固方案选取原则

选取端头土体加固方案时应遵循以下几点原则:

①根据隧道埋深及盾构隧道穿越地层的地质水文情况,确定加固方法和范围。

②充分考虑洞门凿除的时间和方法,选择合适的加固方式、方法和范围,确保盾构始发、接收的安全和洞门凿除的安全。

③施工方案应经济合理、方便实施,在不影响工程质量和安全的前提下尽量优化。

④施工方案及措施必须满足城市环保及节能要求。

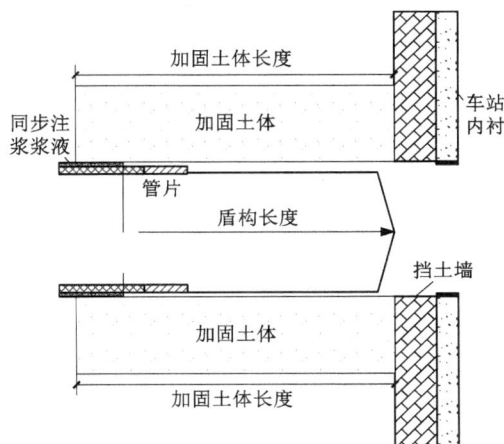

图 2-20　加固土体与盾构长度关系示意图

⑤如图 2-20、图 2-21 所示,加固长度与厚度要符合设计要求。以往的盾构施工经验也可作为借鉴(以设计为准,以下数据仅作参考)。

	最小厚度/m			
	$D<1$	$1 \leqslant D \leqslant 3$	$3 \leqslant D \leqslant 5$	$5 \leqslant D \leqslant 8$
B	1.0	1.0	1.5	2.0
H_1	1.0	1.5	2.0	3.0
H_2	1.0	1.0	1.5	2.0

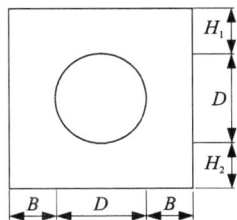

图 2-21　加固土体最小厚度与盾构直径关系示意图

a.加固长度:无水地层根据盾构主机长度、强度、整体性计算综合确定;受地下水影响的地层加固长度超出盾构主机长度至少 2 环管片。

b.其他加固:上部加固除了止水和稳定地层外还有控制地表沉降作用,上部加固高度至少 3 m,地表沉降要求控制严格时,建议适当增加加固高度;底部不存在土体坍塌问题,主要防止出现底部管涌，加固厚度应大于 2 m，砂层中的底部还应增加加固深度，大直径盾构可适当增加；盾构两侧加固主要起到止水作用，对地层的稳定性有一定的影响，加固高度一般大于 2 m。

（3）常见端头加固方法及适用地层

端头加固可根据地质情况采取单一加固方式或多种工法相结合的加固方式，具体根据设计和施工情况确定。表 2-1 中列出了常见端头加固方法及适用地层。

表 2-1　常见端头加固方法及适用地层

加固方法	适用条件	对环境的要求及影响	使用效果	造价	工期
注浆法	1. 适用于多种地层，尤其是深度较大的砂质地层、砂砾地层、砂卵石地层； 2. 可与搅拌桩相配合，对水量大的地层应加固止水； 3. 当地表加固场地条件差时，采用水平注浆加固，同时可采用管棚作为辅助加固措施	占地面积小，噪声和振动较小，可能会造成地表隆起	1. 加固质量、可靠性差； 2. 单独使用风险较大	低	较短
深层搅拌法	常使用于饱和软黏土地层，也适用于淤泥质土、砂土、粉土、黏土层和无流动地下水的饱和松散砂土，使用范围较广	施工占地面积较大，对周围地层扰动较小，地层不易产生附加沉降，环境污染小	1. 加固体强度偏低，但加固均匀性较好，抗渗透性高，桩体咬合易达到理想效果； 2. 深度较大时，加固效果差； 3. 易出现加固不连续	较低	较短
高压旋喷注浆法	1. 广泛适用于淤泥、淤泥质土、黏性土、粉质黏土、粉土、砂土等多种地层； 2. 不适用于地下水流速过大的地层； 3. 可用于围护结构与加固体间隙以及角部加固； 4. 40 m 以下加固效果较差	设备轻便，所需施工空间小，对环境影响较大	1. 加固体强度高，在桩身搭接好的情况下，抗渗性较高； 2. 砂砾地基和黏着力大的黏土有时不能形成满意的改良桩	较高	较短
冻结法	适用于任何含一定水量的松散岩土层，不适用于动水和含水量低的地层	对环境污染较小	加固体强度和止水性高，均匀完整	高	长
降水法	1. 适用前提是周边环境受降水沉降影响不大； 2. 适用于砂性土和渗透性较好的黏土； 3. 在采用化学加固时，该法可作为辅助措施或备用措施（与冻结法施工影响）	井点布置灵活，使用方便，容易造成地表沉降	通过降低水位，配合其他工法，可大大提高工程安全性	低	短
地连墙素墙止水帷幕	适用于透水性较大的地层及液化砂层	需较大施工作业空间，对周边环境影响较大，对盾构所配备刀具要求较高	在透水性大的地层使用素墙配合降水及其他加固工法，可大大降低盾构接收风险	较高	长

（4）端头加固质量检验

根据加固方式的不同，常采用的端头加固质量检验基本方法如下：

①竖向取芯取样，检测土体加固的强度、连续性及止水效果，通常在加固的咬合部位取芯，如图 2-22 所示。在砂层中，特别注意加固体的连续性是否良好，取芯率要在 90% 以上。取芯位置一般选取在桩间咬合部位。取芯数量按规范选取，且每个端头不应少于 3 根。

②横向取芯，主要检测止水效果，取芯位置宜沿盾构开挖面均匀布置，数量不宜过少。探孔数量不少于 9 个，具体根据隧道断面大小确定，中间和四周均布。

图 2-22　抽取出的芯样

③降水水位观测，确认水位标高满足设计要求，且保持稳定。

④采用冷冻加固时，检测冻结温度、冻结厚度及强度是否满足设计要求。

（5）端头加固通用注意事项

①土体强度应合理控制。在软土地层，若加固土体强度较高，会给掘进带来很大的困难。

②注浆加固须保持施工的连续性，施工冷缝要妥善处理，避免漏水。

③高水压、强透水地层注浆应控制好注浆压力和注浆量。

④若加固质量不合格，应进行补强加固，切忌盲目始发或接收。

2. 高压旋喷桩法

（1）施工工艺

高压旋喷桩法是利用钻机把带有喷嘴的注浆管钻进土层的预定位置后，以高压设备使浆液（单重管）或浆液、空气（双重管）或浆液、水、空气（三重管）成为高压射流从喷嘴中喷射出来冲切、扰动、破坏土体，同时钻杆以一定速度逐渐提升，将浆液与土粒混合；浆液凝固后，在土中形成一个圆柱状固结体（即旋喷桩），从而达到加固地基或止水防渗的目的。高压旋喷桩法原理如图 2-23 所示。图 2-24 为施工中使用的高压旋喷桩机。

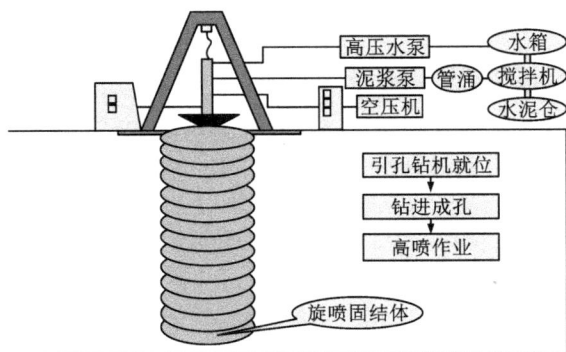

图 2-23　高压旋喷桩法原理示意图（三重管）

图 2-24　高压旋喷桩机

（2）工艺流程

高压旋喷桩法工艺流程图如图2-25所示，即测量放样确定桩位后，钻机就位并钻进成孔；同时，制浆后进行浆液过滤，再用高压泵对浆液加压。

根据不同的施工需求，选择三重管（高压水）、双重管（高压空气）或单重管，边提升边高喷作业。喷射结束后，清理机具并将桩机移位，对施工过程中产生的泥浆进行排放处理。

（3）成桩机理

高压喷射注浆的成桩机理有以下五种：

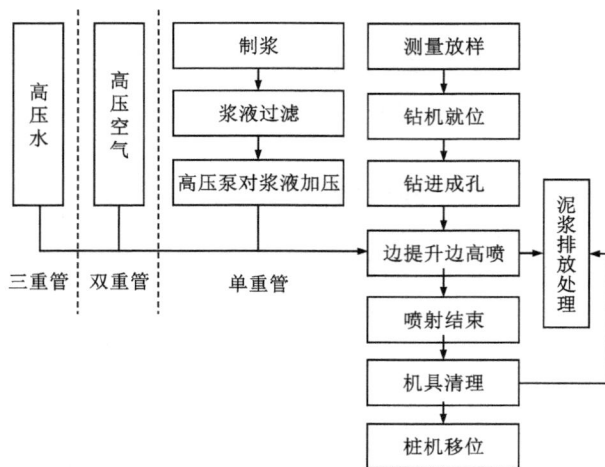

图2-25　高压旋喷桩法工艺流程图

①高压喷射流切割、破碎土体作用。喷射流动压以脉冲形式冲击、破坏土体，使土体出现空穴，土体裂隙扩张。

②混合搅拌作用。钻杆在旋转提升过程中，在射流后部形成空隙，在喷射压力下，迫使土粒向着与喷嘴移动方向相反的方向（即阻力小的方向）移动，与浆液搅拌混合形成新的结构。

③升扬置换作用（三重管）。高速水射流切割土体的同时，由于通入压缩气体，一部分切下的土粒被排到地上，土粒排出后所留空隙由水泥浆补充。

④充填、渗透固结作用。高压水泥浆迅速充填被冲开的沟槽和土粒的空隙，析水固结，还可渗入砂层一定厚度形成固结体。

⑤压密作用。高压喷射流在切割、破碎土层过程中，在破碎部位边缘还有剩余压力，其对土层可产生一定的压密作用，使高压旋喷桩边缘部分的抗压强度高于中心部分。

（4）质量控制措施

①桩位偏差<5 cm，钻孔垂直度<1%H，H为钻孔的设计深度。

②钻杆要进行量测，并做记录，经常检查孔深，保证孔深达到设计要求。

③严格按设计配比拌制水泥浆，拌制好的水泥浆超过限定时间不能使用（具体限定时间由水泥品种及浆液配比确定）。

④旋喷桩施工中，严格控制空压机、高压水泵、送浆泵的压力，提升喷浆速度。

⑤在提升过程中，拆卸钻杆后继续旋喷施工时，应保持钻杆有不小于10 cm的搭接长度。

⑥经常检查高压系统、管道系统，使压力、流量能够达到规范要求，以保证桩径达到设计要求。

（5）施工质量检验

1）检验标准

高压旋喷桩法质量检验标准见表2-2。

表 2-2 高压旋喷桩法质量检验标准

检验项目	允许偏差或允许值	检验方法
水泥及外掺剂质量	符合设计和相关规范标准要求	查看产品合格证书或抽样送检
水泥用量	不小于设计值	查看流量表及水泥浆水灰比
钻孔位置	≤50 mm	用钢卷尺量
钻孔垂直度	≤1%	进行实测或用经纬仪测钻杆
孔深	±200 mm	用钢卷尺量
注浆压力	按设定参数指标	查看压力表
桩体搭接	>200 mm	用钢卷尺量
桩体直径	≤50 mm	开挖后用钢卷尺量
桩身中心允许偏差	≤0.2D	开挖后桩顶下 500 mm 处用钢卷尺量，D 为直径

2）检验方法

①开挖检验。为了直观地检查旋喷桩的质量，最好在现场按照设计要求做试验桩，旋喷桩灌注结束后 7 天或更长时间，对具有一定强度的桩体进行开挖，使桩体完全暴露，可以直接检查固结体的垂直度、形状、桩径、强度等。在加固工程中对加固用的桩体直接开挖，但这种开挖不易过深，开挖检查后，将开挖的土体恢复原状。

②钻孔取芯检测。钻孔取芯检测是在桩体龄期 28 天后，采用钻孔取芯，判断或鉴别桩体的桩长、完整性、水泥掺入量、桩体是否夹泥等情况，并将所取的试件制成标准试块，进行室内无侧限抗压强度试验，检测桩体材料强度。取芯时钻孔位置宜在距桩中心 10~15 cm 的位置，被检测桩体的根数与深度应满足设计要求。

③承载力检验。竖向承载力检验应采用复合地基载荷试验和单桩载荷试验，载荷试验必须在强度满足试验条件，并宜在成桩 28 天后进行，检验数量为桩总数的 0.5%~1%，且每项单体工程的检测数量不应少于 3 点。

④低应变法检验。目前国内外普遍采用瞬态冲击方式，通过实测桩顶加速度或速度响应时域曲线，借助一维波动理论分析来判定桩身的完整性，这种方法叫低应变法。低应变法以一维线弹性杆件模型为依据，利用应力波在遇到不同波阻抗的情况下产生反射和透射来检测桩身的完整性，判定桩身的缺陷程度和位置。低应变法适用于检测桩身的完整性，判定桩身的缺陷程度及位置。

（6）常见质量通病的处理

1）不冒浆或冒浆量少

通常原因是加固土层粒径过大、孔隙较多。出现此类情况，宜采取以下措施：

①加大浆液浓度。

②灌注黏土浆或加细砂、中砂，待孔隙填满后继续正常喷射。

③在浆液中掺骨料。

④加泥球封闭后继续正常喷射。

⑤灌注水泥砂浆后，再将孔内水泥浆置换成黏土浆，待孔隙填满后继续正常喷射。

2）冒浆量过大

通常是有效喷射范围与喷浆量不适应有关，宜采取以下措施：

①提高喷射压力。

②适当缩小喷嘴直径。

③适当加快提升速度。由于冒浆中含有地层颗粒和浆液的混合体，目前对冒浆中的水泥进行分离回收尚无适宜方法，在施工中多采用过滤、沉淀、回收调整浓度后再利用。

3. 深层搅拌桩法

（1）施工工艺

深层搅拌桩法是通过特制的深层搅拌机械，将水泥作为固化剂在地基中将软土、砂等地层和固化剂强制拌和，使软土、砂等硬结成具有整体性、水稳性及足够强度的地基土（图2-26）。图2-27所示为施工中使用的深层搅拌桩机。

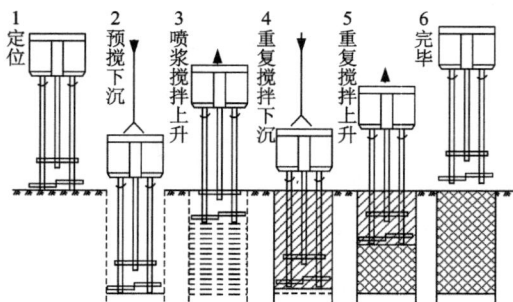

图2-26 深层搅拌桩法施工

图2-27 深层搅拌桩机

（2）工艺流程

深层搅拌桩法工艺流程图如图2-28所示。先测量放样确定桩位，接着设备就位对中。随后预搅下沉，同时制备水泥浆。下沉到指定深度后，边喷浆、搅拌边提升钻杆。提升完成后重复搅拌，以保证桩体质量。然后清洗机具管线，将设备移至下一桩位继续施工，直至施工结束。

（3）质量控制措施

①深层搅拌桩机应基本保持垂直，要注意平整度和导向架垂直度。

②深层搅拌叶下沉到一定深度后，即开始按设计配比拌制水泥浆。

③水泥浆不能离析，水泥浆要严格按照设计的配比配制，水泥要过筛。为防止水泥浆离析，可在灰浆机中不断搅动，待压浆前才将水泥浆倒入料斗中。

④要根据加固强度和均匀性预搅，软土应完全预搅切碎，以利于水泥浆均匀搅拌。

⑤压浆阶段不允许发生断浆现象，输浆管不能发生堵塞。

⑥严格按设计确定数据，控制喷浆、搅拌和提升速度。

⑦控制重复搅拌时的下沉和提升速度，以保证加固深度范围内水泥浆能得到充分搅拌。

⑧在成桩过程中，为防止断桩，凡是由电压过低或其他原因造成停机，使成桩工艺中断

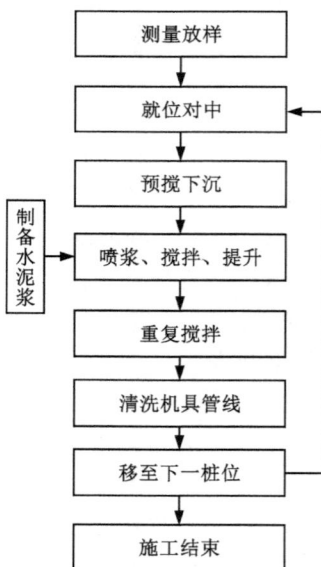

图2-28 深层搅拌桩法工艺流程图

的,在搅拌机重新启动后,将深层搅拌叶下沉 0.5 m 后再继续成桩。

⑨相邻两桩施工间隔时间不得超过 12 h。

⑩在搅拌桩施工中,基于摩擦型桩体受力特性,可采用变参数施工工艺,即用不同的提升速度和注浆速度来满足水泥浆的掺入比要求。在定量泵条件下,软土层中需调整水泥掺量时,应通过调节提升速度并借助速度监测装置实施控制。

(4)施工质量检验

1)检验标准

深层搅拌桩法质量检验标准见表 2-3。

表 2-3　深层搅拌桩法质量检验标准

检验项目	技术标准	检验方法
钻孔垂直度允许偏差	<5‰	全站仪
钻孔位置允许偏差	50 mm	尺量
钻孔深度允许偏差	±200 mm	尺量
桩体直径允许偏差	±10 mm	开挖后尺量
桩顶标高	−50~+100 mm	水准仪
水泥用量	设计要求	流量计
加固体强度	无侧限抗压强度 0.8 MPa	规定方法

2)检验方法

①挖桩检查法。它是目前软基设计规范规定的方法。挖桩检查主要查看桩的成型情况。鉴定外观方面:桩体是否圆匀,有无缩颈和回陷现象;搅拌是否均匀,凝体有无松散;群桩桩顶是否平齐,间距是否均匀。同时可分别在桩顶以下 50 cm、150 cm 等部位砍取足尺桩头,进行无侧限抗压强度试验。

②轻便触探仪触探法。使用轻便触探仪触探法检测粉喷桩桩身质量时应注意:探测深度不能超过 4 m;触探点不能在桩中心位置,一般定在距桩中心 2/5 桩径处,以避开桩中心水泥含量中偏少、强度低的喷灰搅拌盲区,以使触探具有代表性;触探时触探仪的穿心杆一定要保持垂直。

③承载力检验。载荷试验必须在桩身强度满足试验载荷条件,并宜在成桩 28 天后进行。检验数量为桩总数的 0.5%~1%,其中每单项工程单桩复合地基载荷试验的数量不应少于 3 根(多头搅拌为 3 组),其余可进行单桩静载荷试验或单桩、多桩复合地基载荷试验。

④钻孔取芯检测。对竖向承载的水泥土在 90 天后、横向承载的水泥土在 28 天后,用钻芯取样的方法检查桩体完整性、搅拌均匀程度、桩体强度、桩体垂直度。

(5)常见质量通病的处理

1)水泥浆产生过少

主要原因是后台拌浆加水过量或输浆管路堵塞,出现此类情况宜采取以下措施:

①重新确定投料量。

②清洗输浆管路,在搅拌桶与储浆桶之间设置过滤网,避免杂质颗粒堵塞管路。

2)冒浆现象严重

主要原因是施工工艺选择不当,黏土颗粒黏结力强,不易搅拌均匀,过程中容易抱钻。

非黏土层由于施工中持浆能力差，易冒浆。出现此类情况，宜采取以下措施：

①根据不同的地层选择合适的工艺。

②搅拌钻机沉入前，搅拌桩位注水。搅拌黏土时，适当掺入砂子，以改良土体。

3）产生施工冷缝

主要是遇到深层障碍物、机械故障或停电、施工人为原因造成。冷缝处理宜采取的措施是在冷缝的外侧补搅参数相同的搅拌桩或采取其他工法（如高压旋喷桩）的补强措施。

4.冷冻法

（1）施工工艺

冷冻法是使土体中水分冻结，整个冻结范围内土体暂时形成有相当强度的冻结固体。在这种冻结固体的支护下安装洞口密封装置、拆除洞口封门，待盾构进入或出洞门圈、洞口密封注浆结束且已建立了良好的密封性能后再解冻，能保证盾构进出洞施工安全。与其他土体加固方法相比，冷冻法优缺点见表2-4。

表2-4　冷冻法优缺点

项目	主要优点	主要缺点
冷冻法	1. 可有效隔绝地下水； 2. 受地层土质限制相对很小； 3. 施工灵活； 4. 对地层无污染； 5. 冻土墙厚度和强度可以控制	1. 夏季冻土墙易化； 2. 地下水流速度过快时难以冻结； 3. 不适用于含水量非常少的地层； 4. 易引起地层膨起和沉陷，对建筑物有一定影响

按冷冻降温介质分类，常用的冷冻工艺有液氮冷冻（图2-29）和盐水循环冷冻（图2-30）两种。其主要优缺点对比见表2-5。

表2-5　液氮冷冻和盐水循环冷冻主要优缺点

项目	主要优点	主要缺点
液氮冷冻	冷冻周期短，若要达到冷冻效果需施工周期7天左右，见效快	造价高，对环境会造成一定影响
盐水循环冷冻	施工造价相对较低	冷冻周期长，若要达到冷冻效果需施工周期30天左右

图2-29　液氮冷冻

图2-30　盐水循环冷冻

由于盐水循环冷冻造价相对较低，其在盾构隧道施工的冷冻加固中采用较多。盐水循环冷冻根据施工方法不同分为垂直冷冻和水平冷冻两种方法，图 2-31 为垂直冷冻法，图 2-32 为水平冷冻法。两者的工艺特点及适用范围见表 2-6。

表 2-6 垂直冷冻和水平冷冻工艺特点及适用范围

方法	工艺特点	适用范围
垂直冷冻	冷冻管自地表垂直向下穿入地层，通过对冷冻液循环深度的控制，实现由地面到地下某一深度的连续冻结或对地下某一深度的含水不稳定地层的局部冻结	1. 含水地层内的工作竖井贴壁施工； 2. 位于埋深较浅的含水地层中的水平隧道施工； 3. 用于加固体与围护结构间的薄弱环节的冻结加强； 4. 地面有足够施工场地，无建筑物及管线影响
水平冷冻	冷冻管在地层中围绕着隧道的前进方向水平排列，在含水的软弱地层中冻结形成水平的冻结体，覆盖或环绕待施工的隧道	1. 适用于含水软弱地层中的水平隧道施工； 2. 水平冷冻的空间限制相对较小，在地面不具备垂直冷冻条件时，可采用水平冷冻

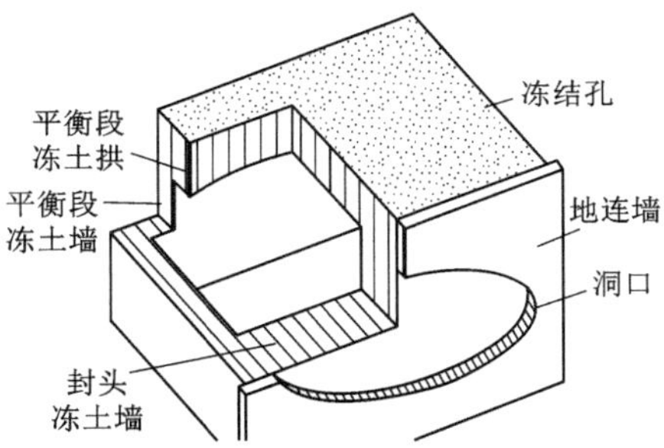

图 2-31 垂直冷冻加固形式示意图

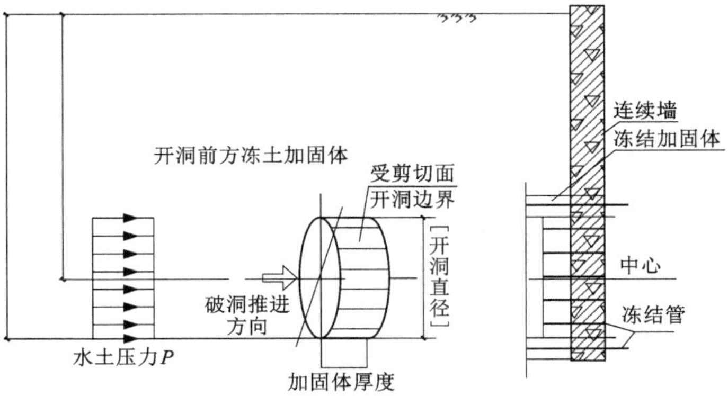

图 2-32 水平冷冻加固形式示意图

（2）工艺流程

图 2-33 为盐水循环冷冻法工艺流程图。首先进行施工准备，之后安装冷冻站。接着同步开展级配液圈安装、盐水系统安装与保温、冻结器安装工作。完成后进行冻结系统调试，随后进入积极冻结阶段，其间可对设备进行检修保养，并同步开展检测。

积极冻结后进行探孔作业，之后进入维护冻结，同时盾构进行始发与接收。完成封孔和注浆后，工程竣工。

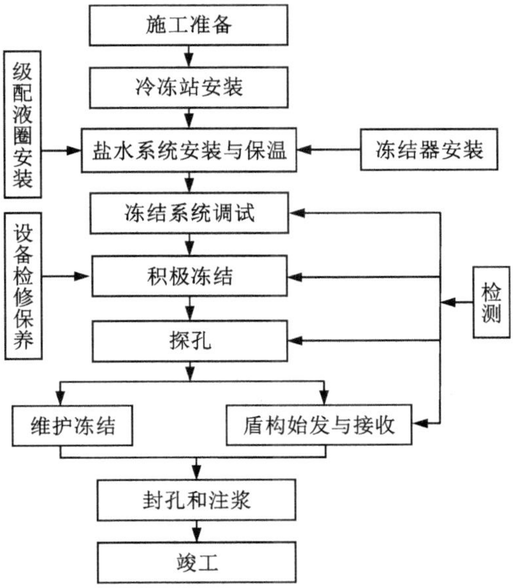

（3）质量控制措施

①在打第一个冻结孔时，分析主要地层钻进过程的参数变化情况，检查地质、水文情况，如有异常，及时采取针对性措施。

②制订严格的冻结施工质量标准。控制冻

图 2-33 盐水循环冷冻法工艺流程图

结孔间距。如个别超标，应整体分析冻结壁交圈情况，决定是否采取补孔措施。

③为了保证冻结工程质量，可使用氟里昂螺杆盐水制冷机组和冻结工程监测系统。

④不同的地质条件使用不同的钻头，合理选用钻进技术参数，严格控制钻进压力，预先估计钻杆、钻具的自重影响，适当抬起钻杆角度，消除钻杆、钻具自重因素而造成的偏差。

⑤钻进过程中严格监测孔斜，施工前对孔位要增加测斜次数。测斜后要及时绘制钻孔偏斜透视图，发现超偏应及时纠正。

⑥严格执行冻结管的焊接操作规程，不但要确保焊缝不漏，而且要保证接缝强度。冻结管安装后及时进行测压试漏，并复测孔深，绘制冻结壁形成预计图。

⑦每个冻结器都要安装控制阀门，及时调整各个冻结器的流量。通过流量和温度测定，随时掌握冻结器的运行情况。

⑧安装盐水干管时要确保设计坡度，以免管内聚积的空气影响盐水的流动。盐水系统应设置放空阀。

⑨监测地层的温度变化，及时预计冻结壁的发展状况。

⑩如气温较高，为减少冷量损失，冻结器及盐水干管采用绝热材料进行保温，必要时使用泡沫板覆盖保温，同时做好防雨措施。

⑪在打开洞口前，要打探孔验证围护桩附近土层的冻结状况。打开洞口后，要对暴露的冻结壁表面进行保温，并严密监测其壁面的温度变化和变形情况。

⑫冷冻法会造成土层冻胀，冻胀量的大小与土层力学特性、约束条件、冻结速度、土层含水量及水分迁移的多少有关，水变冰的体积膨胀量约9%，而土体膨胀量一般为3%～4%。土层冻涨可能会引起地面隆起，对周围建筑物及管线造成一定影响，冻结过程中要采取实时监测措施。

⑬融沉主要是冻土融化时排水固结引起的，滞后于冻土的融化，冻土融化时的沉降量与融沉厚度、融沉土的特性有关。根据施工经验和土工试验，冻土融化后，其标高可能略低于原始地层的标高。为减少融沉量，解冻后，可在隧道内进行适当的跟踪注浆，减小冻结对周围环境的影响。

（4）施工质量检验

冷冻法施工质量检验需要检验冻结孔施工质量、冻结系统运转与冻结壁形成质量，检验方法见表2-7、表2-8。

表 2-7　冻结孔施工质量检验

检验内容	设计要求	检验与控制方法
冻结孔孔位	偏离设计孔位不大于5 cm	以隧道中心线和隧道轨面（或腰线）为基准，用钢卷尺测量定位孔位。安装孔口管，成孔后对孔位进行复核
冻结孔深	大于冻结长度0.5～1.5 m	钻进时丈量钻杆或跟管钻套长度。成孔后下1寸钢管复测孔深
冻结孔偏斜	不大于8‰	用陀螺测斜仪测斜，开孔段用经纬仪灯光测斜校核。钻进时每隔10～20 cm测量一次钻孔偏斜，并将测斜结果绘制在控制图上。下冻结管后复测偏斜，并绘制钻孔偏斜透视图。所有冻结孔施工完成后绘制冻结壁交圈图。钻孔偏斜超标时下扶正器纠斜

续表2-7

检验内容	设计要求	检验与控制方法
冻结孔终孔间距	不大于 2 m	按冻结孔测斜资料计算终孔间距。为了控制冻结孔最大孔间距，应隔孔钻进，然后根据两孔偏斜情况，适当调整中间冻结孔的钻进偏斜
冻结管规格	规格与钢号设计一致	检查出厂合格证和检验报告
冻结管长度	不小于设计冻结深度 0.5 m	施工时对每截冻结管管材进行丈量、编号。成孔后在冻结深度下 1 寸钢管复测孔深
冻结管耐压	在 0.8~1.2 MPa 压力下稳压 30 min	用泥浆泵或手压泵注水打压。为了保证冻结管的密封性，在冻结管丝扣处涂抹密封剂
供液管规格	规格与设计一致	检查出厂合格证和检验报告
供液管长度	不小于冻结管长度 0.5 m	供液管下到冻结管管底。下供液管时用钢卷尺丈量供液管长度
冻结管填充	填充量不小于冻结管内体积的 80%	冻结结束后要对冻结管进行填充，以免冻结管锈蚀后导水。填充用水泥浆或水泥砂浆。直接用砂浆泵从供液管泵入。填充量按泵量计算

表 2-8　冻结系统运转与冻结壁形成质量检验

检验内容	设计要求	检验方法
冻结制冷系统运转	制冷系统运转正常，系统状态参数符合设备要求	检测去、回路盐水温度，流重，以及冷却水温度；检查冷冻机上的控制仪表读数
盐水温度	设计最低盐水温度 −28 ~ −24℃，开冻 7 天达到−20℃。	用精度为 0~3℃的精密温度计检测去路干管中的盐水温度
冻结壁交圈时间	冻结壁交圈时间≤30 天	观测水文孔水压，压力明显上升时为冻结壁交圈
冻结壁达到设计厚度时间	冻结壁达到设计厚度时间一般为 35 天	根据测温孔的测温数据确定
冻结管工作状态	冻结管无断裂	通过监测盐水箱液面与冻结器回液软管积霜，检查冻结管是否渗漏盐水

(5)常见质量通病的处理

1)冷冻管拔出断裂

发生冷冻管断裂情况时宜采取以下措施：

①立即停止拔管，尽量恢复始发洞口附近未拔出的冷冻管的冻结工作。

②在拔断的冻结管中放入加热水管继续化冻，然后下拔管器拔管。

2)盾构刀盘被冻结

为避免发生此类情况，始发、接收前宜采取以下措施：

①可在刀盘前注入盐水，预防刀盘冻结。

②盾构通过冻土墙时避免推进停顿。

3)冻结管盐水漏失

发生盐水漏失情况，宜采取以下措施：

①立即查明漏水的冻结管并关闭该管路的盐水供应。

②在冻土墙打探孔取样，化验土体含盐量及冻结强度，达到要求方可继续施工。

如漏失盐水的管路冻结强度无法达到要求，可将该管路改用液氮冷冻。方法是用压缩空气吹出冻结管中的盐水，在供液管中通入液氮，并通过控制器调节流量，使该管路冻结强度达到要求。

5. 地下连续墙止水帷幕

（1）施工工艺

素墙施工适用于富水软弱地层，在一些端头加固效果不理想，加固土体自稳性、止水性不满足设计要求的工程实例中应用。素墙止水帷幕在此地层中应用可以大大降低凿除洞门后发生涌水涌砂、地面塌方等风险。

素墙止水帷幕是通过在围护结构、衬砌外侧浇筑素混凝土墙的方法，可以很好地在围护结构端头墙凿除洞门后继续维持土体的平衡，从而保证端头地层土体的稳定性。素混凝土墙自身强度比较高，能够承受经过扰动或振动所产生的较大水土压力，且加固范围小，加固效率高，但是需要大型的成槽机、挖掘机，对于较深的连续墙或在成槽较宽时容易出现塌孔现象。该工艺所采用的一般材料为 C25、C30 混凝土，采用地下成槽、泥浆护壁、水下浇筑的连续墙模式。

（2）工艺流程

图 2-34 为地下连续墙止水帷幕工艺流程图，图 2-35 为施工现场使用的地下连续墙止水帷幕成槽机。

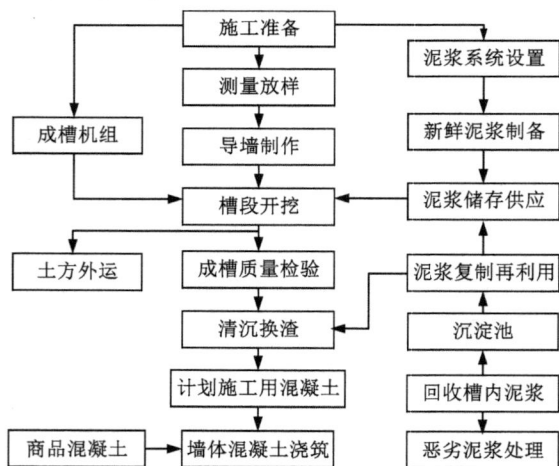

图 2-35　地下连续墙止水帷幕成槽机

图 2-34　地下连续墙止水帷幕工艺流程图

（3）常见质量通病的处理及注意事项

1）成槽过程中的通病及注意事项

成槽过程中，为防止坍塌现象，宜采取以下措施：

①减轻地表荷载：槽壁附近堆载不超过 20 kN/m。

②距离要求：起吊设备及载重汽车的轮缘距离槽壁不小于 3.5 m。

③控制机械操作：成槽机操作要平稳，不能猛起猛落，防止槽内形成负压区，出现塌槽现象。

④强化泥浆工艺：采用优质膨润土制备泥浆，并配以 CMC 增黏剂形成致密且有韧性的泥浆止水护壁，必要时用重晶石适当地提高泥浆比重，保持好槽内泥浆水头高度，并高于地下水位 1 m 以上。

⑤缩短裸槽时间：抓好工序间的衔接，使成槽至浇灌完混凝土时间控制在 24 h 以内。

2）塌槽后采取的措施

塌槽后，宜采取以下措施：及时填入黏土，用抓斗在回填过程中压实，并在槽内和槽外（离槽壁 1 m 处）进行注浆处理，待密实后再挖槽。

3）防止锁口管拔不出

为防止出现此类情况，宜采取以下措施：

①槽段端部要垂直，锁口管吊放时要放至槽底（或比槽底略深些），防止混凝土由管下绕至对侧或由管下涌进管内；锁口管事先要清洗并检查好，拼接后要垂直，防止挠曲变形。

②采用普通硅酸盐水泥拌制的混凝土。待墙体混凝土浇筑好 1 h 后，将锁口管提起 10 cm，以后每隔 20~30 min，使锁口管顶升一次，使锁口管处于常动的状态。

③待混凝土浇完后 8 h，锁口管全部拔除。

6. 井点降水

（1）施工工艺

盾构在始发、接收施工中，如遇地下水丰富的地层，可考虑井点降水与其他端头加固方法相结合。在止水帷幕内降水可大大降低施工风险。需注意的是，在盾构始发、接收场地附近有居民楼、商用楼房等建（构）筑物及重要管线的情况下，应考虑降水带来的地表沉降影响。

（2）工艺流程

井点降水工艺流程图如图 2-36 所示。

（3）质量控制措施

①无砂滤水管须通畅，滤料粒径均匀，含泥量少，均应检验合格后方可使用。

②严格按设计要求控制好井径、井深和井距。

③无砂水泥管接口必须用塑料布封严。

④每打成一眼井须进行质量检查验收，孔径偏差≤10 cm，垂直偏差≤5 cm，井深偏差≤20 cm。

⑤洗井后泥砂含量控制在 10 kg/m³ 以内。

⑥抽水期间应经常检查抽水管和水泵有无故障，发现后应及时修理或更换，并经常检查抽水情况，防止无水烧坏水泵，影响降水效果。

⑦在打井和抽水的全过程中必须有专人负责，做好成井记录和抽水记录，以保证成井质量和抽水正常。

（4）常见问题及预防措施

①抽水量远远小于水泵排水能力，水位下降效果不

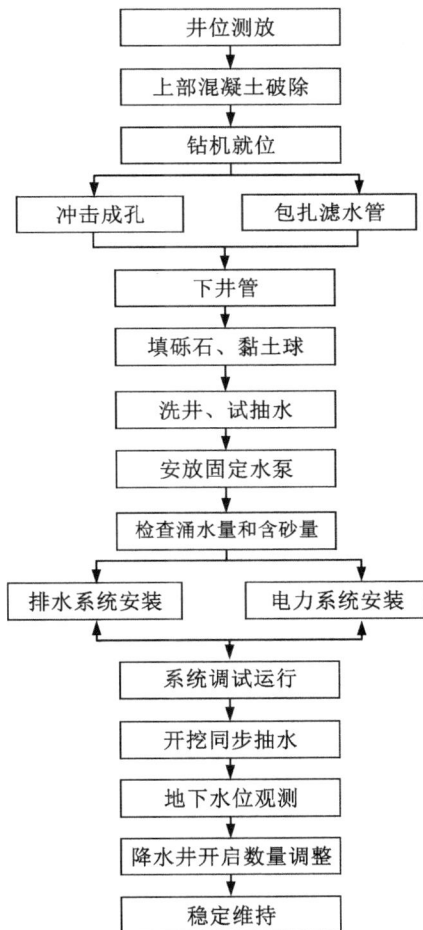

图 2-36　井点降水工艺流程图

明显。

原因分析：井深、井径和垂直度不符合要求，井内沉淀物过多，井孔淤塞。洗井质量不良，砂滤层含泥量过大，孔壁泥皮在洗井过程中尚未破坏掉，孔壁附近土层在钻孔时遗留下来的泥浆没有除净，使地下水向井内渗透的通道不畅，严重影响单井集水能力。滤管的位置、标高未按实际情况选用。水文地质资料与实际情况不符，井管滤管实际埋设位置不在透水性能较好的含水层中。

预防措施：

a. 钻孔应大于井管直径 300~500 mm，井深应比所需降水深度深 3~6 m；井管垂直放在井孔当中，四周均匀填滤料，用铁锹下料。滤料填至井口下 1 m，然后用不含砂的黏土封口至井口面。

b. 洗井。在清理孔内泥浆后，通过泥浆泵冲清水与拉活塞相结合的方法洗井，借以破坏深井孔壁泥皮，并把附近土层内遗留下来的泥浆吸出。然后立即单井试抽，使附近土层内未吸净的泥浆依靠地下水不断向井内流动而清洗出来，至地下水渗流畅通。抽出的地下水应排放到深井抽水影响范围以外。

c. 在钻孔过程中，应对每一个井孔取样，并与原水文地质资料核对。在下井管前，应复测井孔实际深度。结合设计要求和实际水文地质情况配井管和滤管，并按照沉放先后顺序把各段井管、滤管和沉淀管依次编号，堆放在井口附近，避免错放或漏放。

d. 在井孔内安装或调换水泵前，应测量井孔的实际深度和井底沉淀物的厚度。如果井深不足或沉淀物过厚，须对井孔进行冲洗，排除沉渣。

② 地下水位降深不足或降水速度慢，在预定时间内达不到预定降水深度。

原因分析：深井泵（或深井潜水泵）型号选用不当，排水能力低。由于土质等原因，降水能力未充分发挥。水文地质资料不确切。

预防措施：

a. 先按照实际水文地质资料计算降水范围总涌水量、降水井进水能力、抽水时所需过滤部分总长度、点井数量、间距及单井出水量。复核降水井过滤部分长度、深井进出水量及特定点降深要求，以达到满足要求为止。

b. 选择井泵（或潜水泵）时应考虑满足不同降水阶段的涌水量和降深要求。一般在降水初期因地下水位高，泵的出水量大；但在降水后期因地下降深增大，泵的出水量会相应变小。

c. 改善和提高单井排水能力。可根据含水层条件设置必要长度的滤水管，增大滤层厚度。对于渗透系数小的土层，单靠深井泵抽水难以达到预期的降水目标，可采用另加真空泵组成真空深井进行降水；真空泵不断抽气，使井孔周围的土体形成一定的真空度，地下水则能较快地进入井管内，从而加快了降水速度。

7. 注浆法

（1）施工工艺

注浆法是将浆液注入地层改善地基强度和止水性。该法所采用的注浆材料多种多样，常用的主要为水泥浆、双液浆。按浆液固结状态分类，主要有填充注浆、渗透注浆、劈裂注浆、压密注浆等，盾构始发、接收常用的方法是水平填充、渗透注浆，通过地面袖阀管实施垂直劈裂注浆。

（2）工艺流程

图 2-37 为注浆法工艺流程图。施工前需做好材料、设备及场地等准备工作。接着钻孔并下入注浆管，同时进行浆液配制。完成后开始注浆，结束后检查注浆效果。若达到设计要求，则施工完成；若未达到设计要求，则补充注浆，直至达到设计要求。

（3）质量控制措施

①钻孔施工：开钻前，严格按照施工布置图布好孔位。钻机定位要准确，开钻前的钻头点位与布孔点的距离相差不得大于 5 cm。一定要按照设计倾斜角度对钻杆角度进行调整。

图 2-37　注浆法工艺流程图

②配料：根据现场不同地质情况选择浆液，应采用准确的计量工具，严格按照设计配方配料施工。

③注浆：一定要按程序施工，每段进浆要准确，注浆压力一定要经过计算，专人操作。当压力突然上升或从孔壁溢浆，应立即停止注浆。每段注浆量应严格按设计进行。跑浆时，应采取措施确保注浆量满足设计要求。

④注浆完成后，应采取措施保证不溢浆、不跑浆。

⑤每道工序均要安排专人，负责每道工序的操作记录。

（4）施工质量检查

1）钻孔检查法

按总注浆孔的 5%~10% 设置检查孔，检查孔应在均匀布置的原则下，结合注浆资料分析布设，检查孔应无涌水、涌砂，不塌孔；渗水量应小于设计涌水量，否则予以补注。

2）钻孔取芯法

通过钻孔取芯观察地层的注浆加固效果。

3）压水试验法

对检查孔进行压水试验，当不符合设计要求时，必须进行补充注浆。

8. 端头加固典型案例

为了达到端头土体加固和止水的效果，在工程实际运用时，通常根据具体的工程情况，将多种端头加固方法组合运用，以充分利用各种加固方法的优势。图 2-38 为某盾构始发端头加固方案，下面以该方案为例进行介绍，以期对加固方法的组合运用有一个直观的了解。

（1）工程地质情况

此工程端头地质情况从上到下分别为：

19.6 m 以上以流塑淤泥质粉质黏土为主；

19.6~21.7 m 以粉细砂为主；

21.7~27.6 m 以粉质黏土夹砂层为主；

27.6~35.9 m 以粉细砂为主。

盾构直径 15.03m，加固区隧顶埋深 8.1m，盾构穿越地层从盾构顶自上而下分别为 11.5m 流塑淤泥质粉质黏土、2.1m 粉细砂、1.43m 粉质黏土夹砂层。盾构主要所处地层为淤泥质粉质黏土，具高含水量、大孔隙比、高压缩性、低强度特点，工程性质差。

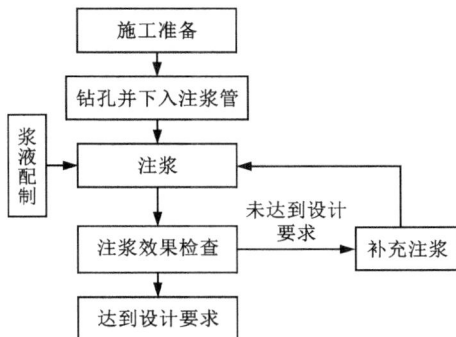

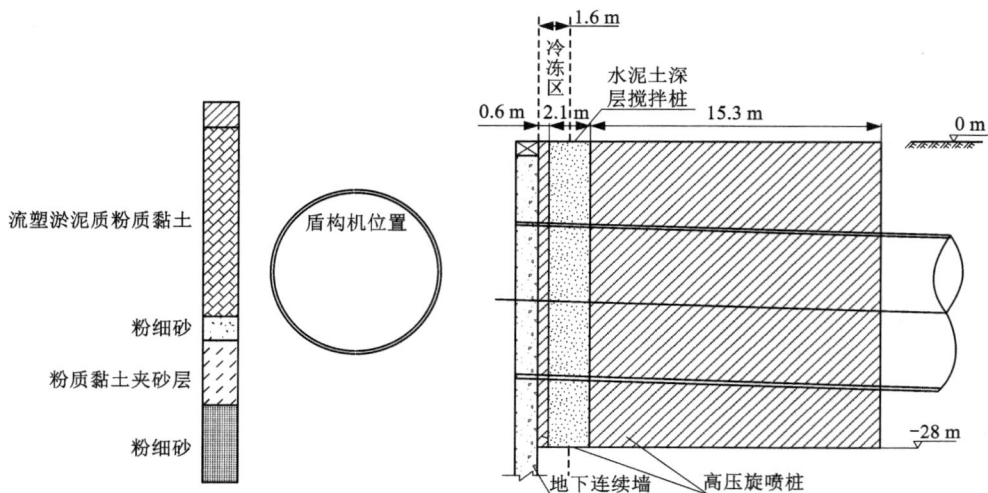

图 2-38　始发端地质及加固示意图

（2）加固方式

1）土体加固

本工程端头加固方案为高压旋喷桩+水泥土深层搅拌桩，加固宽度为隧道外 5 m 范围内及两条隧道中间，加固深度为地面至地面以下 28 m（隧道底往下约 5 m）。加固方法如下：

①工作井端头紧挨地下连续墙的位置，采用单排 $\phi1200@900mm$ 三重管高压旋喷桩进行加固；

②在 0.6~2.7 m 范围内采用 $\phi850@600mm$ 的三轴搅拌桩进行加固；

③工作井端头 2.7~18 m 采用 $\phi1200@900mm$ 三重管高压旋喷桩。

2）井点降水

如图 2-39 所示，为了降低水位、减少土层内重力水向盾构渗漏的渗漏量，布置 9 口降水井和 2 口观测井，井点深度为 40 m，其中滤管长度为 13 m，井管长度为 27 m，具体如下。

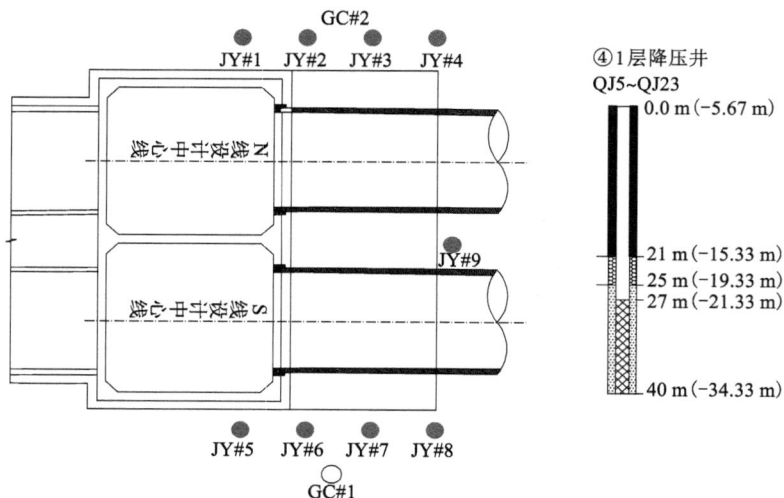

图 2-39　盾构始发段降水井布置和结构示意图

①泥孔径 600 mm（成孔孔径）；

②实管：27 m 以上采用焊接钢管，直径 273 mm，壁厚 6 mm；

③滤管：27~40 m 为钢滤管，直径 273 mm，壁厚 6 mm；

④滤水管外均包覆一层 80 目的尼龙网；

⑤填砾：25~40 m 采用中粗砂滤料；

⑥黏土球止水：21~25 m 处填直径 3~4 cm 的黏土球，黏土球封填后再填黏土至孔口。

3）垂直冷冻加固

盾构始发前，对连续墙进行冻结加固，冻结板块厚度为 1.6 m，采用盐水循环冷冻，沿混凝土槽壁打设两排冻结孔，第一排孔距混凝土槽壁边线 0.4 m，孔间距 0.8 m；第二排孔距第一排孔 0.8 m，与第一排孔呈梅花状，每处洞口布置 4 个垂直测温孔，其中，2 个浅孔（深 7 m）在盾构推进的前方冻土范围内，2 个深孔（深 25 m）分别布置在冻结壁的端部和外侧。冻结加固条件如下：

①冻结壁厚度≥1.6 m；

②冻土平均温度≤-10℃；

③洞门内周边水平探孔温度≤-2℃；

④盐水回温温度≤2℃。

2.1.2.2 始发止水密封装置

1. 洞门预埋钢环

如图 2-40 所示，为了保证在盾构始发时快速、牢固地安装密封装置，盾构施工时应在预留洞门处预埋环状钢板。洞门预埋钢环在车站主体结构施工过程中进行预埋安装，且根据盾构设计轴线中心进行定位安装。钢环尺寸根据洞门及隧道实际尺寸设计。

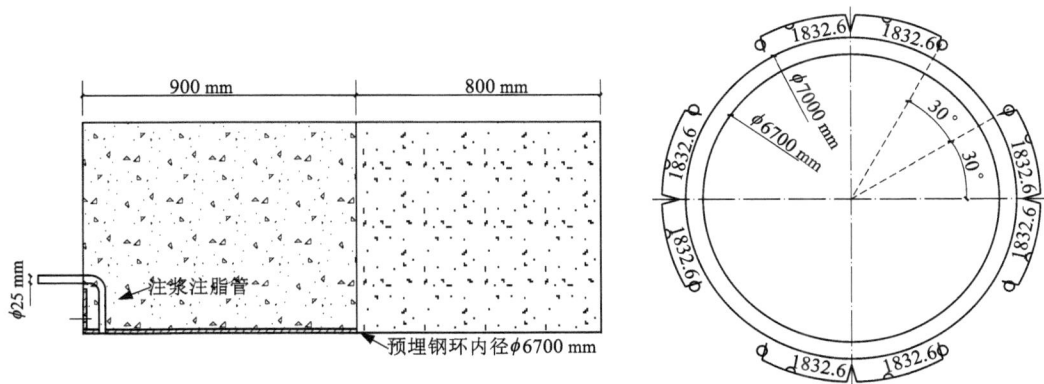

图 2-40 洞门钢环及预埋管示例图

预埋钢环沿一定尺寸按圆周均匀分布螺孔，相邻孔间距误差≤2 mm。钢环周边设置预埋钢管，钢管末端加装球阀。

2. 始发洞门密封

盾构在始发过程中，为防止泥土、地下水从洞门圈与盾构壳体形成的环形建筑空隙中大量流入盾构工作井内，影响盾构开挖面土体的稳定及盾构施工，必须于盾构始发前在洞门处设置性能良好的密封装置，如图 2-41、图 2-42 所示。

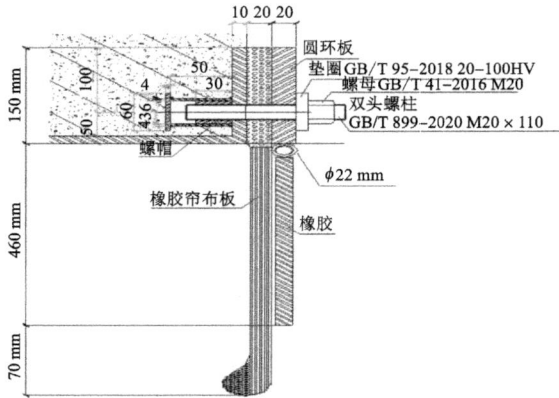

图 2-41　洞门处设置密封装置

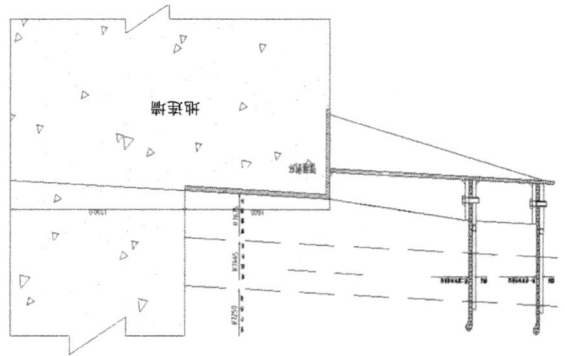

图 2-42　钢套箱往洞门外延伸设置密封装置

密封装置可根据不同的施工工况和要求设置在洞门处或通过钢套箱往洞门外延伸一定距离(钢套箱密封),前者在实际施工中运用最多,后者通常用于提前施加压力或增加始发安全系数。

主要密封部件一般有橡胶帘布和钢丝刷,施工时可根据设计和实际需要进行选用。图 2-43 为橡胶帘布和钢丝刷组合使用的密封方法。

如图 2-44 所示,折页式洞门密封是目前盾构施工中最常用的密封装置,有受力好、密封好、操作简单、刚度好、安全可靠的优点。下面对折页式洞门密封装置的施工工艺、工艺流程、质量控制措施及安全注意事项等进行相关介绍。

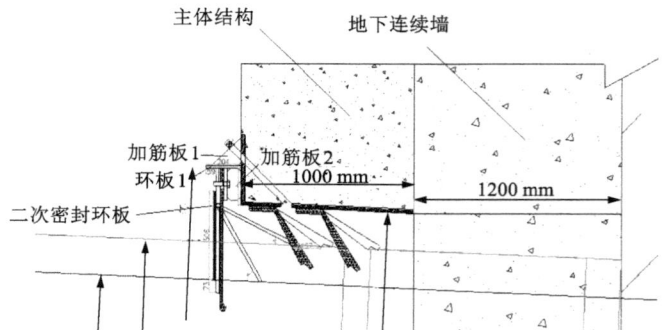

图 2-43　橡胶帘布和钢丝刷组合使用示意图

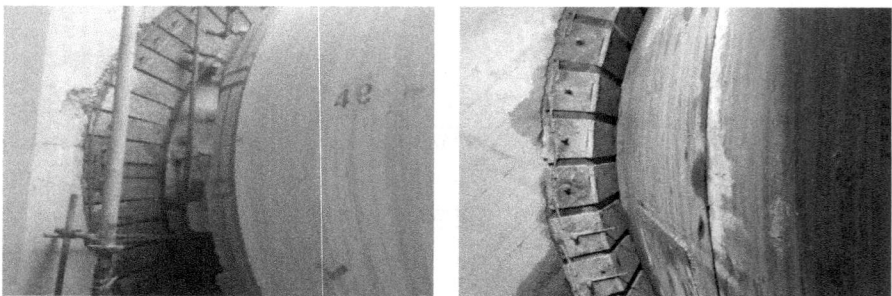

图 2-44　折页式洞门密封装置

(1)施工工艺

折页式洞门密封装置主要包括折页式压板、橡胶帘布、圆环板、垫圈和螺母等组成,利用双头螺栓将它们固定在洞门密封钢环上。在密封钢环和圆环板上设有螺栓孔,采用双头螺栓将橡胶帘布板固定于密封钢环和圆环板之间,橡胶帘布板绕密封钢环一周。橡胶帘布板根据洞门大小设计相应尺寸,采用径向尼龙线和环向棉纱线制成。

橡胶帘布等材料由厂家定做,其预留一定数量的均匀分布的螺栓孔,与密封钢环预留螺栓孔相对应。橡胶帘布安装采用从上到下的顺序。在安装之前,首先对橡胶帘布和密封钢环预留螺栓孔进行标号(便于安装施工),并对橡胶帘布进行质量检查。橡胶帘布如有较大面积破损,应立即与厂家联系进行处理;破损较小,则可按照厂家提供的材料及方法进行修补。由于密封钢环在安装过程中存在一定的偏差,应检查每块密封钢环拼接处预留螺栓孔的间距是否符合设计要求,统计缩小量,将该量均分到一定数量的螺栓孔上,在橡胶帘布上重新打孔。折页式压板采用钢板制成。同样,在圆环板上也预留相应数量的螺栓孔,并顺时针编号。图 2-45 为使用折页式洞门密封装置时不同阶段的洞门密封状态。

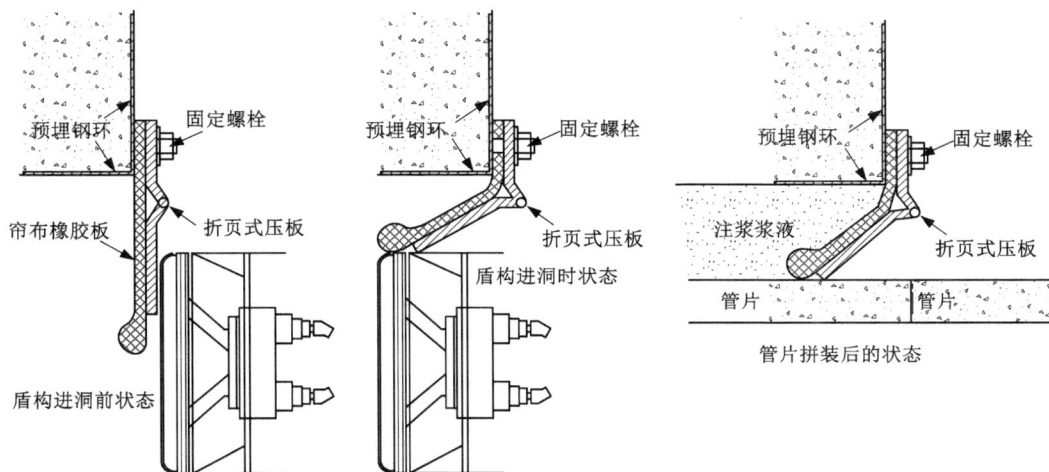

图 2-45　不同阶段洞门密封状态

(2)工艺流程

折页式洞门密封工艺流程图如图 2-46 所示。

图 2-46　折页式洞门密封工艺流程图

1)测量定位

根据止水施工图,对圆环中心及螺栓孔位定位,尽量缩小橡胶帘布板、圆环板螺栓孔与预埋钢环螺栓孔的误差。施工范围内若有干扰物体,及时进行清除。

2)安装双头螺栓

安装前清理洞口的渣土,疏通预埋钢环的螺栓孔并涂刷黄油,将双头螺栓旋入预埋钢环的螺母内。

3)安装橡胶帘布板与折页式压板

双头螺栓安装完成后,安装橡胶帘布板,同时安装圆环板和折页式压板。

4)安装垫圈与螺母

根据盾构始发姿态,调整扇形压板至恰当的位置,并套入垫圈、紧固螺母将橡胶帘布板、圆环板和折页式压板固定。

（3）质量控制措施

①盾构始发洞门密封安装完成后下半部折页式压板容易翻转。为了保证折页式压板在盾构推进过程中不发生翻转，可对下半部一定范围内折页式压板采取焊接止转挡条或对整环扇形折页式压板采取钢丝绳串连拉紧的施工措施。

②在橡胶帘布安装过程中，一定要左右两侧同时安装。若一侧安装过快，会导致另一侧安装起来很困难，整个安装工期就会拖长。安装到一定部位，需要拆除脚手架横杆，将橡胶帘布下放，以便在钢环下部安装橡胶帘布。脚手架先拆除一根横杆，将横杆拆除后，将橡胶帘布下放到横杆以下，再将横杆重新安装固定，然后拆除下一根横杆，按层拆除，边拆边安。在安装过程中要充分考虑借助外力，节省安装时间。

③盾构机头外壳表面不得有突出物，以免撕裂橡胶帘布板；机头外壳表面涂抹黄油，以利盾构切入。

④防止安装扇形折页式压板时损坏橡胶帘布板。

⑤密封装置中心应位于盾构实际始发中心线，误差不应大于 10 mm，橡胶帘布板与始发洞门预埋钢环应紧固。

⑥盾体全断面进入密封装置后方可开始建立切口压力，初始压力不宜过大，以免击穿密封装置。

⑦当盾体全部进入止水橡胶帘布后，需要对盾构后部的间隙进行注浆，注浆压力不宜过大，防止洞门密封装置被击穿。

（4）安全注意事项

①所有进场人员必须配备必要的劳动保护用具，如安全帽、手套等。

②脚手架等必须规范搭设，应检查安全性，扣件应紧固。

③作业人员应系安全带，注意防滑措施。

④扇形折页式压板螺帽应拧紧，以免脱落伤人，施工范围周边应设置警戒区。

⑤特殊工种操作人员须持证上岗。

2.1.2.3　始发托架

始发托架按材质类型可以分为混凝土始发托架、钢结构始发托架、钢-混始发托架。钢结构始发托架一般由若干桁架组成，这些桁架通过轨道梁被连接起来，形成整体受力结构。目前地铁施工项目一般采用钢结构始发托架，下面主要介绍钢结构始发托架，在实际施工中其他类型的始发托架按类似原理进行控制。

（1）工艺流程

测量放线→托架下井→托架组装→位置粗调→测量复核→托架位置细调→再次测量复核→托架固定焊接。

（2）安装方法

①由测量人员根据线路中心线测量放线，根据所放基准点放样，确定始发托架安装位置。

②始发托架运至施工现场后吊至井下，并将各部分组装起来。

③调节始发托架位置，使始发托架中线与隧道中心线重合，若存在高差则用钢板垫起来。

④粗调完成后，由测量人员进行复核。根据测量结果进行细调，当结果符合安装要求

后，再由测量人员进行最后的校核。

⑤测量结果符合安装要求后，与工作井主体结构进行固定焊接。

⑥安装结束后，测量人员对安装位置进行最后检查，质检人员对各螺栓连接和焊缝进行强度、连接质量等检查，经检查合格后才能投入盾构始发的使用，保证始发的顺利进行。

（3）安装要点

①由于始发托架在盾构始发时要承受纵向、横向的推力以及约束盾构旋转的扭矩，所以在盾构始发前，必须将始发托架的前后左右用型钢与始发井主体结构楔紧，底部须用钢板垫实。盾构始发托架须具有足够的刚度和强度并通过验算证明，导轨必须顺直，为防止盾构始发推进时栽头，应在始发托架前端安装一段导轨。图 2-47 为始发托架与盾体的相对位置示意图。

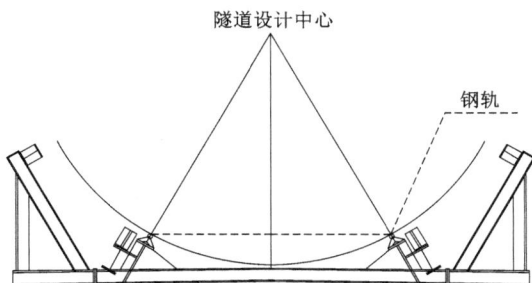

图 2-47　始发托架与盾体关系示意图

②盾构定位的准确程度主要依靠盾构始发托架就位的准确性。安装前，测量人员要依据隧道设计轴线、洞门钢环实际位置(受所处平纵面线形、地质条件等方面的影响)反算出始发托架的准确空间位置，包括平面和高程位置。安装后要保证盾构放入始发托架以后盾构的中心线与设计轴线的误差在规定范围之内。

③始发托架长度应大于盾构长度并考虑一定的富余量，便于吊装设备的移动。

（4）施工质量检验

①始发托架安装轴线精度水平偏差：5 mm；高度偏差：10 mm。

②始发托架固定焊接必须采用自然冷却，严禁用水冷却。

③保证焊接质量，焊接为满焊，焊缝高度不小于 15 mm。

2.1.2.4　反力架

反力架的安装在盾构组装过程中完成。反力架是为盾构始发掘进提供支撑反力的装置，一般由口字形平面钢构件、基准圆环及横撑竖撑斜撑构成。如图 2-48 所示，反力架基准环端面应与盾构始发轴线垂直，以使盾构轴线与隧道设计轴线重合。

（1）工艺流程

反力架组装→测量放线→吊装下井→

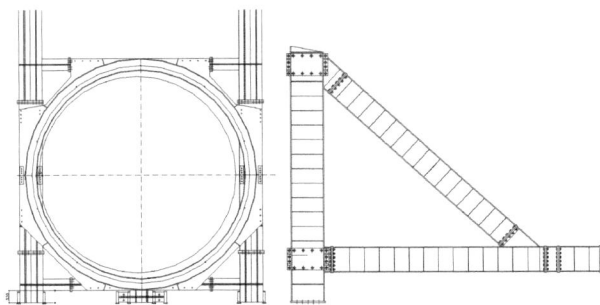

图 2-48　反力架安装示意图

位置粗调→测量复核→反力架位置细调→再次测量复核→反力架及支撑固定焊接。

（2）安装方法

①在地面上将上下横梁及立柱拼装成一个整体(全部用螺栓连接)，水平放置，口字形平面钢构件的正面朝上。

②将基准环没有螺栓孔的一面面向口字形平面钢构件，平放在水平放置的构件上，准确地调整反力架的中心位置，并保证基准环处于正确位置。经反复校正中心定位及楔形定位后

将基准环焊接在口字形平面钢构件上。

③用吊车将反力架吊入工作井，竖立在事先安装好的反力架预埋件上，经专业测量人员测量校正反力架的水平、前后的高度，确保基准环的中心与隧道设计中线重合、基准环的平面与隧道设计中线垂直以后将反力架的立柱与预埋螺栓连接。

④最后安装反力架剩余斜撑等部件，将反力架与后背工作井连接部分焊接，严格控制焊口焊接质量，保证焊接强度符合设计要求。

（3）安装要点

①反力架立柱位置要准确，必须用仪器定位。反力架的安装位置应根据洞口第1环管片的起始里程 DIS、负环管片数 N、管片环宽 WS 和盾构刀盘始发前的位置精确确定。反力架端部里程计算公式：$DR = DIS - N \cdot WS - 1/2WS$（面向小里程方向始发时，式中的－号变为＋号进行计算）。

②反力架底部平面位置定位。反力架安装之前，根据反力架端部里程计算出反力架中心线、左右边线的坐标，并将三点的坐标放样至工作井底板上。

③反力架的倾角定位。反力架所处平面需要与盾构始发轴线垂直，当反力架主框架连接完成后，可通过吊车和手拉葫芦调整反力架倾斜角度，当达到设计角度时即可对支撑及反力架焊接加固。

④反力架应有牢固的支撑及足够的刚度和强度，应经过受力验算，能为盾构始发提供足够的反推力。

⑤反力架底部与主体结构连接部位应采用高强度螺栓连接和焊接，以保证反力架有足够的抗压强度。

（4）施工质量检验

①反力架左右偏差和高程偏差应控制在±10 mm 之内。

②反力架基准环靠近隧道方向的面为一个平面，且与盾构始发轴线垂直，允许偏差控制在±2‰之内。

2.1.2.5　洞门凿除

洞门凿除有盾构直接掘进凿除(玻璃纤维筋混凝土或素混凝土)和人工凿除，图 2-49 为人工凿除施工方法。

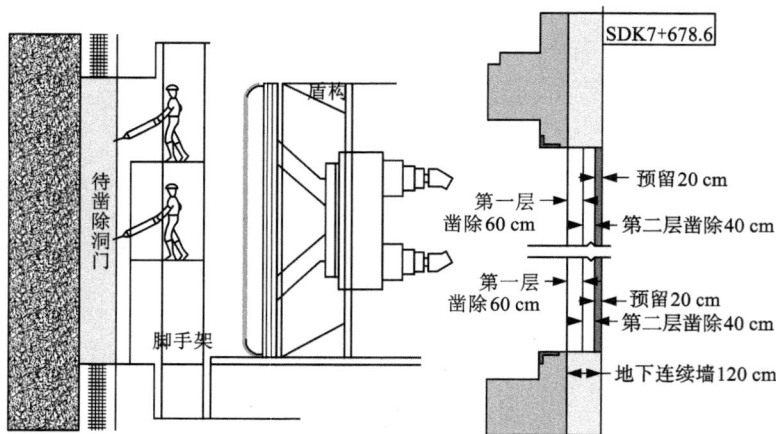

图 2-49　洞门凿除施工示意图

（1）施工工艺

洞门凿除一般采用风镐进行，先按块凿除地下连续墙表面（钢筋保护层），并将外露的钢筋全部割除取出，再凿除地下连续墙主体混凝土，露出内侧钢筋并割除。

在凿除过程中，如果地层稳定，且混凝土强度高，也可采用微膨胀破碎剂进行辅助施工。在地下连续墙适当位置打孔，孔深应稍小于地下连续墙主体混凝土厚度，装入微膨胀破碎剂，待其发挥效果后进行凿除。

（2）工艺流程

图 2-50 为洞门凿除工艺流程图。

（3）洞门凿除条件

①洞门凿除施工应在盾构始发、接收条件验收通过后方可进行施工。

②端头土体加固检验合格，水平探孔合格后方可开始凿除。水平探孔是针对隧道进出洞门加固情况的检查。在盾构始发前开始利用探孔检查洞口处加固体的稳定情况，预防洞门凿除时出现掌子面坍塌或涌水涌浆现象。如图 2-51 所示，实际施工时将水平探孔均匀分布在洞门上，中间一个孔需向旁移 20 cm，以避免破坏盾构洞门中心点。钻孔深度宜>2 m，根据现场情况可做调整。若探孔检查结果不满足设计要求，端头加固应补强施工。

③应急物资准备到位，如棉被、注浆泵、注浆材料、砂袋、快干水泥、应急水泵、聚氨酯、聚氨酯注浆泵等，现场码放整齐。

④脚手架搭设完成，且符合相关规范要求。

⑤作业队伍完善动火作业相关程序后方可进行作业。

（4）施工步骤

1）准备工作

①根据工程特点编制洞门凿除施工方案，制订施工安全保证措施，提出应急预案。

②配备好相应的消防安全用具（如灭火器等）。

③对所有施工人员进行岗前技术、安全培训；作业前进行技术交底。

④及时关注天气情况，尽量保证洞门凿除期间地下水位在可控制范围内。

⑤对洞门中心坐标及高程进行复核，保证满足设计及盾构始发要求。

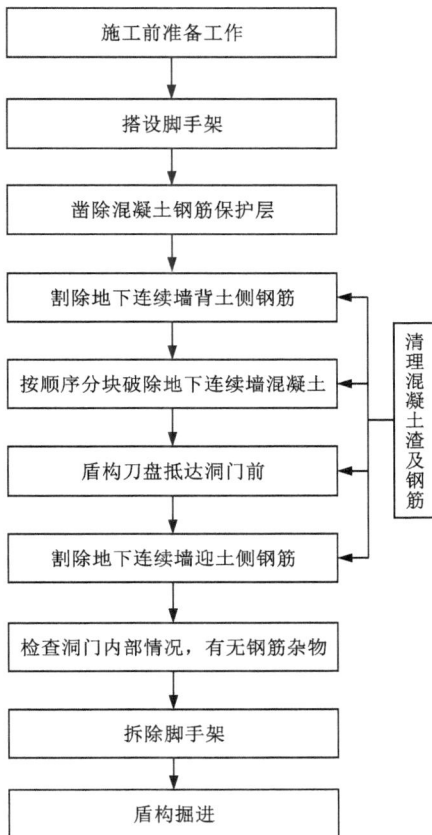

图 2-50　洞门凿除工艺流程图

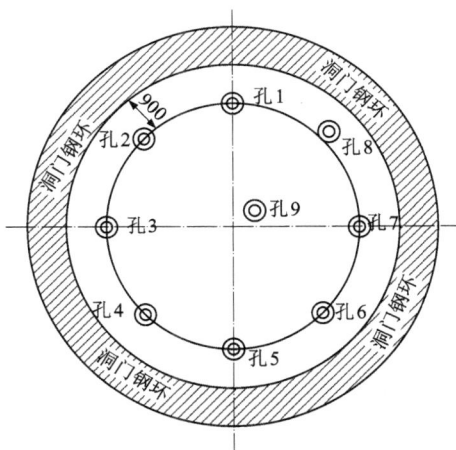

图 2-51　水平探孔示意图
（根据现场具体情况调整）

2）脚手架搭设

在洞门与刀盘之间搭设脚手架，脚手架搭设应与刀盘做必要可靠连接，确保脚手架牢固安全。

3）洞门凿除连续作业

①洞门凿除要连续施工，尽量缩短作业时间，以减少正面土体的流失量。整个作业过程中，由专职安全员进行全过程监督，杜绝安全事故隐患，确保人身安全，同时安排专人对洞口上的密封装置做跟踪检查，起到保护作用。

②如图2-52所示，按照分块图由上至下凿除洞门混凝土，第一次凿除厚度以完全露出外侧钢筋为宜，凿除前应对橡胶止水帘布等易损件进行保护，防止混凝土块砸坏止水装置。

③钢筋割除应遵循先下部、再两侧、后上部的原则，用气割割除外侧钢筋。切割的废弃钢筋捆绑好、堆放整齐并吊出竖井。使用气割作业时，注意对洞门预埋钢环的保护，防止烧坏预埋钢环等。

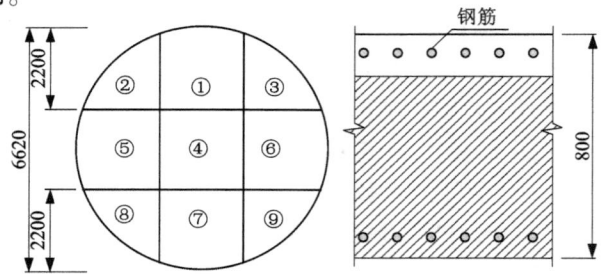

图2-52　洞门凿除分层、分块示意图

④外侧钢筋割除完成后按块继续进行混凝土的凿除，凿除过程中需组织人员进行清渣工作，凿除作业人员不得与清渣人员交叉作业，专职安全人员应进行现场监督。内侧混凝土凿除工作按交底施工，直到完全露出迎土侧钢筋后才停止凿除。

⑤迎土侧钢筋完全露出后，现场管理人员观察有无局部漏水、漏砂或局部坍塌等情况，如有上述情况，及时进行补强后方可进行下步工序。如掌子面无明显渗漏水或坍塌情况，则进行第二道钢筋割除工作。

⑥第二道钢筋割除工作须采取自下而上的顺序进行作业，防止局部混凝土塌落伤人。割除作业要尽快、连续进行，减少掌子面暴露时间。

⑦第二道钢筋割除完成后快速进行清理、清渣工作，检查整个掌子面上是否留有未割钢筋，检查洞门钢环面有无焊接结构件，检查止水装置的完整性。

⑧检查、清理工作完成后，迅速拆除脚手架，盾构顶入盾构钢环，开始掘进施工。

⑨在整个洞门凿除作业工作中应合理安排人员，以满足洞门凿除作业条件为准。如渣土堆积较多影响施工，应及时清理，避免交叉作业。

（5）安全控制措施

①在施工过程中要注意安全，施工人员统一进行岗前培训。在脚手架上的工作属高空作业，工作人员要系上安全带，严防高空坠落。

②特种作业须持有特殊工种上岗证。

③做好施工现场的用电安全，严禁在作业区域上方吊运物件。如必须吊运时，下方施工人员暂停作业，避让至安全区域。

④洞门凿除时粉尘较大，施工人员必须戴好防尘口罩。

⑤做好劳动防护，施工人员必须佩戴胶手套。

⑥现场配备专职安全人员进行监督。

⑦严禁酒后上岗、带病上岗、疲劳作业等。

（6）施工注意事项

①洞门凿除必须在端头土体检查合格后进行。

②在洞门凿除过程中，尽可能减小振动，避免沿连续墙壁出现涌泥涌砂通道。

③在洞门凿除过程中，混凝土渣及所有钢筋都必须取出，钢筋割除的范围要确保满足盾构刀盘顺利通过。

④在洞门凿除过程中，必须在通风、照明、人力配备上满足要求，尽快完成洞门凿除，避免掌子面长时间地暴露。

⑤在施工过程中要密切观察掌子面的情况，遇到问题要及时处理，不能盲目施工。

⑥洞门凿除完毕后，盾构要及时贯入，以支撑掌子面，避免端头土体失稳。

⑦在洞门凿除过程中，在地层稳定且混凝土强度高的情况下，若产生大量烟尘，可适当洒水降尘或在基坑顶部设置临时喷淋设施，做好相应市政环保工作。

2.1.2.6　负环管片安装

负环管片可以分为钢负环管片和混凝土负环管片。地铁施工作业中一般采用的是混凝土负环管片。

（1）工艺流程

图 2-53 为负环管片安装工艺流程图。在进行负环安装时，首先要做好施工准备，包括熟悉施工图纸及相关规范等技术准备工作，准备并检验调试负环管片、连接螺栓、千斤顶等物资，以及清理平整场地和设置安全防护等场地准备；接着进行负环管片吊装，使用合适的起重设备将预制管片吊运至盾构拼装位置，吊运中须确保安全稳定；随后进行负环管片拼装，运用专用设备按设计要求和顺序组装，控制好管片位置和姿态以保证连接紧密；之后伸出盾构的千斤顶，为盾构推进提供反力，同时要控制好千斤顶伸出长度和压力，以保证推进方向和姿态正确；再进行管片位置调整，对测量偏差利用相关设备微调，多次测量确保准确；最后复紧连接螺栓，保证管片连接牢固，防止盾构推进时螺栓松动影响结构稳定性。

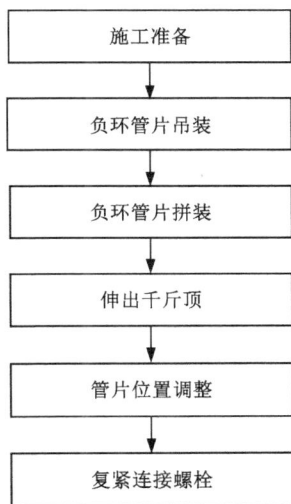

```
┌──────────────┐
│   施工准备     │
└──────┬───────┘
       ↓
┌──────────────┐
│  负环管片吊装   │
└──────┬───────┘
       ↓
┌──────────────┐
│  负环管片拼装   │
└──────┬───────┘
       ↓
┌──────────────┐
│   伸出千斤顶    │
└──────┬───────┘
       ↓
┌──────────────┐
│  管片位置调整   │
└──────┬───────┘
       ↓
┌──────────────┐
│  复紧连接螺栓   │
└──────────────┘
```

图 2-53　负环管片安装工艺流程图

（2）安装步骤

①准备砂袋、水泵、水管、方木、型钢、钢丝绳、千斤顶等加固用的物资和工具，准备洞内、洞外的通信联系工具和洞内的照明设备。

②管片在预制厂经过质检合格后，由专门的平板运输车运至施工现场临时存放。堆放的上下两块管片之间要垫上垫木。

③安装前要将管片、连接件备齐，盾尾杂物清理干净，检查管片拼装机的举重臂等设备运转正常后方可进行管片安装。

④由管片吊机将管片吊运至管片拼装机上进行拼装。安装第 1 环负环管片并用推进油缸后推，使之与基准环相连。

⑤收回千斤顶，安装第 2 环负环管片。

⑥依次安装其他负环管片，直至开始掘进永久第 1 环。

（3）注意事项

①拼装负环管片前应检查盾构的盾尾圆度和直径是否满足施工要求，从源头防止推进过程中出现盾尾间隙过大、过小现象。

②第1环负环管片的定位相当重要，它对后续管片拼装起着基准面的作用，故应尽量控制好管片的真圆度、坡度、环面平整度。如图2-54所示，在安装负环管片之前，为保证负环管片不破坏尾盾刷、保证负环管片在拼装好后能顺利向后推进，应在盾壳下半圆内（3点到9点钟范围内）安设厚度不小于盾尾间隙的木块（或型钢），以使管片在盾壳内的位置得到保证。

③在拼装上部负环管片时，应用钢板在盾构内部焊接L形吊耳，可起到临时固定上部管片的作用。

④第1环负环管片推出盾尾后，应在管片下部垫木楔或钢楔，并用钢丝绳将管片圈

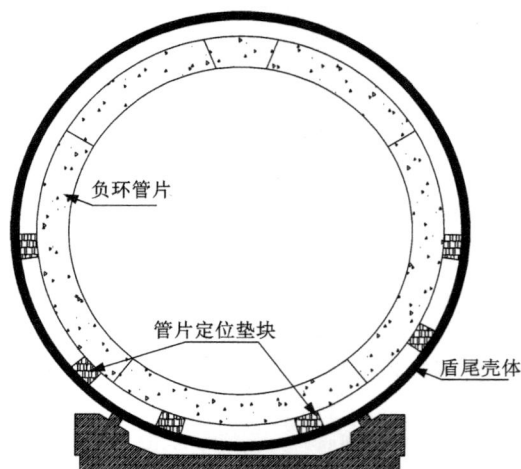

图2-54 负环管片定位示意图

住，在拼装模式下施加一定的推力把管片压紧在反力架上。用全站仪检查管片的成环质量情况，包括椭圆度、平面、高程、块与块的高差等，根据情况，调整下一环管片的安装。

⑤在第1环负环管片推出盾尾的过程中，应采用措施防止盾体前移，保证负环管片拼装质量。

⑥负环管片拆除前，应验算成型隧道管片与地层间的摩擦力，并满足盾构掘进的反力要求。

2.1.2.7 始发条件验收

端头加固、洞门止水、始发托架、反力架、洞门凿除、负环管片安装、盾构安装调试等始发前准备工作完成后，在盾构正式始发之前，仍需对盾构始发条件进行验收，确保盾构始发安全、顺利地进行。始发条件验收主要包括主控条件验收和一般条件验收。验收内容及要点见表2-9。

表2-9 盾构始发条件验收项目

验收条件	内容	验收要点
主控条件	工作井及各项技术参数	工作井已按照设计要求完成并通过验收，其标高、轴线、结构强度等各项技术参数符合设计和规范要求，能满足盾构施工各阶段受力要求（盾构结构尺寸已复核且符合设计要求），并通过验收
	专项施工方案	盾构推进，盾构始发（含端头井加固）通过专家评审并已审批，对相关人员进行方案交底
	施工测量	盾构位置测量验收完毕，井下控制点已布设且固定，洞门复测符合设计要求
	监控量测	监控量测方案已审批，检测控制点已按监控测量方案布置好，初始值已测取，控制值已确定（含第三方监测和施工监测）

续表 2-9

验收条件	内容	验收要点
主控条件	辅助技术	要求的各项技术措施(端头加固、降水、冷冻等)已经完成,各项指标已达到设计要求并有检测报告
	洞门探孔	洞门探孔已打,未发现异常情况并满足始发要求
	洞门密封	洞门密封止水装置安装完成,外观质量及完整性符合设计要求
	始发托架	始发托架已验算并通过监理审核,结构强度满足要求并通过验收
	反力架	反力架已验算并通过监理审核,结构强度满足要求并通过验收
	盾构安装调试	始发前盾构安装调试验收完成
	应急预案及应急准备	具有针对性、可操作性的应急预案编制完成并落实抢险设备、物资、人员;应急物资到位,通信畅通,应急照明、消防器材符合要求
一般条件	材料及配件	材料、配件准备齐全,质量证明文件齐全,复试合格
	视频监控	视频监控系统已安装到位并可正常使用
	设备机具	进场验收记录齐全有效,特种设备安全技术档案齐全,安装稳固,防护到位
	分包管理	分包队伍资质、安全生产许可证等资料齐全,安全生产协议已签署,人员资格满足要求
	作业人员	拟上岗人员安全培训资料齐全,考核合格;特种作业人员类别和数量满足作业要求,操作证齐全;施工和安全技术交底已完成
	风水电临时设施及通风防尘	风、水、电及临时设施满足施工需求;通风防尘及防有害气体措施已落实

2.1.3 始发掘进

本小节对始发推进前检查要点、始发掘进参数控制要点、始发推进过程中注意要点、洞门二次密封进行重点说明。

1. 始发推进前检查要点

①洞门凿除前,应对洞门经改良后的土体进行质量检查,合格后方可进行洞门凿除。

②洞口凿除后必须尽快将盾构向前推进,使盾构刀盘切入土层,尽量缩短正面土体的暴露时间。在凿除洞门的同时,做好盾构掘进和管片拼装的准备工作。

③在拼装第 1 环负环管片时,为防止两块邻接块失稳,可在管片抓取头归位之前,在盾壳内与负环管片之间焊接 L 形吊耳以扶住邻接块。第 1 环负环管片定位时,应先保证负环管片横断面与路线中线垂直,待负环管片完成定位后,将负环管片与反力架之间的空隙填充密实。

④在开始进行负环管片后移时,应通过控制推进油缸行程的方法控制负环管片后移,所有推进油缸行程应尽量保持一致。

⑤精确测量、调整盾构的初始姿态。通常盾构的中心线要比隧道中心线高 20mm 左右,以防止始发时盾构"叩头"。

⑥始发基座导轨必须顺直,严格控制其标高及中心轴线。

⑦始发台的端部与洞口围岩还有一定的距离。为保证盾构在始发时不至于因刀盘悬空而造成盾构"叩头",可在始发钢环内安设一段型钢作为始发延长导轨,同时应注意在导轨末端与洞口围岩之间留出刀盘的位置,以保证始发时盾构刀盘可以正常旋转。

⑧由于始发时盾构与地层间摩擦力很小,盾体易旋转,这时可以在盾壳与始发台接触部位焊接防扭挡块,防止盾构旋转。

⑨始发前应在基座轨道上涂抹润滑油膏,减少盾构推进阻力。

⑩始发前在刀头和密封装置上涂抹油脂,避免刀盘上刀头损坏洞门密封装置。

⑪刀盘进入帘幕前确认洞门钢筋割除完毕;确认超挖刀安全,确认刀具已经紧固完毕,并且扭矩符合要求。

⑫关闭仓门前,再次确认仓内未遗留金属物品。

⑬检查外密封油脂注入、铰接油脂是否正常打出。

⑭检查盾构刀盘与土仓的注入孔是否正常,并确定编号正确。如果不正常不要急于始发盾构。

⑮推动盾体前检查负环管片及反力架是否牢固、可靠,台车连接及轨道是否安全。分体始发时应检查管线。

⑯检查测量系统是否正常,复测一次。

2. 始发掘进参数控制要点

（1）切口压力

始发加固段地层通常已采取加固措施,在按正常土体计算出所需平衡土压(泥水压)的基础上,可根据地层的加固效果考虑适当降低切口压力设定值,以减少始发推力、扭矩及作用于洞口密封上的压力。

（2）推力

盾构的总推进力必须大于各种推进阻力的总和。盾构始发时,由于盾体未进入土体,在盾壳与始发托架接触面涂抹黄油,故壳体与外周的摩擦力暂时不计。随着刀盘切削土体,盾体逐渐进入土层(岩层)并被包裹,摩擦力逐步增大。

（3）扭矩

为防止负环管片或盾体发生旋转,始发阶段应注意控制扭矩,必须保证扭矩在防扭块承受范围内。

（4）掘进速度及刀盘转速

在加固区,应小推力、小贯入度掘进,保证扭矩在防扭块承受范围内,加固区掘进速度不宜大于 20 mm/min,磨桩过程中掘进速度一般不超过 3 mm/min,刀盘转速与掘进速度要相匹配。

3. 始发推进过程中注意要点

①转动刀盘前,确认刀盘已经进入帘幕,并注意与掌子面的距离。

②必须随时查阅地质断面图,并检查地下水位,计算土压力。盾构始发推进时,必须符合始发段切口压力要求。

③注意刀盘转速与掘进速度的配合,熟悉区间地质状况,根据不同地层合理选择掘进参数并加强监测,根据监测结果调整掘进参数。

④泥水平衡盾构严格按照规程进行开挖仓排气,气泡仓上升液位。

⑤时刻关注盾构的掘进参数(推力、扭矩、速度应相对成正比),如不成正比,应检查问题所在。要注意刀盘低转速、低推力及土压力。

⑥注意切口土压或泡沫的注入量,防止帘幕漏水漏砂。

⑦始发时不得随意调整油缸分区压力。盾尾未完全进入前,不得调整姿态,必要时需要控制底部油缸压力,防止盾构栽头,避免因行程差异过大导致盾尾进入时铰接部分变形。

⑧应加强盾构姿态的测量,如发现盾构有较大转角,可以采取刀盘正反转的措施进行调整。

⑨盾构在始发基座上向前推进时,应注意对反力架的保护,根据反力架的强度确定推力,并尽量做到不调向、油缸均匀施加推力。始发掘进中派专人检查反力架的变形情况、台车与反力架的刮蹭情况。

⑩推进时注意防扭挡块位置和盾体外圈杂物,进入洞门圈前必须割除盾体外圈的防扭挡块及其他杂物。

⑪在盾构始发阶段,应注意各部位油脂的使用和消耗情况。

⑫查看渣土情况,及时改良土体,确保出土顺畅。

⑬盾构在磨素桩时一定要加注泡沫与膨润土,同时把素桩上的渣土排除干净。

⑭刀盘扭矩上升后检查主驱动电机及减速机的紧固螺丝,必要时开仓加固滚刀螺丝。

⑮脱出盾尾后的管片须加固,并且盾尾进入帘幕后开始压注凝期较短的浆液,少量多次,注浆及推进时注意帘幕是否有渗漏或者喷涌。

4. 洞门二次密封

当盾构盾尾进入洞门后还需要对洞门进行二次密封,以保证盾尾离开洞门密封后地层中的水和砂不会从洞门薄弱处流失,造成始发井流水流砂的事故发生。

(1)施工准备

0 环管片脱出盾尾前应准备快干水泥、棉絮、钢筋等应急物资。若发生较大的漏水喷涌,应使用棉絮、快干水泥进行封堵。若圆环板焊接后存在空隙,可使用钢筋进行补焊。

(2)工艺流程

图 2-55 为洞门二次密封工艺流程图。

图 2-55　洞门二次密封工艺流程图

1) 0 环管片的预埋钢板

如图 2-56 所示,为了能够实施二次密封施工,按照具体设计,在 0 环管片的外弧面指定区域内预埋一定尺寸钢板。

2) 二次密封圆环板焊接

图 2-57 为二次密封使用的圆环板。如图 2-58 所示,0 环管片脱出盾尾后,将预先加工好的圆环板贴在折页式压板固定端和 0 环管片外弧面之间,紧靠外弧面。然后将圆环板两端分别焊接在折页式压板固定端和 0 环预埋板上。通过预留孔对洞门进行注浆封堵,确保密封效果。

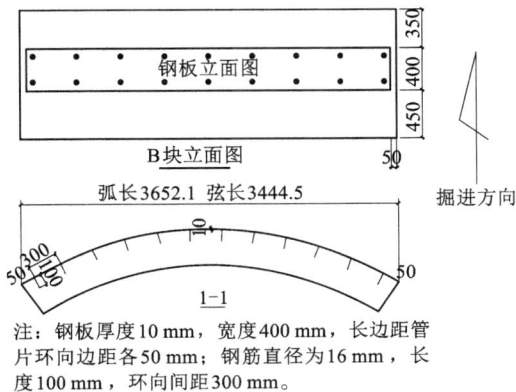

注:钢板厚度 10 mm,宽度 400 mm,长边距管片环向边各 50 mm;钢筋直径为 16 mm,长度 100 mm,环向间距 300 mm。

图 2-56　0 环管片预埋钢板示意图

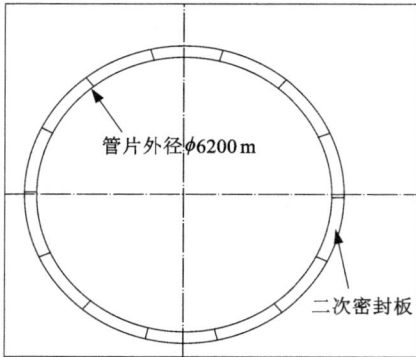

图 2-57 二次密封圆环板

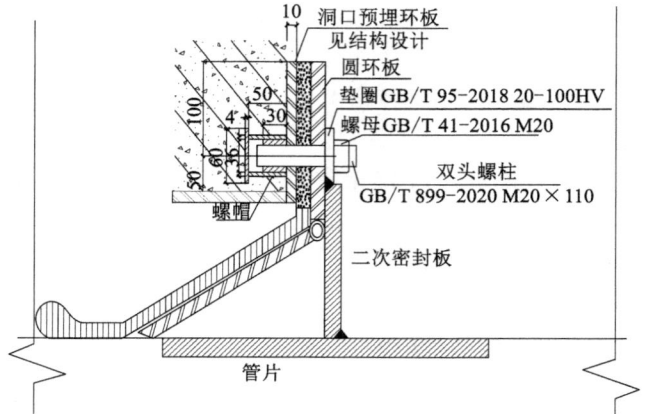

图 2-58 二次密封钢板焊接

（3）质量控制措施

①二次密封圆环板两端分别与合页板固定端和 0 环预埋钢板满焊焊接，焊缝应饱满。

②焊接时应先把钢板清洗干净。

2.1.4 试掘进及总结验收

通常在始发试掘进 100~200 m（100 环左右）后，进行试掘进验收及总结。从盾构始发到试掘进验收，是检验盾构施工系统组织、检验盾构性能、检验盾构维修保养能力、检验辅助设备效率、熟悉实际地质水文情况、摸索盾构各项参数设定值、检验管片质量、检验管片拼装质量等的重要阶段，也是为下一步盾构正常、优质、高效掘进提供基础技术参数的重要阶段。

1. 试掘进的目的

①检验验证和调整优化盾构施工系统组织、盾构维修保养、辅助设备效率及配备等。

②用最短的时间对盾构进行负载调试和性能验证。

③最短的时间对盾构的操作方法、机械性能进行熟悉，较好地控制隧道轴线及地面沉降。

④了解和认识工程的地质条件，掌握该地质条件下水土压平衡的施工方法。

⑤收集、整理、分析及归纳总结各地层的掘进参数，制订各地层正常掘进的操作规程，推力、推进速度、出土(泥)三者的相互关系，实现快速、连续、高效的正常掘进。

⑥熟悉管片拼装的操作工序，提高拼装质量，加快施工进度。

⑦通过本段施工，加强对地面变形情况的监测分析，反映盾构推进时对周围环境的影响，掌握盾构推进参数及同步注浆量。

⑧通过对地层推进施工，摸索出盾构推进轴线的控制规律。

⑨通过试掘进段的试验项目，了解注浆液的配比、添加剂的类型和用量、盾构掘进的各种参数、施工模式的选择。

⑩验证不同岩层对刀盘、刀具的磨损量，结合推力、刀盘转速等确定最优参数。

2. 试掘进总结及验收内容

试掘进结束后，为达到试掘进的目的，应对试掘进进行总结和验收，见表 2-10。

表 2-10　试掘进总结和验收项目

内容	总结和验收要点
施工系统组织	施工系统组织满足隧道正常施工，循环时间满足工期
盾构自身性能	盾构自身性能满足设计及施工需要，主要验收项目包括：刀盘刀具及主驱动、螺旋输送机、管片拼装机、皮带输送机、管片吊机、视频监视系统、控制室控制系统、控制室监控、刀盘微速操作、推进油缸、铰接油缸、液压系统、集中润滑系统、各密封系统、盾尾油脂系统、同步注浆系统、冷却水系统、泡沫系统、膨润土系统、泥水系统、空气系统、空气保压系统、人仓耐压、通信照明系统、导向系统
盾构维修保养	项目维修保养系统的组织和实施满足盾构的运转需求
辅助设备效率	辅助设备的配置、效率与盾构整体匹配，满足施工需要。辅助设备主要包括：水平运输、垂直起吊运输设备，拌和设备，泥水循环及处理设备，电力供应设备，供水排水设备，通风设备等
盾构掘进过程控制	切口压力：满足开挖面土体稳定、地面变形、盾构推力扭矩等要求
	掘进速度、推力、扭矩、刀盘转速：符合相关要求，且各参数互相匹配
	盾构姿态控制：满足规范及合同相关值的要求
	渣土方量与重量：控制在超挖允许范围内
	渣土改良：满足掘进所需及减少刀盘刀具磨损
	泥浆性能指标：满足排渣及掌子面支护的要求
	盾尾润滑及密封油脂注入：满足相应部位及部件的润滑需要且经济合理
同步注浆及二次注浆	原材料：符合选定配比、质量合格
	设计配比、生产配比：设计配比满足施工需要且经济合理；生产配比能有效控制在误差范围内
	浆液性能质量指标：生产的浆液性能指标满足施工所需且质量合格
	过程管理：注浆过程合规合理
	注浆压力及注浆量控制：盾尾建筑间隙充填密实；管片衬砌稳定及时；地面变形在控制范围内
沉降情况与分析	地面沉降监测点的布置：能全面和准确监控地面、建筑物、管线变形
	地面沉降监测点的监测及数据分析：监测方法、频率、精度满足数据收集需要；数据整理分析合理直观；预警、报警值设置合理合规，上报及时，处理预案合理
成型隧道质量	管片质量：管片质量满足设计、规范及合同要求
	管片姿态：管片变形监测点布置、监测方法、施测频率、施测精度、数据整理分析满足管片姿态实施监测的需要；管片姿态满足设计、规范及合同要求
	管片错台：满足设计、规范及合同要求
	管片破损与渗水：满足设计、规范及合同要求
安全文明施工	隧道内外文明施工，整洁、干净，施工安全可靠
其他	满足设计、规范及合同要求

2.2 盾构接收

2.2.1 接收方法

盾构接收是指盾构在掘进过程中由原状土区域进入接收竖井端头加固土体区域，然后推进至接收竖井的围护结构处后，从竖井外侧破除井壁进入竖井内接收台架上的一系列作业过程。盾构接收的基本流程图如图2-59所示。目前常用的接收方法有常规接收、套筒接收、冷冻接收、水下接收等，现就常用接收方法中所涉及的各种工艺流程、要点及注意事项作简要介绍。

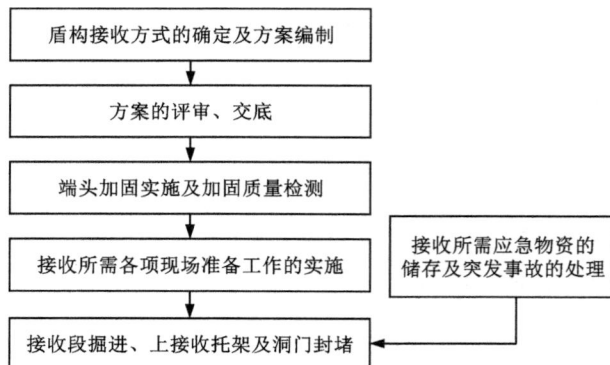

表2-11为盾构接收前需要做的准备工作。

```
┌─────────────────────────┐
│ 盾构接收方式的确定及方案编制 │
└─────────────────────────┘
            ↓
┌─────────────────────────┐
│     方案的评审、交底       │
└─────────────────────────┘
            ↓
┌─────────────────────────┐
│  端头加固实施及加固质量检测  │
└─────────────────────────┘
            ↓                    ┌──────────────┐
┌─────────────────────────┐    │ 接收所需应急物资的│
│ 接收所需各项现场准备工作的实施│    │ 储存及突发事故的处理│
└─────────────────────────┘    └──────────────┘
            ↓                          │
┌─────────────────────────┐          │
│ 接收段掘进、上接收托架及洞门封堵│◀────┘
└─────────────────────────┘
```

图2-59 盾构接收基本流程图

表2-11 盾构接收前主要准备工作

项目	内容
技术准备	①编制和报批接收方案、应急预案，进行方案交底； ②接收联测及接收掘进的参数控制； ③地面监测点埋设及初始值采集
设备工装准备	①盾构接收托架、洞门止水装置等的设计及加工制作安装； ②洞门凿除设备进场； ③应急机械设备准备； ④接收方式所需的特殊设备及工装
现场准备	①接收端头加固施工及检测； ②周围的建筑物、地下管线的调查及受影响建筑物保护
材料准备	①应急物资的储存； ②正常施工材料准备

1. 常规接收

（1）概念及适用情况

常规接收是最常用、成本最低的接收方法，在无特殊情况下一般采用此方法接收。

（2）工艺流程

图2-60为常规接收工艺流程图。

（3）施工要点及注意事项

①做好端头加固、端头管线标识标注，以及受影响建筑物的保护工作和监测工作。

②充分做好接收端头加固区止水的检查，对加固区进行钻孔取芯，取芯深度不小于2 m。钻孔结束后派专人观察和记录各孔渗水情况，确认各孔的渗水均满足设计要求后，方可凿除

洞门，否则需进一步采取措施进行堵水。

③做好贯通前联测和盾构姿态调整，防止盾构进入接收端洞门钢环卡壳。

④调整好盾构姿态，在盾构进入加固区前尽量缩回铰接油缸。

⑤做好洞门凿除前盾尾注浆及二次注浆工作，切断后方来水。

⑥做好应急设备物资的储备工作。

⑦及时做好管片螺栓复紧及管片拉紧工作，贯通后步进上接收托架过程中，当推力过小不足以满足管片间止水所需挤压力要求时，可采取措施增加盾体前进阻力。

⑧在洞门凿除完成后及时清理渣土，检查洞门周边及底部凿除情况，以及钢筋切割情况，防止残留钢筋或混凝土影响盾构接收姿态；检查钢环引轨焊接情况，杜绝点焊，洞门密封橡胶帘布涂抹润滑剂。

⑨刀盘上引轨前检查刀盘的停放位置，降低推进速度，使刀盘缓慢爬上引轨，待盾体出洞门约半米后及时收紧翻板帘布。

⑩盾构推进至盾尾脱出洞门前停机注浆，待管片注浆观察孔打开后没有明显渗漏即可脱出盾尾，及时焊接二次密封板。

```
┌─洞门密封装置地面试拼─┐   ┌─管片环间拉紧措施─┐   ┌─注意刀盘停放位置─┐

          端头加固确认、洞门钢环复测
                    ↓
          接收托架的安装与固定
                    ↓
          洞门密封的安装
                    ↓
          达到段掘进及姿态调整
                    ↓
   刀盘抵拢墙后，盾尾注浆止水，凿除洞门
                    ↓
          贯通，上接收托架
                    ↓
          洞门二次密封
```

图 2-60　盾构常规接收工艺流程图

2. 套筒接收

（1）概念及适用情况

采用钢套筒接收盾构的主要原理是在盾构接收井内做一个能完全包住盾构机身的钢套筒结构，在钢套筒内模拟出隧道正常开挖的土层压力条件，在盾构凿洞门过程中建立起正常掘进的压力，并把洞门环与钢套筒密封连接，防止接收过程中水土涌入盾构井或地层垮塌，保证接收的安全。套筒接收主要应用于接收端头加固空间不足、加固效果不理想或地层原因接收风险大等工况。

1）优点

①对地面场地要求少，限制小，灵活性大。

②节约时间，工期可控，且比起常规接收，其施工质量更易控制。

③用于复杂地质，可靠性高，安全风险比常规接收小，且应急处理比常规接收简单。

④由于套筒接收的填充料对盾构提供反推力，因此比起常规接收，其洞门区域管片间更易拉紧。

2）缺点

①盾构接收在钢套筒中进行，不能直观反映出盾构的接收情况，对盾构掘进操作要求相对较高。

②套筒接收对钢套筒的气密性要求较高，且涉及压力作业，安装及密封工序复杂，专业性要求高。

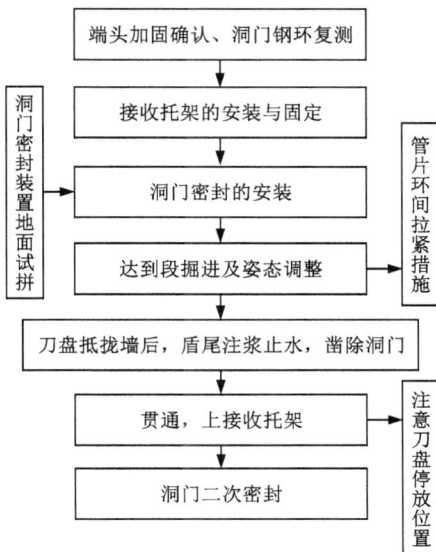

③成本相对较高。

（2）工艺流程

图 2-61 为套筒接收工艺流程图。从准备工作开始，进行钢套筒制作后，将其安装及加固，如图 2-62、图 2-63 所示。接着进行灌水加压并封闭检测，若检测不合格则返回钢套筒安装及加固步骤。检测合格后进行套筒内灌砂、灌水，如图 2-64 所示。随后掘进素墙或玻璃纤维混凝土墙（或提前凿除洞门），再洞门注浆封闭。之后进行套筒降压检测出水，若检测不合格则返回洞门注浆封闭，再重新进行套筒降压检测出水。检测合格后，排空钢套筒内的水土，然后打开钢套筒，如图 2-65 所示。最后吊出盾构。

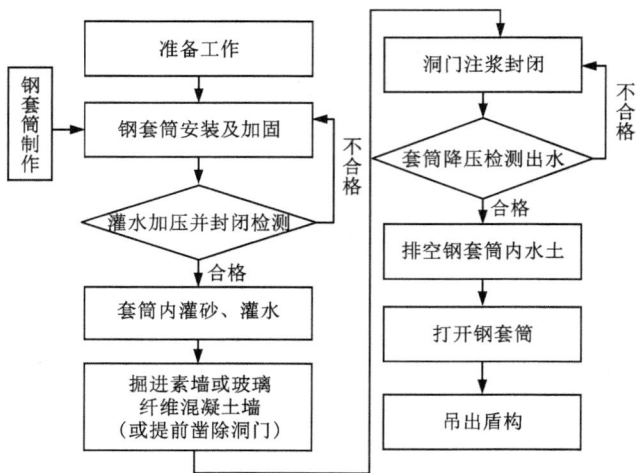

图 2-61　套筒接收工艺流程图

图 2-62　钢套筒安装

图 2-63　钢套筒与洞门钢圈连接

图 2-64　钢套筒内灌砂、灌水

图 2-65　钢套筒拆除

（3）施工要点及注意事项

①钢套筒出厂前应进行试拼装，检查其气密性，确保现场安装的可靠性及安全性。

②竖井内组装钢套筒，定位应满足精度要求，保证盾构贯通轴线与筒体中心线重合，防止刀盘碰到钢套筒。

③接收套筒内导轨必须顺直，严格控制标高。

④钢套筒设计承压能力应大于 2 倍计算水土压力。

⑤钢套筒安装完成后通过加水试压，试压压力根据具体工况计算确定。在计算试压压力下保持 12 h，压力损失应小于 10%。

⑥掘进过程中严格控制土仓压力和出土量，保持开挖面稳定，碰壁前掘进速度减小到 5 mm/min 以下，刀盘转速减小到 0.5 r/min 左右。为避免盾构进洞出现"叩头"使刀盘旋转刮到钢套筒，出洞时盾构机头应略呈抬头姿势。

⑦拆除前的检查：洞门封堵完成后，首先对隧道内管片进行开孔检查，确认二次注浆壁后填充密实后，打开钢套筒泄水孔检查洞门渗漏水情况。若无渗漏，打开顶部泄压阀降低钢套筒内压力，同时观察压力表和盾构土仓压力变化情况。如压力稳定下降无突变且降低至 0 后无明显变化，说明洞门效果良好，土体较为稳定，可以进行拆盖准备作业。

3. 冷冻接收

（1）概念及适用情况

冷冻接收是通过降低洞门前方地层温度到冰点以下使地层颗粒及水形成并维持稳定的整体再进行洞门凿除接收的方法。按照冻结原理一般分为盐水冷冻和液氮冷冻，按照打孔方向一般分为垂直冷冻和水平冷冻。主要应用于地下水丰富或端头加固空间不足或其他加固方法不能保证接收安全的工况。因不同方法对始发整体流程影响不大且端头加固章节已有阐述，故在此就不分开说明，只以水平冷冻为例进行介绍。

（2）工艺流程

图 2-66 为冷冻接收工艺流程图。

（3）施工要点及注意事项

①冻结壁的厚度、强度必须满足盾构接收时土体的稳定性要求和封水性要求。

②接收时外围冻结孔深度至少应使盾构在冻结壁内完成一道注浆封闭环。

③在保障安全的前提下，尽量减少冻结壁体积，以减轻冻胀融沉对周边建筑物及地下管线的影响，对可能受影响的构筑物采取有效的保护措施。

④施工方案应符合现场实际条件，具有良好的施工可行性和可操作性，满足安全施工、文明施工、环境保护及节能要求。

⑤按设计孔位、方向及角度打设冻结孔，应采取措施减少水土通过冻结孔流出，保证地

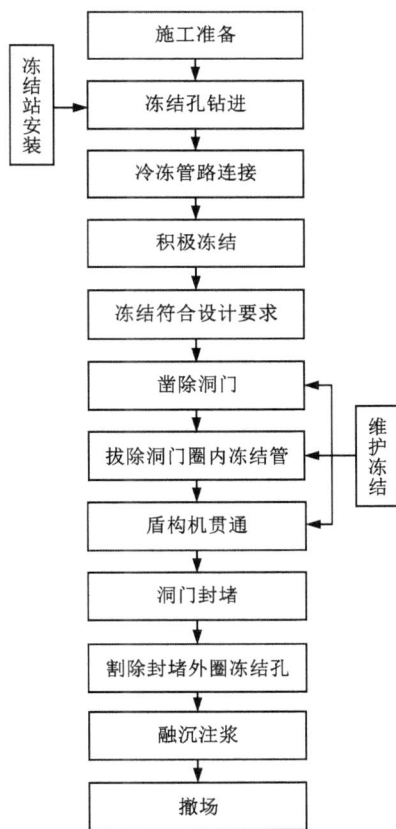

图 2-66　冷冻接收工艺流程图

面安全不出现沉降。

⑥为了保证钻进精度，钻进过程中要经常复核钻进的方向并调整。

⑦冻结管安装前要先配管，保证冻结管同心度。

⑧装好冻结管后进行角度和深度复测，并进行打压试漏。

⑨在洞门凿除及盾构进出洞前冰冻土体应有良好的自立性，并确保在凿除洞门过程中正面冰冻土体不产生渗水现象。

⑩洞门分层凿除时间过长时要在凿除面上敷设保温层。

⑪洞门凿除前，接收井端头冷冻墙体必须达到设计冷冻强度，并确保盾构已具备地下连续墙凿除条件。通过测温孔计算达到设计强度、厚度后，探孔观测无水、无泥砂流出，且探孔内温度在0℃以下已结冰，经过验收合格后，方可进行破槽壁盾构接收。

⑫采用人工局部解冻的方案进行拔管。当盾构靠到洞门后，开始拔管。拔管注意冻结管与拔除力要成一线，拔冻结管时不能憋劲，拔管时要常转动冻结管。如拔不动时，不能硬拔，防止拔断冻结管。要继续循环解冻，直至拔起冻结管。图2-67为冷冻接收施工现场图片。

图 2-67 冷冻接收施工现场

4. 水下接收

（1）概念及适用情况

为防止盾构推出洞门地下连续墙时，不稳定地层中的淤泥、砂土、水等从洞门流失，造成洞门涌泥涌砂，引起地面下沉甚至塌陷风险，目前常用的方法是在盾构接收时，向井内回填砂土及灌水，以平衡接收井周边地层的水压及土压，确保地层中的水和泥砂不再流动。此方法多用于泥水盾构的接收。

（2）工艺流程

图2-68为水下接收工艺流程图。

（3）施工要点及注意事项

①采用水下接收时，端头加固措施是必不可少的，需要按照要求进行地层加固，以保证接收掘进和凿除洞门的安全。

②井内回填土、回灌水的高度需要根据实际水位水压、施工条件等综合考虑确定。

③临时挡水墙要稳固可靠，能抵挡井内回填的水土压力，临时挡水墙与相邻工作面

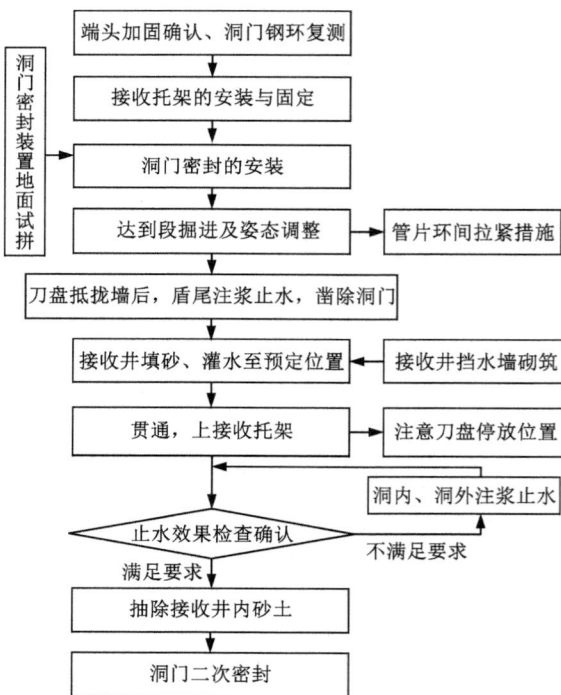

图 2-68 水下接收工艺流程图

接触处宜采用植筋，加强整体性。

④为尽量减少洞门凿除对洞圈范围内的土体影响，确保盾构顺利接收，洞门凿除完成后应立即回填土和回灌水。

⑤盾构定位的准确程度主要依靠盾构基座就位的准确性，在回填土前先对基座进行验收，确认基座位置准确，坡度符合要求。

⑥井内回填土时需要考虑对基座的保护。先利用低落距的方法填土至基座上部，保证基座的完好性以及位置正确，然后正常回填水土。

⑦洞门密封止水效果经检查确认满足要求后，方可清除井内回填水土。

⑧可采用盾构自身的泥浆循环系统对井内的泥浆和渣土进行排放清理，以减少清土工作量。

2.2.2 盾构接收准备工作

接收端头土体加固见"2.1.2.1 端头土体加固"，此处不再详述。

1. 止水密封装置

盾构接收时也常用折页式洞门密封装置，安装方法、注意事项等与始发密封基本相同，但是翻板、橡胶帘布方向与始发相反。

（1）洞门密封装置安装

洞门圈内渣土清理完后，安装双头螺栓，安装止水装置。止水装置安装顺序为：橡胶帘布板→折页式压板→垫圈→螺母。安装方法、注意事项等与始发密封装置安装方法相同，但需特别注意橡胶帘布板方向：须将橡胶帘布板内圈棱朝洞门外，即要使橡胶帘布板平面接触盾壳。安装好后，宜使用不小于 $\phi20$ mm 的钢丝绳穿过折页式压板上的卡环，并以手拉葫芦连接。为保证盾构推进时不对折页式压板造成损坏，安装折页式压板时需将其调整到最高位置，并在橡胶帘布板内侧涂抹黄油，以避免盾构推进时刀盘损坏橡胶帘布板。图 2-69 为盾构出洞时的密封准备。

图 2-69 盾构出洞密封

（2）折页式压板的调整与拉紧

如图 2-70 所示，盾构刀盘推出洞门盾壳接触橡胶帘布板前，先松弛钢丝绳，待盾构进入洞门密封后，将折页式压板向内做适当调整，使其尽量压紧橡胶帘布板，并将翻板焊接在进洞预埋钢板上，以防止洞门泥土及浆液漏出。待盾尾推出洞门，管片外弧面接触橡胶帘布板后，将折页式压板尽量向内调整，将橡胶帘布板紧压在管片外弧面上，并以手拉葫芦拉紧，让橡胶帘布板一直发挥密封作用。

2. 接收托架

接收托架与始发托架的工艺流程、安装方法基本相同，其控制要点如下：

①根据实测洞门的中心坐标、盾构实际位置反算确定接收托架位置。

②接收托架的中心轴线应比盾构实际轴线适当降低，以便盾构顺利上接收托架，但不能因过低造成盾构出洞后栽头。

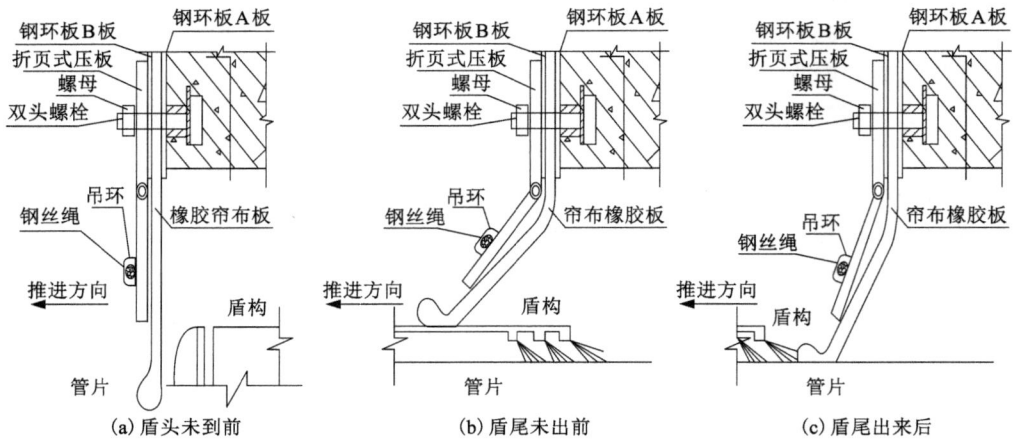

(a) 盾头未到前　　　　　(b) 盾尾未出前　　　　　(c) 盾尾出来后

图 2-70　接收密封装置

③接收托架与接收洞门间安装一段导轨,防止盾构贯通推进时栽头。

3. 洞门凿除

接收端洞门凿除施工工艺、流程、步骤同始发端洞门凿除施工,在此不做详细叙述。接收端洞门凿除时机如下:

①盾构刀盘宜掘进至距地下连续墙 50 cm 后停机,盾尾进入加固区后,盾尾管片与加固区结合注双液浆,进行止水环箍施工,防止盾构后方来水。盾尾环箍施工完成后,将土仓内渣土出空。

②接收托架安装加固完成。复核测量达到盾构接收要求。

③作业队伍完善动火作业相关程序后方可进行作业。

④脚手架搭设完成,且符合相关规范要求。

⑤洞门凿除施工应在盾构接收条件验收通过后进行。

⑥应急物资准备到位,如棉被、注浆泵、注浆材料、砂袋、快干水泥、应急水泵等、聚氨酯、聚氨酯泵等,现场码放整齐。

⑦端头土体加固质量检验、水平探孔检验达到接收条件。检查端头加固止水情况有如下几种方法:

a. 疏通水平探孔检查地下连续墙外侧土体加固区是否有水源补给。

b. 将盾尾超前注浆孔打开、疏通,观察盾体方向是否有水源补给。

c. 在盾尾环箍施工完成后,打开、疏通注浆孔,观察盾尾方向是否有水源补给。

d. 出空土仓内渣土后,打开螺旋输送机闸门,转动螺旋输送机出土(应按时间段反复几次做以上动作),观察是否有水、砂流出,确定土仓内有水源补给。

4. 接收条件验收

盾构即将到达接收端加固区,盾构接收作业即将开始时,为确保盾构接收工作安全顺利进行,应对盾构接收条件进行全面系统的检验验收工作,验收合格后才能进行盾构接收施工。验收内容及要点见表 2-12。

表 2-12　盾构接收条件验收项目

验收条件	内容	验收要点
主控条件	工作井及各项技术参数	工作井已按设计要求完成并通过验收,其标高、轴线、结构强度等各项技术参数符合设计和规范要求,能满足盾构施工各阶段受力要求(端头井结构尺寸已复核且符合设计要求),并通过验收
	专项施工方案	盾构推进、盾构接收/到达方案(含端头加固)通过专家评审并已审批,对相关人员进行方案交底
	施工测量	盾构位置测量验收完毕,井下控制点已布设且固定,洞门复测符合设计要求
	监控量测	监控量测方案已审批,监测控制点已按监控测量方案布置好,初始值已测取,控制值已确定(含第三方监测和施工监测)
	辅助技术	要求的各项技术措施(端头加固、降水、冷冻等)已经完成,各项指标已达到设计要求并有检测报告
	洞门探孔	洞门探孔已打,未发现异常情况并满足接收要求
	洞门密封	洞门密封止水装置安装完成,外观质量及完整性符合设计要求
	接收托架	接收托架已验算并通过监理审核,结构强度满足要求并通过验收
	应急预案及应急准备	具有针对性、可操作性的应急预案编制完成并落实抢险设备、物资、人员;应急物资到位,通信畅通,应急照明、消防器材符合要求
一般条件	材料及配件	材料、配件准备齐全且质量证明文件齐全,复试合格
	视频监控	视频监控系统已安装到位并可正常使用
	设备机具	进场验收记录齐全有效,特种设备安全技术档案齐全;安装稳固,防护到位
	分包管理	分包队伍资质、安全生产许可证等资料齐全,安全生产协议已签署,人员资格满足要求
	作业人员	拟上岗人员安全培训资料齐全,考核合格;特种作业人员类别和数量满足作业要求,操作证齐全;施工和安全技术交底已完成
	风水电临时设施及通风防尘	风、水、电及临时设施满足施工需求;通风防尘及防有害气体措施已落实

2.2.3　接收掘进

接收掘进通常是指盾构到达接收井之前约 100 m 到盾构贯通被推上接收基座的施工过程。

1. 接收掘进过程注意要点

①在盾构推进至盾构接收掘进施工范围时,应对盾构的位置和盾构隧道的测量控制点进行准确的测量,明确隧道实际中心轴线与隧道设计中心轴线的关系,同时应对盾构接收井的洞门进行复核测量,确定盾构的贯通姿态及掘进纠偏计划。

②接收施工前,应以顺利接收为目标有计划地调整盾构姿态。进入接收施工时,根据盾构姿态测量和洞门复测结果,逐渐将盾构姿态调整至预计位置。盾构纠偏宜缓,盾构逐步进

入最佳接收姿态。

③掘进至加固区附近时，同步注浆压力和注浆量比通常要高，应根据实际情况及时补注浆，以保证管片背后充填密实。

④盾构接收段应增加地表沉降监测的频次，并及时反馈监测结果指导施工。

⑤由于加固土体强度相对较高，在加固区掘进时速度要放缓，切口压力根据情况及时调整并严格控制。在盾构进入加固体掘进后要加强洞口的观察与沉降监测。

⑥为防止盾构贯通后因推力减少而管片间压紧不足，接收段的最后10~20环管片在管片推出盾尾后立即用槽钢相互连接拉紧，以增加隧道刚度；在最后几环管片拼装时，及时复紧管片的拼装螺栓，提高抗变形的能力。

⑦当盾尾到达加固体时立即施工止水环箍，以阻挡后方来水。常采用的方式为二次注浆和压注聚氨酯相结合的方式进行封堵止水。压注按照从下到上、左右对称、注则成环的规定进行，直至盾构刀盘到达拆机位置。

⑧凿除洞门前，应避免盾构出现俯角姿态；做好铰接千斤顶的行程控制，避免千斤顶出现最大行程和最小行程的极限状态；注意盾尾间隙的控制，尽量保持盾尾间隙均等。

⑨考虑盾构接收施工速度较慢，盾构存在"叩头"风险，贯通前可逐步将盾构姿态抬高1~2 cm。

⑩密切观察洞门变形和刀盘力矩等参数的变化情况，一旦发现有异常情况应立即停止推进，并采取相应对策。

2. 接收掘进参数控制要点

接收掘进参数控制总的要求是低速度、小推力、合理的切口压力和及时饱满的回填注浆。

①盾构进入接收段后，严格控制切口水压，逐步放慢掘进速度，控制在 1.5 cm/min 以下，在推进过程中采用低扭矩小推力掘进方式。

②推力逐步降低，缓慢均匀地切削土体，确保接收段地下连续墙的稳定及地层不坍塌。

③在盾构头部完全进入加固区后，将切口压力逐步降低，直至降到 0 MPa。

3. 洞门注浆加固

在末环管片完全脱出盾尾后，应对洞门钢环圈与末环管片预埋钢板用钢板焊接严实，以确保工程安全。然后通过预埋钢环上的注浆孔对末环管片进行注浆加固。注浆的过程中要密切关注洞门的情况，一旦发现有漏浆的现象应立即停止注浆并进行封堵处理。确保洞口注浆密实，洞门圈封堵严密。通过二次注浆孔对靠近洞门的管片进行注浆填充。待注浆凝固后，根据设计要求施做洞门结构。

第 3 章 盾构掘进施工

3.1 施工流程

图 3-1 所示为地铁土压盾构有轨运输掘进施工流程图, 图 3-2 所示为泥水盾构掘进施工流程图。

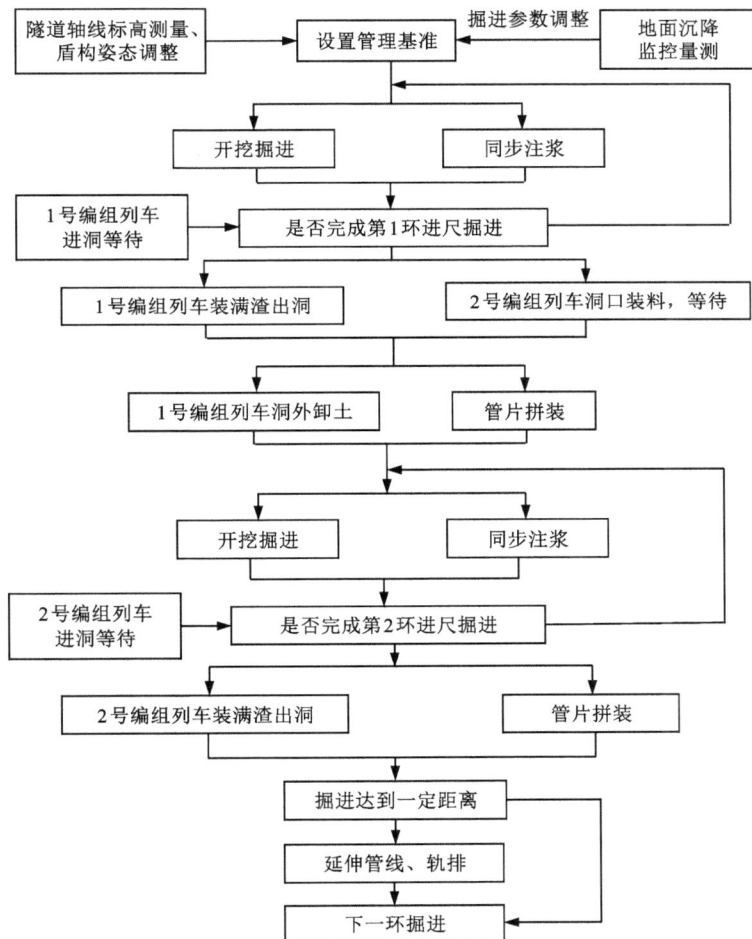

图 3-1 地铁土压盾构有轨运输掘进施工流程图

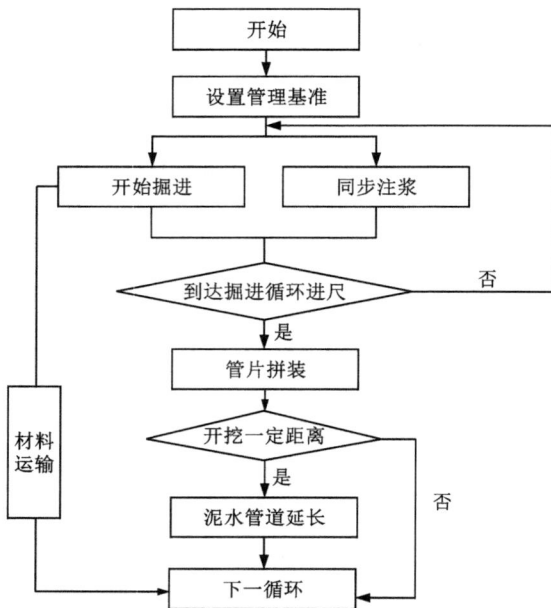

图 3-2　泥水盾构掘进施工流程图

3.2　掘进参数选用

3.2.1　掘进参数选用原则

盾构施工掘进参数决定了隧道施工的安全、质量和进度，同时也是决定盾构设备能否正常运行的重要因素。由于盾构是在埋深较深和密闭环境中掘进，掘进参数的选择对盾构施工至关重要，选择得当可以控制地表沉降，延长刀具寿命，并保证盾构良好的工作状态。掘进参数应按照盾构施工参数规范和实际施工情况，遵循"安全、保质、合理、高效"的原则进行选用。

在掘进过程中主要考虑的参数有土仓/气泡仓压力、刀盘转速、推力、掘进速度、刀盘扭矩、螺旋输送机转速、进排泥浆流量、泥浆管道及泵压力、铰接油缸行程、同步注浆量及压力、渣土改良添加剂掺量等。

1. 土仓/气泡仓压力

土仓/气泡仓压力是用来平衡开挖面水土压力的。掘进中对土仓/气泡仓压力起主要调节作用的参数有刀盘转速、推进系统推力、掘进速度、螺旋输送机转速（土压）、进排泥浆流量等。

2. 其他参数

刀盘转速、推力可以调节刀盘对掌子面的切削速度，从而调节切削的渣土量。螺旋输送机转速（送排泥偏差流量）可以调节出渣速度。因此可通过刀盘转速、推力、螺旋输送机转速（送排泥偏差流量）等来调节盾构掘进的出渣量。出渣量、出渣速度同时又影响刀盘扭矩、掘进速度、土仓/气泡仓压力等相关掘进参数。

在掘进中需要根据不同的地质情况合理地设定相对应的掘进参数，以保证盾构掘进的连续性、安全性、稳定性，以及成型隧道的质量。

3.2.2　主要掘进参数选用和控制

1. 土仓/气泡仓压力(切口压力)

在土质隧道盾构施工中，切口压力是非常重要的参数，此压力直接作用在开挖面，可视为稳定开挖面的支护压力。开挖面支护压力过大则容易造成地表隆起，压力过小则容易导致地层过量失土和失水而引起地表沉陷甚至坍塌。

在实际施工中选择切口压力时主要综合考虑地层土压、地下水压及预备压力，即切口压力 = 地层土压 + 地下水压 + 预备压力

注：本手册土压参数的计算和说明仅针对土质地层，岩石地层需要根据其开挖后的稳定情况进行土压的管理，在此不做赘述。

(1) 地层土压

在土质隧道盾构施工过程中，由于施工扰动改变了原状的天然土体的静止弹性平衡状态，刀盘前方土体产生主动或被动土压力。简而言之，主动土压力的值相当于土仓/泥水仓内维持盾构前方土体不下沉坍塌的最小压力 $\sigma_{主}$，被动土压力的值相当于土仓/泥水仓内保持盾构前方土体不上隆的最大压力 $\sigma_{被}$。图 3-3、图 3-4 所示为两种土体失稳条件下的极限平衡状态。

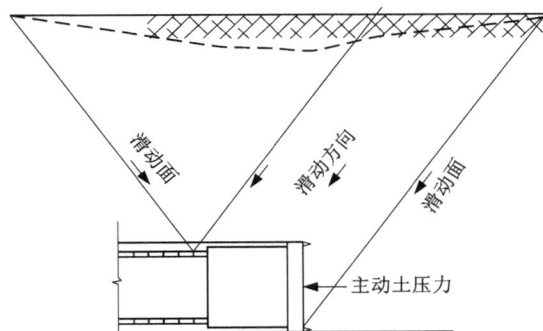

图 3-3　主动(下滑)极限平衡状态　　　　图 3-4　被动(上隆)极限平衡状态

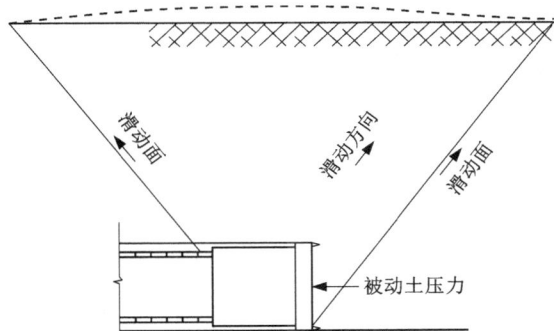

根据朗肯土压力理论，在不考虑水压的情况下(后面单独计算水压)，维持前方土体不坍塌、不隆起的最小切口压力 $\sigma_{小}$ 和最大切口压力 $\sigma_{大}$ 的计算公式分别如下：

$$\sigma_{小} = \sigma_{主} = \left[\gamma_{土}(H_{埋} - h_{水}) + (\gamma_{土饱} - \gamma_{水})h_{水} \right] K_{主} - 2c \, \mathrm{sqr}(K_{主})$$

$$\sigma_{大} = \sigma_{被} = \left[\gamma_{土}(H_{埋} - h_{水}) + (\gamma_{土饱} - \gamma_{水})h_{水} \right] K_{被} + 2c \, \mathrm{sqr}(K_{被})$$

式中：$\sigma_{主}$ 为主动土压力；$\sigma_{被}$ 为被动土压力；$\gamma_{土}$ 为地下水位线以上土层容重；$\gamma_{土饱}$ 为地下水位线以下土层饱和容重；$\gamma_{水}$ 为水的容重；$h_{水}$ 为地下水位高出隧道中心的高度；$H_{埋}$ 为隧道中心处埋深；$K_{主}$ 为主动土压力系数，$K_{主} = \tan^2(45° - \phi/2)$；$K_{被}$ 为被动土压力系数，$K_{被} = \tan^2(45° + \phi//2)$，$\phi$ 为地层内部摩擦角；c 为土的黏着力；$\mathrm{sqr}(\ )$ 为算术平方根公式的表达形式。

在实际盾构施工中，若最大切口压力按被动土压力 $\sigma_{被}$ 来控制，可能会引起推力、扭矩等各项参数的过大而造成额外的负载，因此常采用静止侧向土压力 $\sigma_{静}$ 作为最大切口压力控制

值,其计算公式如下:

$$\sigma_{静} = \left[\gamma_{土}(H_{埋} - h_{水}) + (\gamma_{土饱} - \gamma_{水})h_{水}\right]K_{静}$$

式中:$K_{静}$为静止土压力系数,$K_{静} = 1 - \sin\phi$。

三者关系为:$\sigma_{主} < \sigma_{静} < \sigma_{被}$

(注:以上公式计算土压是在假定隧道上覆土匀质性好,容重、黏着力、内部摩擦角基本相当的前提下简化而得,当上覆土层中以上参数差异较大时,需要逐层计算,此处不做深入讨论。)

(2)地下水压

在盾构施工中地下水压一般按以下公式计算:

$$\sigma_{水} = q\gamma_{水}h_{水}$$

式中:$\sigma_{水}$为地下水压力;$\gamma_{水}$为水的容重;$h_{水}$为地下水位高出隧道中心的高度;q为根据土的渗透系数确定的一个经验数值,砂土中$q = 0.8 \sim 1.0$,黏性土中$q = 0.3 \sim 0.5$。

(3)预备压力

由于施工存在许多不可预见因素,按照施工经验,在对沉降要求比较严格的地段计算土压力时,通常在理论计算的基础之上再增加$10 \sim 20\ kg/m^2$的压力作为预备压力$\sigma_{预}$。

(4)综合切口压力的确定

综上所述,在盾构施工中切口压力的计算总结见表3-1。

表3-1 切口压力理论计算公式

项目	计算公式
地层土压	$\sigma_{主} = \left[\gamma_{土}(H_{埋} - h_{水}) + (\gamma_{土饱} - \gamma_{水})h_{水}\right]K_{主} - 2c\ \mathrm{sqr}(K_{主})$ $\sigma_{被} = \left[\gamma_{土}(H_{埋} - h_{水}) + (\gamma_{土饱} - \gamma_{水})h_{水}\right]K_{被} + 2c\ \mathrm{sqr}(K_{被})$ $\sigma_{静} = \left[\gamma_{土}(H_{埋} - h_{水}) + (\gamma_{土饱} - \gamma_{水})h_{水}\right]K_{静}$
地下水压	$\sigma_{水} = q\gamma_{水}h_{水}$
预备压力	$\sigma_{预} = 10 - 20\ kg/m^2$
切口压力理论计算值	$\sigma_{主} + \sigma_{水} + \sigma_{预} < \sigma_{切} < \sigma_{被} + \sigma_{水} + \sigma_{预}$ 或 $\sigma_{主} + \sigma_{水} + \sigma_{预} < \sigma_{切} < \sigma_{静} + \sigma_{水} + \sigma_{预}$(常用) 实际取值介于理论计算值的上下限之间,然后根据实际监测数据进行调整

在实际运用中,主动土压力系数、被动土压力系数、静止土压力系数通过专门的土体试验计算确定。为简化计算,有时候静止土压力系数也采用经验值,具体见表3-2。

表3-2 几类土的静止土压力系数 K_0 参考值

土类	坚硬土	硬~可塑黏性土、粉质黏土、砂土	可~软塑黏性土	软塑黏性土	流塑黏性土
K_0 参考值	0.2~0.4	0.4~0.5	0.5~0.6	0.6~0.75	0.75~0.8

根据《建筑基坑工程技术规范》,静止土压力系数 K_0 宜由试验确定,当无实验条件时也可按照如下计算。

正常固结土：

$$K_0 = 1 - \sin \varphi'$$

超固结土：

$$K_0 = (1 - \sin \varphi')^{0.5}$$

另外，可由公式确定：

$$K_0 = \mu / (1 - \mu)$$

式中：μ 为摩擦系数。

（5）切口压力控制注意要点

①切口压力管理与控制一般给出一个适当的范围，根据施工所处的地段、地层、施工环境给出一个压力上限值、一个压力下限值。地层地质状况良好、稳定性好，则适当减小压力；地层变化大、沉降要求高，则适当提高压力。

②在沉降要求较为严格的部位，尽量使切口压力大于静止土压力，从而使土体产生向刀盘前方变形的趋势或位移，以达到减少地层沉降的目的，但不可超过被动土压力。由于加大了盾构的推进压力、扭矩和功率，掘进成本将加大；同时由于仓内土压/泥水压增大，可能对盾构的铰接密封、主轴承密封甚至刀盘刀具带来负面影响。因此在施工过程中要综合各方面因素对切口压力严格控制。

③切口压力设定好后，盾构操作技术人员要根据技术交底的参数进行控制。通过掘进过程中控制出土速度/进排泥浆流量与掘进速度的平衡、渣土改良剂的注入量等来保持切口压力。在控制切口压力过程中一定要保持压力稳定，波动范围一般以不超过 0.1 bar[①] 为宜。

④在推进过程中控制好切口压力，掘进时要记录出土量和推进油缸行程。当出现出土量与地表变形异常时，对切口压力进行调整。

2. 其他参数

（1）推力

盾构掘进时推力 F 主要是为了克服盾构外壳与土体之间的摩擦力 F_1、刀盘上的水平推力引起的推力 F_2、切土所需的推力 F_3、盾尾与管片之间的摩擦力 F_4、后方台车的阻力 F_5，在盾构设计时主要从这 5 个方面计算并考虑预留一定富余值来确定最大推力。

在盾构掘进过程中，推力控制需要注意以下几点：

①一般情况下，要尽量保持盾构推力稳定，且不宜长期保持大值。盾构推力一般不宜超过设计最大总推力的 80%。盾构推力过大，可能导致盾构刀盘结构变形、刀具损坏、液压系统故障和管片破损等一系列问题。

②在推进过程中如果推力过大，应该降低推进速度，加强土体改良，检查盾尾间隙，必要的时候开启仿形刀、盾体周边注入膨润土润滑进行协助推进。

③推进总推力也不宜过小，过小的总推力会导致管片止水材料压实效果不好、漏水及盾构纠偏困难等问题。盾构推力过小时，应当适当增加切口压力以提高推力。

④推力突变应停止掘进，查明原因采取措施解决后，恢复掘进。

---

① 1 bar = 0.1 MPa = 10^5 Pa。

（2）刀盘扭矩

刀盘扭矩 M 主要用于克服刀具的切削扭矩 M_1、刀盘自重产生的旋转力矩 M_2、刀盘的推力荷载产生的旋转扭矩 M_3、密封装置产生的摩擦力矩 M_4、刀盘前表面上的摩擦力矩 M_5、刀盘圆周面上的摩擦力矩 M_6、刀盘背面的摩擦力矩 M_7、刀盘开口槽的剪切力矩 M_8、刀盘土腔室内的搅动力矩 M_9。

在盾构掘进过程中，刀盘扭矩控制需要注意以下几点：

①推进速度的控制应该与刀盘扭矩相匹配，刀盘扭矩一般不超过设计额定扭矩的80%。

②如果刀盘扭矩过大，应该降低推进速度和加强渣土改良。

③刀盘转速也是影响刀盘扭矩的关键因素。一般情况下，地层硬度较大时刀盘转速设置以 1.2~1.5 r/min 为宜。在淤泥软土层掘进时刀盘转速设置以 0.8~1.0 r/min 为宜。

④盾构下穿重要建（构）筑物，应适当降低掘进速度，减小地层扰动，控制好地表变化。

⑤在硬度较大的地层掘进，每次停止掘进，刀盘须空转一段时间，等到刀盘扭矩下降到稳定值后，方可停止刀盘。避免再次启动刀盘时启动扭矩过大。

（3）螺旋输送机转速

根据维持切口压力的需要或出土口处的出土情况进行调整。

（4）掘进速度

根据土质、扭矩、推力和切口压力等综合确定，受土质影响大。盾构设计最大掘进速度一般为 80 mm/min，根据不同地层情况，实际推进速度常为 40~60 mm/min。

3.3 盾构姿态控制

3.3.1 盾构姿态控制的基本原则

在盾构隧道施工中，盾构的姿态控制是至关重要的，它直接关系到隧道的施工质量，所以在进行隧道轴线控制中，除了要做好严格的测量及检验工作，还要对盾构的姿态控制充分地重视起来。由于盾构施工是由盾构在深层土体进行暗挖的一种施工工艺，盾构所处土层的土质情况、隧道轴线的平面及高程的设计情况、管片形式及施工中选型、管片的楔形处理等因素都直接影响到盾构的姿态控制，从而对隧道的成型产生至关重要的影响。

盾构的姿态控制，简而言之就是调整推进油缸的几个分区的推进油压的差值，并结合铰接油缸的调整，使盾构形成向着轴线方向前进的趋势，盾构三个关键节点（切口、铰接、盾尾）尽量保持在轴线附近。以隧道轴线为目标，根据自动测量系统显示的轴线偏差和偏差趋势把偏差控制在设计范围内，同时在掘进过程中进行盾构姿态调整，确保管片不破损及错台量较小。

测量系统的几个主要参数：

①盾首（刀盘切口）偏差：指刀盘中心与设计轴线间的垂足距离。

②盾尾偏差：指盾尾中心与设计轴线间的垂足距离。

③趋势：指按照当前盾构偏差掘进，每掘进 1 m 产生的偏差。

④滚动角：指盾构绕其轴线发生的转动角度。

⑤仰俯角：指盾构轴线与水平面间的夹角。

3.3.2　影响盾构姿态的主要因素

1. 隧道设计轴线的影响

隧道的总体设计除了要满足运营的使用要求以外，对于盾构法施工，还应在设计中充分考虑到盾构法施工的特点，发挥盾构法施工的长处，避免一些不必要的难点，以保证施工顺利高效进行。对于既有的隧道轴线，应充分地对设计轴线进行系统的分析研究。对不同的设计线型，确定具体的施工方案，主要包括：在设计轴线的基础上，结合盾构法施工的特点制订出一条指导施工的施工轴线；确定小半径施工、穿越建(构)筑物及河流施工、穿越不同地层施工等特殊工况的施工方案；确定具体的测量检测方案；确定轴线调整预案等。

2. 隧道穿越地层的地质状况的影响

盾构在掘进中，所穿越的地层直接影响到盾构及隧道的整体受力情况，尤其是在两种不同的地层之间进行掘进时，盾构的受力情况更加复杂，给掘进中的姿态控制造成了较大的难度。所以在施工中，要对隧道穿越地层的地质情况进行系统分析，事先确定施工方案，以保证施工的顺利进行。

3. 隧道测量的影响

在隧道掘进过程中，测量的精确性是至关重要的，它直接决定盾构的掘进方向，所以在施工中应保证测量的万无一失，经常进行复测，并对现有测量成果进行及时调整，保证隧道轴线的正确性。

4. 隧道管片形式的影响

管片的不同形式对隧道的掘进有着不同的影响。目前国内普遍的管片设计形式有三种，即标准环(直线环)、左转弯环、右转弯环(也有部分地铁使用通用的楔形管片)。一般设计方会出具隧道的整体管片排列图，但会根据具体的施工情况做出相应的调整，同时根据管片的不同拼装方式(主要有通缝拼装和错缝拼装)确定相应的施工方案。

5. 地表建(构)筑物等的影响

隧道掘进过程中，地表的附着物[包括建(构)筑物及河流等]也会对盾构及隧道的受力情况造成一定的影响，需要进行具体分析，并确定相应的施工方案，保证隧道掘进的整体安全性及质量规范要求。

6. 其他方面影响

在掘进中，影响盾构姿态及隧道轴线控制的因素还有很多，主要包括盾构选型、地下水及地下不明物、隧道自身游离偏移等，都需要在具体施工中根据具体情况进行具体的分析解决。

3.3.3　盾构姿态控制的施工流程

盾构姿态控制工艺流程图如图 3-5 所示。

1. 盾构及管片姿态测量

每次推进或拼装完毕，都要进行一次盾构姿态或管片姿态测量，主要测量的指导推进的数据有：切口、铰接、盾尾相对于设计施工轴线的位置状态，盾构的坡度，管片相对于设计施工轴线的位置状态，管片与盾尾的间隙，管片的拼装形态(椭圆度)等。

2. 测量报表分析

根据具体测量所提供的数据，填写盾构姿态记录表，可以比较清晰地了解到盾构及管片当前的姿态情况，再结合设计轴线、盾构坡度、管片形式、管片间隙等参数确定下一步推进方案。

3. 推进方案确定

盾构推进方案需要确定以下主要内容：盾构的推进方向，切口、铰接、盾尾位置状态的控制目标，上下及左右超前量的控制目标，推进速度，推进千斤顶区域油压及压力差的控制目标，盾构坡度的控制目标，等等。

4. 管片处理方案确定

管片处理方案需要确定以下主要内容：管片的选型，上下及左右超前量的控制目标，楔形衬垫的粘贴，椭圆度的控制目标，等等。

5. 推进

推进中应尽量按照提前确定的推进方案进行推进控制，并在推进过程中严格控制好各项参数，认真观察推进千斤顶及铰接千斤顶的运行趋势，并对推进过程做出及时有效的调整，保证盾构姿态控制的合理有效性。

6. 管片姿态记录

管片姿态记录集成在盾构姿态实时记录表中，主要记录一些管片拼装的姿态参数，以及拼装后盾构铰接及推进千斤顶的行程等数值，指导下一环推进，并可以据此来确定下一环拼装管片的处理情况以及拼装方案等。

图 3-5　盾构姿态控制工艺流程图

3.3.4　盾构姿态控制的具体方法

1. 滚动控制

盾构的滚动角一般通过控制刀盘的旋转方向或扭矩梁来进行调整。刀盘的转速主要由地层的软硬情况来确定，一般情况下硬岩采用高转速，因此滚动角变化较快，这时要及时调整转向，每掘进一定的行程要进行刀盘的换向，以确保滚动值在允许的范围内。不同的地层滚动值变化快慢也不同，其受到盾壳与地层间的摩擦力的影响，一般情况下每一环都要进行几次换向。滚动值一般控制在±5 mm/m 以内，特殊情况下不要超过±10 mm/m。在掘进过程中如果一边转向掘进较快，则应注意刀具磨损的情况。

2. 推进系统分区油压控制

通过调节几个推进油缸区域压力的差值来调整盾构姿态是最简单有效的调节方式。当左右两分区的推进压力基本相同时，盾构切口平面会保持当前水平趋势继续向前。若两侧的推进压力存在差值时，则盾构切口将产生调向的趋势。盾构向左偏时，应提高左侧的油缸推

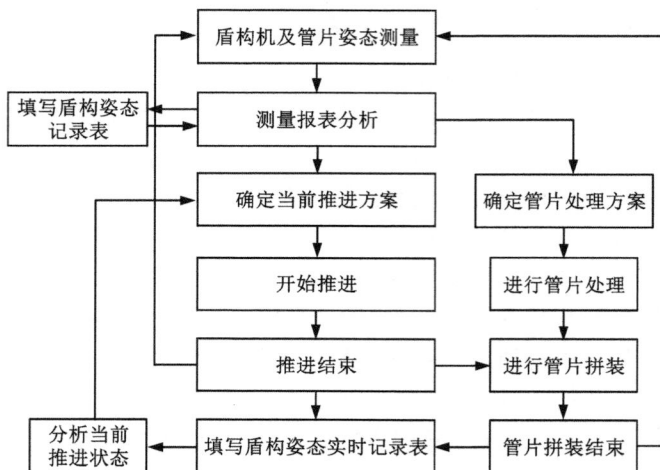

力，使其产生向右的调向趋势；盾构向上偏时，应提高下边的油缸推力，使其产生向上的调向趋势。反之亦然。

一般在进行直线段推进的过程中，应尽量使盾构切口的位置保持在设计轴线的±10 mm 范围之间。当盾构姿态须进行纠偏时，可以适当放大切口位置偏差范围，但也应控制在设计轴线的±20 mm 范围内，最大不应超过±30 mm。在进行转弯或变坡段推进的过程中，应该提前对切口偏移位置进行预测算，并在推进的过程中适当调整各区推进油缸的推进压力差，以保证盾构切口在推进的过程中始终保持在施工轴线的允许偏差范围内，一般情况下，可将允许偏差范围向曲线的中心方向做适度的偏移，以保证盾构能够较好地控制在施工轴线附近。

3. 铰接油缸控制

现在的盾构主要存在两种铰接型式，一种是主动式，另一种是被动式。

（1）主动铰接

主动式铰接型式，俗称"死铰"，这种型式的铰接，一般设置在盾构的中段(称为"支承环")，每组铰接千斤顶的液压回路是独立的，可以独立操作。一般情况下它是处于锁定状态的，盾构的前后部分在铰接锁定状态下采用螺栓及销轴的机械连接，盾构的前后部分不会产生相对运动，是一个固定的整体，就像没有铰接一样。只有在盾构偏离轴线较大或处于小半径曲线的掘进中，才有必要打开铰接，但铰接的打开度需要提前计算，然后按计算值将铰接打开到所设定的角度后，将铰接锁定，然后继续推进。这种铰接型式在进行直线段隧道掘进的施工中是比较有利的，操作人员在施工中可以不用考虑铰接的姿态位置，盾构的纠偏操作也比较简单易行，在与轴线的偏差值不是特别大的情况下，可以非常有效地控制盾构的姿态，盾构在覆土内的运行也比较稳定，基本不会产生较大的切口上浮及下沉。但在进行小半径曲线段施工的过程中，这种铰接型式就存在机动性能不好、纠偏效果不好等弊端，并且在盾构与轴线偏差值较大的情况下，盾构的纠偏会比较困难，并且会使盾构及管片局部受力，造成盾构或管片的损伤，影响管片的成环质量以及工程的整体质量。

（2）被动铰接

被动式铰接型式，俗称"活铰"，这种型式的铰接，一般设置在盾构的前段与盾尾的连接处，每组铰接千斤顶的液压回路是互相连通的，保持有相同的千斤顶压力，在推进的过程中可以进行"放松"和"拉紧"的操作。一般情况下它是处于锁定状态的，但其锁定状态与主动式铰接型式的锁定有着本质上的区别，它不是靠硬性机械连接，而是靠闭合液压回路的进出油路来起到锁定作用的，每组铰接千斤顶的液压回路还是保持互相连通，受外力较大的铰接千斤顶行程会相应地逐渐伸长，受外力较小的铰接千斤顶行程会相应缩短。这种铰接型式，可以非常有效地起到保护管片的作用，可以适应各种形式的掘进轴线要求，具有较高的机动性，比较适应较大的变坡以及小半径隧道的施工工况，能够有效地保证管片的成环质量及隧道的整体质量。然而，由于盾尾始终处于游离状态，盾尾的姿态主要取决于管片的姿态，操作手在进行盾构姿态调整中，只能对其切口的高程及平面进行调整。所以如果要将盾构的姿态调整到理想的状态，就要综合考虑切口、铰接、盾尾及管片的相对姿态与位置，这对操作手的综合素质有较高的要求。同时由于铰接部位的频繁运动，会造成铰接密封部件的较大磨损，很容易造成盾构铰接部位密封件损坏以及漏水漏浆，影响掘进工作的正常进行。

4. 管片选型控制

盾构姿态控制与管片拼装是相互影响、相互制约的两个过程。盾构姿态控制与管片拼装应以隧道设计轴线控制为统一目标，同时两者相互协调，保证管片拼装质量，避免管片产生破损与错台。

采用楔形管片作为隧道衬砌，将产生上、下、左、右不同的超前量，通过不同位置管片的拼装实现对隧道轴线的拟合。因此拼装前管片的选型特别重要，选择正确的管片旋转角度，能保证拼装工作的顺利进行，提高拼装质量，保证成型隧道符合设计轴线。另外，在盾构掘进施工中，成环管片作为盾构推进后座，是推进油缸发力之处，因此对盾构推进起到一种导向作用。所以在盾构推进，尤其是曲线推进时，应通过严格的计算与测量来确定管片的超前量，合理选取管片拼装位置，以达到管片相应的超前量，使管片环面始终垂直于设计轴线。当处于某些特殊情况导致盾构姿态偏差较大时，可以适当增加某一方向的管片超前量，使管片调整趋势略大于设计轴线发展趋势，从而加快盾构姿态调整速度。例如，在某些软土地层中，盾构姿态向下偏差较多，并且由于盾构本身自重较大，向上调整时很难取得效果，此时可以考虑在拼装管片时，将更多的超前量拼到下部，增加管片向上的趋势，从而达到推进油缸作用于管片时，更加容易使盾构向上推进。

3.3.5 盾构姿态异常情况下纠偏

1. 铰接力增大，行程增大

这是由于管片与盾尾间隙过小或者土体与盾尾摩擦力过大造成盾尾卡住。应及时判断卡盾的原因，找出问题的症结，及时做出调整。判断的依据是现场盾尾间隙测量的结果。

间隙过小的情况下应及时调整方向，同时在管片选型上做出调整，及时减小铰接压力，不得已的情况下还需通过增加辅助油缸等措施来脱困。

土体与盾尾摩擦力增加或者因长时间的停机砂浆凝固而造成的卡盾，应及时进行铰接油缸的收放，同时在盾尾部位注入适量的膨润土，以增加润滑。

2. 油缸行程差过大

油缸行程差过大是由多种因素造成的，其中主要因素为调向过快和管片选型出现问题。管片选型一定要与盾构调向相结合，以避免这种情况发生。

发生这种情况后，在盾尾没被卡住前，首先要通过管片选型来调整油缸行程差，同时在掘进过程中要注意油缸行程差的变化。当调向与行程差存在矛盾时，可减缓调向速率，但一定要注意在大方位偏移时仍然保持向预定的方向前行。调向的行程差值不要大于管片调节的楔形量差值。

3. 特殊地质中推力增加仍无法调向

这种情况多出现在软硬不均地层或者软弱地层垂直方向的调向时。在软硬不均地质中掘进，如果出现了此类情况，原因可能是速度过快。因此首先要将速度减缓，在低速下进行推进，更有利于调向。为避免此类情况出现，首先在进入圆曲线前，提前进行换刀以增加开挖量，减小调向难度。其次，在进入圆曲线前可提前进行调向。最后，在掘进过程中要放慢速度，通过调节油缸压力来进行方向调节，并且要观察油缸行程差值变化，确认是否在进行调向。同时要观察铰接压力的变化情况，在趋势一定的情况下，适当地收放铰接，以帮助前盾、中盾先进行调向，然后再通过前盾、中盾将盾尾拉回至正确的方向。

在软弱地层垂直方向的调向方面要注意考虑刀盘的重量造成的机头下垂问题，因此一般情况下要保持一定的上扬的姿态，并保持良好的趋势，及时观察、掌握盾构掘进趋势情况，总结经验，确保盾构不载头。在软弱地层中掘进，由于所需要的推力不是很大，在需要调向时，加大推力后掘进速度也会随之增加，从而造成了调向困难。在这种情况下，应找出掘进速度、推力与调向的平衡点，尽量减小掘进速度的同时，加大推进油缸油压的差值，确保盾构姿态沿着正确线路前进。

4. 蛇形纠偏

蛇形纠偏往往是操作手过于着急调向造成的结果。这种情况多出现于盾构姿态出现较大偏差，纠偏时调向过猛。在方向调整过程中一定要注意及时回调，避免蛇形纠偏。注意事项：在调向过程中避免急纠急调，在大幅度调向时，要注意及时回调，这样可以使盾构方向与设计轴线形成渐进曲线并逐渐靠拢，而不是超过设计轴线形成蛇形曲线。

5. 管片上浮与旋转对方向的影响

管片上浮及旋转造成管片在脱出盾尾时不稳定，由此造成测量系统后视点坐标变化，测量出现误差。在这种情况下调向时，首先要了解整个线路的走向。在掘进过程中，向线路方向掘进时，如果盾构姿态还是在轴线徘徊，此时操作手一定要警觉。发现这种现象后一定要马上检查测量系统是否正确，否则会出现大方位偏移。

这种情况应采取的措施：

①要向相关人员反馈，要求其核准测量姿态并及时停机。

②测量人员要加大测量频率。

③要及时采取措施稳定管片，如二次注浆等。

6. 大方位偏移情况下的纠偏

当发生大方位偏移时，如果是水平纠偏，最好先把垂直姿态稳住，再水平纠偏，也就是说要一个方向纠完，再纠另一个方向。此时应及时调节油缸推力，采用控制油缸行程差值来控制纠偏量。通过调整油缸压力加大油缸行程差值的方式进行调向，是最直接也是最有效的调向方式，但是行程差值不宜过大，一环的行程差值不要大于管片调节的楔形量。

一般在大方位偏移的情况下调向姿态会出现如下三个阶段：

第一阶段：盾首姿态变小，盾尾姿态变大，此时需继续调节方向，千万不能回调。

第二阶段：盾首姿态变小，盾尾姿态跟随盾首变小，此时需要及时地进行缓慢回调。

第三阶段：加大回调力度，使得盾构姿态与设计轴线形成渐进曲线。

在很多时候，盾构操作人员会在调向时出现一定的误区，就是在盾构姿态超过设计偏差的情况下，盾尾姿态还未跟随盾首姿态一起变小时就进行回调，那么这样的姿态并不能减小与设计轴线的距离，反而会与设计轴线的距离越来越远。因此必须注意在三个阶段中的调节过程，既做到调向又不进行大幅度的急纠。每环按照行程差值的变化进行调整，逐渐达到调向的目的。在纠偏过程中如果盾尾姿态已经跟随盾首姿态一起回转，此时须及时回调整油缸压力，回调时要注意方向的变化情况，切记不可出现蛇形纠偏现象。

3.3.6　盾构姿态控制小结

总而言之，盾构姿态控制的目的就是使盾构能够在推进的过程中始终保持在施工轴线的附近，不超出规定的施工误差范围，从而保证隧道的整体成型轴线能够满足技术规范的要求；而要达到这一目的，就需要把管片拼装部位的位置趋势状态控制在规定范围之内，也就是盾尾与铰接之间的位置，这样才能保证拼装的管片能够满足技术规范的要求。同时在推进中，我们所拼装的成型管片的位置状态的好坏，也影响到盾构的姿态。所以，盾构的姿态控制与隧道设计轴线控制是互相制约、相辅相成的关系，也就是说，只有在把盾构姿态控制好的前提下，才能使管片拼装后得到较好的姿态，同时控制好成型隧道的轴线也有利于进行盾构的轴线控制。

3.4 泥浆制备

3.4.1 泥浆作用机理

泥浆制备是泥水平衡盾构掘进施工非常关键的环节，泥浆的作用机理简述如下。

1. 平衡开挖面水土压力

泥浆在地面调制完成后，通过泥水循环系统输送至开挖面，在泥水仓内形成带有特定压力值的泥水，依靠泥水作用在开挖面上形成泥水压力来平衡开挖面的水土压力，起到支护和保持开挖面稳定的作用。

2. 在开挖面形成泥膜

在泥水平衡理论中，泥膜的形成是至关重要的。泥浆在盾构掘进中与开挖面接触后，在泥水压力作用下泥浆中的颗粒迅速渗透到地层间隙，被捕获并集聚于地层与泥浆的接触表面，使地层渗透系数变小，泥膜就此形成。随着时间的推移，泥膜的厚度不断增加，泥膜对开挖面的封闭作用和支护强度也逐渐提升；同时渗透抵抗力逐渐增强，有利于达到泥水平衡效果。

3. 运输渣土

泥浆作为携带渣土的介质，通过泥水循环系统被输送到开挖面，与刀盘切削下来的渣土形成混合泥浆，再通过泥水循环系统被输送至地面进行分离和处理，分离后的泥浆会被处理再利用。

3.4.2 泥浆配制材料选用及制调浆方法

泥浆制造是将水、膨润土、黏性土等各种材料以一定比例混合，并添加分散胶溶剂及其他调泥剂，调制出各项性能指标符合施工要求的泥浆。

1. 材料的选用

新浆配制材料建议优先采用钠基膨润土，不宜采用高分子聚合物，如确实需要，可通过试验在膨润土浆液中适量添加。

2. 制调浆方法

新浆应提前配制，在制浆设备允许的负荷下，尽可能降低水灰比以提高新浆黏度并经膨化24 h后使用。调整泥浆指标时要预判指标发展趋势，做到调整缓慢平稳，避免忽高忽低。

黏度参数调整主要通过新浆、清水与循环泥浆置换来实现，含砂率可通过筛分设备旋流器来控制，对于 pH 大于 10 的泥浆必须弃用。

3.4.3 泥浆主要参数及检测方法

泥浆质量的好坏将直接影响开挖掌子面的稳定、盾构掘进携渣能力、长时间停机及开仓作业掌子面安全。反映泥浆质量的指标主要有相对密度、漏斗黏度、含砂率、泌水率、pH。

在盾构掘进施工时应全过程控制，一般正常掘进过程中 0.5～1 h 检测一次，特殊掘进地段、长时间停机及开仓作业期间应加大检测频率，并整理记录好检测数据。

1. 相对密度

（1）相对密度指标的作用或影响

为保持开挖面稳定，即把开挖面的变形控制到最小限度，泥浆密度应比较高。从理论上讲，泥浆密度升高能使屈服值提高，同时能使泥膜稳定性增强。实践证明，较大密度的泥浆可以产生高质量的泥膜，泥浆密度最好能达到开挖土体的密度。但是，高密度的泥浆会引起泥浆泵超负荷运转、增加进排泥管道的输送压力，以及泥水处理困难等问题；而小密度的泥浆可以减轻泥浆泵负荷和进排泥管道输送压力，但是其悬浮携渣能力差、泥膜形成慢（或无法成膜），对开挖面极为不利。因此，在调制泥浆密度时，应充分考虑开挖地层结构，在保证开挖面稳定的同时要考虑设备能力、调制经济性。

（2）相对密度检测

泥浆相对密度常采用泥浆比重计测定。泥浆比重计由泥浆杯和杠杆等组成。测量时将泥浆杯装满泥浆，加盖并擦净从小口溢出的泥浆。然后置于支架上，移动游码，使杠杆呈水平状态，读出游码左侧所示刻度，即为泥浆的比重。该仪器检测使用前要用清水对仪器进行校正，如读数不在 1.0 处，可通过增减杠杆右端的金属颗粒来调节。

2. 漏斗黏度

（1）漏斗黏度指标的作用或影响

泥浆漏斗黏度是泥浆特性的一个重要指标，对盾构掘进效果有重要影响。在一定范围内，漏斗黏度可以反映泥浆质量的好坏。漏斗黏度高，形成泥膜及携带渣土能力强，但配制泥浆的成本高，设备负荷大，分离效果差。因此，在确定漏斗黏度时，应同确定相对密度一样充分考虑各类因素，寻求经济、合理的控制范围。

（2）漏斗黏度检测

泥浆黏度计（苏式）是一个漏斗状容器，末端为一个流出管，仪器装有手柄，一只圆筒状的量杯内部被隔成两部分，正反两面都可以使用，一面的容量为 500 mL，另一面的容量为 200 mL；另外还有盛泥浆的筛网和圆筒，圆筒的容量约 1000 mL，其直径与黏度计的上口相同，筛网可以覆在两者之上，筛网为过滤泥浆之用。

在测定漏斗黏度之前，先将泥浆黏度计用水刷干净，将被测泥浆均匀搅拌，量杯将 500 mL 和 200 mL（共 700 mL）的泥浆通过筛网注入黏度计，其流出口用手指堵住不使泥浆流出。测量时将 500 mL 的量杯置于流出口下，放开堵住出口的手指的同时开动停表，待泥浆流满 500 mL 量杯即达到它的边缘时，再按动停表，记下泥浆流出的时间，就是该泥浆的漏斗黏度。黏度计应定期标定，用清洁的水来测量出其流出的时间，正常所需时间应是 15 s，如偏差超过±1 s，测量泥浆黏度时应校正。

3. 含砂率

（1）含砂率指标的作用或影响

泥浆含砂率是泥浆内所含大于 74 μm 的非黏性土颗粒占泥浆总体积的百分含量。泥浆内所含砂主要是盾构掘进地层中混入的。含砂率的控制从技术与经济角度考虑，并非控制得越低就越好，过高也会有诸多不利。

含砂率应根据不同地层和不同作业条件来控制，如渗透系数大、孔隙率大、透水性强的砂卵石地层就需要一些颗粒来填充，这时泥浆含砂率可适当提高；而渗透系数小、自稳性好的黏土层就需要降低含砂率；盾构长时间停机或开仓作业，为保障泥膜的物理稳定性也需要降低泥浆含砂率。

（2）含砂率检测

泥浆含砂率常用含砂率计测定。量测时，将搅拌均匀的 50 mL 泥浆倒进含砂率计，然后再倒入 450 mL 清水，将仪器口塞紧，摇动 1 min，使泥浆与水混合均匀，再将仪器竖直静放 3 min，仪器下端沉淀物的体积（由仪器上的刻度读出）乘 2 即为含砂率（%）。（另有种容积为 1000 mL 的大型含砂率计，从刻度读出的数不乘 2 即为含砂率。）

4. 泌水率（物理稳定性）

（1）泌水率指标的作用或影响

泥浆物理稳定性是指泥浆经长时间静置，泥浆中的黏土颗粒始终保持悬浮分散的物理状态的能力。通常用测定界面高度（泌水率）来判定泥浆的稳定性。泌水率越小的泥浆物理稳定性越好，泌水率越大的泥浆物理稳定性越差。

（2）泌水率检测

将 100 mL 被测泥浆放入干净的 100 mL 量程的量筒中，用玻璃板盖上，静置 24 h 后，量筒上部的泥浆可能澄清为透明的水，此透明的水体积占被测试样总体积百分率即为泌水率。

5. pH（化学稳定性）

（1）pH 指标的作用或影响

泥浆化学稳定性是指泥浆中带正离子的杂质时，泥浆成膜功能减退的化学裂化现象。其原因是泥浆中黏土颗粒带负离子，当遇到 Ca^{2+} 等正离子时，黏土颗粒就从悬浮分散状态变为凝集状态，导致泥膜生成困难。

实践研究证明，当泥浆未遭受正离子污染劣化时 pH 的分布范围为 7～10，呈弱碱性；当泥浆遭受正离子污染劣化后，pH 远超过 10。因此，可利用测定泥浆 pH 来判定泥浆的劣化程度，鉴别泥浆的化学稳定性。

（2）pH 检测

泥浆 pH 常采用比色法检测，将精密试纸置于被测试样里充分浸润，取出试纸与标准色度对比后记录被测试样的 pH。

3.4.4　泥浆参数指标控制

1. 不同掘进地层的泥浆参数指标

盾构掘进施工过程中，泥浆参数应根据不同掘进地层、不同作业条件进行持续调整、优化和控制。表 3-3 是根据以往施工经验总结的各常见地层中泥浆参数指标的参考值，实际施工时仅供参考使用。

表 3-3　泥浆参数指标参考值

掘进地层	泥浆参数指标				
	相对密度	漏斗黏度/s	含砂率/%	泌水率/%	pH
黏土层	1.05～1.12	18～22	≤5%	<5	7～10
粉细砂层	1.08～1.15	18～22	≤5%	<5	7～10

续表3-3

掘进地层	泥浆参数指标				
	相对密度	漏斗黏度/s	含砂率/%	泌水率/%	pH
中粗砂层	1.12~1.18	20~25	≤5%	<5	7~10
圆砾地层	1.15~1.22	25~30	≤5%	<5	7~10
中粗砂、圆砾复合地层	1.15~1.20	22~25	≤5%	<5	7~10

2. 长时间停机或开仓作业时泥浆参数控制

泥水盾构掘进施工过程中，由于地层复杂多变，盾构不可避免地需要长时间停机检修或开仓作业。为保障设备及作业人员的安全，对盾构较长时间稳定保压提出了更高要求，而压力的稳定必须在开挖面形成稳定性好的泥膜。

经试验发现，稳定可靠的泥膜的形成类型可以分为两类，即泥皮型泥膜、泥皮+渗透带型泥膜。两者各有特点，适用的地层也不同。一般认为渗透系数小的黏土层适用于泥皮型泥膜，渗透系数大的中粗砂、砂卵石及复合地层适用于泥皮+渗透带型泥膜。

根据实际经验，两种类型的泥膜的泥浆参数应通过现场泥水循环保压试验来确定，宜采用物理稳定性好的优质钠基膨润土调制泥浆，不宜采用高分子聚合物调制。泥膜制作应通过新浆循环置换来完成，其中泥皮+渗透带型泥膜可以先以低密度、低黏度的泥浆向开挖面渗透一段距离，形成渗透带型泥膜，以提高地层的黏聚力；再以高密度、高黏度泥浆在开挖面上形成致密的泥皮型泥膜。

3.5　渣土改良

3.5.1　重要性分析

土压平衡盾构的特点是用开挖出的渣土作为支撑开挖面稳定的介质，因此要求作为支撑介质的渣土具有良好的流塑性和软稠度，以及内摩擦角小、渗透率小等特点。由于一般土壤不能完全满足这些特性，所以要进行改良，其技术要点是在刀盘前部和切口中注入水、膨润土泥浆、黏土、聚合物或泡沫等混合添加材料，经强力搅拌，改善开挖渣土的塑性、流动性，降低渣土的透水性。

3.5.2　渣土改良作用

①使渣土具有较好的土压平衡效果，利于开挖面稳定，控制地表沉降。
②使渣土具有较好的止水性，控制地下水流失。
③使切削下来的渣土顺利快速进入切口，并利于螺旋输送机顺利出土。
④可有效防止土渣黏结刀盘而产生泥饼。
⑤土体在切口内调整成一种"塑性流动状态"可防止或减轻螺旋输送机出土时的喷涌现象。
⑥可有效降低刀盘扭矩及螺旋输送机扭矩，降低刀具与螺旋输送机的磨损，提高盾构掘进效率。

3.5.3 渣土改良剂介绍及使用要点、要求

在实际操作过程中，通过调整螺旋输送机的转速，可以调整切口内土压力，而在不同地层和操作条件下，渣土的类别和性质都不一样，必须加入外加剂来改良渣土。目前常用的渣土改良剂包括泡沫剂、膨润土、高分子聚合物、分散剂、水等，不同种类的改良剂的适用范围和改良效果有很大差别。

1. 泡沫剂

（1）适合使用泡沫改良的地层

①颗粒级配相对良好的土体。在级配良好的土体中，泡沫和土体颗粒结合得更完整和致密，容易形成更多封闭的空间。

②平均粒径较大的土体。

③含水量较高的土体。

（2）泡沫剂的使用量主要取决于三个参数

①稀释液浓度：稀释液中所含泡沫剂原液的比例，一般取值为 2%~5%。

②发泡倍率：即泡沫体积/稀释液体积，一般取值为 8~15。

③注入率：即泡沫注入量/开挖土方量。

2. 膨润土

膨润土浆液对土体的改良作用主要体现在较好的润滑作用及降低抗剪强度，浆液中的膨润土掺量、膨润土浆液的注入率均对土体改良效果产生影响。一般情况下浆液中膨润土掺量越高，则浆液的质量性能越好，相应的改良作用也越明显；浆液注入率越高，则相应的改良作用也越大。但掺量不宜过大，否则会造成土体的分层离析，不利于盾构开挖面的稳定。具体掺入量和注入量要根据现场地层条件和膨润土品质进行试验，以确定最佳配比。

盾构施工用膨润土必须保证膨润土的质量，严禁膨润土泥浆中含有硬质颗粒，以防损坏中心回转体或卡死刀盘管路中的止回阀。

适合使用膨润土改良的地层主要有：

①细粒含砂量少的土体。膨润土泥浆能够补充砂砾土中相对缺乏的微细粒含量，提高和易性、级配性，从而可以提高止水性。

②透水性高的土体。在高透水性土体中膨润土泥浆较易渗入，并形成具有气密性的泥膜，可有效改善渣土喷涌。

3. 高分子聚合物

高分子聚合物是长链分子有机化合物，可单独使用也可与膨润土、泡沫混合使用。高分子聚合物对渣土改良可以起到立竿见影的效果，但是价格昂贵，一般仅作为辅助措施配合其他材料进行渣土改良。

（1）高吸水性树脂类

由于高吸水性树脂吸水而不溶于水，可以吸收自身质量几百倍的地下水成为胶凝状态，所以对防止高水压地基的喷涌有很好的效果。树脂填充砂土的颗粒空隙，可提高土体的流动性。在盐分浓度高的海水区域或含有大量铁、铜等金属离子的区域，强酸、强碱性地基和化学加固区间等区域，由于会发生一定的化学反应，其吸水能力会大大降低。

（2）水溶性高分子类

它与树脂一样是高分子化合物材料。此类添加剂可以连接混合土中的微小颗粒，在土粒之间形成絮状凝聚物，使其发生黏结，可以减小内摩擦角，提高流动性，具有使开挖土体的黏性增大的效果，泵送性好。在过去的盾构施工中很多情况下都使用，但其渣土有时会成为泥糊状而被作为工业废弃物来处理。

4. 分散剂

用来改良高黏性土体，降低其黏附性，增加土体流动性，被改良后的高黏性土在含有砂性土体的复合地层中可起到对砂性土的改良作用；若在盾构掘进过程中出现结泥饼现象，可用来处理泥饼。

5. 水

水是最普通的添加剂，起到冷却和润滑的作用，能在一定程度上降低开挖的渣土及刀具的温度，减少刀具的磨损；适量注水可以稀释泡沫，降低泡沫和聚合物的用量。

遇到较硬围岩的情况下，渣土较干，流动性不好，单纯通过注入泡沫剂或膨润土泥浆难以达到理想的渣土改良效果，这种情况下可以通过注入适量的水来进行渣土改良比较有效。

向高黏性渣土中注水，可以在增加其流动性的同时降低其黏着力，防止掘削土附着于刀头或土仓内壁上形成泥饼。

但采用注水方法进行渣土改良时，因渣土物理性能不好、含水量大而出渣困难，容易污染。这种方法虽然比较经济，但是效果一般，在渣土改良要求不是很高的地层可以使用。

3.5.4 不同地层的改良方法

以下内容均根据以往的施工经验总结得出，仅供参考。在具体施工中要根据具体地质条件结合盾构掘进参数通过实验研究选取合理的改良材料及参数。

1. 含水砂砾土、砂卵石地层

该地层适用膨润土泥浆+泡沫剂进行渣土改良。主要原因是膨润土泥浆能够补充砂砾土中微细颗粒的含量并填充孔隙，提高渣土的和易性、级配性，从而提高其止水性。同时泡沫剂可以润滑刀盘和土体，提高渣土流动性，减轻砂砾、卵石对刀盘的磨损。

2. 无水砂砾土、砂卵石地层

该地层可混合使用膨润土泥浆+泡沫剂+水进行渣土改良。主要原因是砂砾土、砂卵石颗粒间流塑性差、摩擦力大，单独加入膨润土泥浆时，需要大量泥浆才可以改良渣土的流动性、减少摩擦力，但施工中易出现砂卵砾石在重力作用下沉到土仓底部，渣土离析，不能均匀混合。因此，同时加入膨润土泥浆和泡沫剂，充分利用泡沫剂的润滑性和分散性来降低刀盘、螺旋输送机的扭矩，减轻刀盘、刀具磨损。

3. 粉细砂层

粉细砂等级配相对良好的地层适用泡沫剂进行渣土改良。泡沫剂能使渣土搅拌后更加均匀、致密，使渣土的渗透系数降低、止水性增强、流动性改善。

4. 中粗砂层

中粗砂细粒少时，宜采用膨润土泥浆+泡沫剂进行渣土改良。膨润土可以补充渣土缺少的细粒，配合泡沫剂能更好地改良渣土的流动性和止水性，稳定开挖面，防止喷涌。

5. 富水砂层

富水砂层宜采用膨润土泥浆+高分子聚合物进行渣土改良。膨润土可改良渣土的和易性，辅助使用高分子聚合物可以吸收掉渣土中的多余水分，有效增加了渣土的止水性和黏度，可以防止或减轻螺旋输送机喷涌的问题。

3.6 管片供应及安装

3.6.1 作业内容

管片安装作业内容包括施工准备、管片进场、管片止水材料粘贴、管片运输、管片拼装、管片缺陷处理等。

3.6.2 作业流程

图3-6所示为管片安装作业流程图。

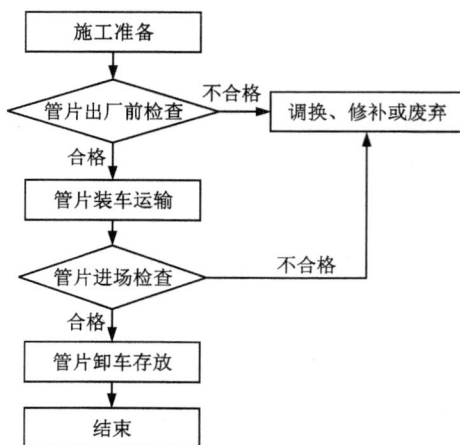

3.6.3 管片进场作业

管片进场作业内容包括施工准备、管片出厂前检查、管片装车运输、管片进场检查、管片卸车存放等。

1. 作业流程

图3-7所示为管片进场作业流程图。

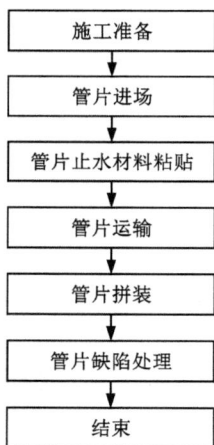

图3-6 管片安装作业流程图　　图3-7 管片进场作业流程图

2. 作业控制要点

管片进场作业控制要点见表3-4。

表 3-4 管片进场作业控制要点

作业项目	控制要点
管片出厂前检查	管片型号正确，养护周期达到标准，管片混凝土不应有露筋、孔洞、疏松、夹渣、有害裂缝、缺棱掉角、飞边等缺陷，见表 8-2、表 8-3
管片装车运输	管片与平板车之间及管片与管片之间要有柔性垫条，垫条摆放应间隔均匀，厚度要一致，垫条上下成一直线。采用吊机进行管片装车。管片弯弧向上堆放整齐，管片的叠放不能超过三块。标准块放一摞，封顶块与邻接块放一摞，按自上而下的顺序排列。管片装好车后要捆绑保险带，以免管片在运输过程中移位、倾斜。运输过程应平稳
管片进场检查	在管片的内弧面角部须喷涂标记，标记内容应包括：管片型号、模具编号、生产日期、生产厂家、合格状态，每一片管片应独立编号。进场管片型号正确，龄期满足规范要求，特殊环管片注意预埋件检查。管片不能有缺角、气泡、裂纹，修补应密实、光滑、平整，螺栓孔及注浆孔内应无杂物，见表 8-2、表 8-3
管片卸车存放	由门吊、吊车进行管片卸车，用两条吊带按一摞一次起吊。管片现场的堆放要求同一环管片的两摞要相邻存放，间距不小于 1.0 m。管片必须堆放在钢制基座上或硬质道木上，道木尺寸通常为 200 mm×200 mm，管片堆放的高度不得多于 3 块。管片和管片之间使用木方垫块，并保持上下木方垫块与基座处于同一垂直线。不同型号的管片应分区存放，并用帆布遮盖

3. 作业组织

（1）人员配置

管片进场作业人员配置见表 3-5。

表 3-5 管片进场作业人员配置

工种	数量/人	备注
值班(土木)工程师	2	管片厂及盾构场地各 1 人
起重装卸机械操作工	1	只含盾构施工场地范围
司索工	2	每班配置
汽车司机	若干	根据管片的需求情况确定人员数量
叉车司机	1	每班配置

注：以上人员数量可根据现场实际需要灵活调整。

（2）机械配置

管片进场作业机械配置为管片运输车、盾构场地门吊、叉车。

（3）生产效率

管片进场作业生产效率见表 3-6。

表 3-6 管片进场作业生产效率

项目	作业时间/min	备注
管片出厂前检查	10	
管片装车运输		根据管片厂与施工现场的实际距离确定
管片进场检查	10	
管片卸车存放	30	

4.管片进场作业控制要求

①管片储存场地必须夯实平整（地铁施工堆场必须浇筑混凝土），场地周围必须有排水措施，不得积水。

②管片堆场必须设置防雨棚。

③管片形式为标准环加转弯环的盾构隧道，场地应常备左右转弯环各2环，以备盾构姿态的及时调整。

④管片堆场有专人负责管理，并将场地尽可能封闭，避免恶意损坏。

⑤贮存时，必须注意不要让油类、泥等异物污损管片。对钢制管片和混凝土类管片的接头配件等钢材部分，注意不要使其发生腐蚀。

⑥管片上贴有止水条时，还应注意不要损坏止水条。采用水膨胀性止水条时，在贴到管片上之前和之后，都注意不要让雨水等使其膨胀，要采用适当措施，如盖上防雨篷布等。

⑦管片接头和管片环接头使用的螺栓、螺母、垫圈、螺栓，止水用的密封垫及止水条等附件必须分别打包，保管在固定的地方，以免丢失。保管时必须注意，不要让这些附件接触到雨水和露水等产生的潮气。特别需要注意的是不要使其出现锈蚀，不要黏附灰尘、砂粒等，以免降低品质。

3.6.4 管片止水材料粘贴作业

适用于盾构隧道管片止水材料、软木衬垫和自粘性橡胶薄片粘贴作业。

管片止水材料粘贴根据设计进行施工，作业内容一般包括施工准备、管片检查及清理、止水材料粘贴、软木衬垫粘贴、管片角部自粘性橡胶薄片粘贴。

1.作业流程

管片止水材料粘贴作业流程图如图3-8所示。

2.作业控制要点

管片止水材料粘贴作业控制要点见表3-7。

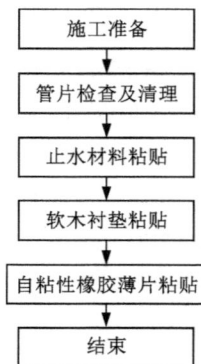

```
┌─────────────┐
│  施工准备   │
└─────────────┘
      ↓
┌─────────────┐
│ 管片检查及清理 │
└─────────────┘
      ↓
┌─────────────┐
│ 止水材料粘贴 │
└─────────────┘
      ↓
┌─────────────┐
│ 软木衬垫粘贴 │
└─────────────┘
      ↓
┌─────────────────┐
│ 自粘性橡胶薄片粘贴 │
└─────────────────┘
      ↓
┌─────────────┐
│    结束     │
└─────────────┘
```

图3-8 管片止水材料粘贴作业流程图

表3-7 管片止水材料粘贴作业控制要点

作业项目	控制要点
施工准备	确认管片型号，按照技术要求准备止水材料、软木衬垫、自粘性橡胶薄片，以及粘贴所用刷子和胶水等
管片检查及清理	管片为完整一环；无明显破损、裂纹等；管片螺栓孔不存在杂物；吊装孔可以正常安装吊装螺栓；将管片环、纵接触面及预留粘贴止水材料的沟槽清理干净；将管片螺栓孔和吊装孔进行清理，确保能正常使用；管片环纵接触面有水存在时，在自然条件下风干，或者采用风机进行烘干
止水材料检查	止水材料的尺寸是否符合要求直接决定了止水质量的好坏，因此在套止水材料前先要对止水材料的外形尺寸进行检查，特别是两个对角的地方，一旦发现止水材料有问题应立即更换，不得使用有问题的止水材料；另外还应检查质量证明文件

续表3-7

作业项目	控制要点
止水材料粘贴	用刷子在管片环、纵接触面、预留粘贴止水材料的沟槽及止水材料上涂抹粘贴剂；涂完粘贴剂后晾置一段时间，待手指接触不粘时，再将加工好的框形止水材料套入密封沟槽内；将止水材料套入管片预留沟槽中时，统一将止水材料的外边缘与管片预留沟槽的外弧边靠紧，套入止水材料时先将角部固定好，再向角部两边推压并用橡胶锤锤实。止水材料带凸肋的环边安装在管片背千斤顶侧。施工现场管片堆放区应有防雨淋设施。粘贴止水材料时应对其涂缓膨剂
软木衬垫粘贴	用上个作业项目类似的方法粘贴环、纵缝衬垫，环缝的软木衬垫粘贴在管片背千斤顶侧环面；粘贴衬垫时应注意预留螺栓孔
自粘性橡胶薄片粘贴	当设计有自粘性橡胶薄片粘贴时，在管片角部粘贴自粘性橡胶薄片。为加强弹性密封垫角部止水，需在密封垫外角部覆贴自粘性橡胶薄板，它由未硫化丁基橡胶薄片制成。粘贴时，仅覆盖在一般弹性密封垫表面
变形缝止水材料	变形缝环缝一般采用丁腈软木橡胶整环制作，性能同纠偏用丁腈软木橡胶。另外止水材料外侧还需加贴一层水膨胀橡胶条

3. 作业组织

（1）人员配置

管片止水材料粘贴作业人员配置见表3-8。

表 3-8　管片止水材料粘贴作业人员配置

工种	数量	备注
管片止水工	2~3 人/每班	负责管片检查、清理，止水材料和软木衬垫等的安装作业，同时配合管片到场后在场地的存放和移动

（2）机械配置

管片止水材料粘贴作业对机械配置无特别要求，需要运输止水材料或移动管片时可用场地上的门吊或叉车进行辅助施工作业。

（3）材料配置

管片止水材料粘贴作业材料配置见表3-9。

表 3-9　管片止水材料粘贴作业材料配置

名称	单位	数量	备注
止水材料	m	按设计	
软木衬垫	m	按设计	
自粘性橡胶薄片	m	按设计	
粘贴剂	kg	按设计	
胶水刷	把	2	
木榔头	个	2	

续表3-9

名称	单位	数量	备注
喷灯	个	2	
胶水桶	个	2	
帆布罩	块	2	物资仓库储备

（4）生产效率

管片止水材料粘贴作业生产效率见表3-10。

表3-10　每环管片止水材料粘贴作业生产效率

项目	作业时间/h	备注
管片检查	0.1	
管片清理	0.25	
材料准备		材料提前做好准备
管片烘干	0.25	
涂抹粘贴剂，晾干后粘贴止水材料	0.25	
涂抹粘贴剂，晾干后粘贴软木衬垫	0.25	
粘贴自粘性橡胶薄片	0.25	

4. 避雨防潮措施

①由于止水材料遇水会膨胀，在堆场上已制作好止水涂料的管片不能淋到雨，以免提前膨胀而失去密封效果。

②管片在做止水处理前必须对管片进行环面、端面的清理，然后再进行止水橡胶条的粘贴。

③封顶块与邻接块两侧的止水密封垫在拼装前涂表面润滑剂，以减少封顶块插入时弹性密封垫间的摩擦力。

④密封垫表面的遇水膨胀橡胶遇到水和潮气会膨胀，故逢雨天或梅雨季节，应覆盖塑料薄膜或在表面涂缓膨胀剂。为适应施工条件，管片的密封垫露于沟槽外的表面宜涂刷缓膨胀剂。

3.6.5　管片运输作业

适用于盾构隧道管片垂直及水平运输作业。

作业内容包括管片螺栓、垫圈及螺栓孔密封圈准备，管片选型，管片运输前检查，管片下吊及管片洞内运输作业。

1. 作业流程

管片运输作业流程图如图3-9所示。

2. 作业控制要点

管片运输作业控制要点见表3-11。

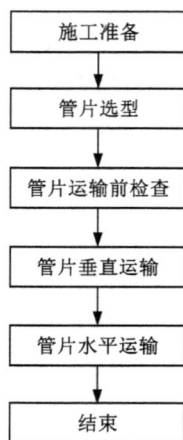

图3-9　管片运输作业流程图

表 3-11　管片运输作业控制要点

作业项目	控制要点
施工准备	管片螺栓、垫圈及螺栓孔密封圈要严格按照要求准备，保证数量准确、质量完好
管片选型	指令由当班的值班(土木)工程师下达。管片选型时遵循以下原则：首先以满足隧道线型为前提，重点考虑管片安装后盾尾间隙满足下一掘进循环限值，确保有足够的盾尾间隙，以防盾尾直接接触管片，也就是管片选型在满足隧道线形的基础上，要适应盾尾的原则。其次要避免产生较大的推进油缸行程差，一般情况下要求推进油缸行程差不大于管片楔形量的 1.5 倍。当设计要求为错缝拼装时，点位的选取应考虑错缝拼装
管片运输前检查	检查管片型号是否正确，管片有无明显外观缺陷，管片止水材料和软木衬垫等是否完整，管片螺栓、垫圈及螺栓孔密封圈数量是否正确
管片垂直运输	管片使用门吊下井，采用双吊带起吊，吊带绑扎位置正确，慢速下吊，管片下井时注意安全，下方避免站人。管片块与块之间放置方木，保证管片放置稳固，防止管片发生碰撞造成边角等的损坏，避免管片发生相对位移
管片水平运输	隧道管片运输采用专用管片运输车，管片应居中放置。在管片运输过程中，必须采取必要的缓冲措施并保证管片放置稳固，防止管片边角等的损坏

3. 作业组织

（1）人员配置

管片运输作业人员配置见表 3-12。

表 3-12　管片运输作业人员配置

工种	数量/人	备注
值班(土木)工程师	1	每班配置
机车司机	2	
机车调车员	2	
起重装卸机械操作工	1	
叉车司机	1	
司索工	2	
普工	2	

（2）机械配置

管片运输作业机械配置为叉车、门吊、洞内运输电瓶车。

（3）生产效率

管片运输作业生产效率见表 3-13。

表 3-13　管片运输作业生产效率

项目	作业时间/h	备注
管片螺栓、垫圈及螺栓孔密封圈准备		可在施工间歇穿插进行
管片选型		由值班(土木)工程师提前通知准备
管片运输前检查	0.25	
管片垂直运输	0.5	
管片水平运输		根据洞内水平运输的距离长短来确定

3.6.6　管片拼装作业

作业内容包括施工准备、管片吊机卸车和倒运、管片安装区清理、管片安装与连接、管片二次螺栓紧固及管片检查。

1. 作业流程

管片拼装作业流程图如图 3-10 所示。

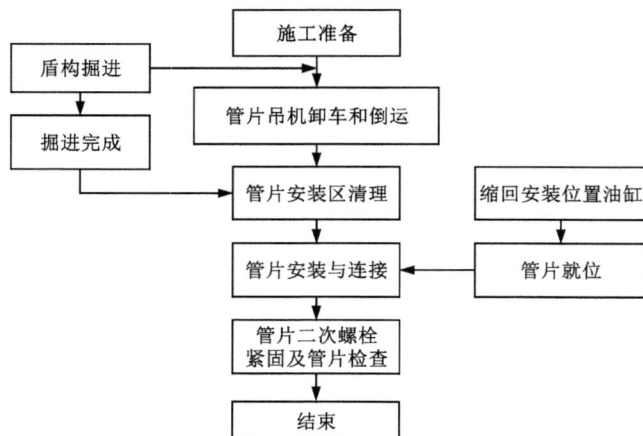

图 3-10　管片拼装作业流程图

2. 作业控制要点

管片拼装作业控制要点见表 3-14。

表 3-14　管片拼装作业控制要点

作业项目	控制要点
施工准备	施工人员必须熟悉管片排列位置、拼装顺序,施工过程中施工人员依据上一环管片位置、盾构姿态、盾尾间隙等准备、运输、安装管片
管片吊机卸车和倒运	管片由管片吊机吊起,旋转后放至双梁工作范围或喂片小车上,再供应到位,管片放好后应使粘贴有软木衬垫的一侧朝向盾构掘进的反方向
管片安装区清理	在盾构掘进完成后、管片安装前,对管片安装区进行清理,清除污泥、污水,保证安装区及管片相接面的清洁,确保管片底物无异物

续表3-14

作业项目	控制要点
管片安装与连接	管片拼装应按拼装工艺要求逐块进行。管片安装应从隧道底部开始，然后依次安装相邻块，最后安装封顶块；安装管片时只收缩对应位置的油缸，注意保持油缸回收时活塞杆的清洁；操作管片拼装机的抓取器，旋紧吊装螺栓抓取管片；管片拼装机沿滑道旋转至管片所需要安装的位置，其旋转紧绕盾构的中心线向左或右旋转，伸缩升降油缸把管片放到准确的位置；进行管片连接后，推进油缸顶紧管片，管片拼装机释放管片，紧固管片连接螺栓；封顶块安装前，应对止水材料进行润滑处理，安装时先径向插入，调整位置后缓慢纵向顶推。拼装管片时，应防止管片及止水密封条的损坏；应严格控制盾构千斤顶的压力和伸缩数量，使盾构位置保持不变
管片二次螺栓紧固	管片脱出盾尾后，会发生部分螺栓松动的现象，应及时进行螺栓的紧固，防止管片失圆和错台发生
管片检查	对已拼装成环的管片环做椭圆度抽查，确保拼装精度。检查管片脱出盾尾后是否有破损现象，记录管片错台情况，并进行原因分析。管片连接螺栓紧固质量应符合设计要求

3.作业组织

（1）人员配置

管片拼装作业人员配置见表3-15。

表 3-15　管片拼装作业人员配置

工种	数量/人	备注
管片安装司机	1	每班配置
管片工	3	

（2）机械配置

风动扳手，梅花扳手。

（3）生产效率

管片拼装作业生产效率见表3-16。

表 3-16　管片拼装作业生产效率

项目	作业时间/h	备注
管片拼装	0.5	

4.管片拼装检查

（1）拼装前检查

拼装前对管片的检查是保证施工质量的前提。拼装前检查包括以下环节：

①管片运输至现场，卸车时需要对管片进行验货，确认没有贯穿裂缝、缺角掉边及养护期限等问题后方可卸车。

②在涂料粘贴前再次对管片进行检查，保证没有裂纹、大面积碎裂后方可使用。

③在管片吊至井下前，检查管片质量和管片型号，避免拼装管片型号不对而带来麻烦。

④管片吊到井下后，在电机车运输，单轨梁、双轨梁吊运，以及最后到达拼装平台准备拼装前，都应注意一下管片有无型号错误或质量问题，在确保没有问题的情况下，才可以进行拼装。

⑤管片拼装前应将盾尾的垃圾清理干净，否则易造成环缝张开、环面不平、相邻环高差等质量问题。

（2）拼装后检查

1）第一块管片定位控制

每一环管片拼装第一块时，要做好初始定位，防止管片发生过大的旋转及相邻环高差过大。管片旋转会直接导致纵向螺栓穿入困难，局部还会造成管片碎裂的情况。

第一块管片的定位可以通过水平尺进行控制。控制要求：相邻环间拱底块环向相对旋转值≤2 mm。

2）椭圆度控制

成环管片椭圆度是质量控制的一个重要指标，椭圆度控制通过拼装时举重臂伸缩实现。成环管片椭圆度过大会造成部分纵缝间隙过大，从而引起渗漏水现象。

3）环高差控制

施工过程中应尽量保证管片与盾尾的同心度，有时超前量不正确会造成管片与盾尾的同心度越来越差，最后造成单边无空隙，这样势必形成环高差。环高差是隧道验收的指标之一，施工中应进行控制。

4）环、纵缝张开控制

前一环环面不正（不平）、拼装前有垃圾、盾构与管片相对坡度过大、管片内外翻、纠偏楔子粘贴过厚等均可造成管片的环、纵缝张开过大。施工过程中应对环、纵缝张开的原因进行分析。检查环面平整度、保证拼装前盾尾内和管片上无垃圾、控制盾构与管片相对坡度、制作楔子控制管片内外翻、减少单次纠偏量等可以从不同的角度对环、纵缝张开进行控制。

5）环面超前量控制

施工中注意检测管片圆环环面与隧道设计轴线的垂直度，当环面超前量超过控制量时，应用楔形量给予纠正，从而保证管片环面与隧道设计轴线的垂直。

6）管片与盾壳间隙控制

管片拼装过程中必须保持管片与盾壳间有一定的间隙，以保证盾构的正常推进与下环管片的正常拼装。

7）管片吊装孔（二次注浆孔）拧紧

管片吊装孔（二次注浆孔）在管片拼装后应及时拧进并拧紧。

8）螺栓初紧及两端对称

管片拼装结束后对所有螺栓进行初紧，初紧时要注意保证两端螺栓外露部分基本对称，该环节也是隧道验收时的一个项目。

9）螺栓复紧

在盾构下一环开始推进后，对所有螺栓进行复紧，防止下一环管片拼装时千斤顶回缩之后管片跟出，造成拼装前的错缝和环缝张开，给管片拼装质量造成影响。当管片出盾尾后，在土压力的作用下，部分螺栓会松开，此时必须及时把所有螺栓再次进行复紧，避免整环管片出盾尾之后，受外压力作用产生管片径向变形。

纵、环向螺栓连接成环管片,其连接的紧密度将直接影响到隧道的整体性能和质量。因此在每环衬砌拼装结束后及时拧紧连接衬砌的纵、环向螺栓;在推进下一环时,应在千斤顶顶力的作用下,复紧纵向螺栓;当成环管片推出车架后,必须再次复紧纵、环向螺栓。

每一环管片拼装,应填写盾构施工过程质量控制管片拼装记录表,表格样式以业主规定的为准。

3.6.7　管片错台破碎原因分析及防治

1. 管片错台破碎原因分析

(1)搬运和堆放时造成的破碎

在搬运和堆放过程中的碰磕,经常导致在碰磕位置处产生小块破裂。

(2)掘进过程中造成的错台破碎

1)盾构姿态与管片姿态出现偏差

①特别是转弯、进入竖曲线段和纠偏量大时,连续多环较大纠偏导致管片连续错台,管片在螺栓孔位置或边角处发生局部破裂。

②迎千斤顶面错台破碎:盾构推进方向与管片的环面存在夹角,其合力作用方向部位的管片发生错台破碎。

③管片背部破碎:管片外弧与盾尾内壁间的距离沿环向分布不均匀,造成盾尾一侧间隙很小,甚至紧贴盾尾。盾构在推进过程中使处于小间隙部位的管片向隧道内错台,管片背部被挤压破碎。

2)同步注浆量与压力分布不合理

同步注浆量与压力分布不合理不会直接造成管片破碎,但会导致管片上浮错台而造成破碎。同步注浆后,隧道上部的浆液会逐渐向下部流动,形成下部浆液多而上部浆液少的状况,引起隧道上浮错台,上部管片(尤其是封顶块、封顶块与邻接块接缝处)与盾构内壳间隙减少,推进时造成管片破碎。

3)推进时管片受力不均匀

盾构推进时推进力通过油缸衬垫传递到管片上,油缸衬垫与管片的接触部位是应力集中区。若推进时局部区域油压设置较大或油缸衬垫缺失将造成相应油缸位置的管片破碎。

(3)拼装过程中造成的错台破碎

①安装不仔细以及偏心力的作用导致错台,错台造成接头密封不紧,产生渗漏水,导致管片在边角或螺栓孔处破裂。

②管片拼装前盾尾拼装区域未清理,异物随管片拖入盾尾,造成管片背部破损并引起拱底块管片环、纵缝错台。

③封顶块安装时,先行安装的管片椭圆度不够,两邻接块的间隙太小,封顶块强行顶入,未按要求在其两侧涂刷润滑剂,导致封顶块与邻接块接缝处管片破碎,破碎部位发生在邻接块上部及封顶块两侧。

④螺栓初紧、复紧不及时或者螺栓拧得不够紧,管片受力后,环向螺栓由垂直变倾斜,造成管片产生错台,从而出现边角部位的破损。

(4)二次注浆造成的错台

二次注浆时,单块管片注浆量过多或注浆压力较大导致注浆处的管片向隧道内挤压错台。

（5）管片质量造成的破碎

运到现场的管片本身存在质量问题，如管片的保护层过厚、管片养护时间不足、管片裂缝较多、管片修补部位强度没有达到设计要求等。在施工时也容易造成管片破碎。

2. 管片错台破碎防治措施

①严格进场管片的检查，破损、裂缝的管片不用。下井吊装管片和运送管片时应注意保护管片和止水材料，以免损坏。

②值班工程师应根据设计线路制订整条隧道的管片排版计划，确保现场相应管片满足盾构姿态调整需要；与盾构司机积极沟通，制订当班的盾构姿态及管片拼装点位选取计划，避免盾构或管片姿态单一调整的现象出现。

③聘请具有熟练拼装技能的拼装工，或者派遣拼装工去进行针对性的培训，熟悉和掌握拼装要领，保证拼装完成管片的环、纵缝高差等符合规范要求。

④严禁非管片安装位置的推进油缸与管片安装位置的推进油缸同时收回。

⑤管片安装时必须运用微调装置将待装管片与已安装管片的内弧面纵面调整到平顺相接，以减小错台。调整时动作要平稳，避免管片碰撞破损。

⑥同步注浆压力及注浆量必须有效控制，注浆压力及注浆量不得超过限值。

⑦在管片安装前进行的检查中发现问题应及时处理，管片型号不正确的必须进行更换、止水材料损坏的应进行修复、螺栓等材料不够的应及时补充等。

⑧封顶块位置必须严格按点位指令规定进行安装。

⑨管片安装必须先从底部开始，左右对称安装。

⑩管片安装到位后，应及时推出相应区域的油缸。

⑪封顶块安装困难时，应先涂润滑剂再进行安装，以免损坏止水材料。

⑫管片安装过程中注意对管片及管片止水材料的保护，尽量避免造成损坏，一旦发生损坏必须及时进行更换或修复。

⑬管片安装质量应以满足设计要求的隧道轴线偏差和有关规范要求的椭圆度及环、纵缝错台标准进行控制。

⑭管片安装前应对管片安装区进行清理，清除污泥、污水等，保证安装区及管片相接面的清洁。泥水盾构管片拼装作业环境在施工时易造成工作区域积水现象，及时采用污水泵排除积水，处理好管路渗漏点，为管片拼装创造良好的工作环境。防止因未将拼装作业区内积水排出而影响对管片的准确定位及管片成环质量。

3.6.8 管片缺陷处理作业

1. 管片缺陷定义

管片裂缝：指管片出现深度大于0.5 mm而未贯通的裂缝。

管片崩角：指安装后的管片角部出现小于50 mm×50 mm×50 mm的掉角或脱落。

管片破损：指安装后管片由于各种原因出现大于崩角尺寸的混凝土破损或脱落。

管片修补：指用特制砂浆或细石混凝土对管片破损缺陷部位进行修补，使其满足质量要求。

管片堵漏：指用水泥浆或化学浆液对管片渗漏部位进行堵漏，使其满足止水要求。

2. 作业内容

管片修补作业内容包括对缺陷处的清理、配制水泥砂浆、对缺陷处进行修补、对修补面进行美化。

管片堵漏作业内容包括处理基面、配置二次注浆设备、灌注水泥浆或化学浆液、铲除灌浆过程中凸出平面部分、清洁处理基面。

3. 作业流程

管片缺陷处理作业流程图如图 3-11 所示。

4. 拼装前外观缺陷分类及处理方式

（1）一般缺陷

1）管片外观质量的一般缺陷

①蜂窝：混凝土表面缺少水泥砂浆而造成石子外露。

②宽度小于 0.2 mm 的非贯穿性干缩裂缝。

③管片外表面混凝土毁损、掉角。

④管片棱角磕碰、翘曲不平、飞边凸肋等。

⑤管片表面麻面、掉皮、起砂、存在少量气泡等。

2）修补方案

当管片出现以上一般缺陷时，可进行修补。修补方案分为两种：

①管片出现的粘模、蜂窝、气泡或宽度小于 0.2 mm 的非贯穿性干缩裂缝等现象，应用胶结剂加水泥腻子修补填平，检查合格后养护。

修补方法：先用清水将需修补处冲刷干净，如修补蜂窝、气泡，先用小抹子等抹上配好的水泥腻子将其填平压实，待达到一定强度后再用砂纸打磨平整；如修补麻面、干缩裂缝等，需用泡沫板（如苯板等）沾水泥腻子反复搓，至修补处平整、裂缝填满，待达到一定强度后再用砂纸将其打磨平整光洁。

配比：黑水泥：白水泥：堵漏灵：胶结剂 = 2：2：1：1（为与管片外观颜色一致，此配比可做适当调整）。

②管片出现表皮脱落、缺损，以及吊运过程中磕碰造成的缺角，应用管片修补剂修补填平，检查合格后方可使用。

修补方法：先用清水将需修补处冲刷干净，将管片修补剂按比例兑水调好，用抹子抹于修补处，修补至与管片外观形状一致、棱角分明。待达到一定强度后再用砂纸将修补处打磨平整光洁。

（2）严重缺陷

管片外观质量的严重缺陷包括：

①露筋：管片内钢筋未被混凝土包裹而外露。

②孔洞：混凝土内孔穴深度和长度均超过保护层厚度。

③混凝土内夹杂有杂物且深度超过保护层厚度。

④混凝土中局部不密实。

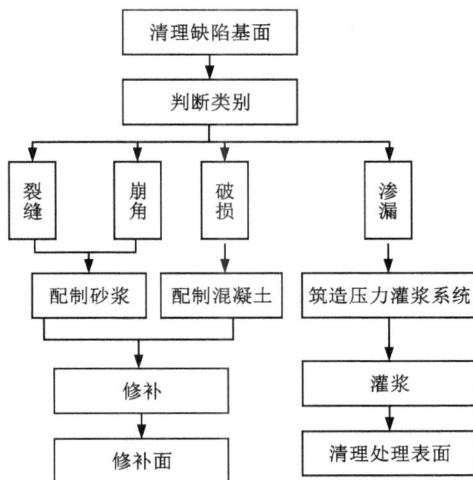

图 3-11　管片缺陷修补工艺流程图

清理缺陷基面 → 判断类别 → 裂缝／崩角／破损／渗漏

裂缝・崩角 → 配制砂浆 → 修补 → 修补面

破损 → 配制混凝土

渗漏 → 筑造压力灌浆系统 → 灌浆 → 清理处理表面

⑤可见的贯穿裂缝。

⑥深度超过密封槽且宽度大于 0.2 mm 的裂缝。

⑦密封槽部位在长度 500 mm 范围内存在直径 5 mm 以上的气泡 15 个以上。

出现以上几种严重缺陷时，须对管片进行报废处理，并填写不合格品报告存档备案，做到有据可查。

5. 拼装后外观缺陷分类及处理方式

当隧道衬砌表面出现缺棱掉角、混凝土剥落、大于 0.2 mm 宽的裂缝或贯穿性裂缝时，必须进行修补。在施工阶段应调查和记录隧道渗漏水和衬砌环变形等状态。当隧道渗漏水不能满足设计规定要求时，必须根据具体情况查找和分析渗漏水原因，并采取措施进行封堵、引排等治理。拼装后外观缺陷分类及处理方式见表 3-17。

表 3-17 拼装后外观缺陷分类及处理方式

损坏类型	修补材料	修补方法
缺角崩角（顶部管片）	1. 渗透性聚合物水泥修补砂浆； 2. 高渗透改性环氧防腐涂料； 3. 白水泥； 4. 细砂； 5. 聚合物水泥修补砂浆乳液	1. 对管片缺损部位进行凿毛处理，用钢丝刷清除破损部位的残渣，用水清洗干净； 2. 按照乳灰比 1:6 拌和聚合物砂浆，分层进行修补，每层厚度控制在 15 mm 以内，分层修补时间间隔 6~7 h； 3. 面层涂刷 3~5 mm 厚砂浆，砂浆使用高渗透改性环氧防腐涂料、白水泥、细砂按 1:5:10 拌和并进行配色
大块崩角（侧面底面部位）	1. SCM 无收缩水泥加固料； 2. 高渗透改性环氧防腐涂料； 3. 白水泥； 4. 2~4 mm 厚有机玻璃板； 5. 膨胀螺栓	1. 对管片破损部位进行凿毛处理； 2. 清除管片表面的明水，用有机玻璃板制模，有机玻璃板用膨胀螺栓固定； 3. 按料水 1:（0.1~0.15）拌和 SCM 无收缩水泥加固料，人工灌注； 4. 面层涂刷 3~5 mm 厚砂浆，砂浆使用高渗透改性环氧防腐涂料、白水泥、细砂按 1:5:10 拌和并进行配色
裂缝	1. 渗透性聚合物水泥修补砂浆及乳液； 2. 封缝胶； 3. 高渗透改性环氧防腐涂料； 4. 白水泥； 5. 细砂	1. 用钢丝刷清除破损部位的残渣，用水清洗干净； 2. 人工嵌入拌和好的渗透性聚合物水泥修补砂浆，乳灰比 1:6； 3. 面层涂刷 3~5 mm 厚砂浆，砂浆使用高渗透改性环氧防腐涂料、白水泥、细砂按 1:5:10 拌和并进行配色； 4. 所有填补料应与裂缝表面紧密结合，并且结合完好； 5. 对于深度>2 mm、宽度>3 mm 的裂缝，要进行二次填补，具体操作为待第一次填补的材料干缩后，再进行第二次填补； 6. 贯通裂缝要进行注浆修补

处理原则：管片修补时，修补材料的抗拉强度不应低于 1.2 MPa，抗压强度不应低于管片强度。隧道缺陷处理应遵循彻底根治、不留后患的原则。

管片外观处理：清除注浆、修补造成的管片污染，对修补面进行打磨。为保持修补处的颜色与管片表面颜色一致，需调和与管片颜色相近的水泥浆对修补处进行抹面修整。

6. 作业组织

（1）人员配置

管片缺陷修补作业人员配置见表 3-18。

表 3-18　管片缺陷修补作业人员配置

工种	数量/人	备注
值班(土木)工程师	1	每班配置
普工	3	

（2）机械配置

管片缺陷修补作业机械配置见表 3-19。

表 3-19　管片缺陷修补作业机械配置

名称	单位	数量	备注
钢丝刷	把	4	
灰刀	把	4	
提浆桶	个	4	
抹刀	把	2	
手压式注浆泵	台	1	

（3）材料配置

管片缺陷修补作业材料配置见表 3-20。

表 3-20　管片缺陷作业材料配置

材料名称	规格型号	单位	数量	备注
水泥	P. O 52.5	t	—	
白水泥	P. O 52.5	t	—	
中砂		m^3	—	
细石	5~10 mm	m^3	—	
修补胶		kg	—	
环氧树脂	—	kg	—	
超细水泥	—	t	—	

7. 管片缺陷修补质量保证措施

①所有管片都要检查，缺陷部位均须进行全面修补。

②管片修补施工应做好过程记录。

③管片的表面高差及色差要小，保证修补质量。

④管片靠模采用表面光滑的优质材料根据不同部位的需要制作。

⑤在管片的安装过程中，应尽量减少人为因素造成管片出现裂缝的情况。

⑥管片裂缝修补的工作应不影响隧道的施工。

⑦管片裂缝修补应由熟练的工人操作，并在质检员的安排下进行。

⑧管片修补之前，应准备好所有的材料、工具。

3.6.9　管片堵漏处理

1.漏水原因分析及隧道内部处理措施

（1）管片质量造成的漏水

盾构管片是盾构隧道的主要材料和结构，如果盾构管片质量有问题，自然会出现漏水情况。如管片上蜂窝麻面、气泡、裂缝等，都会促使和加重盾构隧道漏水。管片蜂窝麻面可能是在管片制造过程中振动不足而造成的，管片裂缝可能是养护不规范或者是在运输吊装过程中形成的。当发生漏水时，常常表现为成片渗漏或成股漏水的现象。

对此类漏水情况的处理应以预防为主。盾构管片进场验收一定要严格，不合格的管片坚决退场。对已经修补的管片，要检查修补质量，修补不合格也应退场。如果出现有贯通裂缝、质量缺陷严重的管片，应按照不合格品对待，禁止修复，直接报废。

（2）管片接缝造成的漏水

管片拼装时会形成纵缝和环缝，实践证明，管片接缝处常常为漏水主要部位。造成管片接缝漏水的原因，主要是管片拼装质量差、螺栓未拧紧、接缝张开过大。

对此类漏水情况的处理措施应根据不同情况分别对待：

1）已经做了嵌缝但有渗漏的接缝

清除已有嵌缝，清理管片缝隙面，涂刷界面剂，用快凝水泥封缝。

快凝水泥以双快水泥为主，并掺有一定量的水泥外掺剂，有一定的微膨胀。快凝水泥净浆不易龟裂，与混凝土黏结强度好，此材料在承受较大水压的情况下，也会很快凝固并达到一定的强度。

2）未做嵌缝但有渗漏的接缝

周围纵、环缝采用遇水膨胀腻子条加封氯丁胶乳水泥做整环嵌缝处理。

（3）管片手孔、螺栓孔、注浆孔处漏水

盾构管片在制作时预留了手孔、螺栓孔、注浆孔，如果在管片拼装时和拼装后封闭不当，就会造成漏水。主要原因是未加止水垫片或止水垫片失效，封孔施工质量差。

对管片手孔、螺栓孔、注浆孔处的漏水，应拆除已经安装的止水材料和封孔材料，重新安装止水垫片，用快凝水泥封孔。

（4）管片裂缝漏水

管片裂缝主要由以下三种情况造成：第一种是管片在拼装时或推出盾尾后，如果受力不均或者局部应力集中，就会产生裂缝。此种裂缝是造成管片漏水的重点因素。第二种是管片内部或外部本身存在肉眼无法探明的裂缝，在管片拼装后由于水土压力的作用，一部分裂缝闭合，一部分裂缝张开而造成漏水。第三种是在隧道完成后受到事先不可预料的未知荷载而产生裂缝，从而形成漏水通道。第一种裂缝比较常见，后两种裂缝出现的概率比较小。

对管片裂缝造成的漏水，针对不同情况处理如下。

1）小于0.1 mm的裂缝修补

对于小于0.1 mm的微裂缝的修补，采用表面处理方法。先用钢丝刷清除裂缝两边100 mm内的管片表面的灰尘、浮渣及散层，使裂缝处保持干净，然后涂两遍环氧胶泥。

湿固性环氧树脂浆液及胶泥（潮湿环境）可参考采用的配比（质量比）见表3-21。

表 3-21　湿固性环氧树脂浆液及胶泥配比参考

环氧树脂	二乙醇胺+水杨酸	酮亚胺 B+二乙烯胺	邻苯二甲酸二丁酯	水泥	生石灰	备注
100	10+5	4+8	5			浆液
100	10+5	0+10	10	50	20	胶泥
100	10+(3~5)	16+0	0	100	20	胶泥
100	10+5	10+5		50	20	胶泥

配制时先将水杨酸溶于二乙醇胺内，再将酮亚胺 B 加入环氧树脂中，分别搅拌均匀，两者合在一起搅拌后加入填料拌匀。

普通环氧树脂浆液及胶泥(干燥环境)可参考采用的配比(质量比)见表 3-22。

表 3-22　普通环氧树脂浆液及胶泥配比参考

环氧树脂	丙酮	邻苯二甲酸二丁酯	乙二胺	水泥	备注
100	10~40	10	8~12	5	浆液
100	10	10	12~16	300	胶泥

配制时除环氧树脂和水泥需称重外，其余材料皆可用量杯换算质量。为避免浆液骤热爆聚现象，除固化剂临用前加入外，其余主辅剂须先混合制成半成品。

2)大于 0.1 mm 的裂缝修补

对于大于 0.1 mm 的裂缝的修补，采用高压注射浆液法。浆液材料采用水溶性聚氨酯堵漏剂。该材料由高压灌注机注入混凝土裂缝中与裂缝中地下水融合乳化并进行化学反应。边发泡、边渗透、边凝固。凝固后的聚氨酯材料与混凝土裂缝形成一体，达到止水堵漏的目的。因聚氨酯材料为弹性体，裂缝不会扩大，堵后不会出现渗水。(若地方性要求不允许用聚氨酯作为堵漏材料的，可改用环氧树脂。)

①钻孔注浆工艺流程图如图 3-12 所示。

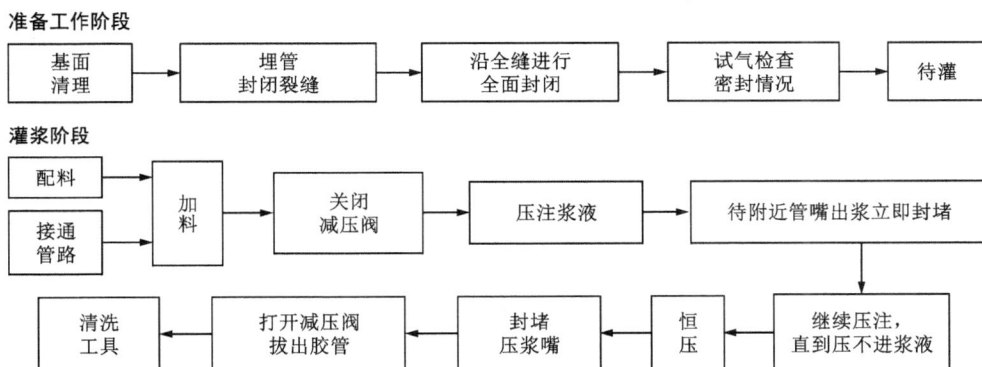

图 3-12　钻孔注浆工艺流程图

②操作步骤及方法。

a.基面处理：利用小锤、凿子、钢丝刷等清除管片混凝土表面的松渣、浮浆等，清除时注意不要堵塞裂缝，不能用水冲洗，而要用棉纱蘸酒精擦洗。

b.沿缝凿槽及钻孔：沿裂缝凿成宽度和深度均为 10~20 mm 的 V 形槽，在裂缝的首尾端和分叉处钻孔，另外在宽度为 0.2 mm 以下的裂缝段按间距 300 mm 进行钻孔，在宽度为 0.2 mm 以上的裂缝段按间距 500 mm 进行钻孔。剔槽后的槽孔均须清理干净。清理干净的钻孔内用环氧树脂胶泥或堵漏剂埋入 $\phi 8$ mm 的小铝管。

c.封闭：要保证灌浆成功，必须使裂缝成为一个封闭体。在开槽的裂缝内填塞环氧树脂胶泥或堵漏剂，小铝管均用环氧树脂胶泥或堵漏剂固定牢靠，注意不要堵住管口。

d.试气：待环氧树脂胶泥硬化后，进行试气。试气的目的，一是吹净残留于裂缝内的积尘；二是检验贯通情况；三是检查封闭层有无漏气。试气的方法是将肥皂水满刷在封闭层上，如漏气必起肥皂泡。漏气处须再用胶泥或堵漏剂修补。

e.操作顺序：根据试气记录正确判断裂缝内部的形状和特征，并制订灌浆计划。一般灌浆应按照自下而上或一端向另一端循序渐进的原则，以免空气混入浆内影响浆液的密实性。

灌浆压力视裂缝宽度、深度及浆液黏度而定。一旦浆液从邻近小铝管冒出，则立即用钳子将铝管夹扁进行封闭；同时继续压浆，直到压不进浆液时留下最后一根出浆管暂不封闭，恒压 5 分钟以上；用钳子将压浆铝管夹扁进行封闭，关闭出浆阀并取下胶管接在刚才冒浆的最后一根出浆管上，继续压注浆液。按同样的方式灌至整条裂缝充满浆液为止。

灌浆过程中，万一发生漏浆情况，立即卸压停灌，采用快凝堵漏剂立即堵漏止浆。

f.清洗：灌浆结束后，在浆液固化前立即用丙酮和酒精清洗工具。黏附于混凝土表面的小铝管待铝管内的浆液固化以后就能敲下，应除尽残留物。

2.较大漏水隧道外部环境止水措施

以上主要针对管片自身原因造成的漏水情况而分别采取不同方法进行堵漏，对于小范围、轻微的漏水情况比较适用。在实际施工中，可能会出现比较大的漏水，这就不仅需要对管片自身的缺陷进行修补堵漏，也需要把该段隧道的外部渗水环境进行整治，把隧道和外部地下水体隔离开来，把漏水的源头进行封闭。其方法主要有隧道外注浆法和隧道内注浆。

（1）隧道外注浆

隧道外注浆施工是采用双/三重管高压旋喷桩机在漏水位置外侧将水泥、水玻璃和水射入土体中，高压浆液与土粒搅拌使土体固结从而达到止水的目的。

1）注浆孔布设

洞外施工时在漏水位置外侧布置高压旋喷桩，目的是使变形缝与外界隔绝，如图 3-13 所示。

2）注浆材料

注浆材料采用水泥-水玻璃双液浆。

水泥-水玻璃双液浆所采用的材料及配比见表 3-23。

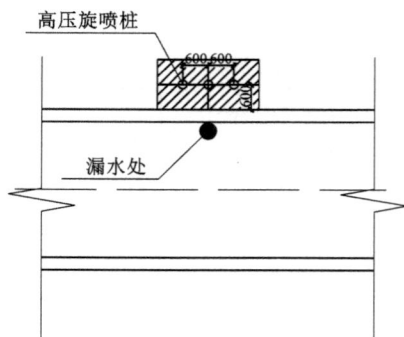

图 3-13　注浆孔布设示意图

表 3-23　水泥-水玻璃双液浆浆液配比参考

材料	规格型号、配合比
水泥	P.O 32.5 普通硅酸盐水泥
水玻璃	模数 2.7, 波美度 40°Bé

续表3-23

材料	规格型号、配合比
水：水泥	1：（0.3~0.5）（质量比）
水泥：磷酸氢二钠	1：0.027（质量比）
水泥浆：水玻璃	1：1（体积比）
凝胶时间	30~60 min

注：水灰比在注浆过程中可按照先稀后浓的原则并根据浆液灌入量做相应的调整。

（2）隧道内注浆

隧道内注浆施工是利用盾构管片既有的注浆孔，向孔外附近的土体中压注水泥浆或水泥-水玻璃双液浆，堵塞漏水通道并使土体固结从而达到止水的目的。

1）注浆孔布设

利用漏水位置处盾构管片既有的注浆孔进行注浆。

2）注浆材料

与隧道外注浆材料相同。

3）加工及安装

①注浆头的加工。注浆头采用钢管加工制作而成，尾部制作成丝口接头。

②注浆管的安装。安装注浆接头及球阀，凿开注浆孔，人工安设注浆管。为防止注浆管与孔口的间隙跑浆，应在管尾0.3~0.4 m范围内填塞棉丝。

4）注浆

隧道注浆按照从下到上的原则，先施工隧道底部，再施工隧道两腰，最后施工隧道顶部。注浆时遵循先稀后浓的原则下，分级逐段提高注浆压力。

注浆时搅拌好的水泥浆要用细筛过滤后才允许进入注浆桶。注浆时先注无水孔，后注有水孔。如遇窜浆或少量跑浆，则注浆间隔加大，如遇股状跑浆，可暂停注水泥浆，改注水泥-水玻璃双液浆。

因注浆量很难确定，每一根注浆管结束注浆的标准为注浆压力达到要求。每次注浆结束后，将止浆阀关闭，旋下管路与另一根注浆管连接继续注浆。待浆液凝固后再旋下闸阀并清洗干净以便于回收。

在注浆过程中，专人记录注浆情况，并根据实际情况调整注浆压力、速度，保证注浆效果。注浆完成3~5天后仍有渗水则进行补注，直至达到止水效果。

（3）作业组织

管片堵漏作业人员、工具、材料配置见表3-24。

表 3-24　管片堵漏作业人员、工具、材料配置

项目	名称	单位	数量	备注
人员	质检工程师	人	1	
	试验工程师	人	1	
	施工员	人	1	
	堵漏工人	人	6	

续表3-24

项目	名称	单位	数量	备注
工具	手压(电动)式注浆泵	台	1	
	手电钻	台	1	
	注浆管	米		使用量根据实际施工而定
	注浆接头	个		
	刮刀	把	2	
	手提式打磨机	台	1	
材料	环氧树脂	桶		
	聚氨酯、堵漏剂	桶		使用量根据实际施工而定
	膨胀水泥	kg		

3.6.10　管片施工安全生产要求

1. 管片地面堆放、运输安全操作规程

①管片储存场地，如有条件，应设混凝土场地；如有困难，应平整夯实地基，符合承载要求。

②管片止水粘贴的安全通道横向大于90 cm、纵向大于100 cm，安全通道内不得堆放杂物，应保持畅通。

③管片如不采用钢质堆放架进行堆放而采用道木垫块时，道木垫块必须质地可靠，道木垫块松散损坏后应及时更换。

④管片储存堆放高度超过三层时，应呈宝塔型堆放，层间垫木必须结实可靠。

⑤管片外场堆放时，场地四周必须有隔离措施。严禁将管片堆放在井口临边一侧。

⑥叉车和平板车司机在运输管片过程中，要根据路面情况控制行车速度；防止管片受冲击力损坏，或在急停时惯性前移造成事故；行车途中司机应随时通过反光镜观察管片固定情况，发现异常立即停车处理。

⑦吊运时，管片止水粘贴人员必须站在安全可靠位置，严禁在吊物下施工。

⑧吊装管片时禁止在人头顶经过，避免管片掉落出现砸伤事故。

⑨管片吊装使用两条吊带，一次吊运三块。管片应放平捆绑，不能倾斜；吊放过程应平稳，不能使其转动或晃动。

⑩起升或下降速度要平稳，下方严禁站人，待管片降落至离管片车1 m以内时人员方可靠近，待就位放稳后方可取下吊带。

⑪叉车、龙门吊、平板车司机必须具有相应的操作证和驾驶证。

⑫严格执行各种设备设施的操作规程，不得违章作业。运输车辆必须经过年检，且运输人员必须持证上岗。

2. 隧道内管片吊运安全操作规程

①密切关注电瓶车的运行情况，听见电瓶车鸣笛应主动避让。

②管片吊运时管片下方严禁站人或人员身体某部位处于管片下方。

③管片输送小车移动管片时，移动区域内不能有人停留。

④管片工必须拧紧吊装螺栓，上好安全销后方可起吊。

⑤管片吊机应专人使用操作，操作时应匀速运动。

⑥接管片的作业人员应待管片平稳后接送、旋转，接送时应保护好手、脚，注意做好对管片的避让。

⑦在管片吊机运转行程范围内，任何人都不得将头从主控室伸出，防止刮伤。

⑧单/双轨梁运送管片就位拼装时，人员严禁站立在管片的前方，以防止管片溜滑伤人。

⑨在吊运管片连接螺栓时，要轻拿轻放，严禁抛扔螺栓。

3. 管片拼装安全操作规程

①管片拼装必须落实专人负责指挥，拼装机操作人员必须按照指挥人员的指令操作，严禁擅自转动拼装机，以免发生伤亡事故。

②举重臂旋转时，必须鸣号警示，严禁施工人员进入举重臂活动半径内。

③拼装管片时，拼装工必须站在安全可靠的位置，严禁将手脚放在环缝和千斤顶的顶部，以防受到意外伤害。

④管片吊机专人专用，作业时速度应平稳，吊装螺栓应拧紧、上销。

⑤举重臂必须在管片固定就位后方可复位，封顶拼装就位未完毕时，人员严禁进入封顶块的下方。

⑥举重臂拼装头子必须拧紧到位，不得松动，发现磨损情况应及时更换。

⑦管片在旋转上升之前，必须用举重臂小脚将管片固定，以防止管片在旋转过程中晃动。

⑧拼装油缸不可擅自动作，应听从拼装手口令。

⑨拼装头子与管片预埋孔不能紧固连接时，必须制作专用的拼装架，拼装架的设计必须经技术部门认可，经过试验合格后方可使用。

⑩拼装管片必须使用专用的拼装销，拼装销必须有限位。

⑪管片拼装及螺杆安装人员上、下拼装机时小心滑跌。

⑫在作业过程中，避免螺栓等物脱落伤人。

3.7　同步注浆

3.7.1　原理及目的

盾构掘进施工过程中，由于盾构刀盘的开挖直径大于拼装管片外径，因此管片脱出盾尾后会形成建筑间隙，为了填补这个间隙，在施工中盾构掘进与填充空隙会同步进行。

同步注浆工艺是盾构施工过程中必不可少的重要工序，直接影响到盾构施工对地层应力释放及地层变形的控制效果。根据工程实践经验，同步注浆有如下几点作用：

①尽早填充地层空隙，减少地层沉降量，保证环境安全。

②确保管片衬砌的早期稳定性和空隙的密封性。

③作为衬砌止水第一道防线，提供长期、匀质、稳定的止水功能。

④作为地层与管片衬砌之间的缓冲加强层，具有一定耐久性和强度。

3.7.2 浆液类型及应用范围

1. 类型

目前同步注浆浆液类型一般可分为单液浆和双液浆。

单液浆又可分为硬性浆液和惰性浆液，其中硬性浆液即在浆液中掺加了水泥作为主要胶凝材料，由粉煤灰、膨润土、砂子、外加剂等按一定比例拌和而成，具备一定的早期强度和后期强度的浆液；而惰性浆液是在浆液中掺加了消石灰作为主要胶凝材料，由粉煤灰、膨润土、砂子、外加剂等按一定比例拌和而成，早期强度和后期强度均很低的浆液。

双液浆通常由水泥浆与水玻璃液组成，注入时双液混合。

2. 应用范围

两种不同的浆液各有优缺点，单液浆中硬性浆液早期、后期强度较高，利于盾尾间隙稳定成型，但凝结时间较短，若设备突发故障很容易堵塞注浆管；而惰性浆液具有很好的和易性，能减少注浆过程中堵管的发生，但凝结时间较长，且早期、后期强度较低，不利于特殊地段快速稳定成型的需要。

双液浆加快了水泥浆的固结时间，有利于地层的稳定，同时可通过调节凝结时间来满足不同的施工要求，但其对施工工艺要求比较高，操作不当很容易造成堵管及注浆不密实等缺陷。

根据两种浆液的特点及工程实践经验，目前工程广泛使用单液浆进行同步注浆，双液浆常作为同步注浆的二次补充或封环止水，因此，本节仅对单液浆进行阐述。

3.7.3 原材料性能及浆液性能控制参考标准

在施工过程中应根据地质情况、设备特点、运输距离、原材料特性进行理论配比试配，寻求最优施工配比。鉴于目前有学者提出同步注浆浆液强度以接近原状土为宜，相关规范也未对强度等指标作出明确要求，因此强度指标未在下表列出。

根据以往工程经验，浆液的原材料指标和性能指标宜按下表进行控制。

1. 原材料性能控制参考指标

原材料性能控制参考指标见表3-25。

表 3-25　原材料性能控制参考指标

品种	水泥	消石灰	粉煤灰	膨润土	砂子	外加剂	水
规格	42.5级 普通硅酸盐	Ⅱ级	Ⅱ级	钠基200目	Ⅲ区细砂	缓凝减水型	可饮用

2. 同步注浆浆液性能控制参考指标

同步注浆浆液性能控制参考指标见表3-26。

表 3-26　同步注浆浆液性能控制参考指标

稠度/cm	凝结时间/min	流动度/mm	分层度/mm	泌水率/%	固结收缩率/%
80~120	根据工况 试配确定	3 h 内>180	<3	<3	<5

3.7.4　注浆工艺流程及技术参数

1. 工艺流程

注浆工艺流程图如图 3-14 所示。

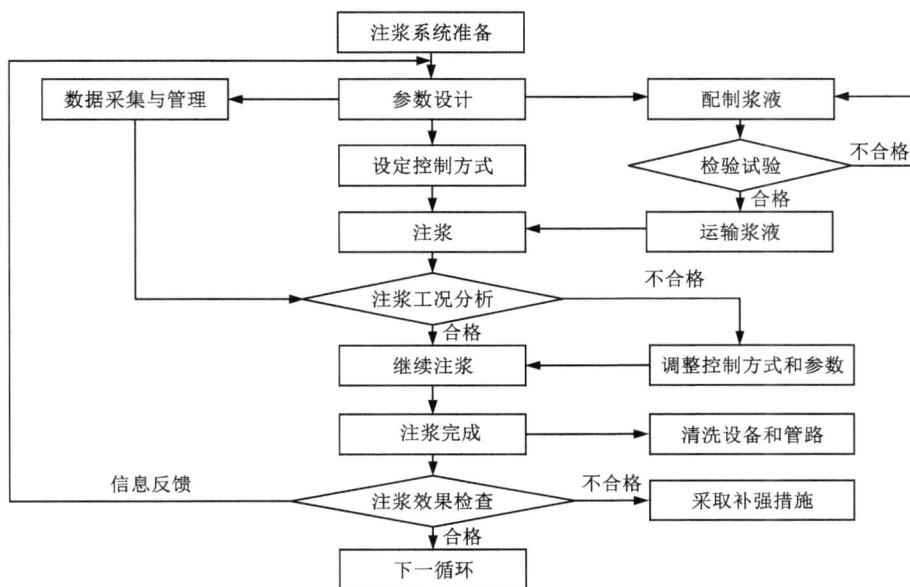

图 3-14　注浆工艺流程图

2. 注浆压力

注浆压力是驱动浆液流动性的动力。压力必须克服流动的动力，这直接决定了浆液在空隙中流动的速率、填充程度和分布形态。压力过大可能导致浆液回窜损坏盾尾刷、地表隆起、管片连接螺栓断裂、破损甚至脱落，压力过小可能造成注浆量不足、地表沉陷等诸多不利影响。因此，在盾构掘进施工过程中同步注浆压力设定是重要控制参数之一，注浆压力最佳值应在综合考虑地质条件、管片强度、设备性能、浆液特性和隧道埋深等综合因数后确定，通常稍高于切口压力。

3. 注浆量

注浆量是以盾尾建筑空隙量为基础，结合地层、线路及掘进方式等，考虑适当的饱满系数，以保证达到充填密实的目的而确定的。根据施工实际，饱满系数包括由注浆压力产生的压密系数，取决于地质情况的土质系数，施工消耗系数，以及由掘进方式产生的超挖系数等。一般主要考虑土质系数和超挖系数。

土质系数取决于地层性质，一般取值为 1.3~2.5。在完整性好、自稳性强的硬质地层中，浆液不易渗透到衬砌周围的土体中，可取较小的土质系数甚至不用考虑。但在裂隙发育的岩质地层或以砂、砾石为主的大渗透系数地层，浆液极易渗透到周围的土体空隙中，因此在这样的地层应考虑较大的土质系数，宜取 1.8~2.5。在以黏土、粉砂为主的小渗透系数地层，浆液在注入压力的作用下也会对土体产生劈裂渗透，宜考虑 1.3~2.0 的土质系数。

同步注浆注浆量经验计算公式：

$$Q = \frac{\pi(D^2 - d^2)\lambda L}{4}$$

式中：Q 为注浆量；λ 为注浆率（根据地层确定）；D 为盾构切削外径，m；d 为预制管片外径，m；L 为回填注浆段长度即预制管片每环长度。

4. 注浆速度

根据盾构掘进速度，浆液以每循环达到预计总注浆量均匀注入。从盾构掘进的同时开始注浆，到盾构掘进结束注浆完成，注浆速度由注浆泵性能、单循环注浆量确定，应与掘进速度相适应。

5. 质量保障措施

①注浆前进行详细的浆液配比试验，选定合适的注浆材料及浆液配比，保证所选浆液配比、强度、耐久性等物理力学指标符合设计施工要求。

②制订详细的注浆施工设计方案、工艺流程，以及注浆质量控制程序，严格按要求实施注浆、检查、记录、分析，及时作出 P（注浆压力）-Q（注浆量）-t（时间）曲线，分析注浆效果，反馈指导后续注浆参数的设定。

③同步注浆一定要保证在掘进过程中与推进行程同步注入。

④宜经常冲洗、疏通注浆管路，保障注浆点位均匀。

⑤根据洞内管片衬砌变形、地面及周围建筑物变形监测结果，及时进行信息反馈，修正设计注浆参数和施工方法，发现情况及时解决。

⑥做好注浆设备的维修保养，做好注浆材料供应，保证注浆作业顺利、连续地进行。

3.8 二次注浆

3.8.1 原理及目的

同步注浆结束后，浆液在凝固的过程中会有一定的体积收缩；因浆液发生流失，管片背面会形成空腔。由于空腔的存在，地层易发生坍塌变形，随围岩松动范围扩大，会引起地面沉降、隧道上浮。用二次注浆及时填充管片背面的空腔，使地层没有发生变形的空间，能有效地控制地面下沉、隧道上浮。

盾构隧道成型之后，由于同步注浆不饱满或因浆液凝固体积收缩，管片背面形成空腔，在富水层里，地下水会在此汇集形成水囊，可能会造成隧道渗漏。通过二次注浆，用浆液完全填充空隙，把水囊缩小或消灭，使管片背面的空隙水压减小，可有效控制渗水，达到止水目的。

3.8.2 分类

二次注浆分为堵漏注浆、加固注浆、分段注浆三种。

因管片衬砌拼接缝漏水，有针对性地对漏水环及其附件管片进行二次注浆称为堵漏注浆。

地面建筑物沉降达到预警值，在隧道内部实施的二次注浆称为加固注浆。

为提高同步注浆效果，避免同步注浆凝固背后留有水流渠道，每隔一段距离对整环管片实施的二次注浆称为分段注浆。

3.8.3　二次注浆浆液配比与施工控制

二次注浆一般采用单液浆(水泥浆)或双液浆(水泥浆+水玻璃)。单液浆水灰比一般取 1：1 或 1：1.2；双液浆配比必须适应注浆目的和注浆条件,根据水泥浆和水玻璃性能来确定配比,水玻璃的用量由注浆需要的初凝时间来确定,在二次注浆前进行配比试验与验证。

二次注浆的压力一般比同步注浆的压力高出 0.01~0.03 MPa,但还应根据注浆设备性能、隧道覆土厚度、地下水的压力及管片强度进行调整。对于钢管片来说,注入孔处的压力不宜大于 0.4 MPa,以防钢管片变形。

3.8.4　安全注意事项

①注浆操作人员必须经过专门训练及安全技术交底掌握有关作业程序;

②注浆操作人员必须佩戴安全帽、防护眼镜、口罩和手套等劳保用品,方可进行注浆作业;

③注浆泵及高压管路必须试运行,确认机械性能和各阀门管路、压力表完好;

④注浆设备上必须配备注浆压力控制阀,当注浆压力大于一定极限时,注浆自动停止,避免压力过大造成管片错台,甚至坍塌;

⑤注浆时不得随意停水停电,必要时必须事先通知,待注浆完成并冲洗后停水停电;

⑥注浆期间必须配备专门修理工,以便出现故障及时修理,需要拆开管路时必须确认完全泄压后方可进行。

3.9　渣土管理

3.9.1　土压平衡盾构渣土管理

1.作业内容

适用于不同地质条件下的土压平衡盾构掘进施工渣土管理。

作业内容包括施工准备、渣土改良、螺旋输送机和皮带机出渣、渣土水平和垂直运输、渣土外运。

2.作业流程

渣土管理作业流程图如图 3-15 所示。

3.作业控制要点

①它有两方面的基本内容:盾构在推进过程中与它所处地层的地下水压力和土压力处于一种平衡状态;其出土量与盾构推进所产生的岩土体积也处于一种平衡状态,注意在掘进过程中控制出渣量。施工中采取体积和质量双控的原则。

②体积控制:掘进完成后估算渣土斗中土的方量,并扣除渣土斗中上次剩余的残渣量。根据经验比较正常的出渣方量,超方量便可看出。

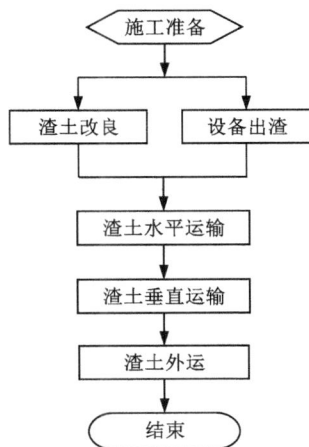

```
        施工准备
           │
    ┌──────┴──────┐
  渣土改良      设备出渣
    └──────┬──────┘
       渣土水平运输
           │
       渣土垂直运输
           │
        渣土外运
           │
         结束
```

图 3-15　土压平衡盾构渣土管理作业流程图

③重量控制：龙门吊吊土时可以称重，这也是判断是否超方的依据。

④土压平衡盾构渣土管理作业控制要点见表3-27。

表3-27　土压平衡盾构渣土管理作业控制要点

作业项目	控制要点	备注
设备出渣	出渣时尽量减少和避免喷渣。计算设计出渣量，根据不同地层，乘以相应的堆积密度松散系数，得出理论出渣量。注意在掘进过程中控制出渣量	理论出渣量公式：$$Q = \rho \pi D^2 L / 4$$ 式中：ρ 为堆积密度松散系数，取值范围根据试验测定；D 为刀盘直径；L 为管片宽度
渣土改良	根据地层不同地质情况、含水量、渣土温度和干湿度，适当加入压缩空气、泡沫剂、水，根据需要添加膨润土、添加剂等，通过刀盘和螺旋输送机搅拌产生流塑性较好的渣土，输送出仓外至皮带机上	
渣土水平运输	电瓶车严禁超速行驶，停车须在两端安装阻车器	
渣土垂直运输	门吊作业时须做到机车调车员、起重装卸机械操作工由司索工统一指挥。门吊应对每车渣土进行称重并记录	
渣土外运	渣场容量有限，须将渣土由挖机装至出渣车队，做到安全、及时、高效、环保、统一管理，满足生产需要	

4. 作业组织

（1）人员配置

土压平衡盾构渣土管理作业人员配置见表3-28。

表3-28　土压平衡盾构渣土管理作业人员配置

工种	人数/人	备注
值班（土木）工程师	1	
盾构主司机	1	
机车司机	2	
司索工	2	
起重装卸机械操作工	2	每班配置
土石方机械操作工	1	
养道工	2	
汽车司机	若干	

（2）机械配置

土压平衡盾构渣土管理作业机械配置见表3-29。

表 3-29　土压平衡盾构渣土管理作业机械配置

设备名称	数量(满足现场需要)	备注
电瓶车	2 辆	
渣土矿车	由每节矿车容量和每环出渣量确定	
门吊	1 台	
挖机	1 台	
运渣自卸汽车	若干辆	

(3)生产效率

土压平衡盾构渣土管理作业生产效率见表 3-30。

表 3-30　土压平衡盾构渣土管理作业生产效率

工序	单位	人工	备注
渣土水平运输作业	1 环	由洞内运输距离、安全交底确定	
渣土垂直运输作业	1 环	由洞口洞深、安全交底确定	

3.9.2　泥水平衡盾构渣土管理

1. 作业内容

适用于不同地质条件下的泥水平衡盾构掘进施工。

作业内容包括泥浆制备、盾构掘进、泥水循环出渣、渣浆分离、渣土运输。

2. 作业流程

泥水平衡盾构出渣作业流程图如图 3-16、图 3-17 所示。

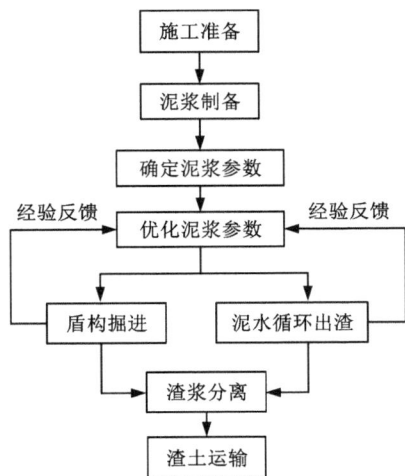

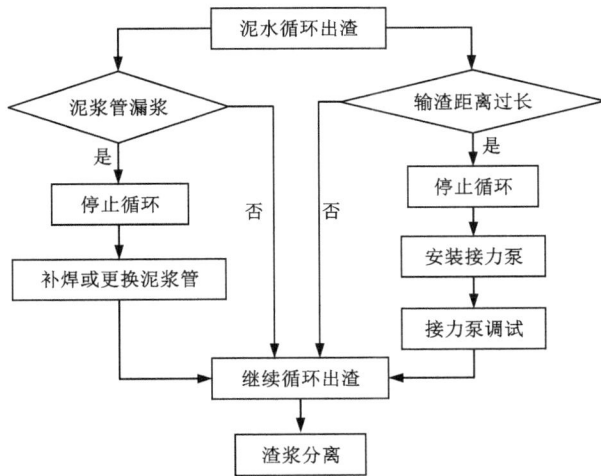

图 3-16　泥水平衡盾构出渣作业流程图　　　图 3-17　泥水循环出渣作业流程图

3. 作业控制要点

盾构开挖的泥砂与循环泥水一起排出,无法直接测量开挖土方量,所以要根据实验室试验结果和安装在送排泥管上的流量仪、密度计测定管内泥浆流量和密度,通过计算求出偏差流量及实际开挖干砂量并与理论干砂量进行比较,将结果同步反馈到中央控制室的监视屏上，以检查围岩的开挖量，掌握开挖面的状态和地质变化，便于调整掘进参数。

泥水平衡盾构渣土管理作业控制要点见表3-31。

表3-31　泥水平衡盾构渣土管理作业控制要点

作业项目	控制要点
泥浆制备参数的要求	根据掌子面地层的地质情况，添加足量的清水、膨润土和添加剂，充分搅拌混合，试验测定后，根据以往施工经验和试验结论，确定适宜当前地层掘进的泥浆黏度和比重等泥浆参数，制备足量的泥浆；根据掘进情况进一步调整泥浆参数
掘进作业	保证切口和气仓压力、气仓液位的稳定，以及泥浆环流流量、输浆泵压力稳定，出渣连续，各项掘进参数满足技术交底要求
泥水循环要求	通过刀盘转速等掘进参数、泥浆比重等泥浆参数，保证渣土粒径能够轻松通过格栅；及时检查泥浆管壁厚，当泥浆管壁厚不满足施工要求或者被磨穿漏浆时，及时进行泥浆管的补焊加厚工作，必要时更换泥浆管；当渣土输送距离过长时，及时增加泥浆输送接力中继泵
出渣量控制	通过偏差流量累计值与气泡仓液位稳定性控制。掘进中认真查看渣土性状、出渣情况，防止出渣量过少或者过大
泥浆流量与掘进要求	根据地层地质选取合适的掘进参数，保持气压仓液位稳定；泥浆环流需保证出浆流量大于进浆流量，流量差由掘进速度和出渣情况确定，掘进速度越快则要求泥浆流量越大，若遇到砾石、硬岩或孤石时须经常使用碎石机对较硬渣土进行破碎

4. 作业组织

（1）人员配置

泥水平衡盾构渣土管理作业人员配置见表3-32。

表3-32　泥水平衡盾构渣土管理作业人员配置

工种	人数/人	备注
盾构司机	2	
值班（土木）工程师	1	
泥水处理班班长及操作工	5	
泥水管道工及焊工	4	
普工	4	

（2）机械配置

泥水平衡盾构渣土管理作业机械配置见表3-33。

表3-33　泥水平衡盾构渣土管理作业机械配置

设备名称	数量	备注
泥浆输送接力泵	由泥浆渣土输送距离确定	
泥水筛分、压滤设备	各1套	
挖机	1台	渣土堆场
运渣机车	若干辆	渣土外运

（3）材料配置

泥水平衡盾构渣土管理作业材料配置见表3-34。

表 3-34　泥水平衡盾构渣土管理作业材料配置

工序	单位	材料	机械	备注
泥浆制备	m³	清水、膨润土、添加剂：由现场试验、不同地质掘进经验和实际交底情况确定	搅拌机	
泥浆管、支架安装	m	钢管、工字钢、闸板阀、钢板、焊条	电焊机	

（4）生产效率

泥水平衡盾构渣土管理作业生产效率见表3-35。

表 3-35　泥水平衡盾构渣土管理作业生产效率

工序	数量/根	作业时间/h	备注
泥浆管延伸	2	0.5	

3.10　长时间停机

3.10.1　停机前准备措施

1. 停机位置选择

为了防止长时间停机引起盾构下沉和出现"栽头"现象，停机位置应尽可能选择地层承载力相对较好的地层。若停机位置地层松软，无法支撑盾构的自重，须通过盾体预留注浆孔对盾构停机下方土体进行注浆加固。

2. 盾构停机姿态

应将盾构姿态（高程）控制在离设计轴线的0~15 mm。参考盾构坡度决定盾尾高程姿态。由于刀盘较盾尾重，所以切口高程比盾尾高程高。盾构坡度比设计坡度略高。

3. 盾构管片施工

盾构停机应处于管片拼装结束后盾构未推进阶段，即油缸行程最小处。此时盾构油缸贴合管片较为稳定，盾构姿态不易变化。盾构停机前，对停机后10环左右的管片螺栓复紧、纵向拉紧，以增强其整体性。

4. 同步注浆

盾构推进施工中的同步注浆浆液，使用大比重单液浆进行及时、均匀、足量的压注，确保建筑空隙被及时和足量的充填。停机前20环左右同步注浆量可提高至原注浆量1.2倍左右，具体根据地面监测数据、现场实际情况调整。

注意最后一环的注浆量控制，应综合考虑盾构浆罐、砂浆车、地面储浆罐的浆量，避免浪费。同步注浆结束后注意对注浆管路、储浆罐清洗，防止恢复掘进时出现堵孔、堵管。

5. 盾尾密封

盾构停机前增加盾尾油脂压注量，采用优质油脂，压注足量、均匀；油脂仓压力应满足设定压力。富水及特殊地层可考虑对脱出盾尾的管片用聚氨酯在管片背部做环向密封。

6. 渣土改良

土压盾构：为确保盾构暂停期间刀盘不被土体困住，盾构推进到位后，在刀盘转动情况下，先通过加泥加水系统对刀盘正面加注膨润土浆液；在土仓内再加注膨润土浆液。土仓内加注膨润土时应四周均匀压注，边加注边开启螺旋输送机，进行适当出土。等出来的渣土变为膨润土之后，停止改良。

泥水盾构：停机前应运行环流，根据盾构埋深控制好切口压力，尽可能多地带出土仓的渣土，同时清洗环流系统的管路，防止沉淀在管路中的渣土堆积导致再次启动时出现管路压力过大甚至爆管。

3.10.2　停机过程中注意事项

1. 切口压力变化

停机时盾构司机密切关注切口压力及液位仓变化，及时通过向土仓内注入膨润土浆液或气体补充损失的切口压力。每班至少检测 2 次土仓内泥水浆液黏度、比重参数。

泥水盾构至少每 2 h 做一次泥水循环，置换泥水仓膨润土浆液，防止掌子面泥膜失效、地层中砂土进入泥水仓、造成地面塌陷、渣土裹塞刀盘和堵塞管道等异常情况。

2. 盾构姿态

停机阶段，盾构姿态保证每日至少 1 测，以及时掌握和了解盾构姿态变化，及时采取措施确保盾构姿态稳定。当盾构高程发生突变后，盾构可适当掘进一小段，以调整盾构姿态。盾构姿态调整后，通过盾体下部注浆孔压注浆液，以增加盾构底部土体承载力。

3. 密封薄弱位置保护及检查

盾尾、螺旋输送机、铰接密封、中心回转等盾构密封为易出现渗漏位置。在停机期间应重点保护，盾构司机注意上述部位的油脂补充注入，保证密封仓的压力达到设定值。盾构值班人员巡查并做好相关记录。发现渗漏水现象，应及时采取应急处理措施。

4. 地面环境监测

盾构停机阶段，通过盾构上方测点每天监测对周边建构筑物的影响及地面沉降，前半个月保持每天至少 2 次的监测频率。隧道监测采用机器测量和人工管片复合测量同步，分析隧道管片近期的变化趋势与速率。必要时采用二次注浆控制沉降与隧道管片变形。

5. 隧道通风

隧道通风继续保持，避免有毒有害气体在成型隧道内积聚。

6. 设备保养检修

在盾构停机时也要随时做好设备的保养检修，使整个盾构在不掘进的情况下，各个系统能够保持良好的工作性能。

3.11　开仓作业

3.11.1　常压开仓

1. 工艺概述

由于盾构设备的特点以及施工需要，在盾构施工过程中需要开仓进入工作面对刀具、设备或地层中的障碍等进行检查和处理。开仓施工同样受工程地质条件和作业空间的限制，存在一定的危险。在盾构施工过程中做好开仓管理，建立完善的开仓控制程序，对确保开仓施工的安全十分重要。

（1）开仓考虑主要因素

1）工程地质条件

工程地质条件直接关系到开仓施工的安全，是进行开仓管理的根本依据。应选择地下水相对较小、地层自稳性相对较强的地段进行开仓施工。

2）地面环境条件

地面环境条件对开仓的限制主要包括两个方面：一是开仓引起地面沉降变形对周围环境的影响；二是在刀具急需进行处理而工程地质条件不具备开仓安全要求的情况下，地面环境是否具备进行地层加固处理的条件。

3）工作环境空气质量条件

地层内是否存在通过地层裂隙渗入工作面内的易燃有害气体，对现场施工人员的健康及安全是否构成威胁。

4）刀具使用情况

刀具的使用情况应以工程地质条件为依据，并紧密结合开仓管理。在进行刀具使用计划管理时应充分考虑工程地质条件中的不确定因素。

（2）开仓管理的原则

1）开仓的原则

根据具体工程的工程地质条件、地面环境条件等合理地制订开仓计划。计划包括进行开仓的里程、地层情况、地层处理方案（如果需要的话）等。

2）开仓条件的安全可靠性原则

尽量选择工程地质适合的位置进行开仓作业。在工程地质条件不具备开仓条件的情况下，必须选择合适的地面环境对地层进行加固处理，确保开仓作业的安全。

3）对地面环境影响范围小的原则

充分考虑开仓引起地面沉降变形、建（构）筑物变形等情况，宜选择在地面建筑物相对较少的地段，以减小影响范围及程度。

4）开仓前气体检测通风原则

开仓前必须对仓内的易燃有害气体含量进行检测，如含量超标，须置换仓内气体，直至检测含量合格后，才能进行开仓作业。

5）施工过程中的通风原则

在开仓后及人员进仓作业的全过程中，加强内外通风，必须保证仓内与仓外空气的流动性，保证人员作业环境的安全。

6）开仓作业快进快出原则

做好开仓施工的准备工作，遵循快进快出的原则，确保开仓施工的连续、快速。

2. 作业内容

作业内容包括开仓位置选择、开仓准备工作、排空土仓、气体检测、打开仓门、气体检测及地质判断、刀具检查及处理方案确定、刀具处理、关闭仓门。

3. 工艺流程

常压开仓作业工艺流程图如图3-18所示。

4. 工序步骤

（1）开仓位置选择

开仓位置宜选择地层条件相对稳定、地下水水量较小、地面环境适宜的地段。

根据开仓计划，必须在盾构到达既定位置后方可进行开仓作业。开仓位置由土木值班人员确认，土木总工程师审核。

（2）开仓准备工作

为保证开仓作业的连续、快速，必须做好充分的准备。准备工作包括预计更换刀具准备、开仓作业工具准备、洞内水电准备、洞内外通风准备等。若有必要，对地层进行加固。准备工作由专人负责，完成后由相关人员审核确认。

（3）排空工作面内渣土达到开仓条件

由盾构主司机将工作面内的渣土输出以降低工作面压力，将工作面内的水土降至人仓门以下。打开盾构人仓隔板位置的球阀，通过盾构的泡沫系统通风，置换工作面内空气。

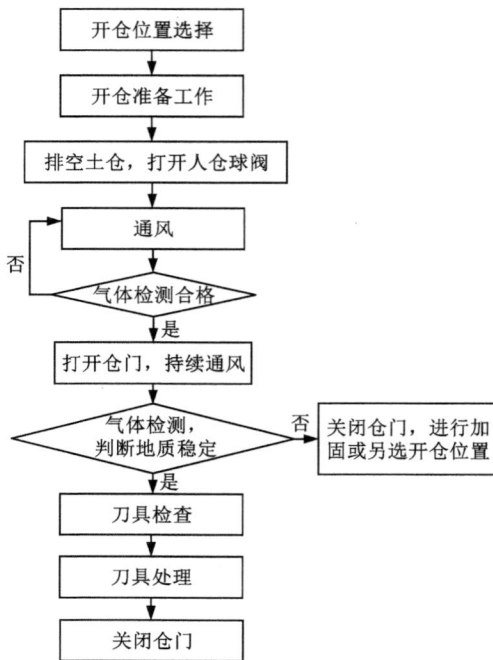

图3-18 常压开仓作业工艺流程图

（4）仓内气体含量检测

由气体检测人员携带便携式气体检测报警仪器，通过盾构人仓隔板位置的球阀，对工作面内的有害气体含量进行检测。如果检测到有害气体含量超标，则对工作面内继续通风，置换仓内气体，直至检测合格后方可开仓。

（5）打开仓门

气体检测无异常时，打开仓门。仓门打开后，立即打开风机对仓内空气置换，气体检测人员对仓内气体进行进一步检测，同时可结合进行活物探试。如检测不合格或放入的小动物有异常，则继续通风，直至检测无异常后，才能进行掌子面地质检查。

工作面内空气质量要求：有害气体一氧化碳最高浓度不超过0.0024%、二氧化碳浓度不超过0.5%、甲烷浓度不超过1%、硫化氢浓度不超过0.00066%，氧气浓度19%~22%。

（6）工程地质条件确认

仓内易燃有害气体含量检测合格后，由土木值班人员查看掌子面地质条件，仔细观察后签署意见，并由土木总工程师进行审核。判断安全后，作业人员方可进入作业面进行下一步作业。

如地质条件不满足作业要求则关闭仓门，采取加固措施或选择其他位置再进行开仓。

（7）刀具检查与处理方案确定

由机电管理人员对刀具进行检查，做好记录，并由机电总工程师进行审核确认，制订刀具处理方案。

进行刀具处理的过程中，需有一名土木值班人员对掌子面稳定情况进行巡查并不间断地进行气体监测。

（8）刀盘清理及仓门关闭确认

刀具处理完毕关闭仓门前对作业面进行全面的检查，避免工具、杂物遗留在内。检查完毕由当班班长和机械工程师确认。确认后关闭仓门，仓门关闭情况由机械工程师确认。完成后及时恢复掘进施工。

5. 作业组织

（1）人员配置

常压开仓作业人员配置见表3-36。

表3-36　常压开仓作业人员配置

工种	人数/人	备注
土建工程师	1	地质评估、安全监督
机电工程师	1	设备故障排除
刀盘、刀具主管工程师	1	技术指导、刀具检查评估
调度	1	工作联系与协调
安全员	1	作业面气体检测
班长	1	熟悉进仓施工流程
刀具更换检查人员	4	熟练工
协助人员	3	材料供应、工具准备等
电工	1	照明接入（24 V 低压）
机械维修工	2	风、水接入和保障

备注：为一个作业班组人员配置

（2）机械配置

常压开仓作业机械配置见表3-37。

表3-37　常压开仓作业机械配置

设备名称	数量	备注
风机	2 台	
风动扳手	1 把	
风管	2 台	
水管	2 台	
潜水泵	2 台	
撬棍	2 台	
多功能气体检测仪器	2 台	
对讲机	2 部	

6. 安全生产保证措施

①开仓相关作业人员必须经培训考核，合格后方可上岗作业。

②开仓作业必须在既定的位置进行。如果因施工需要必须在其他位置进行开仓作业时，必须经充分分析论证后决定。

③开仓作业的一切准备工作必须提前做好，一旦开仓必须保证作业立即开始。

④开仓后先观察掌子面的稳定情况，经判断稳定后，再进入作业面。

⑤要严格执行对甲烷、一氧化碳、硫化氢等有毒有害易燃易爆气体浓度检测工作，如果浓度超标，严禁进入工作面，再继续通入空气，直至气体检测无异常。

⑥仓内作业时，严禁仓外作业人员进行转动刀盘、出渣、泥浆循环等危及仓内作业人员安全的操作。

⑦开仓作业时，仓内应设置临时的上下通道，并应保证进出开挖仓的通道的畅通。

⑧在作业过程中由专人负责掌子面稳定情况的查看，一旦发现异常及时撤出施工人员，并关闭仓门。

⑨严禁工作人员在隧道内吸烟或在盾构内明火作业。如需要明火作业，必须对本区域气体进行检测为安全且得到审批后，方可开始。

⑩在开仓作业过程中要持续通入空气且不断对甲烷浓度进行监测，一旦发现气体异常、浓度超标，工作人员应立即撤出工作面，切断电源并进行处理。电动机或其开关地点附近20 m以内风流中甲烷浓度达到1.5%时，必须停止运转，撤出人员，切断电源并进行处理。

⑪因瓦斯浓度超过规定而切断电源的电气设备，都必须在甲烷浓度降到1%以下时方可开动机器。

⑫工作仓内用于照明的灯具必须使用安全防爆类型，照明使用安全电压，输电线路必须使用密闭电缆，严禁使用绝缘不良的电线或裸线输电。

⑬工作面或附近必须配备有效的灭火器。

⑭做好开仓作业组织，确保施工的有序、连续性且尽快完成。

3.11.2　带压进仓

1. 工艺概述

刀具磨损严重或刀盘前形成泥饼造成掘进速度降低、扭矩增大或渣温升高等掘进异常现象，须停机进仓检查。

当盾构在硬岩或自稳能力较强的地段掘进时，因地层本身有自稳能力，这种情况下可在无压下直接进入刀盘作业。当盾构在软岩、富水地段掘进时，由于地层自稳能力差，必须利用盾构自身及配套设备来提供使地层稳定的支撑压力，这种情况下便需采用带压进仓模式来进行各项工作。

带压进仓作业工法是在对刀盘前方地层进行加固处理，确保刀盘前方周围地层和工作面满足气密性要求的条件下，通过在工作面建立合理气压，平衡刀盘前方水、土压力，稳定掌子面，防止地下水渗入，为工作面内维修作业创造条件的一种作业方法。不得在无法保证气体压力的条件下实施带压作业。

2. 作业内容

带压进仓作业包括：初步计划、开仓审批、掌子面地层处理、气密性试验、带压检查、带压作业、试掘进、恢复正常掘进。

3. 工艺流程

带压进仓作业工艺流程图如图3-19所示。

4. 工序步骤

（1）初步计划

根据总体规划，结合近期盾构的掘进报告，可以初步提出刀具的更换方案，提前做好设备、材料的准备，确定准确的开仓地点和时间。

（2）开仓审批

开仓属于危险性较大工程，必须按危险性较大工程编制专项施工方案并进行报批和评审。

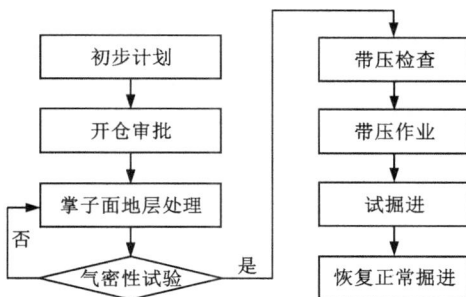

图 3-19　带压进仓作业工艺流程图

（3）掌子面地层处理

1）泥水平衡盾构

泥水平衡盾构掌子面处理主要是掌子面泥膜的形成，其形成的过程为：

①清洗刀盘仓。进行 1~2 h 泥水大循环，尽可能多地带走泥水仓内渣土，以防止细小砂砾在换刀时进入刀腔，造成刀具拆卸、拼装困难。

②制作泥膜。

a. 制浆材料：水、膨润土。

b. 泥膜制作方法：

泥浆渗透带制作：泥浆漏斗黏度调整到 50 s 为宜，比重调整到 1.2，循环后开始静压，静压过程中不断补充浆液直至满足进仓压力且泥水仓液位平衡。

泥膜泥皮制作：泥浆黏度调整到 100~120 s 为宜，比重调整到 1.2 以上不变，调浆过程中可在泥浆中添加锯末，泥皮制作最后阶段继续提高泥浆黏度至 180 s 以上。

刀盘转到要求位置后停止转动，静止 12 h，泥膜形成。

2）土压平衡盾构

土压平衡盾构掌子面处理是为了确保刀盘前方周围地层的气密性及有效封堵刀盘后部来水，必要时对刀盘前周围地层进行注浆加固。在施工过程中注意以下几点：

①拌制泥浆。在开仓过程中控制气压和漏气量膨润土浆液能起到极其重要的作用。为了使泥浆的效果达到施工需要，在带压进仓作业前应对其配比和效果进行试验。

a. 将膨润土粉末与配比所需的水充分混合，并持续搅拌一段时间；搅拌好后放置于常温条件下膨化。

b. 每隔 4 h 将膨化的膨润土泥浆提取少量样品，并用泥浆稠度计测量时间，并记录当次膨化时间。

c. 处理数据并提出膨润土泥浆效果评估，如不符合要求，调整配比并重新试验至满足要求为止。

②泥膜制作。土压平衡盾构向工作面内注入膨润土，置换仓内渣土，并在掌子面形成泥膜。（具体方式同泥水平衡盾构。）

（4）气密性试验

为了确保带压进仓作业安全顺利进行，进仓前必须进行人仓气密性试验、工作面压气试验和工作面渗水量测定等工作。

①人仓气密性试验。人仓是人员出入作业面进行维修和检查的转换通道，通常情况下人仓处于无压模式，带压作业时处于加压模式，而气密性试验是通过升压、降压试验来检查人

仓门、工作面门、仓壁上各种管路是否漏气。根据现场经验，从 0 升压（不装消音器）至设计值不超过 10 min 即为合格；降压操作过程中通常会出现土仓门漏气现象，造成气压降不到 0，现场实践得出若降压后气压能小于 0.2 bar 则为安全，若气压降不到 0.2 bar 以下，则需要带压进行仓门密封处理。

②工作面压气试验。

a. 泥水平衡盾构。泥水仓压力设定为某一值，将泥水仓液位降低至进仓工作液位，然后保持 2 h，如果液位没有变化或变化不超过 2%，则表明泥水仓压气试验合格。液位降低过程中密切关注泥水仓压力值波动及空压机补气频率。

b. 土压平衡盾构。打开自动保压系统，设定工作面压力为设计值，将工作面中的膨润土输出约 1/3，观察工作面压力值的变化，同时安排人员观察地面上漏气是否严重。若工作面压力无法保持，则重新恢复注入膨润土浆。若工作面压力保持 2 h 没有变化，则继续出土至工作液面，观察工作面压力值的变化，再保持 2 h，若工作面压力没有变化或不发生大的波动时，则表明工作面压气试验合格。

③工作面渗水量测定。加固隔水只能封堵盾壳周围岩层、管片背后岩层中的裂隙水，对于掌子面上较大的裂隙水，其在压气情况下仍会不断地进入工作面。根据现场经验，测定的渗水量若大于限定值（专项方案中体现），则不能安全地实施带压进仓作业，必须采取安全稳妥的排水措施。

（5）加压进仓作业

①关闭主仓仓门、主仓与保护仓的仓门，以及主仓与副仓之间的密封门。人闸值班员缓慢地打开进气阀，缓慢地升高主仓的压力，匀速提高至计算值，然后开启出气阀，建立主仓进出气平衡；保障工作面内的排水和通气的通畅，注意安全。

②工作人员进入副仓，关闭副仓仓门，使用电话与人闸值班员保持联系，依照主仓加压程序使副仓达到压力平衡，加压速度宜控制在 0.05～0.10 MPa/10 min。通过开启副仓与主仓之间的压力平衡阀来消除两仓之间的气压差，然后打开副仓与主仓之间的密封门，人员进入主仓。

③开启保护仓与主仓之间的压力平衡阀，消除两仓之间的气压差，用气体检测仪检查工作面内气体，确保无有害气体后才能进仓作业。

④进入工作面。打开工作面门后，先站在门口观察工作面内液位及掌子面情况，确保掌子面无塌落及漏水情况，人员进入工作面，开始相关作业。

（6）带压进仓检查

为了进一步判断掌子面的地质情况和刀盘刀具磨损情况，首先要由专业工程技术人员带压进仓对掌子面的地质情况和稳定性进行检查、确认，同时对刀盘、刀具磨损情况进行检查，确定换刀方案，进行带压换刀前的各项准备工作。

地质检查的工作内容有：掌子面地质情况素描、地层加固效果验证、掌子面渗漏情况、地层取样，并综合以上因素对掌子面稳定性进行判定，同时拍摄工程照片。

刀盘、刀具检查的工作内容有：检测各种刀具的磨损量、检测刀盘面板的磨损量、检查刀箱及固定螺栓状况，拍摄细部照片等，并根据检查结果制订下一步工作方案。

（7）带压进仓作业

根据具体方案，施工人员在专业操仓人员和救生人员的配合下进行换刀、处理断螺栓、凿刀槽等工作。

刀具更换的原则是先易后难,螺栓拆除采用风动扳手,螺栓紧固采用扭力扳手,确保刀具安装质量。换刀过程中当遇到断螺栓时,一般采用以下两种处理方案:若断口在螺孔之外,直接拆除;若断口在螺孔之内,要用风动手钻打孔,用取丝器取出断螺栓,严禁采用电动工具。

(8)减压出仓作业

工程技术人员首先根据进仓检查情况和当前位置的水、土压力确定工作气压值,专业医务人员根据工作气压值、工作量大小、人员身体状况确定安全、稳妥的减压方案。

一般情况下,每组有效带压作业时间为 3 h 左右(在带压情况下作业人体很容易疲劳),工作结束后按既定的减压方案进行减压、出仓,下一组工作人员进仓。

①工作面和工作仓之间的工作面门关闭,工作面和工作仓的连通阀关闭,工作仓和人仓之间的气仓门关闭。

②工作人员离开工作仓进入人仓,通过人仓减压方案减压后离开人仓。

③第二组工作人员进入主仓,按照第一组工作人员的作业程序进行加压、仓内作业、减压离开主仓。

④以此类推,下一组工作人员开始工作。

⑤作业人员作业过程中,仓内的人员通过电话与专业操仓人员联系。

(9)试掘进

经过检查,确认刀盘内没有人员、换刀工具及其他物品,关闭仓门,准备开始掘进。在掘进之前,刀盘以低速空转 5~10 min,直到刀盘扭矩值很小且没有大的变化,注入膨润土浆液,逐渐加大推力,并保持 1~2 环的低速推进,再根据掘进情况和渣土状态选取正确的掘进参数。

5. 作业组织

(1)人员配置

带压进仓作业人员配置见表 3-38。

表 3-38 带压进仓作业人员配置

工种	每班人数/人	备注
气压作业主管	1	负责总体管理现场气压作业
专业操仓人员	2	对人闸进行气密性试验,能准确地按医护人员制定的减压方案对进仓作业人员进行加减压,熟悉人闸及仓内设施的性能
带压进仓作业人员	≥2	应完成专门高压工作训练;执行气压作业主管的指令;建立工作日志;保证其中 1 人为专职观察员;有 1 组备用人员
仓外服务人员	若干	仓外辅助作业
专业医务人员	1	负责医学适应性评估,一旦带压进仓人员出现紧急状况,能进行全范围的医疗救助

续表3-38

工种	每班人数/人	备注
机械技术人员	1	
土木技术人员	1	

（2）机械配置

带压进仓作业机械配置见表3-39。

表3-39 带压进仓作业机械配置

设备名称		数量	备注
设备自身必备的气压系统装置	人仓	1套	带观察窗
	自动保压系统	1套	
	压缩空气供风系统	1套	
	应急照明系统	1套	
	通信设备	1套	
应急备用设备	内燃空压机	1台	
	减压医疗仓	1套	急救用
	对讲机	3部	
换刀机具	风动扳手	1把	
	扭矩扳手	1把	
	倒链	1台	
	照明灯	若干	备用手电筒2把

6. 质量控制措施

①施工前必须充分做好各种准备工作，并经过技术部门的严格检查、确认。

②建立健全安全质量责任制，进仓、检查刀盘及换刀、减压作业、运输严格按规程操作。

③项目领导实行24 h现场值班制度，值班工程师现场24 h值班，并在值班过程中做好带压进仓作业的各种记录，整理后第二天及时上报。

④掌子面处理严格按照制定的方案进行，并做好工作面压气试验和渗水性试验。

⑤换刀机具的使用要按照相关机具操作规程进行，螺栓安装要达到规定扭矩。

⑥在带压作业过程中，为确保作业人员安全，仓内压力要随时保持基本恒定，其波动值要控制在0.05 bar以内。

⑦换刀工作完成后，作业人员要将工作面内所有的铁制工具拿出仓外，严格按照清单清点，确认无误后方可关闭工作面门。

⑧人仓管理员必须认真履行带压作业人员的减压程序，并做好时间记录，坚决杜绝减少减压时间的现象与跳期减压的现象。

7. 安全生产保证措施

①进行必要的岗前培训，对作业人员上岗前针对进仓、检查刀盘及换刀、减压作业的特

点进行安全教育,带压进仓人员要树立起安全作业的意识,按照培训知识注意保护自己。

②带压进仓人员应佩戴好个人防护用品,穿上防滑劳保鞋,防止意外伤亡事故的发生。

③主控室内严禁闲杂人员进入,防止误操作。

④操仓作业周边严禁闲杂人员逗留,防止误操作。

⑤仓外人员和主控室人员要随时观察气压、刀盘仓压力变化情况,如有变化,及时通知现场指挥人员。

⑥人仓、自动保压系统及减压仓由专人负责操作,同时做好各项记录。

⑦严格按照进仓安全操作规程作业,压力升降按阶梯次序进行。

⑧保证人行通道的畅通,保证信息沟通的迅速、准确。

⑨严禁带易燃、易爆物品,带电物品,化学物质(如密封胶),以及饮料(矿泉水除外)进仓。

⑩事前联系好有高压氧仓的医院或单位,进仓作业人员出现症状时及时送进高压氧仓进行救治。

⑪进仓人员减压后应禁止剧烈运动,注意多休息;禁止长时间热水浴;多饮水;带压作业结束在 24 h 后(进仓影响完全消除后)才能乘坐飞机;带压作业后应随身携带应急工作卡,如果出现关节痛及其他突发病症时要及时按照应急卡片联系负责医生,及时医治。

⑫内燃空压机、运输列车、盾构供电、盾构上的空压机、保压系统和照明系统应处于良好的工作状态,有专人负责维护。

8. 紧急情况下的处理措施

(1)开仓前发现土压异常的处理措施

开仓前,应严格控制出土量,出土过程中应通过向刀盘前加高气压来维持工作面内的压力。如出土过程中发现地层漏气,加气压不能稳定压力时,应停止出土。待对刀盘前加入膨润土保持土体气密性后,方可进行施工。

如发现出土过程中工作面内压力异常升高时,应立即停止出土,并通知有关负责人及地面监测人员对地面进行观察。同时有关人员应对压力上升原因进行分析,判明压力上升原因后方可继续施工。如认为压力升高是地层失稳导致,应立即恢复掘进。

(2)开仓前发现土层内水量较大的处理措施

开仓前通过观察出土时土体的含水量,确定刀盘前的水量是否过大,如水量过大可通过仓壁上部排水阀排水并判断工作面内的水位,如果水位过高应及时停止施工,并通知有关负责人,由其确定是否更换开仓地点。

(3)开仓过程中仓门无法打开的处理措施

如出土后,仓门仍无法打开,则通过仓壁上各个位置的阀门准确判断仓内土体高度是否在仓门以下。如土体已低于仓门,而仓门仍无法打开,可适当转动刀盘并用千斤顶顶开仓门,切不可盲目出土,以免造成仓内土体高度过低,土压无法维持。

(4)开仓后如发现坍塌、水量过大等情况的处理措施

开仓后,土建工程师需对工作面的土体进行观察,如发现土体有较大坍塌或土层中水量过大,应立即停止开仓作业,全体人员撤离工作面,并重新建立土压力,同时通知有关负责人研究是否重新恢复掘进,迅速脱离该区域,或采取其他处理措施。

(5)开仓检查期间发生异常情况的处理措施

在开仓检查期间应密切观察工作面土体的稳定状况。如发现土体坍塌或有大量水涌入工作面时应停止施工，人员撤离工作面；立即设法恢复掘进，同时召集有关人员研究下一步措施。

（6）地面建筑物出现异常情况的处理措施

开仓期间应紧密监测，保证把沉降量控制在正常范围之内。一旦发生大沉降，马上疏散受沉降影响区域内的人员，与此同时恢复掘进、注浆，把土压重新建立起来，减少地层的进一步沉降，并会同有关单位及专家商定处理办法，待地层稳定后再进行正常施工。

（7）仓内人员出现不适的处理措施

在高压仓内工作时，工作人员偶尔会出现一些不适的情况，如：调压动作没做好导致鼓膜胀痛；对高压情况不适应，造成头晕、休克等症状。可采用如下应急措施：

①当仓内人员出现不适的情况时，仓外人员或仓内人员（必须规定由一方控制，绝对不允许内外一起控制）应立即停止加压或减压，关闭出气阀和进气阀让仓内压力保持稳定，然后对不适人员进行救助，待其恢复正常后方可继续进行工作。

②仓内的空气应保持新鲜，当仓内人员感到憋闷或呼吸困难的时候应及时通知仓外人员，并要求马上进行"洗仓"操作，目的是给仓内换气。

（8）仓内发生火灾的处理措施

当仓内发生火灾时，操作人员应做如下处理：

①迅速关闭进气阀，切断总电源开关。

②迅速打开排气阀、操作安全手柄及仓外紧急排气阀应急排气，力争 2 min 内快速减到常压。

③设法迅速打开仓门，救出仓内人员。

④打开灭火器扑灭余火。

⑤伤员送往医院救治。

⑥立即报告上级。

（9）其他异常情况的处理措施

①突然断电后，仓内人员要保持冷静。要尽快将仓内压力减到常压，打开仓门，工作人员撤出人闸。电气工程师进仓检查，排除故障后，再继续工作。

②当空压机或气量控制系统出现问题时，马上通知仓内人员。在没有出现呼吸困难的情况之前，工作人员进行减压操作、出仓。故障排除后，方可继续工作。

3.12　尾刷更换作业

3.12.1　尾刷更换原因

当尾刷在掘进过程中严重损坏、长期磨损，失去了堵水、堵泥浆的作用，使砂浆与泥浆漏至隧道内，对工程的质量、施工进度造成一定程度影响时，须对漏浆部位更换新的尾刷。

3.12.2　尾刷更换原则

①确保盾尾密封稳定，在更换过程中不发生漏水漏浆现象。

②尽快完成更换尾刷的相关作业，缩短作业时间，确保施工作业安全。

3.12.3　尾刷更换操作流程

尾刷更换操作流程图如图 3-20 所示。

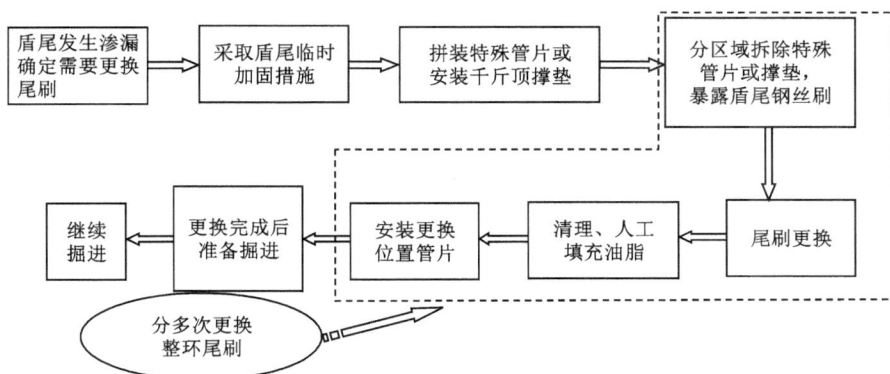

图 3-20　尾刷更换操作流程图

3.12.4　尾刷更换准备措施

①更换尾刷前，需要选择一段地下水较少且稳定的地层。为防止尾刷更换过程中盾尾部位喷泥涌水等塌方事故，应对停机地层进行分析。宜选择相对稳定的地层进行尾刷更换，尽量避免在不稳定地层如砂层、淤泥层进行尾刷更换，在有可能的情况下，可以在停机更换尾刷的预计里程前开仓检查地层是否与分析的情况一致。

②如没有合适地层，应通过相应的地层加固、止水措施，达到可以更换尾刷的条件。同时密切关注地下水量的变化。在掘进最后 10 环左右时，加大同步注浆量，并在盾尾后 3 ~ 4 环打开吊装孔进行管片背后二次补注浆，盾尾漏浆漏水时，用海绵条或注入聚氨酯进行封堵，确保盾尾处地层的注浆比较饱满密实，起到对围岩的制稳、加固作用和有效的封水效果。

③准备足够数量的尾刷，保证更换过程中尾刷的供应。

④在更换尾刷前召集所有施工人员进行技术交底、安全交底。对更换尾刷过程中需要注意的问题及可能出现的特殊情况进行讲解。

3.12.5　尾刷更换作业

1. 延伸油缸尾刷更换作业方式

①在盾构掘进到合适地段，将推进油缸伸出小于最大伸长量 5 cm 左右的长度，此时盾尾管片前端接近第一道尾刷，如图 3-21 所示。

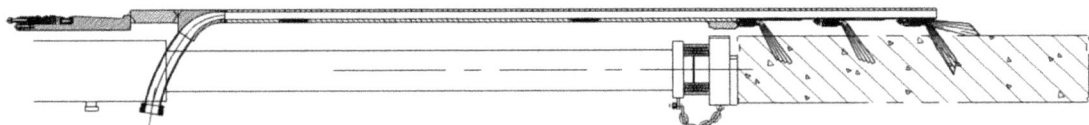

图 3-21　盾尾管片与第一道尾刷示意图

②在脱出盾尾后的几环管片的注浆孔处向管片背后注入双液浆，并保证二次注浆效果。

③达到止水效果后，先重新紧固盾尾后部数环管片的连接螺栓。在管片安装模式下，利用管片拼装机将事先准备好的撑垫安放于管片与推进油缸之间，手动将每个推进油缸都顶紧撑垫，利用推进油缸向前顶推盾构直至露出需要更换的尾刷，如图3-22所示。

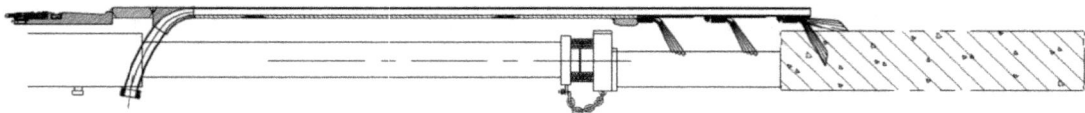

图3-22　露出尾刷示意图

④利用管片拼装机拆掉1~2个点位的撑垫，缩回该点位的推进油缸。

⑤将该点位的尾刷及沟槽上的油脂、砂浆等清除干净，再开始切除尾刷。然后将切除尾刷的疤痕打磨平整，再开始焊接新的尾刷。焊完后，在新尾刷上涂抹盾尾密封油脂。

⑥装回该点位的撑垫，并将对应的推进油缸顶紧撑垫，然后拆除下一个点位的撑垫。

⑦重复以上步骤，依次更换其余的尾刷（为保证安全，每次至多拆除相邻两个点位的撑垫）。

⑧按照管片安装位置拆除对应位置的撑垫，装上管片，待所有管片安装完成且管片螺栓上紧后，开始对盾尾加注油脂，到填满沟槽为止。

⑨管片安装时，先拼装盾尾间隙过小处的管片。

2. 拆除管片尾刷更换作业方式（常用）

①正常推进无法露出需要更换的尾刷时，采取拆一环管片的办法露出尾刷，如图3-23所示，即盾构拼装完成拆除环（或可不拼装K管片）后再掘进一定距离，直至露出需要更换的尾刷。

②在推进过程中由土木工程师仔细观察拆除环（或未拼装K管片）处尾刷露出量，当需更换的尾刷完全露出后，立即通知操作手停止掘进。图3-23为尾刷与管片示意图。

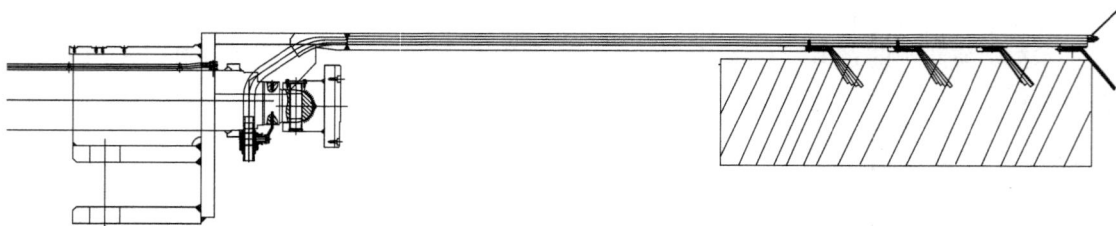

图3-23　尾刷与管片示意图

③拆除管片顺序。

a. 拆除K管片。图3-24为拆除K管片示意图，以K管片为1点位为例。

b. 拆除相邻的两块管片即L1、L2，并切除损坏的尾刷。之后清洁干净打磨表面后进行新尾刷的安装和焊接。图3-25为拆除L1、L2、K管片后更换尾刷示意图。

c. 重新拼装L2管片，否则机器会因为仓内的压力而向后退。图3-26为更换尾刷后L2管片拼装示意图。

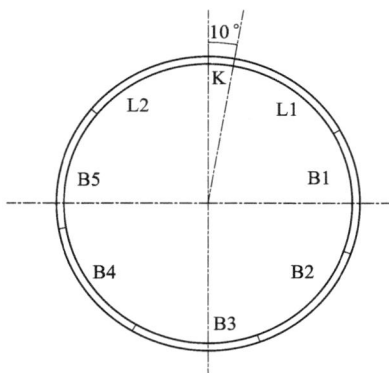

图 3-24　拆除 K 管片示意图
（以 K 管片为 1 点位为例）

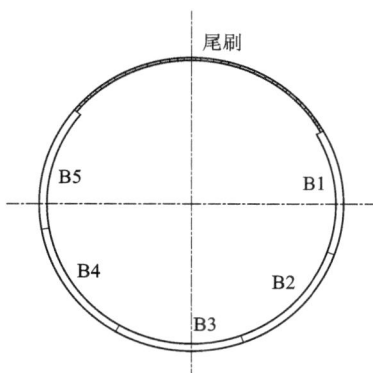

图 3-25　拆除 L1、L2、K
管片后更换尾刷示意图

d. 拆除 B5 管片，割除原尾刷，清理后安装新尾刷。图 3-27 为拆除 B5 管片更换尾刷示意图。

e. 在 L2 管片旁重新拼装 B5 管片。图 3-28 为拼装 B5 管片后示意图。

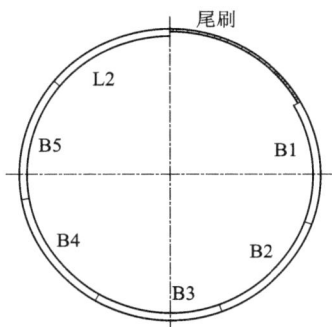

图 3-26　更换尾刷后 L2
管片拼装示意图

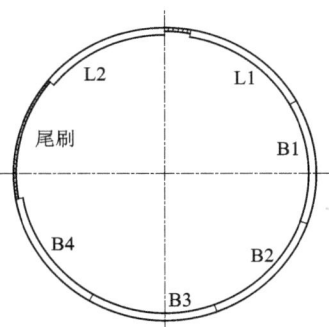

图 3-27　拆除 B5 管片
更换尾刷示意图

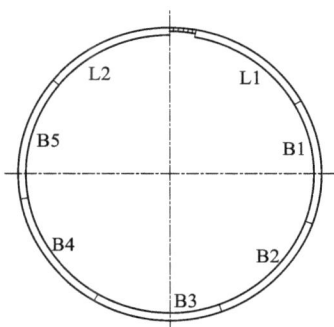

图 3-28　拆装 B5
管片后示意图

f. 重复以上步骤，直至所有的尾刷更换完毕。

④清理盾壳及油脂仓。

管片拆除后，立即进行清理工作，将盾壳、油脂仓内附着的砂浆、油脂等杂物清理干净。在清理杂物的同时，检查油脂注入孔是否畅通。

⑤切除损坏的尾刷。

采用气刨将尾刷切除。切除前用防火棉将拼装机油管、电缆等部分遮盖，避免气刨渣损坏设备。切除时由上往下、由外而内切除，逐个取出损坏的尾刷。切除完成后将尾刷处的杂物清理干净，并确保干燥。

⑥新尾刷焊接。

拆除管片、切除尾刷并清理完成后，开始焊接新尾刷。尾刷为依次搭接安装，在处理最后一块时，由于尾刷稍宽，经过仔细测量后应按尺寸切除，确保两块尾刷之间有足够的搭接长度。

焊接采用 CO_2 保护焊，先摆放好尾刷并点焊，确认无误后再将尾刷焊牢。焊接质量经过验收后进行油脂涂抹。

⑦盾尾油脂涂抹。

如图 3-29 所示，尾刷焊接完成后在相应部位开始盾尾油脂涂抹作业，涂抹油脂采用手涂方式。

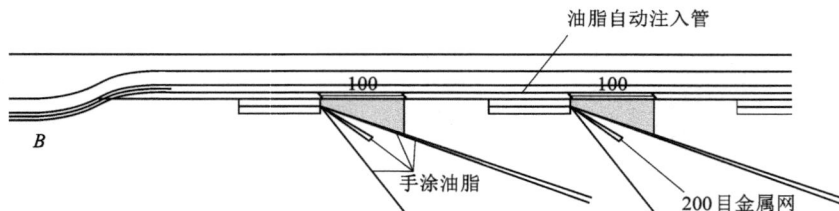

图 3-29　盾尾手涂位置示意图

在尾刷与盾尾之间从连接处向后手涂油脂，金属丝刷与钢片之间、200 目金属网两侧必须抹满油脂。

涂抹钢丝刷时将其拨开后分层填入油脂并涂抹，每层油脂填塞饱满，不掉落、不漏填。油脂涂抹质量须经检验合格后再进行管片拼装。

⑧管片拼装。

在尾刷手涂油脂验收合格后拼装管片，管片拼装前测量盾尾间隙，进行管片选型。管片拼装完成后，用盾尾油脂泵向油脂仓内注入油脂。

3.12.6　尾刷更换注意事项

①为防止尾刷更换过程中盾构在开挖仓压力作用下出现后退情况，可准备好用于接长推进千斤顶的接杆钢支撑，在拆除临时管片后，支顶在最后一环管片与推进千斤顶之间，制约盾构后退。如果盾构前方掌子面围岩稳定，则可以将开挖仓内的膨润土排空，使开挖仓处于空仓状态，消除开挖仓压力对盾构施加的作用力。

②尾刷更换时需两排同时更换，安装时也要两排一起安装。

③清洁新尾刷安装作业面与周边油脂孔。安装新尾刷时，在焊接尾刷之前，须确保尾刷搭接紧密，以免尾刷之间留有空隙。

④安装完新尾刷，把该区域清洁干净后开始注入盾尾油脂，须确保盾尾油脂完全渗入钢刷里面，不留空隙。

⑤发现盾尾有漏水，应立即将尾刷与管片间的缝隙填塞，并在脱出盾尾管片进行聚氨酯注入。

⑥为解决因盾尾偏移而产生的盾尾间隙过大或过小使管片难以安装的问题，在安装管片前，应对盾尾间隙进行测量，确定最小间隙位置。在安装管片时，调整安装顺序，先安装盾尾间隙最小处的管片。这能有效解决管片安装难问题。

3.12.7　尾刷更换作业组织

更换尾刷属于风险较大的操作，在更换前必须将各种所需材料、设备准备齐全，防止突发事件。材料、设备及人员安排见表 3-40、表 3-41。

表 3-40 材料、设备安排

材料、设备名称	型号	数量	备注
尾刷	与原型号相同		以盾构直径,考虑一定的富余量
气刨	20 kW	2 台	采用 20 kW 直流电焊机
盾尾油脂		6 桶	用于手工涂抹尾刷
CO_2 保护电焊机		2 台	用于焊接尾刷
铲刀		4 把	用于清理油脂仓杂物
棉花条		若干	用于填塞第三道尾刷漏水点
聚氨酯、铝管、软管、球阀、泵		1 套	用于盾尾止水
打磨机		3 台	打磨盾尾、抛光尾刷焊接处
石棉		3 张	用于遮盖拼装机
灭火器	ABC	4 个	用于救火抢险

表 3-41 人员准备及职责

工种	人数/人	职责	备注
土木工程师	2	判断掌子面围岩,检查油缸行程,检查尾刷焊接质量、尾刷油脂涂抹质量	1 人/班
盾构操作手	2	控制盾构各项参数,配合其他操作	1 人/班
调度	2	协调地面、井下、物资	1 人/班
管片拼装工	6	负责管片拼装、拆除	3 人/班
电焊工	8	负责切除损坏尾刷,焊接新尾刷	2 人/组,每班 2 组
注浆工	8	负责盾尾二次注浆	4 人/班
抽水工	2	负责盾尾抽排水	1 人/班
杂工	6	清理油脂仓杂物,涂抹盾尾油脂	3 人/班

3.12.8 尾刷更换安全注意事项

1. 安全保障措施要求

①更换尾刷作业的一切准备工作必须提前做好。

②更换尾刷时要先观察已拆卸管片背后的稳定情况,如有渗漏,必须先进行堵漏,经判断稳定后,再进入作业。

③在作业过程中必须由专人负责已拆卸管片背后的稳定情况观察,一旦发现异常及时撤出施工人员,派专人进行封堵,视情况把已拆卸的管片拼装复位,以降低风险。

④做好作业组织,确保施工的有序、连续,尽快完成施工。

2. 更换尾刷施工安全注意事项

①防止高处坠落;人员在上部进行尾刷作业可能有坠落风险;高空作业时,所有施工人员必须系好安全带,而且腰系安全绳,避免危险发生。

②安全部门必须在施工现场设置专职安全员进行现场的安全控制和指导。

③在施工过程中临时支撑焊接完毕之后，必须经由技术人员检查、验收合格之后方可施工。

④防止火灾。换尾刷需要进行大量的切割、焊接工作，而工作环境中有大量油脂存在，极有可能引起火灾。应经有关部门检查许可后，方可进行作业。

⑤点火时，焊枪口不准对人，正在燃烧的焊枪不得放在工件或地面上；带有氧气和乙炔作业时，要防止气体逸出发生燃烧事故。

⑥不得手持连接胶管的焊枪爬梯、登高。

⑦实施动火许可制度。

3.13 施工测量

3.13.1 测量控制程序

采用全球定位系统(GPS)静态定位技术对业主所交付的平面控制网进行复测并加密到各施工场地，采用精密水准测量复测业主所交水准网并延伸至各施工场地。盾构掘进测量以盾构上的测量系统为主，辅以人工测量校核。主要测量控制程序的逻辑如图3-30所示。

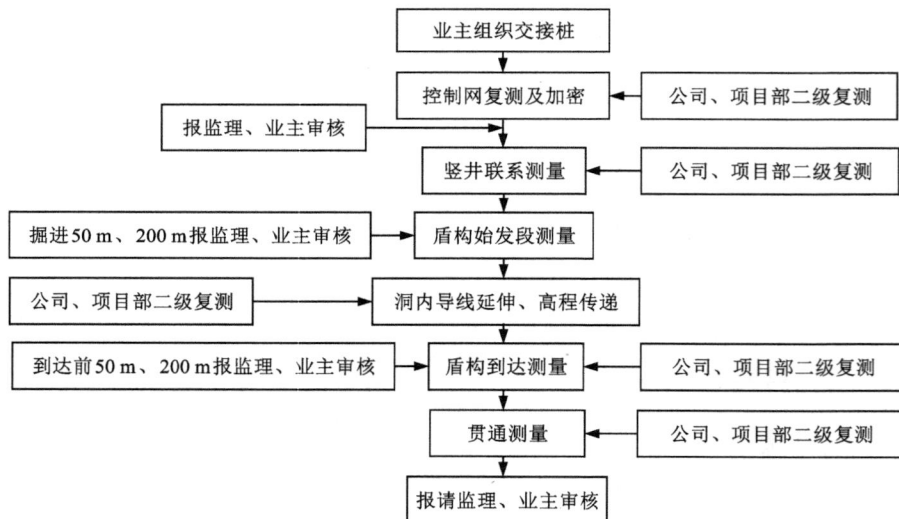

图3-30 主要测量控制程序框图

3.13.2 主要测量项目及方法

1.地面控制测量

根据业主提供的工程定位资料和测量标识资料，采用GPS静态测量和二等水准测量方法对业主提供的平面及高程控制点进行复测，并将复测报告报请业主及监理工程师审查、批准。为施工方便，加密的近井导线点和水准点按以下要求施测。

（1）引测近井导线点

利用业主及监理工程师批准的复测报告，以最近的导线点为基点，引测至少3个导线点至每个端头井附近，布设成三角形，形成闭合导线网。至端头井的平面过渡点不可超过 2 个，过渡点必须为固定观测平台，相邻点垂直角≤±30°，相对点位中误差≤±2 mm。

（2）引测近井水准点

利用业主及监理工程师批准的水准网，以最近的水准点为基点，将水准点引测至每个端头井附近，测量等级达到国家二等。每个端头井附近至少布设 2 个埋设稳定的测点，以便相互校核。

2. 竖井联系测量

竖井联系测量的主要任务是将地面坐标系统和高程系统传递到井下，确定地下控制点、控制边，作为地下控制导线的起算数据。可以分为平面联系测量和高程联系测量。

（1）平面联系测量

平面联系测量按照角度传递方式可以分为导线直传法、一井定向法和两井定向法。

1）导线直传法

导线直传法可以根据现场实际情况，选择通视条件较好，且不影响施工的位置布设井上、井下控制点，然后按照精密导线的技术要求施测。

①导线直传法要求井上、井下直接连接的控制点边长不得小于 30 m。

②连接点观测俯角不得大于 30°。

③观测时左右角各测 6 个测回，左右角之和与 360°的较差不得大于 4″，然后取其平均值作为观测方向角的值。如图 3-31 所示。

2）一井定向法

一井定向法是采用联系三角形法进行井下方向传递的测量，每条隧道至少需进行 4 次，即在盾构始发前，隧道掘进到 150 m、300 m，以及距离贯通面 150 m、200 m 时分别进行 1 次。实施时可用 0.3 mm 钢丝吊 10 kg 重锤，悬挂两根钢丝，在平面上钢丝与井上、井下的观测台组成两个直角三角形。

如图 3-32 所示，采用联系三角形法进行一井定向时，在 0.3 mm 钢丝下端悬挂 10 kg 的物体，为防止钢丝晃动，将物体浸在盛满稠度相对较高的阻尼液中。在布设时应使三角形长短边之比值至少大于 2.5 倍，而 a/c 则不应大于 1.5，两钢丝间的距离应尽可能长，不得小于 5 m。联系三角形的两个锐角应接近 0°，在任何情况下角都不能大于 2°。

联系三角形法的边长测量采用在钢丝上贴反射片，用对边模式来测边，每次独立测量 4 组，这 4 组数据间每次较差

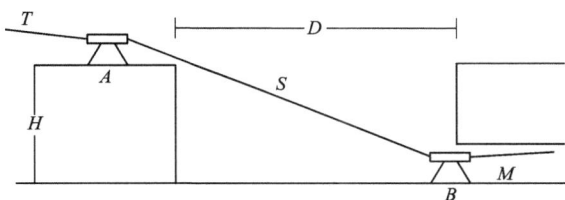

A—地面观测点；B—地下观测点；D—竖井水平宽度；H—竖井高度；S—两观测点直线距离；T—地面观点方向角；M—地下观测方向角。

图 3-31　导线直传法+示意图

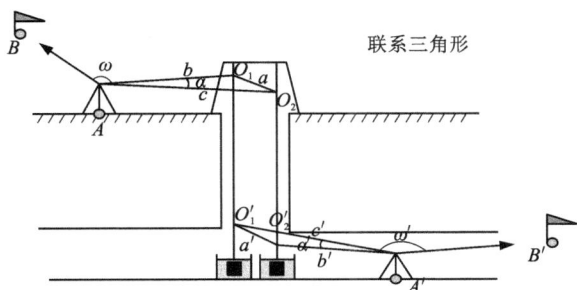

AB—地面导线控制点；A'B'—井下导线控制点；O_1O_2—井上挂锤球线点；$O_1'O_2'$—井下挂锤球线点；ω—地面观测方向角；ω'—地下观测方向角；α—地面水平角；α'—井下水平角。

图 3-32　一井定向法示意图

应≤1 mm，并在测量时修正仪器的温度、气压及乘常数。地上、地下同一边测量较差应<2 mm。

观测时井上、井下连接角及联系三角形法要求以1″级的全站仪做全圆观测，测角要求测4个测回，各方向值测回较差≤6″(最大角与最小角差值)，各方向2C误差≤9″，归零差≤6″，测角中误差应≤2″。联系三角形法定向推算的地下起始边方位角的较差应>12″，方位角平均中误差为±8″。

3）两井定向法

两井定向法也可进行井下方向传递的测量，每条隧道各4次，即在盾构始发前，隧道掘进到150 m、300 m，以及距离贯通面150 m、200 m时分别进行1次。两井定向法所用设备和一井定向法相同，作业精度要求也相同。其操作方法如下：在两个竖井中分别悬挂一根吊锤线，在地面上采用导线测量测定两根吊锤线的坐标，在地下使地下导线的两个端点分别与两根吊锤线相连并测定，内业计算采用不定向导向原理进行平差计算，如图3-33所示。

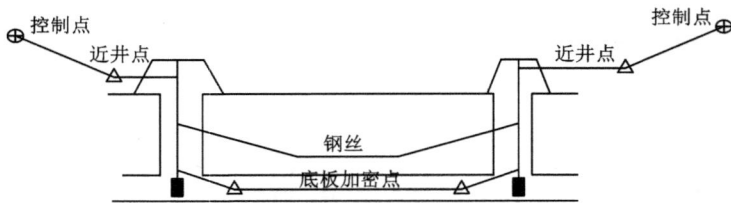

图3-33　两井定向法示意图

（2）高程联系测量

如图3-34所示，用鉴定后的钢尺挂10 kg重锤，用两台水准仪在井上、井下同步观测，将高程传至井下固定点。用6~8个视线高(即变动仪器高度多次读数)，消除单一视线高可能引入的读数误差，最大高差较差≤2 mm。整个区间施工中，高程传递至少进行3次。

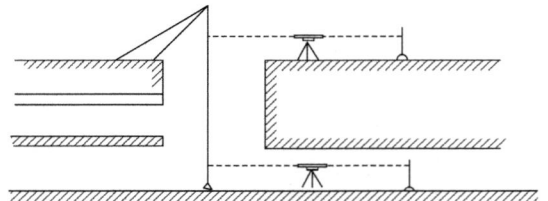

图3-34　高程联系测量示意图

3. 井下控制测量

井下控制测量是在地面控制测量和竖井联系测量的基础上展开的，包括洞内平面控制测量和洞内高程控制测量。盾构推进至150 m、300 m及距离贯通面150 m时，宜分别进行一次竖井联系测量和井下控制测量。当单向掘进长度超过1.5 km时，掘进至600 m后每500 m宜增加一次包括竖井联系测量在内的井下控制测量。

（1）洞内平面控制测量

以竖井联系测量的井下起始边为井下导线的起始边，井下控制导线宜布设为双导线或交叉导线形式，以形成较多的检核条件，提高导线点的精度。边长要接近等边，长度应根据洞内测量设计确定。在保证洞内通视条件良好的情况下，应将导线边尽量设长。

①导线点宜采用强制对中装置，应尽量布设在施工干扰小、通视良好且稳固安全地段，两点间视线与建筑物的距离应>0.2 m。

②导线点只有两个观测方向时，宜采用左、右角观测，左、右角平均值之和与360°的较差应<4″。

③距离测量应采用对向观测2~4个测回，并在测边两端量取气象元素取平均值后对边长

进行改正，边长最后投影到抵偿高程面上。

（2）洞内高程控制测量

以高程联系测量传递的水准点为基准点，洞内高程控制点可利用地下导线点，沿隧道单独埋设时，直线段宜每 200 m 左右埋设一个，曲线段宜每 100 m 左右埋设一个。洞内高程控制测量的方法和精度要求按国家精密水准测量规范施测。

4. 盾构姿态测量

盾构姿态测量内容包括平面偏差、高程偏差、俯仰角、滚动角、方位角及切口里程。盾构姿态测量以导向系统为主，辅以人工测量校核。导向系统能够全天候地动态显示盾构当前位置相对于隧道设计轴线的位置偏差，主司机可根据显示的偏差及时调整盾构的掘进姿态，使得盾构能够沿着正确的方向掘进。

（1）准备工作

①根据设计图纸提供的曲线要素表，对盾构掘进线路数据进行复核计算。

②洞门中心复测。盾构始发前，使用全站仪测量洞门圈各特征点的三维坐标，求出洞门圈的中心坐标和高程，并计算偏差值。洞门中心测量如图 3-35 所示。

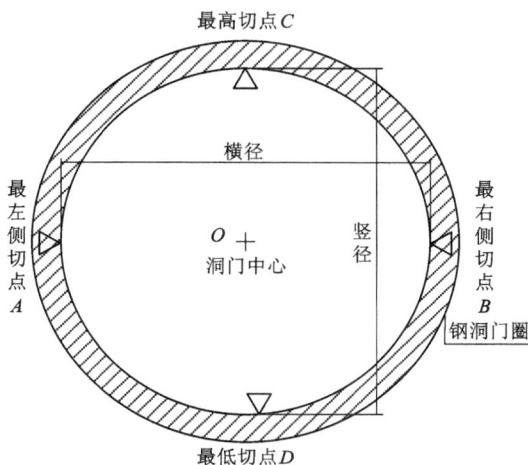

图 3-35　洞门中心测量示意图

洞门圈中心坐标为

$$x_O = (x_A + x_B)/2, \ y_O = (y_A + y_B)/2$$

洞门圈中心高程为

$$H_O = (H_C + H_D)/2$$

③盾构零位测量。盾构始发前，利用人工测量的方法精确测定盾构的初始位置和姿态，并将数据输入自动导向系统中。具体可采用拟合法和分中法测量盾构的初始姿态。

（2）导向系统自动测量

盾构掘进过程中的姿态控制是盾构法施工中控制隧道精度的关键，也是盾构施工操作水平的主要反映。盾构作为一个近似圆柱的三维体，在开始隧道掘进后我们是不能直接测量其刀盘的中心坐标的，只能用间接法来推算。盾构推进前，在盾构壳体的适当位置应布置不少于 3 个的测量标识，标识点间距离应尽量大，既要有利于观测，又要有利于保护这些点，使其与盾体的相对位置不发生变化。在掘进过程中，我们通过测量这些标识的坐标来反算刀盘中心和盾尾坐标，达到测量盾构姿态的目的。

（3）人工复核测量

为了更加精准可靠地测量盾构的姿态，确保盾构沿着正确的方向掘进，需周期性地对导向系统的数据进行人工测量校核。盾构始发 10 环内、到达接收井的前 50 环应增加人工测量频率。

5. 贯通误差测量

隧道贯通后应利用贯通面两侧平面和高程控制点进行贯通误差测量。贯通误差测量包括隧道的纵向、横向贯通误差测量以及高程贯通误差测量。

（1）纵向、横向贯通误差测量

由隧道两侧平面控制点分别测定贯通面上同一临时点（GTD）的坐标，并将纵向、横向坐标差值分别投影到隧道轴线及其垂直方向上，即为纵向、横向贯通误差。

（2）高程贯通误差测量

由隧道两侧高程控制点分别测得贯通面上同一临时点的高程，两个高程之差即为高程贯通误差。

3.13.3　测量质量保证措施

①精心组织测量技术过硬、工作认真负责、细心的技术人员组成测量队负责施工测量工作。

②选用高精度的测量仪器，并对使用的测量仪器经权威（法定）计量部门检测合格后进场使用，并按要求在使用过程中进行定期检测。

③对业主提供的控制点坐标和高程必须经过认真复核，复核结果报监理和业主审核。根据现场实际情况设置的加密控制点要妥善加以保护。

④由于盾构施工的特殊性，控制点易移位，因此，各控制点的坐标和高程在施工过程中要经常进行复核检查，并及时提交复核资料。如果发现被破坏或精度变化，应停止使用该点，同时及时增补。

⑤建立测量多级复核制度。严格执行交接桩制度，对业主所交点位进行复测和保护，复测报告报监理和业主审核后方可使用；用于测量的图纸资料应认真核对，确认无误无疑后方可使用；利用已知点进行加密、引测和工程放样前，必须坚持先检测后利用的原则，即已知点检测无误或合格时，才能使用。

⑥测点选在通视良好、不受施工扰动的地方。导线点和水准点用不锈钢制作，导线点有明显的十字标识，水准点表面为圆球状。在软土中，作为测量标识的铜棒应嵌入大小合适的混凝土块中，并保证永久固定。

⑦测量标识旁应做出明显持久的标记或说明。埋设在地下的测量标识用混凝土管或框架保护，并加盖防止泥土和雨水弄脏的装置。

3.14　监控量测

3.14.1　作业内容及作业流程

监控量测的作业内容一般包括：基点埋设，测点埋设，现场量测，数据分析与处理，提交监测成果，信息反馈。具体工作应按全线或各施工段开工时间、工程进度及工程需要适时开展。监控量测作业流程图如图3-36所示。

3.14.2　控制网布设和检验

变形监测网应由基准点和工作基点组成。基准

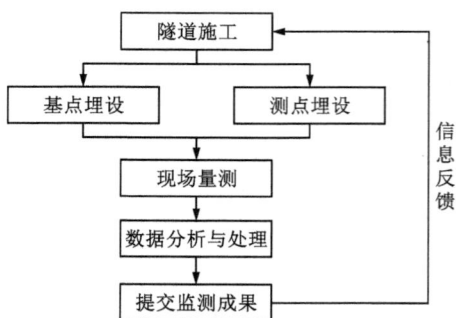

图3-36　监控量测作业流程图

点须埋设在变形影响范围以外且稳定、易于长期保存的地方。为保证基准点的稳定性,应根据施工进度情况定期检测,检测时按国家二等水准规范观测的技术要求进行往返观测。工作基点是直接对变形监测点进行观测的控制点,其埋设位置既要考虑到便于观测,又要考虑它的稳定性。布设时,应根据现场实际情况,定期检查工作基点稳定性。

3.14.3 监测项目

对于地铁盾构工程来说,做到如下两点是基本也是重要的:一是保证工程本身安全;二是保证工程相邻环境的稳定与安全。表 3-42 为盾构施工监测项目表。施工监测主要项目可以分为地上部分、盾构区间部分,其中:地上部分体现了隧道施工对周围环境的影响,监测内容包括地表沉降监测、建筑物沉降监测、地下管线沉降监测等;盾构区间部分的监测内容包括隧道拱顶沉降监测、隧道净空收敛监测等。

表 3-42 盾构施工监测项目表

监测项目	监测仪器及工具	监测目的
隧道沿线地表沉降	电子水准仪、铟钢尺	掌握隧道施工过程对周围土体、地下管线和周围建筑物的影响程度及影响范围
建筑物沉降		
地下管线沉降		
隧道拱顶沉降	电子水准仪、塔尺	掌握隧道施工过程周围土体的变位规律
隧道净空收敛	数显式收敛计、全站仪	了解施工过程盾构隧道本体位移情况

1. 地表沉降监测

施工区间盾构推进过程中,为了及时发现施工产生的地面沉降变化,必须对工程地上部分已有建筑物进行及时准确的沉降变形监测,果断采取控制措施。这是确保地面道路正常畅通和邻近建筑物安全的有力保障。

(1)测点布置

根据隧道通过的地质条件和周围建筑物情况布置测点,正常掘进段每 30 m 设一个断面,盾构始发 100 m 内或过既有建筑物时,每 10 m 设一个断面。测点布置如图 3-37 所示。

(2)测点埋设

在硬化过的地面上设测点:用冲击钻在地表钻孔,冲击深度大于硬化深度,然后放入长 600~800 mm、ϕ16~22 mm 的圆头钢筋;或者用工程冲击钻打孔,埋设膨胀螺栓,最后四周用土、粗砂填实;土中

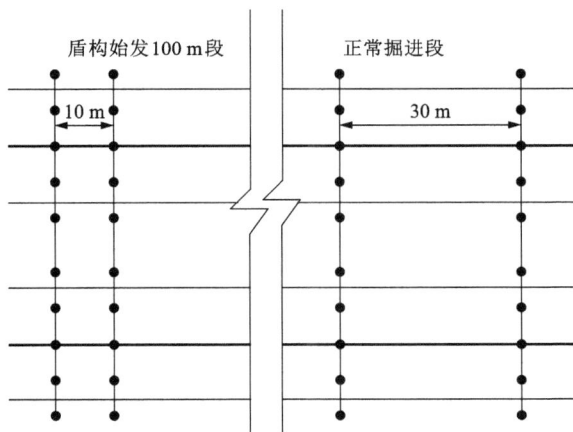

图 3-37 地表沉降测点布置示意图

的测点直接打入长 1000~1500 mm、ϕ16~22 mm 的圆头钢筋,周围土体夯实。

(3)测量方法

采用精密水准测量方法。工作基点和附近水准点联测取得初始高程。监测时各项限差宜

严格控制，每测点读数高差不宜超过 0.3 mm。对不在水准路线上的测点，一个测站不宜超过 3 个，如超过，应重读后视点读数，以做核对。首次监测应对测点进行连续两次监测，两次高程之差应小于 1.0 mm，取平均值作为初始值。

（4）沉降计算

在条件许可的情况下，尽可能地布设水准网，以便进行平差处理，提高监测精度；然后按照测点进行平差，求得各点高程。施工前，由工作基点通过水准测量测出地表沉降测点的初始高程 H_0，在施工过程中测出的高程为 H_n，则高差 $\Delta H = H_n - H_0$ 即为地表沉降值。

（5）数据分析与处理

绘制时间-位移曲线散点图和距离-位移曲线散点图，根据沉降规律判断土体稳定状态和施工措施的有效性。当时间-位移曲线趋于平缓时，可选取合适的函数进行回归分析，预测最大沉降量，作横断面和纵断面沉降槽曲线，判断施工影响范围、最大沉降坡度、最小曲率半径、土体体积损失等。

2. 建筑物沉降监测

（1）测点埋设

在地表下沉的纵向和横向影响范围内的建筑物应进行建筑物下沉及倾斜监测，其工作基点的埋设与地表沉降监测相同。

沉降测点埋设：用冲击钻在建筑物的基础或墙上钻孔，然后放入长 200～300 mm、$\phi 20$～30 mm 的半圆头弯曲钢筋，四周用水泥砂浆填实。每幢建筑物至少每个角设置一个测点或沿外墙布设在建筑沉降缝的两侧（沉降测点的数量不少于4 个，规模较大的建筑物根据需要增加测点数量），以测量其位移、倾斜等。

测点的埋设高度应方便监测。对测点应采取保护措施，避免在施工过程中受到破坏。测点的布设如图 3-38 所示。

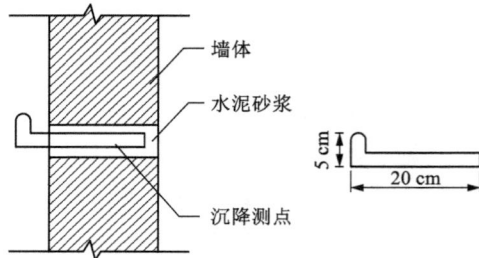

图 3-38　建筑物沉降测点布置示意图

（2）测量方法

建筑物下沉及倾斜计算，在条件许可的情况下，尽可能地布设水准网，以便进行平差处理，提高监测精度。施工前，由工作基点通过水准测量测出建筑物沉降测点的初始高程 H_0，在施工过程中测出的高程为 H_n，则高差 $\Delta H = H_n - H_0$ 即为建筑物沉降值。在得出建筑物沉降值后进行倾斜计算，如图 3-39 所示。

$$\mathrm{tg}\,\theta = \Delta S / b = SH_2 / Hg$$

$$SH_2 = Hg \times \Delta s / b$$

式中：SH_2 为建筑物水平位移；θ 为建筑物水平位移产生的倾斜角。

（3）监测频率

盾构开挖面 30 m 内建筑物的点每天进行 1 次监测，70 m 内的每 2 天一次，对所有盾构已经下穿过的

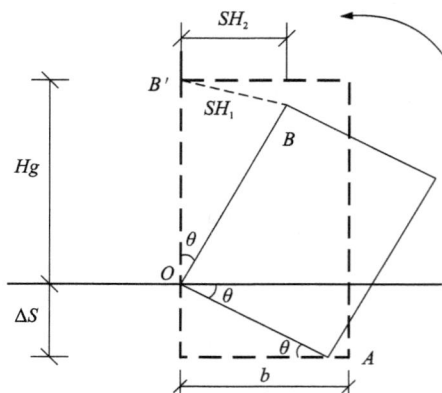

SH_1—建筑物总位移；ΔS—建筑物沉降量；Hg—建筑物的高度。

图 3-39　建筑物倾斜计算示意图

建筑每周进行1次后期监测直到沉降稳定。当测量值变化超过预警值时应增加监测频率。

（4）数据分析与处理

绘制时间-位移曲线散点图。当时间-位移曲线趋于平缓时，可选取合适的函数进行回归分析，预测最大沉降量，根据所测建筑物倾斜与下沉值，判断建筑物倾斜是否超过安全控制标准，以及所采用的施工措施的可靠性。

3. 地下管线沉降监测

（1）测点埋设

沉降测点埋设可采用直接法布点或间接法布点。对距地面较浅的管线沉降测点可直接布点，方法是将各线的覆土挖开，暴露出管线，然后将 $\phi12$ mm 左右的螺纹钢筋一端用机械或其他合适的方法固定在管道上，另一端垂直向上引到地面高程（顶端磨成凸球面），在其外埋设一段比螺纹钢筋略短 $2\sim3$ cm、内径为 25 mm 的套管（套管上口与地面平齐，但一定要比螺纹钢的凸球头低数毫米），然后回填土至原地面高度。直接法布点也可用在管线露出地面的设施上，如出入口、窨井、阀门和抽气孔等。

间接法布点可采用冲击钻在地下管线轴线上方地表钻孔，然后放入 $\phi16（\phi18）$ mm 的半圆头钢筋，其位于管线上方土层中，四周用水泥砂浆填实。

（2）测量方法

与地表沉降监测同。

（3）监测频率

在开挖面距离监测断面前后 30 m 内时，每天监测 1 次；在开挖面距离监测断面前后小于 70 m 时，每两天监测 1 次；在开挖面距离监测断面前后大于 70 m 时，每周监测 1 次，直至监测数据稳定。

（4）沉降计算

在条件许可的情况下，尽可能地布设闭合水准网，以便进行平差处理，提高监测精度。施工前，由工作基点通过水准测量测出地下管线沉降测点的初始高程 H_0，在施工过程中测出的高程为 H_n，则高差 $\Delta H = H_n - H_0$ 即为地下管线沉降值。

（5）数据分析与处理

及时分析对比监测数据，绘制管线沉降变化关系图，准确地判断位移情况，发现问题及时反馈，以保证管线安全、正常使用，据以判定施工措施的有效性。时间-位移曲线趋于平缓时，可选取合适的函数进行回归分析，以预测地下管线的最大沉降量。

4. 隧道拱顶沉降监测

隧道拱顶沉降监测是判断隧道稳定比较直接和明确的方法，旨在监测施工时隧道和衬砌结构的稳定性以及存在的问题，为进一步施工提供依据和基础。

（1）测点埋设

每隔 20 m 左右布设一个测点（与收敛位移测点在同一个隧道断面上），环片拼装后立即设点，锚固在衬砌环最顶部。测点布置如图 3-40 所示。

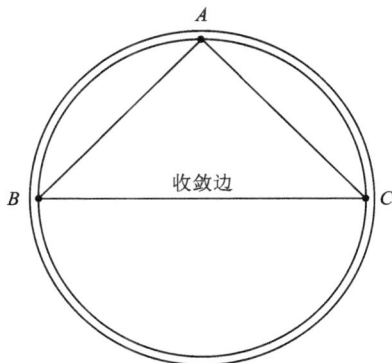

图 3-40　隧道拱顶沉降和净空
收敛测点布置示意图

（2）测量方法

视现场情况，可采用自动安平精密水准仪和悬挂钢尺进行水准观测或高精度全站仪三角法进行测量。

（3）监测频率

开挖面距监测断面<30 m 时，每天监测 2 次；开挖面距监测断面<70 m 时，每两天监测 1 次；开挖面距监测断面>70 m 时，每周监测 1 次。直至此点的监测数据稳定。

（4）数据分析与处理

每次监测结束后，及时整理监测记录，计算当次下沉量和累积下沉量，并绘制沉降量–时间关系曲线。

5. 隧道净空收敛监测

对隧道衬砌部分进行净空收敛监测，可有效地监测出施工过程的管片衬砌的相对变化趋势，及时发现、预报风险。

（1）测点埋设

设置的收敛测点须成对出现，在每次环片拼装完成后立即设点进行监测。每隔 20 m 左右在管片腰线附近设置一对测点，其标识一般为牢固的挂钩形式。

（2）测量方法

用收敛计测量隧道净空收敛。收敛监测值 l_c 由首读数 l_f（定位销处的读数为首读数）、收敛计显示屏的尾读数 l_e，以及收敛计尺身长度、系统误差、温度和拉力的改正数等综合为 δ 组成，即

$$l_c = l_f + l_e + \delta$$

考虑到在盾构施工中收敛监测的特点，即各周期的收敛监测值中的 δ 及首读数 l_f 都具有强相关性，所以本周期的收敛变形值 Δl_c 为

$$\Delta l_c = l_{cp} - l_{cu} = l_{ep} - l_{eu}$$

式中：l_{cp} 为本周期收敛值；l_{cu} 为上周期收敛值；l_{ep} 为本周期尾读数；l_{eu} 为上周期尾读数。每个收敛监测值都测量 4 个测回，每一对测点都进行约 20 个周期的监测。最后数据分析出收敛变形累积值。

6. 监测所需人员及仪器设备

根据监测工作量的多少，成立专门的监测作业小组，保证监测人员有确定的时间、空间及相应的监测工具，确保监测成果及时准确。监测作业所需仪器设备如下。

（1）地表沉降监测

地表沉降监测用到的监测仪器主要有：精密水准仪、铟钢尺等。

（2）建筑物沉降监测

建筑物沉降监测用到的监测仪器主要有：精密水准仪、铟钢尺、全站仪等。

（3）地下管线沉降监测

地下管线安全监测用到的监测仪器主要有：精密水准仪、铟钢尺等。

（4）隧道拱顶沉降监测

隧道拱顶沉降监测用到的监测仪器主要有：精密水准仪、铟钢尺、高精度全站仪。

（5）隧道净空收敛监测

隧道净空收敛监测用到的监测仪器主要有：收敛计等。

3.14.4　质量保证措施

①与业主、监理方密切配合，及时向监理工程师报告情况和问题，并提供相关切实、可靠的数据和记录。

②测点布置力求合理，应能反映出施工过程中结构的实际变形、应力情况及对周围环境的影响程度。

③测量元件及监测仪器必须是正规厂家的合格产品，测试元件要有合格证，监测仪器要定期校核、标定。

④测点埋设应达到设计要求的质量，并做到位置准确，安全稳固，设立醒目的保护标识。

⑤监测工作由多年从事监测工作及有类似工程监测经验的工程师负责，小组其他成员也是有监测工作经历的工程师或监测人员。保证监测人员的相对固定，保证数据资料的连续性。

⑥监测控制网要定期检查复核，以确保其稳定性。对于不稳定的基点，应分析原因，及时剔除，以保证监测数据的准确性。

⑦监测数据应及时整理分析，一般情况下每周报一次，特殊情况下每天报一次。监测报告应包括阶段变形值、变形速率、累计值，并绘制沉降槽曲线、历时曲线等，做必要的回归分析，并对监测结果进行评价。

⑧监测数据均应现场检查、复核后方可上报；如发现监测数据异常，应立即复测，并检查监测仪器、方法及计算过程，确认无误后，立即上报给甲方、监理及单位主管，以便采取措施。

⑨密切配合施工工况，及时调整监测频率和监测范围，以便及时跟踪施工，实行全过程监测。确保监测数据的及时、全面和有效。

3.14.5　安全生产保证措施

①严格遵守各项安全管理制度，现场作业时应戴好安全帽。

②作业过程中注意来往车辆，地面作业时如有必要可以与交警部门联系。

③对于有塌陷可能的部位，应做好预防措施。

④高处作业应系好安全带。

3.15　管线及通道布设

施工通风及洞内轨道、管线布设作业贯穿于盾构施工的始终，是隧道施工的重要工序之一。合理的通风系统、理想的通风效果，规范化、标准化的管线布设等是实现隧道文明施工和快速施工、保障施工安全的重要保证。

根据地铁盾构施工的特点，应在隧道内布置"三管三线一走道"。"三管"即盾构施工用水水管、排污管和通风管；"三线"即高压电缆、照明线和运输轨线；"一走道"即人行道。其布置如图 3-41 所示。隧道口还应设置安全标识警示牌。

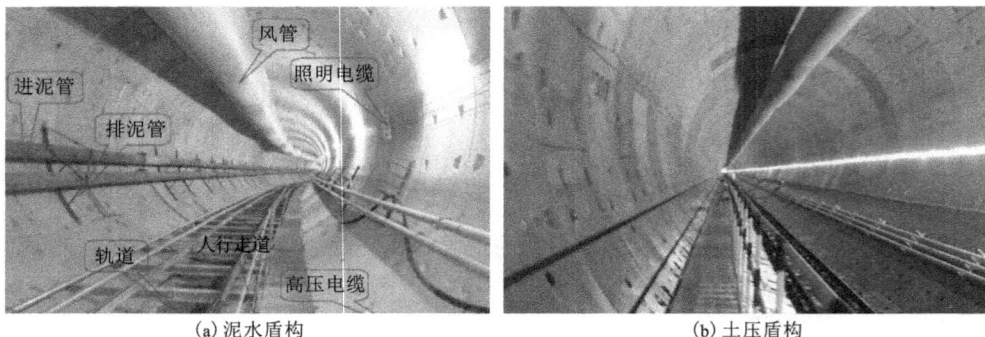

(a) 泥水盾构   (b) 土压盾构

图 3-41　隧道内管线布置实例图

3.15.1　通风管线布设及延伸作业

1.通风管线布设

隧道采用洞外压入式通风,将拖车上的通风管直接与主风管连接,将洞外新鲜空气送入主机区域。在后配套上配有软管储存器及其吊装机构。综合考虑稀释有害气体、供氧、散热和漏风率等诸多因素后最终确定通风量的大小。

隧道掘进工作面都应采用独立通风,隧道需要的通风量须按照隧道容积计算,并按允许风速进行检验,采用其中的最大值。隧道在施工期间,风管安装应平、直、顺,转弯处安设刚性结构,并且弯度平缓,避免转锐角弯,以减小管路沿程阻力和局部阻力。根据现场实际情况选择风管直径和风机功率。

2.通风管线布设及延伸作业内容

作业内容包括架设风机、安装风筒、连接风管、更换风筒、延长风管、风机风管拆除及运输。

3.通风管线布设及延伸作业流程

通风管线布设及延伸作业流程图如图 3-42 所示。

4.通风管线布设及延伸作业控制要点

通风管线布设及延伸作业控制要点见表 3-43。

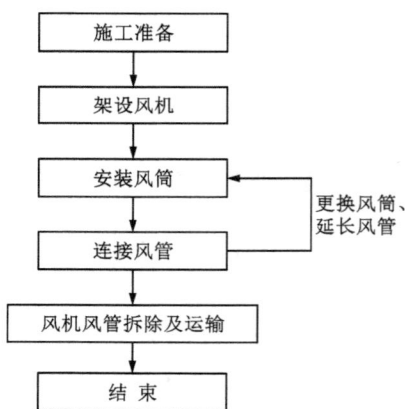

图 3-42　通风管线布设及延伸作业流程图

表 3-43　通风管线布设及延伸作业控制要点

作业项目	控制要点
架设风机	风机安装位置应选在通风阴凉处。风机支架应稳固结实,避免运行中振动。风机出口处设置加强型柔性管与风管相连接,风机与柔性管结合处应多道绑扎,减少漏风。风机前后 5 m 范围内不得堆放杂物。风机进气口应离洞门 20 m 左右放置,防止将洞内排除的污浊空气重新吸入。盾构隧道距离大于 1000 m 的,可安装接力风机
安装风筒	风筒安装在盾构拖车上,用于临时储存和引导通风气流

续表3-43

作业项目	控制要点
连接风管	隧道风管采用悬挂布置,即采用钢丝绳,将风管悬挂于隧道上部,以保证隧道机车顺利、安全通行。由于始发阶段风管无法安装,所以风管的初始安装和延伸作业需要在盾构始发完成后才能进行。风管挂设应做到平、直且无扭曲和褶皱
更换风筒、延长风管	①盾构每掘进 2~3 环需要在管片的最顶部螺栓孔位置安装一个风管挂钩,然后把延伸风管用的钢丝绳挂到挂钩上; ②风管挂钩安装必须牢固,螺栓无松动; ③每当盾构掘进达一定距离时,需要在风筒上套上新的风管,套新的风管时应先把风机关闭; ④将装有新管套的小车运到后配套区域并放置到合适的位置; ⑤松开旧管套的支座,用倒链将其抬升; ⑥用卷扬机将管套放在运输小车上; ⑦将旧管套运出洞外,将新管套置于抬升工具下方的后配套区域; ⑧连接新管套并按相反工序安装; ⑨将风管牵引至新管套外端并和隧道的另一接头连接起来; ⑩风管延伸作业可以在盾构掘进时进行,延伸作业中注意防滑和高处坠落
风机风管拆除及运输	盾构隧道贯通后,拆除风机风管,用电瓶车运输至洞外,将风管平铺于地面并清洗干净,晾干后涂抹白石灰封存

5. 通风管线作业组织

（1）人员配置

通风管线布设及延伸作业人员配置见表3-44。

表 3-44　通风管线布设及延伸作业人员配置

工种	人数/人	备注
管片工	1	安装风管挂钩
电工	1	
普工	3	挂风管

（2）机械配置

通风管线布设及延伸作业机械配置见表3-45。

表 3-45　通风管线布设及延伸作业机械配置

设备名称	单位	数量	备注
机车	辆	1	
管片车	辆	1	
风筒	个	1	
洞口风机	个	1	
台上尾部风机	个	1	盾构自带

（3）生产效率

通风管线布设及延伸作业生产效率见表3-46。

表 3-46 通风管线布设及延伸作业生产效率

表 3-46 通风管线布设及延伸作业生产效率

工序	时间/min	备注
挂钩	2	
换风筒	30	
接风管	15	

3.15.2 轨道铺设作业

1.轨道铺设基本要求

①安装轨排时,应选用钢轨长度整齐、轨型统一、轨枕整齐平顺、螺栓孔均匀、压板紧固的轨排。

②安装时应将所有夹板螺栓安齐并紧固牢实。安装前如果底部有渣土,必须把渣土清除干净后才能作业。

③按时安排人员对轨道进行养护,防止轨线(轨距)变化影响行车安全。

2.轨道铺设作业内容

作业内容包括施工准备、轨排定位、轨排铺设连接。

3.轨道铺设作业流程

轨道铺设作业流程图如图 3-43 所示。

4.轨道铺设作业控制要点

轨道铺设作业控制要点见表 3-47。

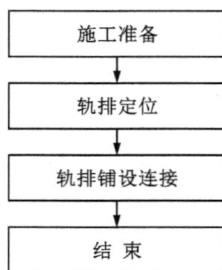

```
┌──────────┐
│  施工准备  │
└────┬─────┘
     ↓
┌──────────┐
│  轨排定位  │
└────┬─────┘
     ↓
┌──────────┐
│ 轨排铺设连接│
└────┬─────┘
     ↓
┌──────────┐
│   结 束   │
└──────────┘
```

图 3-43 轨道铺设作业流程图

表 3-47 轨道铺设作业控制要点

作业项目	控制要点
施工准备	一般情况下,盾构每掘进 6 m,需延长一次轨排;地面加工好的轨排由电瓶车运至洞内;铺设前应将铺设区域管片上的浮渣清理干净,安装区域内原则上不允许有渣土及积水;轨枕的规格及数量应符合标准要求,间距偏差不得超过 50 mm
轨排定位	利用管片吊机将轨排吊至安装区域上方并进行定位,定位时要注意轨排的方向,以及连接面的长短差
轨排铺设连接	轨排下放至管片内表面,确认轨排摆放平稳、线性正确后,安装连接夹板,利用扳手对连接夹板进行紧固。轨道接头的间隙不得大于 5 mm,高低左右错差不得大于 2 mm。 道岔铺设控制要点: ①道岔必须在地面组装试验合格后,再运到隧洞内进行铺设。 ②由测量人员定出线路轨道中心线,基本轨起点,辙岔起点、终点,支线路轨道中心,以及标桩。 ③根据图纸规定的尺寸及测量标桩,精确地铺设轨枕岔尖、辙岔、基本轨和护轮轨,固定道岔钢轨先从辙岔开始,辙岔固定后再铺设基本轨、弯道和护轮轨,最后配上尖轨、连接拉杆及转拨器。 ④道岔铺设后单独对道岔行进通车,检查有没有冲击,钢轨和尖轨有没有下沉和压出现象,发现问题及时处理

5.轨道铺设作业组织

（1）人员配置

轨道铺设作业人员配置见表3-48。

表 3-48　轨道铺设作业人员配置

工种	人数/人	备注
值班(土木)工程师	1	
掘进班班长	1	每班配置
掘进班班组成员	3	

（2）机械配置

轨道铺设作业机械配置见表3-49。

表 3-49　轨道铺设作业机械配置

设备名称	单位	数量	备注
电瓶车	辆	1	
管片车	辆	1	
管片吊机	台	1	

（3）材料配置

轨道铺设作业材料配置见表3-50。

表 3-50　轨道铺设作业材料配置

材料名称	单位	数量	备注
轨排	套	1	
螺栓	套	若干	每6 m循环一次
夹板	套	2	

（4）生产效率

轨道铺设作业生产效率见表3-51。

表 3-51　轨道铺设作业生产效率

工序	时间/min	备注
准备工作	30	可在掘进期间穿插进行
轨排定位安装及加固	25	

3.15.3　给排水及泥水管线布设及延伸作业

1.给排水及膨润土管线布设

①隧道给排水管线及膨润土管线应满足盾构日常掘进施工及隧道内污水排放所需运输量。

②管线应采用一定规格的螺纹钢筋(或角钢)定位加固,保证管线的稳定性,且在挂、撞特殊情况下结构性能稳定,不变形、不晃动。

③管线布置应不影响隧道内施工及水平运输，一般设置于隧道左下角，在不影响施工运输的前提下方便安装维修。

④管道与盾构自带软管连接，由台车自带水管卷筒收放，达到一定距离后重新连接管道。

⑤根据盾构施工所需用水，设置相应功率的循环水离心泵，并按照隧道长度在供水管中间增设管道增压泵。

⑥给水管、污水管管径一般为3寸，当供排水量大时应适当加大。每隔一段距离在给水管上安装水阀，连接软管后可清洗管道和冲洗运输掉渣等。

⑦膨润土输送也应根据隧道长度使用相应功率的挤压泵或高压泵进行泵送，膨润土管管径应根据实际需要设置。

2. 泥水管线布设

①泥水盾构除了给排水管线外还需要布设泥水循环系统的管线。泥水输送系统主要由泵、阀、管道及配套部件等组成。

②应选择合适管径以满足正常掘进所需泥浆量，且在满足流量前提下应尽量减少管径以增加渣浆流速、避免渣浆沉淀堵塞管路，如直径6~7 m的泥水盾构一般选用8~10寸泥水循环管道。

③泥浆管中心高度以盾构拖车上接管器末端进、排浆管高度为准。因此管线支架设计时应依据此方位，以保证进、排浆管的可连接性。

④泥浆泵选型应根据泥浆流量和压力情况选择。若需在管路中增加中继泵，应考虑中继泵在管路中的位置，做到压力均匀分布，避免因局部压力过高而造成管线破裂。同时还要考虑安装位置的空间、电力供应等。

3. 管线布设及延伸作业内容

作业内容包括循环水管布设及延伸、泥浆管布设及延伸。

4. 管线布设及延伸作业流程

管线布设及延伸作业流程图如图3-44所示。

5. 管线布设及延伸作业控制要点

管线布设及延伸作业控制要点见表3-52。

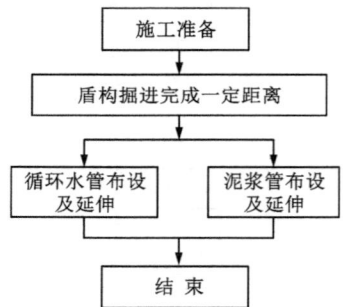

图3-44 管线布设及延伸作业流程图

表3-52 管线布设及延伸作业控制要点

作业项目	控制要点
施工准备	根据掘进进度提前安排材料的运输
循环水管布设及延伸	①盾构一般完成掘进一定距离时，需延伸循环水管； ②停止掘进，停止外循环水泵运行； ③关闭隧道内最近一处进出水蝶阀，拆卸隧道循环水管与水管卷筒胶管连接处的螺栓，将循环水管连接处分离，开启水管卷筒电机，使水管卷筒上的软管卷起适当的长度作为预留位置，以便于新水管的安装； ④将新循环水管安装在水管卷筒预留位置，装好垫片，紧固连接螺栓，注意要清除新水管中的杂物，防止循环水管堵塞； ⑤循环水管延伸完成，打开进出水蝶阀，然后打开外循环水泵，开始下一循环，注意每50 m安装一个蝶阀

续表3-52

作业项目	控制要点
泥浆管布设及延伸	①盾构一般完成掘进一定距离时,需延伸泥浆管; ②停止掘进,待仓内液位达到规定值后,停止各泥浆泵(包括P1.1、P2.1及其他中继泵)的运转,将模式改为管路延伸模式,开启管道延伸马达驱动泵; ③关闭延伸小车进出浆管球阀,关闭隧道内最近一处进出浆闸阀,打开延伸小车泥浆弯管上的排浆阀,将已关闭的两个阀之间管道内的泥浆排空,排浆的过程中打开积污槽中的排污泵排污,拆卸隧道泥浆管和盾构泥浆管的连接处螺栓,将泥浆管连接处分离; ④向前移动延伸小车,使小车与泥浆管之间有足够的距离能够满足新泥浆管的安装条件; ⑤使用泥浆管吊机将新泥浆管安装在延伸小车前的预留位置,需要进行微调对位,然后紧固连接螺栓; ⑥关闭延伸小车泥浆弯管排浆阀,打开进出浆闸阀和球阀,泥浆管延伸完成; ⑦在管片上安装泥浆管支架固定新泥浆管; ⑧在隧道内每100 m安装一个进出浆手动闸阀; ⑨泥浆管安装完毕后将泥浆管吊梁放置在与泥浆管延伸小车不干涉的地方,插上定位销,另外在掘进过程中注意泥浆管延伸小车,如有异常立即通知主司机停止掘进并及时处理异常情况

6. 管线布设及延伸作业组织

(1)人员配置

管线布设及延伸作业人员配置见表3-53。

表 3-53　管线布设及延伸作业人员配置

工序	工种	人数/人	备注
循环水管延伸	普工	2	每班配置
泥浆管延伸	掘进班班长	1	每次配置
	普工	6	

(2)机械配置

管线布设及延伸作业机械配置见表3-54。

表 3-54　管线布设及延伸作业机械配置

设备名称	单位	数量	备注
电瓶车	辆	1	
管片车	辆	2	
扳手	套	1	

(3)材料配置

管线布设及延伸作业材料配置见表3-55。

表 3-55　管线布设及延伸作业材料配置

材料名称	单位	数量	备注
泥浆管	根	2	
循环水管	根	2	
其他管路	根	2	

（4）生产效率

管线布设及延伸作业生产效率见表 3-56。

表 3-56　管线布设及延伸作业生产效率

工序	时间/min	备注
循环水管延伸	15	施工中盾构内暂停循环水使用
泥浆管延伸	40	盾构停止掘进
其他管路	15	

3.15.4　隧道电缆布设及延伸作业

1. 隧道电缆布设

①隧道电缆布设包括盾构施工用高压电缆与隧道照明用照明线路。高压电缆及照明线路应合理布置，在不影响隧道施工及水平运输的前提下保证安全，防止人员误触、电缆损坏等现象发生。

②照明配线方式，采用三相五线制（即火线 L1、L2、L3，零线 N，保护接地线 PE），每隔一定距离配置一台分段配电箱，作为照明线路的分开关和隧道内用电设备的电源开关。每隔几环应设置瓷瓶 1 组（5 个），配备一定功率的三防灯分别与三相电源跳接，同时按要求配备应急照明灯。

③高压电缆采用侧壁悬挂式，每两环管片设一个挂钩，挂钩需穿绝缘管套，应一次性准备到位并与台车电柜直接连接，多余电缆在台车专用存放处盘好，由人工施放或机械自动施放。

2. 隧道电缆布设及延伸作业内容

适用于盾构法隧道高低压线路布设作业。

作业内容包括高压供电电缆延伸、隧道照明线路延伸。

3. 隧道电缆布设及延伸作业流程

隧道电缆布设及延伸作业流程图如图 3-35 所示。

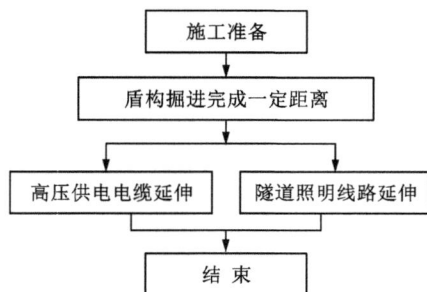

施工准备
↓
盾构掘进完成一定距离
↓
高压供电电缆延伸　　隧道照明线路延伸
↓
结　束

图 3-45　隧道电缆布设及延伸作业流程图

4. 隧道电缆布设及延伸作业控制要点

隧道电缆布设及延伸作业控制要点见表 3-57。

表 3-57　隧道电缆布设及延伸作业控制要点

作业项目	控制要点
施工准备	根据掘进进度提前安排材料的运输
高压供电电缆布设及延伸	①高压电缆延伸的过程中，盾构电的供应会受到干扰，除应急灯外，其他机组都是停止的；必须首先关闭高压开关柜的电源开关。 ②高压电缆有专门的电缆挂钩进行悬挂；电缆沿隧道壁敷设，洞外部分电缆采用直埋，过路处穿钢管暗埋。为了不影响施工，电缆挂钩应在盾构整机刚进洞时开始安装。 ③电缆挂钩安装在管片环与环连接的螺栓上。电缆挂钩固定在螺栓上，必须将螺帽拧紧，待挂钩最后取下时必须将固定电缆挂钩的螺丝拧紧。电缆挂钩安装后必须牢固，无安全隐患，每隔两环设一个挂钩，挂钩必须穿绝缘管
低压照明布置及延伸	①低压电缆电线有专门的五线照明支架进行悬挂，电缆支架应在盾构整机刚进洞时开始安装。 ②电缆支架是安装在管片环与环连接的螺栓上。五线照明支架固定在螺栓上，必须将螺帽拧紧，待五线照明支架最后取下时必须将固定五线照明支架的螺丝拧紧。 ③五线照明支架安装后必须牢固，无安全隐患，各电线与电线之间必须保持 150 mm 的档距。每隔 10 m 安装一个支架。 ④低压电缆延伸必须符合低压电的安装要求，从隧道口开始，每隔 100 m 设置一个配电箱，作为照明线路的分开关和隧道内用电设备的电源开关。 ⑤隧道内照明采用三防灯，可每隔 5~6 m 设置一盏，具体根据照明要求确定

5. 隧道电缆延伸作业组织

（1）人员配置

隧道电缆延伸作业人员配置见表 3-58。

表 3-58　隧道电缆延伸作业人员配置

工序	工种	人数/人	备注
高压电缆延伸	电工班班长	1	
	电工	4	
	普工	12	
低压电缆延伸	电工	2	

（2）机械配置

隧道电缆延伸作业机械配置见表 3-59。

表 3-59　隧道电缆延伸作业机械配置

设备名称	单位	数量	备注
人字梯	个	1	
电工工具	套	2	

（3）材料配置

隧道电缆延伸作业材料配置见表 3-60。

表 3-60　隧道电缆延伸作业材料配置

材料名称	单位	数量	备注
高压电缆	段	1	
低压电缆	段	1	
各类挂钩	个	若干	

（4）生产效率

隧道电缆延伸作业生产效率见表 3-61。

表 3-61　隧道电缆延伸作业生产效率

工序	时间/h	备注
高压电缆延伸	4	盾构停止掘进
低压电缆延伸	1	

3.15.5　人行走道布设及延伸作业

1. 人行走道布设

①人行走道所用的走道板宽度要大于 50 cm，与电机车的安全距离大于 30 cm，净空高度大于 1.8 m。

②人行踏板安装应平顺整齐，不安装有破损、变形、严重腐蚀、脱焊的走道板及走道板支架。

③走道板安装好以后，应及时安装护栏（绳）。

2. 人行走道布设及延伸作业内容

作业内容包括人行走道布设及延伸。

3. 人行走道布设及延伸作业流程

人行走道布设及延伸作业流程图如图 3-46 所示。

4. 人行走道布设及延伸作业控制要点

人行走道布设及延伸作业控制要点见表 3-62。

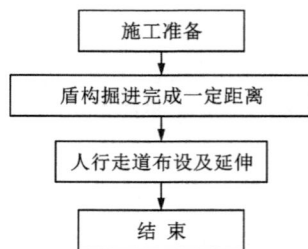

图 3-46　人行走道布设及延伸作业流程图

表 3-62　人行走道布设及延伸作业控制要点

作业项目	控制要点
施工准备	根据掘进进度提前安排材料的运输
人行走道布设及延伸	①盾构一般完成掘进 2~3 m 时，需延伸人行走道； ②它由人行支架、人行踏板组成，人行支架固定在管片纵向螺栓上； ③在安装人行支架前，首先应清除螺栓孔里面的所有杂物及水，然后拧松安装位置所在螺栓的螺帽和垫片，把人行支架的安装孔套在螺栓上并紧固螺栓； ④人行支架安装必须稳固、无松动，且放置踏板的面必须保持水平，踏板安装应整齐并用细铁丝绑扎牢固，防止踏板翘起

5. 人行走道布设及延伸作业组织

（1）人员配置

人行走道布设及延伸作业人员配置见表 3-63。

表 3-63　人行走道布设及延伸作业人员配置

工序	工种	人数/人	备注
人行走道延伸	普工	2	每班配置

（2）机械配置

人行走道布设及延伸作业机械配置见表 3-64。

表 3-64　人行走道布设及延伸作业机械配置

设备名称	单位	数量	备注
电瓶车	辆	1	运输材料
管片车	辆	1	运输材料
扳手	套	1	

（3）材料配置

人行走道布设及延伸作业材料配置见表 3-65。

表 3-65　人行走道布设及延伸作业材料配置

材料名称	单位	数量	备注
走道板	块	1	每 1 循环
走道支架	个	2	螺栓若干

（4）生产效率

人行走道布设及延伸作业生产效率见表 3-66。

表 3-66　人行走道布设及延伸作业生产效率

工序	时间/min	备注
人行走台延伸	10	可在掘进期间穿插进行

3.16　应急物资

盾构掘进施工时需准备的应急物资见表 3-67。

表 3-67　盾构掘进应急物资

设备、物资名称		规格、型号	单位、数量	应急功能	存储位置
人员防护	防护背心		10 件	反光	库房备用
	防尘口罩		20 个	防尘	库房备用
	雨鞋		10 双	止水	库房备用
	安全带		8 条	高空作业	库房备用
	防毒面具		10 个	防毒	库房备用
	担架		2 副	救援	库房备用

续表3-67

设备、物资名称		规格、型号	单位、数量	应急功能	存储位置
应急通用物资	手持式电喇叭		4个	应急通话	库房备用
	对讲机		10个	应急通话	现场配备、库房备用
	铁锹	尖锹、方锹	各10把	消防应急、现场清理、装填砂袋	库房备用
	急救箱		5个	现场抢救	库房备用
	手电筒		10个	隧道应急照明	库房备用
	麻绳(尼龙绳)		50 m		库房备用
	大锤	12P	4把		库房备用
洞门或管片应急填塞堵漏	砂袋	50 kg/袋	袋	涌水涌砂反压回填、防汛	装好砂子,放置于基坑、洞门边
	编织袋		1000个		库房备用
	砂子		4 m³		现场堆放备用
	棉被	10	床	防涌水涌砂	库房备用
	工业棉纱	25 kg/袋	袋		库房备用
	海绵条	10×10	200 m		库房备用
洞门或管片应急注浆堵漏	快干水泥		30包	涌水涌砂封堵	库房备用
	普通水泥	P.O 42.5	5 t	注浆、喷射混凝土	现场堆放备用
	水玻璃	30°Bé	15桶	双液浆堵漏	现场堆放备用
	双液注浆泵		台	注浆设备	库房备用
	注浆管路及接头		套	注浆设备	库房备用
	浆液搅拌机		台	拌浆设备	库房备用
	聚氨酯		kg	注浆材料	库房备用
	聚氨酯注浆泵		台	聚氨酯注浆设备	库房备用
洞门或管片应急加固	钢筋网片	1 m×1 m	块	加固材料	库房备用
	铁丝		m	铺挂网片	库房备用
	电焊机	便携式	台		库房备用
	钢板	1 cm厚	m²	洞门密封	现场堆放
应急消防	灭火器	5 kg干粉	个		现场配备、库房备用
	消止水带		m	应急抢险供水	现场存放
	消防软梯		副	人员逃生	库房备用

续表3-67

设备、物资名称		规格、型号	单位、数量	应急功能	存储位置
应急抽排水	水泵	$\phi100$ mm、$\phi65$ mm、$\phi50$ mm	各2台	场地或作业面抽排水	现场安装且库房备用
	污水泵	7.5 kW	3台	抽排污水	工作井安放2台且库房备用1台
	水带	$\phi50$ mm	6卷	与水泵配套	库房备用
	水带	$\phi65$ mm、$\phi100$ mm	3+4卷	与水泵配套	库房备用
应急供电	发电机		台	临时发电	现场存放
	电缆		m	应急供电	库房备用
	配电箱	三级	5只	应急供电	库房备用
	工具箱		3套	接线工具	库房备用
应急现场防护	钢丝钳		把		安环部
	彩条布		卷	现场覆盖	库房备用
	警戒带		卷	现场警戒	库房备用
	反光锥		个	现场警戒	库房备用
其他应急设备	空压机	移动式	台		库房备用
	风钻		台	钻孔	库房备用
	钻机		台	注浆钻孔设备	库房备用
	挖掘机	PC200	辆	反压回填、现场应急处理	现场堆放备用
	装载机		辆	回填、运输、现场应急处理	现场堆放备用
	起重机	25 t	辆	应急吊运作业	现场堆放备用

第4章 不同条件地段施工

4.1 盾构穿越建(构)筑物、管线、水系

4.1.1 穿越的定义

穿越是指盾构的设计轴线通过既有建(构)筑物、管线、水系下方或侧方。在穿越过程中,盾构掘进可能扰动被穿越物的地基或周围土体,从而对被穿越物造成不良影响。

4.1.2 穿越施工前的准备工作

1."一定一核"

①确定调查范围:根据地质和隧道埋深确定施工影响的主要区域和次要区域。

②核实穿越时隧道走向,有无转弯、边坡等。

2."三查"

①调查区域内建(构)筑物、管线、水系所处地质水文条件和周边环境(邻近设施)情况。

②调查区域内建(构)筑物、管线与隧道的立体关系。

③调查区域内建(构)筑物的产权归属、结构现状和基础类型;调查地下管线归属、线路走向、铺设方式、尺寸规格、所用材料等穿越物的结构形态。

3."两保障"

①做好管控组织保障。根据具体情况,设立地面监测预测与巡视组、地下盾构操控与管片姿态监测组、洞内协调组、地面建(构)筑物与管线应急组、综合技术数据分析与决策组等,全面做好施工组织和应急准备;穿越前做好穿越方案的技术交底和相关人员培训;落实穿越管控关键内容和应急演练。

②做好盾构设备保障。施工前盾构选型时应有针对性要求(如刀盘刀具、进仓设施、渣土改良、盾体径向注浆管、超前钻探孔等);应操作熟练,使用中要对盾构进行维护保养;穿越前应对盾构做全面检查维护。

4."一先"

即先做好试验段。在相似地质条件下预做一个试验段,理出地面沉降与各掘进参数的关系,以及地面沉降与盾构掘进的时间差,为穿越提供优化的参数及控制措施。

4.1.3 施工中风险特点及预防、应急措施

在盾构穿越建(构)筑物、管线、水系时,隧道和被穿越物均存在较大的风险,主要风险

特点及相应的预防、应急措施见表 4-1。

表 4-1　盾构穿越建(构)筑物、管线、水系主要风险特点及相应的预防、应急措施

风险事件	风险特点	预防措施	应急措施	注意事项
隧道进水	灾害性天气、上水管/污水管崩裂等突发事故引起的隧道外部水涌入隧道	1.加强对区间盾构隧道周边地质资料和环境资料的掌握,特别是上水管/污水管的分布、管径、压力、埋深及其相关地层条件; 2.若临近河、湖边,应采取有效的止水措施; 3.对灾害性天气情况,及时、持续了解其发展状况,并做好相应的准备措施	1.根据历史最高水位纪录,设置必要的止水结构和采取相应的措施; 2.采用水泵进行抽水,保证隧道内进水不至于产生大的安全风险事故; 3.在隧道洞口附近设置砂袋和水泥袋止水措施,防止水从洞口进入隧道内部	1.及时掌握汛情通报; 2.救援过程中采取相应措施保证救援人员的安全,防止发生人员伤亡事故; 3.严格执行施工恢复程序,防止施工恢复中出现次生灾害; 4.确保隧道和地面的通信畅通,至少有两套(无线和有线)通信设备
盾构内进水	1.盾构内进水事故主要有三种: ——盾构姿态不好或者铰接密封本身存在缺陷引起盾构铰接处漏水、漏砂、涌水、涌砂 ——盾尾密封刷损坏引起盾尾漏水、漏砂、涌水、涌砂 ——管片错台和破裂引起盾构内进水 2.盾构内进水事故一般与盾构设备损坏和盾构操作不当有关,盾构施工过程中必须严格监控盾构操作、盾构姿态和设备工作状况; 3.盾构内进水造成的严重后果有管片下沉、管片间开裂、盾构下沉、地表沉陷、建(构)筑物倾斜、重要管线破裂等	1.加强对区间盾构隧道周边工程地质资料、水文地质资料和环境资料的掌握; 2.盾构施工过程中经常对盾体铰接密封和盾尾密封情况进行检查,使用质量较好的盾尾密封油脂,及时修补损坏的铰接密封、盾构密封和更换损坏的盾尾密封刷; 3.盾构施工过程中调整好盾构姿态,防止盾体铰接和盾尾密封刷处漏水、漏砂,一旦出现漏水、漏砂现象,及时启动盾体铰接和盾尾密封刷处紧急预案并进行相关处理; 4.严格控制盾构总推力,防止推力过大顶裂管片引起进水事故; 5.严格控制盾构推进速度,确保推进速度与同步注浆相适应,在水+砂+压力共存的地层推进时,防止管片错台过大导致止水橡胶条密封失效,引起管片间漏水、漏砂	1.组织人员迅速查明现场的实际情况(如漏水、漏砂发生的时间、地点、部位、原因、过程、已采取的措施及可能发展趋势导致的后果等),在确保安全的前提下运用拍照、录像等手段取得资料,为现场事故分析提供相关资料; 2.根据现场事故情况,在分析工程地质资料、水文地质资料及相关的设计、施工和设备资料的基础上,确定要采取的应急措施(如打开盾尾铰接紧急密封、临时排水、封堵、注浆等); 3.根据应急措施进行救援,并在救援过程中严密关注事故的发展趋势和出现的新情况,及时根据现场情况对应急措施进行优化和调整; 4.救援施工时应密切注意周围环境的变化,采取相应的应急措施,防止事态的进一步发展和避免次生灾害的发生; 5.加强对周边环境的监控,尤其是加强对盾构地面重要管线和重要建(构)筑物的监测,弄清相关产权单位的联系方式,当险情扩大时要马上与产权单位联系	1.施工中加强对盾构设备的保养和维护; 2.采取相应措施,防止救援过程中次生工程和环境灾害的发生; 3.严格执行施工恢复程序,防止施工恢复中出现次生灾害; 4.确保隧道和地面的通信畅通,至少有两套(无线和有线)通信设备

续表4-1

风险事件	风险特点	预防措施	应急措施	注意事项
建(构)筑物变形过大	1. 盾构近距离穿越或者下穿建(构)筑物(如楼房、桥梁等),引起建(构)筑物变形过大; 2. 建(构)筑物变形过大引起的严重后果主要有建(构)筑物倾斜,建(构)筑物开裂,建(构)筑物倒塌,威胁建(构)筑物内人员、财产的安全	1. 施工前先对建(构)筑物结构型式、基础型式进行调查,根据需要采取必要的加固措施; 2. 严格控制盾构施工参数,避免对地层扰动过大; 3. 采取合适的地层改良措施,改善土体的流塑性,保持进出土顺畅并有效控制出土量; 4. 确定与开挖地层相适应的同步注浆配比、注浆量和注浆压力,及时进行二次补浆; 5. 应注浆均匀、压力适中,根据推进速度的快慢调整注浆量,做到注浆量与推进速度相适应; 6. 采取措施提高浆液及拌浆的质量,保证浆液的和易性、流塑性、初凝强度等; 7. 保证盾尾密封刷密封功能正常; 8. 根据建(构)筑物及周边地面状况,适当布置地面预注浆设施,及时进行地面跟踪注浆; 9. 加强施工监测,切实做好盾构施工信息化管理	1. 对建(构)筑物的变形情况加强监控,并迅速将监测数据上报; 2. 根据现场监控的建(构)筑物变形数据,在分析工程地质资料、水文地质资料及相关的设计、施工和设备资料的基础上,确定要采取的应急措施(如地面跟踪注浆、二次补浆等); 3. 根据地面和建(构)筑物监测情况,及时调整盾构施工参数,如控制推进速度、土仓压力、同步注浆压力、注浆量、出土量、刀盘扭矩和总推力等; 4. 根据建(构)筑物及周边地面变形情况及时调整注浆量、注浆部位,对于沉降大的部位及时进行二次补浆; 5. 损坏的盾尾密封刷及时更换,或在盾尾内垫棉絮或海绵,对盾尾进行堵漏; 6. 布置地面注浆管,及时进行地面跟踪注浆; 7. 必要时从管片上进行壁后二次注浆; 8. 加强监测频率,提高监测要求	1. 穿越建(构)筑物前须对盾构及其配套设备进行检查,对有问题的设备及时维修和更换; 2. 施工中加强对盾构设备的保养和维护; 3. 采取相应措施,防止救援过程中次生工程和环境灾害的发生; 4. 严格执行施工恢复程序,防止施工恢复中出现次生灾害; 5. 确保隧道和地面的通信畅通,至少有两套(无线和有线)通信设备

续表4-1

风险事件	风险特点	预防措施	应急措施	注意事项
管线变形过大	1.盾构近距离穿越或者下穿管线,引起管线变形过大; 2.管线变形过大造成的严重后果主要有管线崩裂、地表塌陷等	1.施工前先对管线采取悬吊等方式加以保护; 2.严格控制盾构推进参数,避免对地层扰动过大; 3.采取合适的地层改良措施,改善土体的流塑性,保持进出土顺畅并有效控制出土量; 4.确定与开挖地层相适应的同步注浆配比、注浆量和注浆压力,并及时进行二次补浆; 5.应注浆均匀、压力适中,根据推进速度的快慢调整注浆速度,尽量做到与推进速度相适应; 6.采取措施提高浆液及拌浆的质量,保证浆液的和易性、流塑性和强度等; 7.保证盾尾密封刷密封功能正常; 8.根据管线及周边环境状况,在管线与隧道之间或管线(箱涵)底部基础处采取隔离桩、树根桩及注浆加固等形式来隔断或减小盾构施工对其的影响; 9.加强施工监测,切实做好盾构施工信息化管理	1.开挖并暴露管线,对其进行合理、适当的保护; 2.根据管线监测情况,及时调整盾构施工参数,如控制推进速度、土仓压力、同步注浆压力、注浆量、出土量、刀盘扭矩和总推力等; 3.根据管线及周边地面变形情况及时调整注浆量、注浆部位,对于沉降大的部位可采用补压浆的措施; 4.采取合适的地层改良措施,改善土体的流塑性,保持进出土顺畅并有效控制出土量; 5.根据管线及周边地面状况,在管线与隧道之间或管线(箱涵)底部基础处采取隔离桩、树根桩及注浆加固等形式来隔断或减小盾构施工对其的影响; 6.必要时从管片上进行壁后注浆; 7.联系管线产权部门,并配合管线产权部门对局部已产生变形但还不影响周边环境的管线进行修补; 8.加强施工监测,实施动态信息化施工管理	1.采取相应措施,防止救援过程中次生工程和环境灾害的发生; 2.严格执行施工恢复程序,防止施工恢复中出现次生灾害; 3.确保隧道和地面的通信畅通,至少有两套(无线和有线)通信设备

续表4-1

风险事件	风险特点	预防措施	应急措施	注意事项
既有道路交通工程变形过大	1. 盾构近距离下穿既有道路交通工程，引起变形过大； 2. 既有道路交通工程变形过大造成的严重后果有影响既有道路交通的行车速度和安全，甚至影响既有道路交通本身的安全	1. 施工前先对穿越道路区域进行预加固，巩固道路下部基础； 2. 严格控制相关盾构施工参数，避免对地层扰动过大； 3. 采取合适的地层改良措施，改善土体的流塑性，保持进出土顺畅并有效控制出土量； 4. 确定与开挖地层相适应的同步注浆配比、注浆量和注浆压力，并及时进行二次补浆； 5. 注浆应均匀，根据推进速度的快慢适当地调整注浆速度，尽量做到与推进速度相适应； 6. 采取措施提高拌浆的质量，保证浆液的强度； 7. 保证盾尾密封刷密封功能正常； 8. 根据道路及周边地面状况，在道路与隧道之间或道路底部基础处采取隔离桩、树根桩及注浆加固等形式来隔断或减小盾构施工对其的影响	1. 根据监测数据及道路表面的变形情况，进一步对穿越区域进行注浆加固，巩固铁路下部基础； 2. 根据道路变形监测情况及时调整盾构施工参数，如推进速度、开挖面压力、同步注浆压力等，同时及时调整隧道注浆量、注浆部位，对于沉降大的部位可采取进一步补压浆的措施； 3. 损坏的盾尾密封刷及时更换，或在盾尾内垫棉絮或海绵，对盾尾进行堵漏； 4. 必要时从管片上进行壁后注浆； 5. 成立现场施工指挥小组，进行动态信息化施工，实施现场信息化施工管理； 6. 联系道路管理部门，加强对道路的监测，对于局部已产生的变形，由道路维修人员及时进行调整	1. 穿越既有道路交通工程前必须对盾构及其配套设备进行检查，对有问题的设备及时维修和更换； 2. 施工中加强对盾构设备的保养和维护； 3. 采取相应措施，防止救援过程中次生工程和环境灾害的发生； 4. 严格执行施工恢复程序，防止施工恢复中出现次生灾害； 5. 确保隧道和地面的通信畅通，至少有两套（无线和有线）通信设备

4.1.4　工程案例

1.复合土压平衡盾构下穿房屋建筑群

（1）工程概况

广州地铁14号线邓村站—江埔站区间，盾构隧道长1987 m，最小转弯半径600 m，直径6 m，两台盾构先后从明挖段始发，掘进1500 m后下穿姓钟围建筑群到达江埔站。图4-1为广州市地铁14号线邓村站—江埔站区间平面示意图。

（2）下穿建筑物

盾构隧道下穿姓钟围房屋长度范围约405 m，姓钟围房屋群位于盾构隧道正上方数量为15栋，位于线路右侧且受其影响的房屋约27栋，房屋均为村民自建房，楼高1~7层不等，基础均为条形基础；从城大道下穿隧道位于线路左侧；从城大道与线路垂直相交，交通繁忙，车辆较多。

图 4-1　广州市地铁 14 号线邓村站—江埔站区间平面示意图

（3）地质条件

双线土压平衡盾构在富水<3-1>粉细砂、<3-2>中粗砂、<3-3>砂砾地层中近距离下穿密集浅基础房屋群。图 4-2 为下穿姓钟围房屋群地质断面示意图。

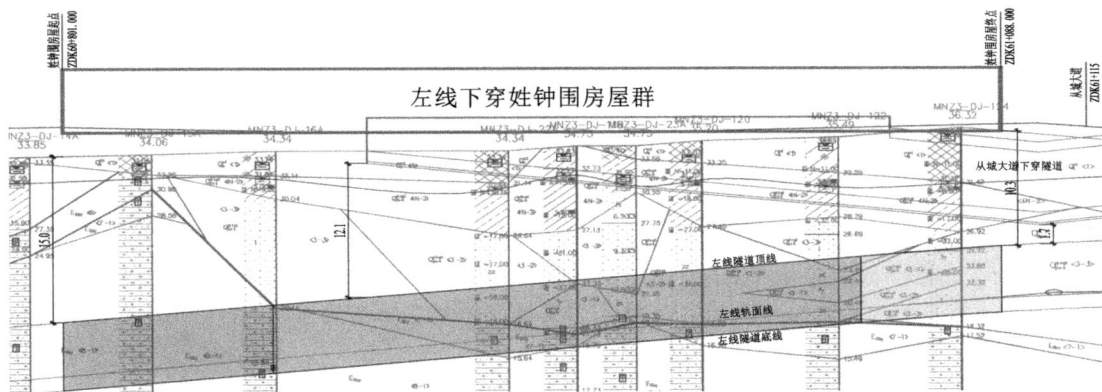

图 4-2　下穿姓钟围房屋群地质断面示意图

（4）盾构设备情况

直径 6260 mm 复合式土压平衡盾构，开挖直径 6300 mm，刀盘开口率 37%，8 把双刃刀+23 把单刃刀，102 把刮刀；推力最大为 36000 kN，扭矩最大为 7316 kN·m（脱困扭矩）；主动铰接系统。

（5）具体采取的措施

1）线路调整

对整个区间线路进行调整，如：减小姓钟围村拐入江埔站的曲线半径，由初步设计的 800 m 调整为 600 m；穿越房屋由 84 栋减少至 42 栋，正穿由 34 栋减少至 15 栋。

2）穿越前全面调查

①从城大道下穿隧道结构型式调查与沉降控制标准调查。

②全线地质补勘，重要建筑物旁、地质变化段增加勘探点密度。

③沿线房屋调查 50 余栋，均出具房屋鉴定报告。

④线路上方管线全面调查，对特殊管线重点调查（中压煤气）。

3）保障及管控

下穿保障及管控如下：

①进行线路调整、盾构改造、风险评估会、地面加固方案、盾构下穿方案等专家评审会。

②各级技术及监控保障：业主（攻坚小组）—监理（监督小组）—施工单位公司（专家团队）—项目部（施工监测小组）—工区（现场管理）—盾构监控室（掘进操作）。

③项目领导轮流带班人、监控室值班人员、隧道施工人员均实行交接班制度。

④制定房屋沉降、倾斜超限、燃气管线泄漏、紧急停机等专项应急预案并进行应急演练。

4）地面水平定向钻注浆加固

①下穿建（构）筑物时，通常采用袖阀管注浆加固（预注浆与跟踪注浆）。当现场无加固条件、难以实施时，可远离建筑物，利用定向钻进技术钻探成孔。钻注浆施工不影响盾构施工，水平钻孔采用预置钢阀管，既可以达到跟踪注浆的目的，又可以起到管棚支护的效果，可进行多次、定点、定量跟踪注浆。图4-3为地面水平定向钻注浆加固示意图1。

②本工程采用了此种方法，定向孔钻孔的成孔总长392.2 m，单根长度为70~128 m，钻孔埋管间距4 m，

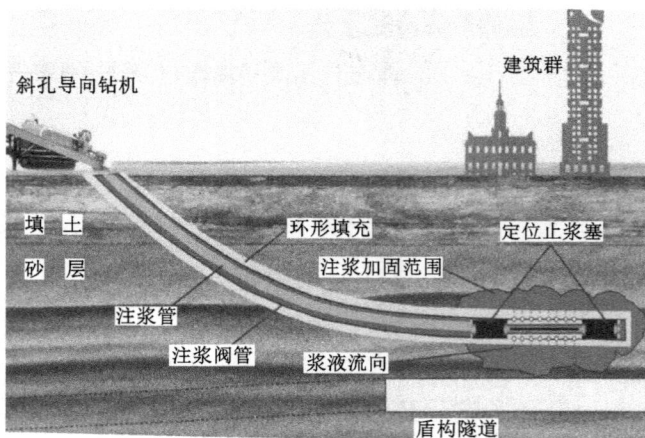

图4-3　地面水平定向钻注浆加固示意图1

其中水平段埋深约10 m，位于隧道上方2~3 m。采用黏土水泥浆与水泥浆交替注浆，注浆267 m³。地面隆起最大值为5.7 mm。图4-4为地面水平定向钻注浆加固示意图2。

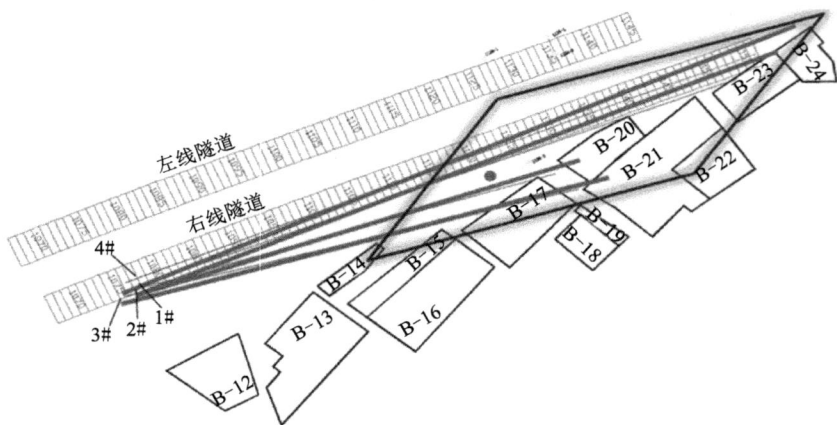

图4-4　地面水平定向钻注浆加固示意图2

③采用泥浆脉冲精确定位，同时利用楔形钻头及时进行纠偏，钻进精度精准（±20 cm），浅覆土砂层远距离钻孔可行。

④水平定向钻注浆改变了注浆位置处松散砂土的性质，形成了强度较高的加固体；由于

钢阀管的管棚支护作用,盾构掘进通过加固区时靠近加固区右线隧道轴线测点隆沉幅度较小。

5)地面 MJS 斜桩加固

采用 MJS 倾斜咬合排桩隔离房屋群与隧道,桩径 1.0~1.3 m,咬合 0.2~0.3 m,倾斜角度 28°~66°,桩长 15~22 m,共 220 根。砂卵石地层卡钻,存在一定风险。通过加设护筒、改造 MJS 钻头高压射水装置,实现浅覆土斜向成孔顺利进行。MJS 桩施工期间,地面建筑物沉降可控。

6)信息化监测

除常规的地表监测、建筑物沉降及变形监测等,还采用了土体监测,用分层土体沉降计监测反映各层土体发生的变形。深层土体沉降测点要较地表沉降测点反映及时,并且可实现实时采集与无线发送。通过开发信息化监测平台,可以大大节省数据传递时间,只需要将监测的数据上传至平台数据库,即可在电脑端和手机端查看分析结果,便于决策者和一线施工人员及时得到沉降反馈,为地表风险的防控提供及时的数据支持。

7)渣土保压输送泵

设置了保压输送泵,与螺旋输送机出口无缝连接,泵送装置内设置土压传感器,可通过调节泵的活塞频率来调节出土量大小,达到控制仓内土压力的目的。安装保渣泵后,添加水、泡沫剂、膨润土等进行渣土改良,渣样坍落度基本为 15~20 cm,保证了泵送效果,规避了喷涌风险,掘进效率约为 4 环/天。

8)渣土改良

采用 Condat 泡沫;

泡沫溶液的建议百分比:泡沫添加剂 3%,水 97%;

泡沫与压缩空气的建议百分比:压缩空气 90%~95%,泡沫溶液 5%~10%;

初步确定改良剂参数:1:5 钠基膨润土浆,黏度 40 Pa·s 以上;

含泥量低于 15% 时,采用膨润土浆液与砂土配比为 1:10、一环为 6~8 m³ 的膨润土浆。

9)土压力设置

考虑正上方与侧向房屋荷载的影响,土压力设置按"土压力=水压+静止土压力+超压"设置,侧向土压力系数通过下穿房屋前空旷地表粉细砂层断面监测数据反演得出,取 0.35。

10)掘进控制理念

总体理念为:满仓超压掘进,快速通过。

在掘进过程中,扭矩控制在 3000 kN·m 以内,密切关注渣温变化;每环进行含泥量测试,每天进行一次渣样坍落度测试;精确控制出土量;注意仓压波动,即透气性较好的地层如砂砾地层,在掘进停机时,土仓压力浮动较大,若停机前为向前主动土压平衡推进,则停机过程中在必要时加入膨润土。

(6)实施效果

图 4-5 为房屋沉降统计图,左、右线穿越后房屋最大沉降量不超过 8 mm。

(7)小结

①正确的掘进控制理念与渣土改良试验是本次成功穿越的关键。

②穿越浅基础房屋,土压力计算时需考虑房屋荷载的影响。

③深层土体监测要及时反映土体的变形,使得掘进参数的调整更具针对性。

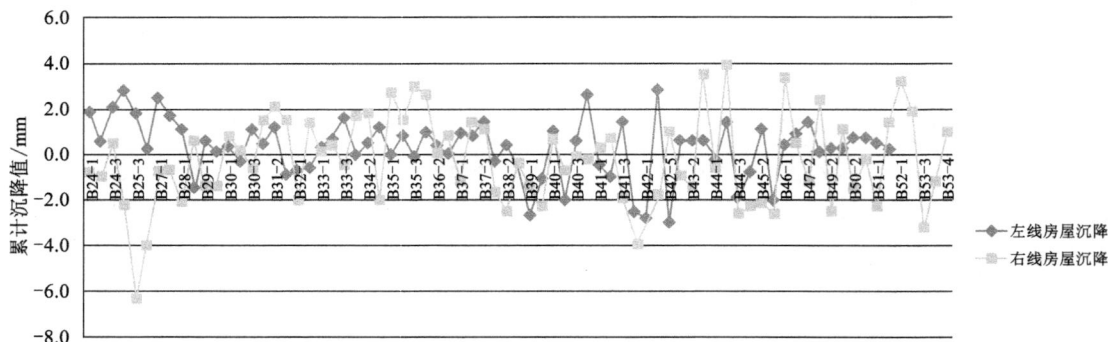

图 4-5　房屋沉降统计图

④水平定向钻进注浆加固技术可以实现高精度(偏差±0.5 m)、长距离、低扰动(加固区范围内沉降±5 mm)。但根据实际取芯效果,其注浆间距应适当调小。

⑤MJS 倾斜群桩咬合加固地基技术的加固效果好,对加固体上方扰动小。

⑥对于含泥量大于 15%的地层、地下水压小于 15 m 的全断面砂层,可以不用添加膨润土改良。

⑦保渣泵需要进一步升级改良,以改进运行期噪声大、震动大、设备故障率高、设备主要备件通用性差、排渣流量受限等缺陷。

⑧全断面砂层满仓掘进对刀具磨损大,易造成滚刀偏磨。

2. 软弱地层泥水平衡盾构下穿煤气管线

(1)工程概况

佛山地铁 2 号线南庄站—湖涌站区间线路纵断面为 V 形坡,最大坡度为 27‰,线路埋深 15.4~33.23 m,隧道顶覆土 8.7~26.53 m,隧道的平面曲线最小曲率半径为 450 m。盾构隧道左线长 2294.383 m,右线长 2269.398 m。采用直径 6.98 m 泥水平衡盾构掘进,管片外径 6.7 m,内径 6 m。

(2)地质条件和环境条件

隧道上覆土为〈2-1B〉淤泥质粉质黏土和〈2-5〉淤泥质粉土层,隧道洞身主要位于淤泥质粉土、淤泥质粉细砂层。地表水供给丰富,地层灵敏度高,具有触变性、流变性。同时,隧道位于城市主干道下方,道路车流量大。隧道斜穿一根 ϕ508 mm 高压燃气管,隧道顶距离燃气管底约 5.5 m。

(3)管线与隧道的位置关系

图 4-6 为管线与隧道位置关系示意图。

(4)盾构设备

采用复合刀盘气垫式泥水平衡盾构。

(5)盾构下穿煤气管线的难点、特点

①高灵敏地层。淤泥和粉砂层具触变性、流变性。

②高压煤气管。该煤气管是佛山市压力为 4 MPa 的主供气管道。

③垂直间距小,仅为 5.94 m(盾构开挖直径为 7 m)。

④试验段短小,只有 19 环,仅 28.5 m(隧道埋深 26.87 m)。

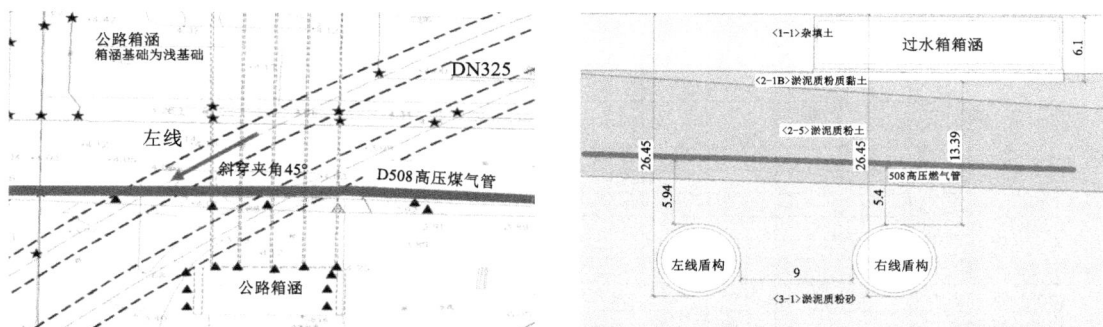

图 4-6　管线与隧道位置关系示意图

　　⑤监测难。位于季华一路与紫洞路的繁忙交叉口下；盾构刀盘进入管线区时盾尾还在公路箱涵下，无法监测。

　　⑥沉降控制难。隧道在平曲线，曲线半径为 450 m、竖下坡段 2.64%、45°角斜穿；后穿的盾构对管线会有二次扰动，产生叠合沉降。

　　（6）主要对策

　　①组织管控，统一协调，分工负责，各工位及时联络、令行禁止。

　　②增加监测点，连续监测，采用无线数据传送。

　　③泥水平衡盾构微超压掘进。

　　④中盾径向管提前注浆。

　　⑤以地面沉降计算土体损失和浆液收缩率，并作为同步注浆附加量。

　　⑥优化同步注浆配比，减少浆液收缩率；初凝时间匹配掘进进度。

　　⑦根据盾尾与管线的相交位置，精细调整同步注浆位置和注浆顺序。

　　⑧结合盾尾后方沉降趋势分析，预测最大沉降体积、时间及管片姿态，锁定二次注浆的注浆量和完成时间。

　　⑨强制进行设备检查保养。

　　⑩以轴线要求和管片姿态严选管片并精控盾构姿态。

　　（7）监控量测

　　采用自动化无线监测系统。管线沉降报警值 ±10 mm，预警值 ±7 mm；地表沉降报警值 ±20 mm，预警值 ±16 mm。

　　（8）试验段

　　左线先于右线始发，因临近澳边涌，实际沉降控制不理想，计划将左线盾构停在下穿公路箱涵前 10 m 处。以左线下穿澳边涌的前段平地第 58~77 环作为试验段，得到经验后，优化并运用到左线掘进；在获得左线下穿经验后，再次优化并运用到右线穿越。

　　（9）实施效果

　　实际穿越时各点沉降值控制在计划范围内，图 4-7 为煤气管道沉降数据。

　　（10）小结

　　①泥水平衡盾构压力控制精细，地层扰动相对较小，但因提高切口压力和出渣计量困难，无法使盾构前段地面形成足够的微隆。

　　②先进的无线沉降监测避免了人工监测信息的间断性和延迟性缺陷，降低了人员在繁忙

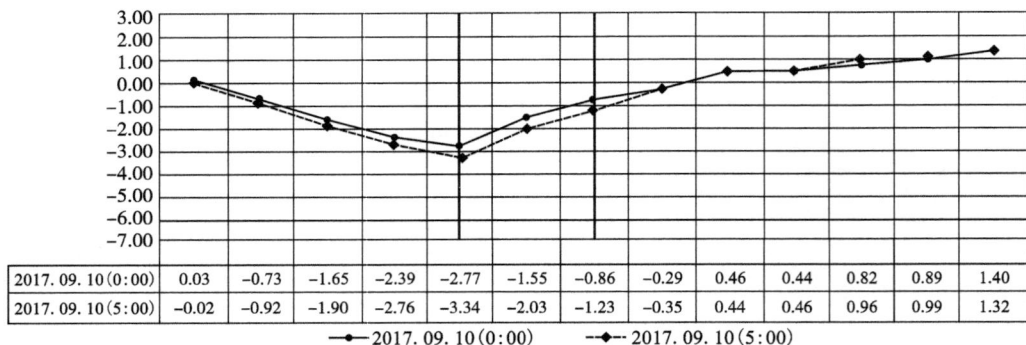

2017.09.10(0:00)	0.03	−0.73	−1.65	−2.39	−2.77	−1.55	−0.86	−0.29	0.46	0.44	0.82	0.89	1.40
2017.09.10(5:00)	−0.02	−0.92	−1.90	−2.76	−3.34	−2.03	−1.23	−0.35	0.44	0.46	0.96	0.99	1.32

—◆— 2017.09.10(0:00)　　—◆— 2017.09.10(5:00)

图 4-7　煤气管道沉降数据

路段作业的安全风险，显著提升了效率。

③采用了与土体损失挂钩的沉降预测预控、量沉补注方法，量化了同步注浆管控指标，更具操作性。

④中盾径向管提前注浆对减少沉降和管线扰动效果明显。

⑤各工位保持通信畅通是实现统一协调、分头行动的组织管控关键。

⑥技术分析和预测预判提升了现场的主动应对效果。

3. 复合土压平衡盾构下穿运营地铁线

（1）工程概况

广佛地铁菊树站—西朗站区间为双线隧道，采用复合式土压平衡盾构施工，分左先右后掘进，YDK20+270~YDK20+320，盾构下穿广州市地铁 1 号线正线，相交区域长度约 30 m、宽 20 m，位于已建西朗站以北约 10 m，隧道顶部距地面最小距离 11 m，最大纵坡为 27.856‰。图 4-8 为下穿地铁 1 号线平面示意图。

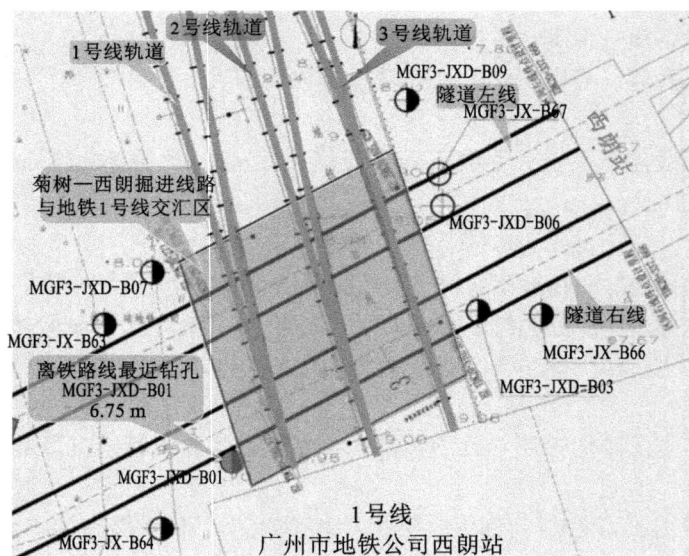

图 4-8　下穿广州市地铁 1 号线平面示意图

（2）地质条件

以右线说明：隧道顶覆土为 11.07 m，隧道洞身处于淤泥层、强风化红层、中风化红层。图 4-9 为下穿地铁 1 号线范围的地质纵断面图。

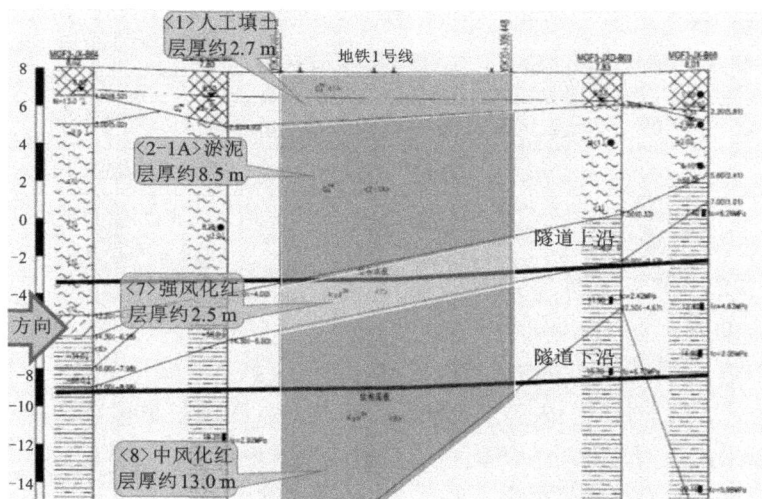

图 4-9　下穿地铁 1 号线范围的地质纵断面图

（3）掘进方案

表 4-2 为下穿地铁 1 号线时拟定参数控制表。

表 4-2　下穿地铁 1 号线时拟定参数控制表

中部土压力/kPa	150~180
推力/tf	<1500
推进速度/($mm \cdot min^{-1}$)	30~40
扭矩/($kN \cdot m^{-1}$)	<3000
刀盘转速/($r \cdot min^{-1}$)	1.5~2.0
出土量/m^3	65
注浆压力/MPa	0.2~0.3
注浆量/m^3	6.5
添加剂	1. 明洁泡沫溶液浓度 3.5%，发泡率 20 倍，注入率 60%
注意事项	1. 进入该地层前开仓检查、更换刀具，并对盾构进行维修保养； 2. 出土量精细化控制，减少地面沉降量，每掘进完一斗的理论进尺量为 35 cm； 3. 在盾构盾尾后部第 2 环管片位置进行二次双液注浆，与掘进同步，注浆压力严格控制； 4. 尽可能利用夜间时间通过地铁 1 号线正线段，保证快速、连续通过，减少地铁运营风险； 5. 与地面监测小组加强联系，根据监测情况随时启动应急预案； 6. 每次进行道砟回填时都将原轨道标高抬高 6 mm，预留拱度

计划 5 天时间通过 1 号线轨行区。表 4-3 为下穿地铁 1 号线施工计划表。

表 4-3　下穿地铁 1 号线施工计划表

日期	时间	盾尾位置(盾构长 8 m)	工作安排
10 月 10 日	7：00—24：00	3 号轨道前 22 m~3 号轨道前 16 m	对栅栏外地面进行监测，根据结果调整参数
10 月 11 日	00：00—24：00	3 号轨道前 16 m~3 号轨道前 4 m	掘进施工，3 号轨道不能停车
10 月 12 日	00：00—24：00	3 号轨道前 4 m~2 号轨道前 4 m	当 2 号轨道停止运营时掘进施工
10 月 13 日	00：00—24：00	2 号轨道前 4 m~1 号轨道前 4 m	根据地面监测情况，协调通知运营部门回填轨道道砟，对隔音墙基础截桩

(4)施工监测

监测点的个数为 44 个。6 个布置接触网基柱上，拟采用反射片布设。2 个布置在隔音墙上，用冲击钻在隔音墙上打孔，内固定钢筋头，钢筋的一头固定迷你小棱镜。布置在非轨枕上的监测点尽量采用反射片布设。西朗站的监测点个数为 9 个，主要布置在车站的转角及立柱处。表 4-4、表 4-5 为监测频率表，表 4-6 为变形控制值。

表 4-4　监测频率表 1

右线	盾构位置	监测频率
2009 年 10 月 7 日—10 月 11 日	距 1 号线轨行区 20 m 范围内	2 次/天
2009 年 10 月 11 日—10 月 14 日	掘进经过 1 号线轨行区	盾构掘进时 2 h/次，加密时 0.5 h/次
2009 年 9 月 13 日—9 月 15 日	盾尾距 1 号线轨行区 30 m 范围内	2 次/天

表 4-5　监测频率表 2

判断条件	监测频率	精度/mm
开挖面距监测断面前后<2D	1~2 次/天	
开挖面距监测断面前后<5D	1 次/2 天	1.0
开挖面距监测断面前后>5D	1 次/周	

注：D 为　　。

表 4-6　变形控制值

监测项目	控制值
轨肩沉降	8 mm
道岔段轨道沉降	4 mm
接触网基柱、结构沉降	5 mm
相邻两根轨道沉降差	4 mm
接触网基柱倾斜度	3‰
建筑物沉降、倾斜	20 mm、3‰

（5）应急处置

表 4-7 为预警分级及预警措施。

表 4-7　预警分级及预警措施

预警级别	启动预警	预警措施
Ⅲ级	当盾构掘进至地铁 1 号线前 40 m、20 m，轨行区栅栏处时	监测小组加强地面轨道监测；通知相关人员确定是否可以通过，并且每天以短信方式向有关人员汇报当天掘进情况，应急物资准备齐全并运至现场
Ⅱ级	当轨肩沉降大于 8 mm、轨道沉降大于 4 mm、道岔沉降大于 3 mm 时	及时通知业主、监理方、运营单位等相关人员，协助运营工作人员采取相应措施，应急人员回填道砟至沉降前状态，分析沉降原因，减少进一步沉降发生
Ⅰ级	当地面发生大面积沉陷时	及时通知业主、监理方、运营单位等相关人员，盾构停止掘进，分析地面沉陷原因，协商是否停止该段地铁运行，设立警戒区域，应急人员回填道砟，地面进行注浆加固处理，恢复地面沉陷前状态

（6）沉降超限处置方案

①道砟回填法。

应急物资提前准备到位。一旦发生沉降超限情况，应立即通知停止地铁车辆运行。应急人员进入施工现场，采用千斤顶将轨道抬高至原标高，再对沉降区域进行道砟回填。

②袖阀管注浆法。

③扣轨加固法。

对隧道与地铁 1 号线轨道交汇区的 6 个交汇处进行扣轨加固，加固范围为区间隧道结构外边线 3.0 m 以内。方法是在现有轨道轨枕的中间增加一条木质枕木（木质枕木便于施工），枕木的尺寸为 230 mm×300 mm×4000 mm。

（7）防止较大沉降的安全保证措施

措施一：

①过地铁 1 号线正线前对盾构设备进行维修保养。

②总结成功经验，妥善调整各掘进参数。

③加强施工监测，对地面沉降情况及时反馈。

④保持盾尾注浆量，减少后期沉降。

⑤与运营部门协调，将轨道标高抬高。

措施二：

①安排经验丰富的轨道检修人员观察轨道。

②过运营线路时盾构夜间通过。

③加强施工期间运营单位、施工单位等之间的联系。

④根据沉降情况限制列车的速度。

（8）实施效果

实际施工时最大沉降为 6 mm。因地面沉降很小，应急预案中的袖阀管注浆法和扣轨加固法等应对措施均未采用。

（9）小结

①领导重视，建设总部、运营总部、监理方、第三方监测24小时现场值班。当发现沉降超标时，地铁公司领导亲临现场，出谋划策。

②运营总部的工建、供电、房建等部门24小时值班，现场待命，根据沉降情况对轨道及接触网进行加固、起道和捣固等作业，保证了轨道及接触网等的安全。

③过轨前必须做好充分的准备工作，对设备、轨道等做好全面检修。减少过轨的故障率是保证过轨正常运行的前提条件。

④选择合适的土仓压力，使刀盘前隆起1~2mm为宜。盾尾沉降控制的关键是注浆量。当同步注浆无法满足沉降要求时应采用垂直注浆，垂直注浆控制的关键是注浆量，因为水泥浆凝结时间较长。

⑤建立联动机制，临时指挥部收到地面监测数据后，将其以短信方式发送到工地值班室；项目部领导分析后，调整掘进参数及掘进措施，下达到掘进班组落实。现场掘进情况从工地值班室以短信方式发送到临时指挥部，项目部领导分析后，调整监测频率及掘进措施。掘进情况、地面监测、掘进措施快速跟进、及时调整，确保了信息的及时性、决策的正确性，保证了执行力。

4. 复合土压平衡盾构下穿河流

（1）工程概况

佛山地铁2号线湾华站至登洲站区间盾构隧道左、右线分别长2364m、2438m，采用复合土压平衡盾构施工，盾构区间下穿东平水道，水道宽约90m，深度4.5~16.2m，隧道顶最小埋深仅5.9m。在东平水道段盾构主要穿越的构筑物有东平水道南大堤、佛陈大桥和东平水道北大堤。表4-8为东平水道段隧道与周边主要建筑物关系。

表4-8　东平水道段隧道与周边主要建筑物关系

建筑物名称	里程范围	与左线距离	与右线距离	结构型式	穿越地层	处理方案
东平水道南大堤	YDK39+077~023	下穿	下穿	堤防	强风化砂质泥岩、中风化砂质泥岩，埋深27.6m	加强监控量测
佛陈大桥	YDK38+853~YDK39+077	侧穿，水平距离34~74m	侧穿，水平距离22~61m	桥基	强风化砂质泥岩、中风化砂质泥岩	加强监测，并根据监测结果确定保护方案
东平水道北大堤	YDK38+853.957~925.437	下穿	下穿	堤防	强风化砂质泥岩、中风化砂质泥岩，埋深28.2m	加强监控量测

（2）工程水文地质环境分析及掘进模式的确定

根据下穿地层差异，将盾构下穿东平水道划分为两段。

①YDK39+055~YDK39+180：区间隧道主要穿越复合地层，洞顶上覆盖很薄，且该段洞顶切穿中等透水砂层。该段岩性属于上软下硬地层，又有洞外水通过中等透水砂层进入洞内的可能，形成洞内涌水涌砂，甚至出现地表沉降过大。该段采用土压平衡掘进模式。图

4-10（a）为土压平衡掘进模式示意图。

②YDK38+853～YDK39+055：几乎全断面为强风化砂质泥岩地层，盾构穿越地层单一，中等透水砂层距离洞顶最近约为 3.2 m。该段采用压缩空气加压掘进模式。图 4-10（b）为压缩空气加压掘进模式示意图。

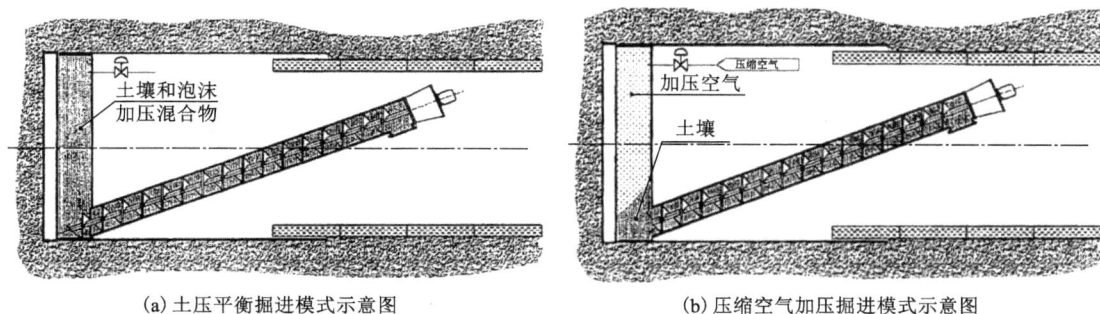

（a）土压平衡掘进模式示意图　　　　　（b）压缩空气加压掘进模式示意图

图 4-10　不同掘进模式示意图

本区间 4#联络通道至东平水道段地质有部分强风化砂质泥岩，且顶部覆盖软土地层，与穿越水道时的地质较为相像，故拟将 4#联络通道至东平水道段作为盾构下穿东平水道的试验段。

（3）盾构下穿东平水道施工重难点分析

结合地质情况、周边环境等因素，盾构下穿东平水道施工主要有以下重难点：

1）复杂地层、浅覆土情况下过东平水道段盾构掘进

下穿东平水道段隧道的顶板埋深 5.9～10.2 m，属于浅覆土地段，隧道顶板上覆中粗砂、粉质黏土、淤泥质土、全强风化岩等地层。

①饱和砂层富水性好，透水性强，结构松散，自稳性差，与地表水联系非常密切，补给快，地下水流速大，在施工人工扰动及其他各方面不利因素影响下，存在河水向隧道内突涌的可能性，甚至发生坍顶破坏，且极易坍塌至地表与东平水道河水连通。

②如果江底存在冲刷沟，覆土深度将会更小。

③压重较小，且隧道上方存在透水性强的砂层，致使隧道抗浮能力可能不足，故盾构掘进时风险较大，同时对盾构密封性能、刀盘刀具耐磨性及地层沉降控制要求较高。

2）盾构穿越东平水道防洪大堤

堤岸为重力式挡墙结构，荷载较大，控制盾构施工扰动和控制大堤沉降是重点。

3）泥饼防治

掘进时将通过强风化砂质泥岩和中风化砂质泥岩地层，该地层极易形成泥饼，而较大的水压和土压，加剧了泥饼的形成。泥饼的形成，轻则导致扭矩和总推力大幅增大、推进速度减慢、刀盘刀具磨损，重则造成掘进困难、在富水地层造成喷涌，甚至发生地表坍塌和盾构严重破坏。因此，泥饼防治也是重点。

（4）施工主要技术措施

1）认真总结，充分准备

认真做好试掘进及进河前掘进的总结工作，摸索、掌握盾构施工特点及对不同地层的适

应情况，研究、总结出不同地层盾构刀具的合理配置及掘进参数。

2）设备保障管理

在盾构穿越东平水道前，在4#联络通道按照"保头、护尾、防密封"的原则，对盾构刀盘刀具及配套设备进行一次全面的检修更换保养，安装保压泵渣系统，保证所有的设备处于最佳工作状态，杜绝带病作业，为盾构顺利穿越东平水道做好准备。对刀具、盾尾刷、铰接密封进行重点检查和维护，必要时进行更换。

检查备件情况，增加空压机、螺旋输送机闸门、盾尾密封、注脂系统、泡沫系统、铰接密封等关键部位的备件。

3）掘进方法及措施

①上软下硬地层：盾构穿越上软下硬地层，是指开挖面的上部分为软土和中砂、粉细砂、粉质黏土，下部分为硬岩，开挖面岩土抗压强度差别很大，岩层分界较明显。盾构在上软下硬地层中掘进，其姿态难以控制，必要时可扩挖底部硬岩，控制掘进方向。在此类地层中推进速度控制在 $30\sim50$ mm/min。发现偏差应及时纠正。

②软岩层：全断面软岩层自稳能力好。采用气压平衡模式推进时，为了不使压气进入螺旋输送机而造成喷渣危害，土仓中的渣量应达到 $1/2\sim2/3$ 仓，这也有利于向土压平衡掘进过渡，确保安全。适当提高壁后注浆压力，注入压力略大于土仓中的气压，使浆液向盾壳外表空隙流动以降低盾构切割岩石时的振动。

③盾构下穿东平水道，原则上不考虑在江底停机，但在需要较长时间停止掘进前，应继续一段不出土掘进，将改良好的渣土装满土仓，停止加气，用土仓中的设定土压来平衡水土压力，保持工作面稳定。

④河底掘进时，应每天进行渣土性质分析并进行合理的改良调整，建立严格的渣土管理制度；严格控制掘进参数；将盾尾密封刷内加足油脂以确保盾尾的密封性。

⑤盾构穿越东平水道期间，除日常的洞内管片收敛与隧道沉降监测外，要重点监测施工影响范围的河堤沉降、佛陈大桥沉降偏斜及左右线东平水道江底形变。

⑥刀盘结泥饼的防治措施：首先改善土体的和易性，及时添加适量的土体改良剂；合理设置盾构掘进参数，控制推进速度，降低泥饼产生的概率；控制循环水温度；快速均衡施工，避免长时间停机；降低刀盘转速，冲洗系统勤冲洗刀盘。

（5）危险源及预防措施

经过分析，有可能对盾构穿越东平水道带来安全隐患的因素有盾尾密封失效、盾构非正常停机、施工断电。

1）盾尾密封失效

①盾尾密封失效带来的主要影响：隧道外水体从盾尾与管片的间隙处涌入隧道，损坏设备电气元件，造成触电、人身伤亡及隧道淹没等事故。

②盾尾密封失效的主要预防措施：

a.盾构到达东平水道前，对盾尾刷进行检查，并随即更换已破损或接近破损的部件。

b.盾构穿越过程中，执行每5环进行一次隧道外双液注浆封环的工艺，隔绝后部水流通道。

c.盾构穿越期间加大盾尾油脂压注量与频率，盾尾油脂采用优质材料，过河期间采用康达特油脂。

d. 严格控制同步注浆拌制时的用水量，确保浆液稠度。

e. 隧道内工作面储存封堵盾尾所用的棉胎、双液浆水玻璃，数量须充足。

2）盾构非正常停机

①盾构非正常停机带来的影响主要是随着停机时间的增加，隧道外更容易形成水流通道。

②盾构非正常停机的主要预防措施有：

a. 备足备齐盾构施工所需材料，确保供应及时。

b. 提前检查盾构设备，并保养到位，降低故障发生率。

c. 专人负责轨道检修与保养，确保水平运输顺利。

d. 领导跟班作业，协调工序衔接。

e. 根据土仓压力情况及时补充气压。为了保持开挖面土压力的准确性，系统所控制的阀类全部采用自动控制，由转换程序控制装置进行自动管理。即使在停机状态也可根据开挖面土压力仪反馈的数据自动控制阀和泵的自动运转联合装置，以稳定掌子面的水土压力。

3）施工断电

①施工断电对盾构穿越的影响主要体现在以下三点：

a. 洞内二次注浆封环无法实施，隧道后部的水体形成压力，并向盾构刀盘方向流通。

b. 螺旋输送机若处于打开状态，盾构断电时间过长时隧道外的水体通过刀盘、螺旋输送机进入隧道。

c. 门吊无法使用，井上、井下的垂直运输受阻，无法采取救援措施。

②对于施工断电，主要的预防措施有：

a. 专人对供电线路进行检查维护。

b. 与供电部门保持联系，提前获知停电公告。

c. 在盾构穿越前对螺旋输送机的紧急关闭系统进行试验，确保系统可靠。

d. 配备应急发电机，保证洞内低压设备用电。

e. 外租汽车吊进场，应保证垂直运输可用。

4）隧道施工防淹、防坍塌措施

①江中一旦发生坍塌，出现江底与隧道连通时，江水会从螺旋输送机出口喷涌，发生隧道被淹安全事故。为了防止隧道被淹，必须采取关闭出渣口仓门，将隧道内喷涌的江水经过管路排出。

②隧道内配置一定数量和规模的排污泵及管路，满足隧道内排污防洪要求。

4.2　粉质黏土、黏土地层

4.2.1　粉质黏土、黏土地层及特性

1. 定义

粉质黏土是塑性指数介于 10 至 17 之间，黏粒含量为 30%～50%，且粉粒组含量大于砂粒组含量的黏土。

黏土是颗粒非常小的（<2 μm）具有可塑性的硅铝酸盐。除了铝外，黏土还含有少量镁、

铁、钠、钾和钙，是一种重要的矿物原料。

2. 地层特性

粉质黏土、黏土地层自稳性好，韧性好，可塑性好。掌子面受到刀盘扰动不易塌落，可开挖性较好。由于粉质黏土、黏土流动性不好，必须加入泡沫、水来改变。由于粉质黏土、黏土渗透系数比较小，在粉质黏土、黏土地层中的气体、浆液不容易渗透到地层内。

4.2.2 施工难点及应对措施

针对粉质黏土、黏土地层的特性，结合盾构工法在该地层条件下施工的经验案例分析，其施工难点及应对措施见表4-9。

表4-9 粉质黏土、黏土地层中盾构施工难点及应对措施

难点	分析	应对措施
刀盘容易结泥饼	粉质黏土、黏土地层韧性、塑性比较好，渣土会黏附在刀盘上形成泥饼	在掘进过程中加入适量泡沫、水等改良土壤，降低刀盘扭矩，可以有效防止刀盘和刀具磨损，也会减少刀盘结泥饼的概率
螺旋输送机卡住	螺旋输送机输送粉质黏土、黏土时出口压力过高容易卡住	为避免螺旋输送机卡住，要根据具体情况采取土壤改良的措施，改善渣土的流塑性，保证可以均匀连续地出渣；关注螺旋输送机液压马达的出口压力，并将其控制在合理范围之内，一旦压力过高，要及时采取措施： （1）停止掘进； （2）向螺旋输送机内部加入泡沫、水。 待螺旋输送机出口压力降下来以后再继续掘进
螺旋输送机排出的渣土容易在皮带上打滑	由于粉质黏土、黏土塑性、韧性比较好，如果加泡沫、水过多，从螺旋输送机出来的渣土含水分比较多，容易在皮带上打滑	（1）在开始推进前先注入泡沫4~5 min，等刀盘扭矩降低并稳定后，开始推进并同步注水改良土体，控制注水量，以土质得到改良、螺旋输送机出土顺畅、盾构能够正常推进为宜； （2）在正常推进时注意控制加入泡沫、水的量，根据推进的速度来调节泡沫、水的流量，保证加入的泡沫、水适量，防止在皮带机上打滑无法正常掘进； （3）在推进粉质黏土、黏土地层时，螺旋输送机出土口闸门开度控制在23%~30%，使出来的渣土块较小，渣土不容易在皮带上打滑； （4）盾构在推进粉质黏土、黏土地层时，随时观察螺旋输送机压力、刀盘扭矩、切口压力、总推力、推进速度等参数的变化，以及泡沫、水流量的调节； （5）在推进过程中控制螺旋输送机的转速不宜过快，控制出土速度，以皮带机在额定的转速下能顺利把渣土带走为宜

4.2.3 工程案例

1.工程概况

哈尔滨地铁 3 号线二期出入段线区间隧道洞身主要穿越粉质黏土、黏土地层，其代表性地质柱状图如图 4-11 所示。

时代成因	地层编号	层底深度/m	层底高程/m	层厚/m	地层剖面比例尺 1 200	岩 土 描 述	承载力特征值/kPa	标贯击数
Q_4^{ml}	1-1	1.60	156.72	1.60		杂填土：褐灰色，稍密，稍湿，主要成分以建筑垃圾为主，局部含有角砂，含30%左右的粉质黏土，0.0~0.4 m为水泥路面	/	=4
$Q_3^2hr^{al+pl}$	4-2	10.60	147.72	9.00		粉质黏土：褐黄色，4.8~6.8 m黄褐色，可塑，其中1.6~2.5 m硬塑，偶见少量锈色斑点	150	3.55-3.85=5
								5.45-5.75=7
								7.45-7.75=9
								9.45-9.75=11
$Q_2^2h^l$	5-1	28.70	129.62	18.10		粉质黏土：黄褐色，其中10.6~14.7 m，16.8~22.7 m为褐黄色，可塑，其中20.7~22.7 m硬塑，偶见锈色斑点	170	11.45-11.75=12
								13.45-13.75=14
								15.45-15.75=15
								17.45-17.75=16
								19.45-19.75=18
								21.45-21.75=21
								23.45-23.75=22
								25.45-25.75=25
								27.45-27.75

图 4-11 哈尔滨地铁 3 号线二期出入段线区间代表性地质柱状图

盾构主要穿越地层如下：

〈4-2〉粉质黏土：黄褐色~褐黄色，可塑，中压缩性，含铁锰氧化物及结核，局部含锈斑，层状分布，摇振反应无，稍有光泽，干强度中等，韧性中等。

〈5-1〉粉质黏土：黄褐色~灰褐色，可塑，中压缩性，层状分布，含铁锰结核及锈斑，局部夹黑色斑纹，局部夹黏土薄层，摇振反应无，稍有光泽，干强度中等，韧性中等。

2.盾构针对配置

该区间盾构采用了针对泥质地层特性的设计方面措施。主要针对性设计如下。

（1）刀盘选型

①盾构直径为 6240 mm，采用辐板式刀盘，刀盘开口率为 50%，刀盘注入口 5 处，可有效防止泥饼的生成。

②根据地质特征，刀具布置有切刀、贝壳刀、保径刀、仿形刀、鱼尾刀。

③设置仿形刀，在盾构转弯时使用，增加了盾构的转弯半径，防止盾体被困。

④设置中心鱼尾刀，在软土地层掘进时可以解决中心部分土体的切削问题和改善切削土体的流动性，从而提高施工效率。

⑤刀盘上还专门设计了溜槽以帮助渣土流动。

（2）功率配置

①额定扭矩为 7306 kN·m，脱困扭矩为 8767.2 kN·m。

②最大总推力达 40000 kN。

（3）渣土改良

①泡沫系统采用独立控制，3 路注入孔的压力流量单独控制，另有 1 路一分为二地注入管路；可根据渣土改良情况选择有效的泡沫注入口。

②前盾隔板设有 6 处增压水注入点，可以改良切口内的渣土。

③在切口回转体的固定板上设有 6 处增压水注入点，便于清理切口、刀盘中心处的泥饼。

3. 参数控制

该隧道在实际施工中参数控制如下：

①对于渣土改良，膨润土和泡沫同时使用：加泥注入口注入膨润土，流量为 35 L/min 左右（换算成注入率为 3% 左右）；泡沫注入口注入泡沫，流量为 20 L/min 左右（换算成注入率为 5% 左右）。

②刀盘扭矩为 1800~3000 kN·m。

③推力为 11500~14000 kN。

④推进速度为 30~50 mm/min。

⑤土仓上部土压为 160~210 kPa、下部土压为 280~330 kPa。

4. 小结

粉质黏土、黏土地层掘进施工过程中要有针对性地做好渣土改良，根据出渣情况及时调整泡沫、水的注入量，使螺旋输送机出土顺畅。应随时注意螺旋输送机压力的变化和观察排出来的渣土在皮带机上是否打滑。

4.3 中粗砂地层

4.3.1 中粗砂地层及特性

1. 定义

中砂是指粒径大于 0.25 mm 的、颗粒质量超过总质量 50% 的砂，也指细度模数在 3.0~2.3 的细骨料。粗砂是砂土中砾粒含量不大于 25% 而粒径大于 0.5 mm 的、颗粒质量超过总质量 50% 的砂。

2. 地层特性

中粗砂地层的孔隙率较黏土层大，自稳性较黏土层差。掌子面受到刀盘扰动易塌落，可开挖性较好。遇水流动性变好，但与水的黏结能力差。气体在砂层中较易逃逸，注浆在砂层中较易流失。

4.3.2 施工难点及应对措施

针对中粗砂地层的特性，结合盾构工法在该地层条件下施工的经验案例分析，其施工难点及应对措施见表 4-10。

表 4-10　中粗砂地层中盾构施工难点及应对措施

难点	分析	应对措施
刀盘、刀具易磨损	在中粗砂地层中施工时刀盘和刀具会有磨损，这是因为细颗粒中含有石英成分，会对钢构件研磨，从而对刀具造成损害	1. 在掘进过程中适当加入膨润土、泡沫和水等改良土壤，起润滑作用，降低刀盘扭矩，可以有效防止刀盘和刀具磨损； 2. 对于含有大颗粒砂砾的地层，适当降低刀盘转速，防止冲击载荷造成刀具磨损或损坏
刀盘扭矩偏大	中粗砂地层掌子面自稳性较差，在受到刀盘扰动时容易向土仓内塌落；且中粗砂比重高于黏土，刀盘旋转时搅拌中粗砂的负载也远高于搅拌黏土时的负载，导致刀盘扭矩偏大	1. 盾构掘进时向土仓内加入膨润土、泡沫等改良剂，改善土仓内土壤的流塑性，降低刀盘扭矩； 2. 也可以适当减小推力，降低刀盘贯入度，从而降低刀盘扭矩
刀盘容易卡住	由于中粗砂地层自稳性较差，长时间停机时掌子面容易失稳坍塌，且土仓内的中粗砂会由于挤压作用越来越密实，提高了刀盘启动时的负载，易导致刀盘卡住	长时间停机时，每隔 1~2 h 转一次刀盘，待刀盘扭矩降低后，再停止刀盘
盾构推不动	由于中粗砂地层自稳性较差，长时间停机时盾构周围砂砾越压越紧，盾构所受到的摩擦阻力越来越大，导致盾构推不动	1. 长时间停机时，可每隔一定时间向前面顶进一段距离； 2. 当不具备顶进条件时，在停机前要沿盾构径向注浆孔向底层内注入膨润土减阻，然后再停机
螺旋输送机卡住	螺旋输送机输送中粗砂时扭矩较大，容易卡住	1. 为避免螺旋输送机卡住，要根据具体情况采取土壤改良的措施，改善渣土的流塑性，保证可以均匀连续地出渣； 2. 关注螺旋输送机液压马达出口压力，将其控制在合理范围之内。一旦压力过高，要及时采取措施(如停止掘进等)，待螺旋输送机出口压力降下来以后再继续掘进

4.3.3　工程案例

1. 工程概况

哈尔滨地铁 3 号线大有坊街站—太平桥站区间盾构主要穿越中砂地层，局部夹杂粉质黏土地层，场地地层结构特点主要为典型松花江河漫滩相地貌单元特征。图 4-12 为哈尔滨地铁 3 号线大有坊街站—太平桥站区间盾构地质纵断面图。

2. 盾构针对配置

该区间盾构采取了针对砂砾地层特性的设计方面措施，极大地增强了盾构在该区间的适用性，大大地缓解了盾构施工难度。主要针对性设计如下。

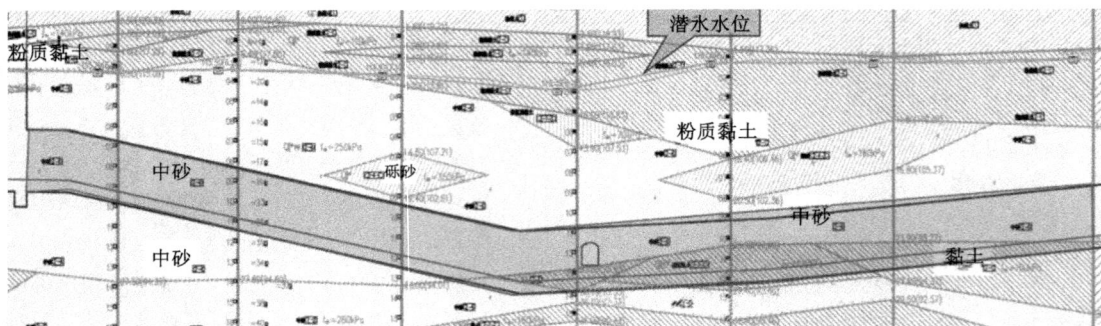

图 4-12 哈尔滨地铁 3 号线大有坊街站—太平桥站区间盾构地质纵断面图

（1）刀盘选型

①盾构直径为 6240 mm，采用辐板式刀盘，对地层的适应性好，刀盘开口率为 50%，刀盘注入口 5 处，可有效防止泥饼的生成。

②刀盘周边及面板焊有耐磨钢板，可提高刀盘的耐磨性。

③刀座、刀具采用的是耐磨焊，可提高其耐磨性。

④根据地质特征，刀具布置有切刀、贝壳刀、保径刀、仿形刀、鱼尾刀。

⑤设置保径刀，增大了对刀盘外径的保护，减少了对刀盘外径的磨损。

⑥设置仿形刀，在盾构转弯时使用，增加了盾构的转弯半径，使盾构具有足够的超挖量，防止盾体被困。

⑦设置中心鱼尾刀，增加了在砂层中掘进时方向的可控性。

⑧刀盘上还专门设计了溜槽以帮助渣土流动。

（2）功率配置

通过增强盾构系统能力，刀盘在复杂地质中可顺利启动。

①额定扭矩为 7200 kN·m，脱困扭矩为 8600 kN·m。

②最大总推力达 44000 kN。

（3）渣土改良

①泡沫系统采用独立控制，3 路注入孔的压力流量单独控制，另有 1 路一分为二地注入管路；可根据渣土改良情况选择有效的泡沫注入口。

②膨润土注入系统采用 2 台液压缸式膨润土注入泵，以保证大黏度的膨润土泥浆的注入。

③刀盘为中间支撑，利于控制刀盘牛腿处的泥饼形成。

④前盾隔板设有 6 处增压水注入点，可以改良渣土，以及处理切口泥饼。

⑤在切口回转体的固定板上设有 6 处增压水注入点，便于清理切口、刀盘中心处的泥饼。

3. 参数控制

该隧道在实际施工中参数控制如下：

①对于渣土改良，膨润土和泡沫同时使用：膨润土配比为 1:19，发酵 24 h，通过 2 路膨润土注入口同时注入，各注入口流量为 75 L/min 左右（换算成注入率为 12% 左右）；泡沫采用 3 路注入，各注入口流量为 20 L/min 左右（换算成注入率为 5% 左右）。

②刀盘扭矩为 4000~6000 kN·m。

③推力为 15000~20000 kN。

④推进速度为 30~50 mm/min。

⑤刀盘转速约为 1.0 r/min。

4. 小结

综上所述,清楚认识砂砾地层的特性,对指导盾构在该地质条件下的施工有相当的必要性。砂层掘进的主要特点是刀盘扭矩较大,推力较大,地层沉降较难控制,出渣易喷涌等。施工中要有针对性地做好渣土改良,并根据出渣情况及时调整泡沫、水、膨润土的注入量,并适当加大同步注浆量,必要时及时补充二次注浆,是保证砂层顺利掘进的有效措施。

4.4 砾石地层

4.4.1 砾石地层及其特性

1. 定义

砾石是指平均粒径大于 2 mm、小于 64 mm 的岩石或矿物碎屑物(地质学中将粒径小于 2 mm 的定义为砂,大于 64 mm、小于 256 mm 的定义为卵石)。此处所说的砾石地层是指以在砾石粒径范围内的松散岩石碎块为主,填充砂、粉砂、黏土物质等细粒的地层。图 4-13 为土的粒径分组。

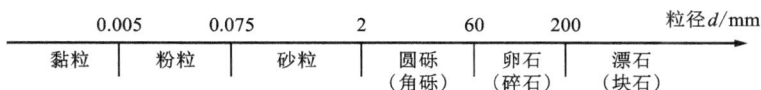

图 4-13 土的粒径分组

2. 特性

砾石地层有孔隙率大、透水性强、地层受刀盘扰动易塌落等特点,渣土流动性差,与水黏结能力差。

在砾石地层中盾构掘进施工特点为:刀盘、刀具、渣土输送系统等部位磨损较重;地层含水量大时螺旋输送机易喷涌,造成土仓压力骤降;施工扰动引起的地层沉降速率快、稳定快;气体较易逃逸,浆体较易流失。

4.4.2 施工难点及应对措施

针对砾石地层的特性,结合盾构工法在该地层条件下施工的经验案例分析,其施工难点及应对措施见表 4-11。

表4-11　砾石地层中盾构施工难点及应对措施

难点	应对措施
刀盘、刀具磨损	①在掘进过程中加入膨润土、泡沫和水等改良土壤，起润滑作用，降低刀盘扭矩，可以有效防止刀盘和刀具磨损。 ②适当降低刀盘转速，防止冲击载荷造成刀具磨损或损坏
地面沉降	①严格控制切口压力，发生沉降应立即采用注入膨润土或泡沫剂的方式提升切口压力。在螺旋转速和掘进速度相匹配的情况下刀盘扭矩不宜过大。 ②及时掌握开挖面的地质情况和出土量，将理论出土量与实际出土量进行对照，一旦出土量超标，应及时采取注浆等补救措施。 ③加强管片背后同步注浆控制。由于圆砾层的渗透性较好、孔隙率大，实际注浆量大于理论注浆量。选用初凝时间快、早期强度高的硬性浆液，加快管片周围土体的固结，及时对开挖间隙进行填充，补充地层损失，有效控制地面沉降。要做到"掘进时同步注浆，不注浆不掘进"，注浆采用注浆量和注浆压力双指标控制。 ④及时加强管片背后二次注浆。二次注浆的浆液分为单液浆和双液浆两种，按具体情况注不同的浆液：单液浆主要是补充同步注浆不足，控制管片错台、地面沉降（变形速率较慢时）；双液浆针对变形速率过快，需及时凝固形成支撑力的情况。根据管片变形及周围环境监测结果，采取提高注浆量或跟踪优化注浆参数等措施
螺旋输送机喷涌	①在该地层中的螺旋输送机应采用双闸门控制出土，发生喷涌时能及时控制，防止土压骤降。 ②掘进时向切口加入膨润土，推进速度减慢，使膨润土与渣土多搅拌一会，形成和易性较好的黏稠状渣土，会不同程度地减轻"土是土、水是水"的现象，减少喷涌。 ③优化泡沫系统参数，适当减少泡沫及气体的注入量，密切注意切口压力变化，加强地面监测
地面冒浆	①若监测数据正常稳定，变形速率及累计变形量均小于控制值的80%，则降低泡沫发泡倍率，适当加大注入量，进行渣土改良。 ②若冒泡沫的位置处于切口附近，监控量测数据显示为下沉，则停止掘进，向切口内注入膨润土以0.1 bar的梯度提升切口压力，直至监控量测数据稳定。 ③若冒泡沫的位置处于切口附近，监控量测数据显示为隆起，则在下环推进过程中通过调整泡沫发泡倍率、注入率，以及推进速率、出土速率等措施，以0.1 bar的梯度逐步降低切口压力，防止隧道持续隆起。 ④若冒泡沫的位置处于盾体上方，监控量测数据显示为下沉，则停止掘进，通过盾体径向孔向盾体周边（顶部为主且优先）注入膨润土泥浆，直至监控量测数据稳定。 ⑤若冒泡沫环号位于盾构盾体上方，监控量测数据显示为隆起，盾构正在掘进，则降低推进速率及同步注浆速率，降低同步注浆压力，直至监控量测数据稳定
地面塌陷	①若地面出现塌陷，则首先对塌陷区域进行围闭，并做好标识，采用砂浆、混凝土或渣土水泥拌和物回填塌陷区域。塌陷区域回填后，在塌陷区域及周围地面向下钻孔注浆，采用低压力、低流量、间歇注双液浆方式进行地层跟踪注浆加固。 ②若塌陷位置位于盾构切口及盾体上方，则向切口内注入膨润土，提高切口压力，同步通过盾体径向孔向盾体周边注入膨润土，防止盾体抱死。 ③若塌陷位置位于盾构盾尾后方，则洞内同步组织二次注浆，必要时可采用插管注浆

4.4.3　工程案例

1. 工程概况

北京地铁 14 号线土建工程菜户营站—西铁营站区间洞身范围内地质主要为圆砾，部分区段为中粗砂及卵石。图 4-14 为北京地铁 14 号线菜户营站—西铁营站区间盾构地质纵断面图。

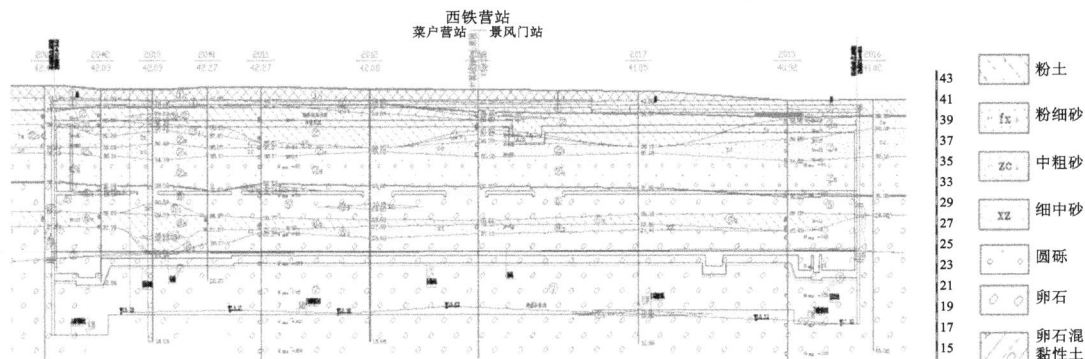

图 4-14　北京地铁 14 号线菜户营站—西铁营站区间盾构地质纵断面图

2. 盾构整机参数

盾构整机参数见表 4-12。

表 4-12　盾构整机参数

名称	参数
盾构类型	土压平衡盾构
基本挖掘直径/mm	6290
盾构外径(前盾)/mm	6260
开口率/%	66
刀具配置	先行刀 24 把、切刀 38 把、边缘刮刀 84 把、辐条外缘滚刀 8 把、中心鱼尾刀 1 把、仿形刀 2 把
刀盘刀具耐磨保护	刀盘周边及面板焊有耐磨钢板，可提高刀盘的耐磨性 刀座、刀具焊有耐磨焊，可提高其耐磨性
脱困扭矩/(kN·m)	5765
额定扭矩/(kN·m)	3459
总推力/kN	40000
螺旋输送机	无轴，直径 900 mm，扭矩 166 kN·m
泡沫系统	3 路注入，压力流量单独控制
泥浆系统	2 路注入，压力流量单独控制

3. 参数控制

（1）渣土改良

推进过程中，主要采用泡沫剂改良、辅助加水方式：

①泡沫剂原液浓度为2.5%，发泡倍率为20倍，单管注入速率为200 L/min。

②刀盘中心位置2路泡沫注入口采用1路注入泡沫、1路注入水。其他几路泡沫注入口视渣土改良情况选择性加水，尽量保证出渣的流畅性，避免渣土太干而堆积在螺旋输送机出渣口。

③根据出渣情况选择渣土改良剂注入种类，盾构膨润土箱内应充满膨润土泥浆并保持；在盾构车架内存放一桶液态高分子聚合物，以备渣土改良或建压需要。

④膨润土泥浆采用钠基膨润土制作，拌和比例为膨润土：水 =（1~1.5）：1，膨化时间控制在8 h以上，黏度控制在40 Pa·s以上。

⑤无论单独采用泡沫剂还是采用复合改良剂进行渣土改良，都要保证2路注入口注入泡沫，另外3路注入口视情况注入膨润土、水、高分子聚合物等改良剂。

⑥需要注入高分子聚合物时，将液态的高分子聚合物与膨润土泥浆混合注入。

（2）掘进参数控制

①刀盘转速控制在0.8~1.4 r/min，避免刀盘转速过快而对地层造成扰动。

②刀盘扭矩在3100 kN·m左右。

③采取安全快速通过原则，掘进速度控制在35~55 mm/min，当掘进速度低时适当加大推力、提高速度，保证快速安全通过。

④泡沫注入使切口内气压升高，造成切口压力过高时，适当减少泡沫注入路数，但是不能低于2路泡沫注入，其他管路同时注入水进行土体改良。

（3）注浆控制

①同步注浆采用水泥砂浆，初凝时间控制在6 h左右，浆液配比为水泥：粉煤灰：膨润土：砂：水 = 150：420：70：100：500。

②若渣样中细粒含量高于30%，注浆量约为6.5 m³/环，注浆压力高于地层压力1~1.5 bar。若渣样中细粒含量低于30%，则提高注浆量至7 m³/环左右，注浆压力高于地层压力1.5~2.0 bar。

③注浆速率与掘进速率匹配，确保注浆量在推进过程中均匀注入，并于掘进完成时同步结束。若注浆速率与掘进速率匹配但注浆压力过低时，应加大跟踪注浆量。

④每环留存浆液样本，记录浆液初凝时间及体积收缩率等数据。若浆液初凝时间大于6 h或体积收缩率大于10%，调整浆液配比。

⑤跟踪注浆采用双液浆，浆液配比为水泥：水 = 1：1，水玻璃：水 = 1：1，水泥浆：水玻璃溶液 = 1：1，初凝时间控制在30 s以内。跟踪注浆频率为每环注入，以注浆压力为控制基准，压力控制指标拟定为不大于1 MPa，过程中应根据监控量测数据及洞内管片位移、变形情况调整注浆压力控制指标。

4.5 砂卵石地层

4.5.1 砂卵石地层及其特性

1.定义

砂卵石地层是指以砂和卵砾石为主的地层，一般来说包含有砂（粒径<2 mm）、砾石（2 mm<粒径<64 mm）和卵石（64 mm<粒径<256 mm），并且卵石含量较高。

2.地层特性

砂卵石地层是一种典型的力学不稳定地层，颗粒之间空隙大，没有黏聚力。砂卵石地层在无水状态下，颗粒之间点对点传力，地层反应灵敏，刀盘旋转切削时，地层很容易破坏原来相对较稳定的平衡状态而坍塌。在高富水的条件下水流造成细颗粒流失，易松散、沉降甚至坍塌。

4.5.2 砂卵石地层掘进难点分析

1.地层扰动分类及减小扰动影响

（1）地层扰动分类

在盾构掘进时，根据盾构与土体相对位置的不同，主要将对土体的扰动分为周边扰动和正面扰动。图 4-15 为砂卵石地层开挖扰动示意图。

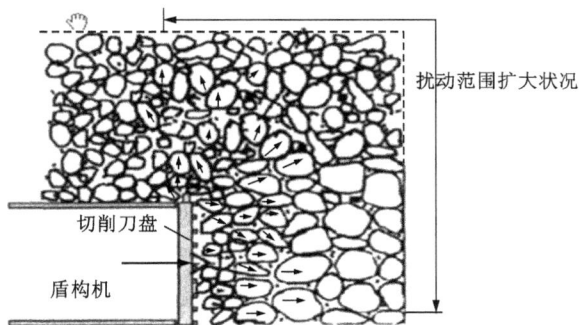

图 4-15 砂卵石地层开挖扰动示意图

1）周边扰动

砂卵石地层中，卵石与卵石呈叠加状态，颗粒之间点对点传力，刀盘旋转切削时不可避免地对刀盘周边土体产生扰动。例如卵石平均直径 5 cm，估计扰动量可为约 10 cm（卵石粒径 5 cm，点对点传至第二颗、第三颗卵石）。

2）正面扰动

刀盘在主推千斤顶推力的作用下对掌子面开挖时，不可避免地会对掌子面产生正压力，进而扰动掌子面，其中刀具对掌子面的扰动是盾构开挖掘进所避免不了的，但刀盘面板在旋转前进过程中对面板前的渣土产生正面挤压，如果渣土流动性差、刀盘单个面板角度分布过大、贯入量大、结泥饼及仓内渣土板结，则正压力增大，当其大于主动土压力时，将对掌子面前方土体的稳定性产生不良破坏，砂卵石地层中推进时此类影响较大。

（2）减小扰动影响

在砂卵石地层中盾构掘进时，土体被扰动后自稳性降低，易发生掌子面和刀盘上方的土体坍塌。为了减少因扰动造成的不良影响，主要考虑如下因素。

1）仓内土体仓位

仓内土体仓位的提高有助于降低由扰动所产生的渣土超排量，但随着仓位的逐步提高，刀盘面板的正面压力也随之增大。要做到在仓位逐步提高的过程中面板正面的扰动压力小于土压力，这对操作人员在掘进中控制出土平衡的要求较高。

2）时间影响

相对于泥水平衡盾构模式，在土压平衡盾构掘进过程中新开挖面在同步注浆完成之前一直没有相应的支护，而快速连续推进可以尽快将未支护的开挖面"甩到"盾体位置，这就是土压平衡盾构施工"一快遮百丑"的原因。尤其是以砂卵石为代表的松散地层，在刀盘扰动范围（径向及轴向）内随着时间的推移将产生变形、掉落，同时卵石的"拱效应"随时间变化而逐步减弱，快速连续施工可以有效避免这些风险，因此应加强对施工连续性的要求。

2. 根据以上扰动分析，可将砂卵石分为以下几个类型

（1）卵石"拱效应"明显地层

顾名思义，此类地层卵石粒径大、含量大，卵石间均咬合紧密，砂卵石结合密实，开挖面形成后长时间非常稳定。

在此类地层中掘进应尽量降低转速，减少周边扰动。由于其自稳性很强，可采用空仓掘进，不考虑渣土改良。若水补给大时宜采用1/3仓，利用改良剂及气压辅助平衡，减少水流动的影响。

（2）无卵石"拱效应"地层

此类地层卵石间无咬合，不能形成骨架，基本无自稳能力。可仿照砂层掘进，采用2/3仓以上土压平衡模式进行掘进，并加大渣土改良力度。

（3）卵石"拱效应"不明显地层

此类地层介于以上两类地层之间，其掘进模式应该根据卵石"拱效应"大小而进行相应的调整，"拱效应"越大，切口仓位、土压、刀盘转速就越小。

3. 盾构在砂卵石地层中掘进所受到的不利影响主要表现在以下几个方面

①砂卵石颗粒之间摩擦力大，难以获得良好的流动性，当切削下来的土充满土仓和螺旋输送机时，会使刀盘扭矩、螺旋输送机转矩及千斤顶推力增大，甚至使开挖出土无法进行。因此，盾构刀盘切削土体时容易使刀盘过热，加剧刀盘刀具的磨损，影响盾构的机械性能。另外，刀盘切削下来的较硬的砂卵石进入螺旋输送机，也会使螺旋输送机的工作油压升高而发热，影响其性能，严重时甚至停转。

②砂卵石地层的流塑性差，会导致大颗粒卵石滞留在切口内或向盾构四周移动，使得盾构位置和姿态控制变得困难，严重时甚至无法推进。

③由于砂卵石地层的流塑性差，设定的工作压力不能顺利地传递到开挖面，不易实现连续的动态平衡，使开挖面稳定难以保持，导致地表沉隆幅度增大，而且顶部大块卵石剥落还会引起地面的突沉。

④砂卵石地层为天然的高透水地层，在富水砂卵石地层中，隧道拱顶高水位水压的情况下，切口内部土压差值不足以阻挡地层孔隙水而造成掌子面及开挖面的水流动，会造成细颗

粒流失，掌子面及开挖面松散坍塌，以及渣土改良难度增加。

4.5.3　砂卵石地层掘进技术要点

针对砂卵石地层的特点，在该地层中掘进时应注意以下几个方面。

1.渣土改良

（1）改良剂的种类

土压平衡盾构的原理决定了渣土改良的好坏直接导致工程的成败，好的渣土和易性、流塑性对掌子面平衡、刀盘刀具磨损、出渣顺畅等意义非常重大。下面就几种常用改良剂在砂卵石地层中的作用进行描述。

①水的作用：在刀盘旋转过程中水的流动会增加砂和小粒径卵石的流动，并降低其之间的摩擦力，具有一定作用。但水流较大时会造成细颗粒沉积和流失，进而造成刀盘卡顿等现象。

②膨润土浆液的作用：注入膨润土浆液后可弥补砂卵石之间的空隙，避免卵石、砂之间直接接触，降低其之间的摩擦力，从而降低磨损。膨润土浆液的主要作用是堵隙控水、减磨降矩（浆液必须经过完全膨化，否则不但浪费材料，还会产生仓内膨化，造成砂卵石膨润土板结）。

③泡沫的作用：质量好的泡沫一般具有减磨降矩、分散及平衡孔隙水的作用。泡沫比膨润土浆液具有两点优势：一是泡沫密度低，可有效平衡切口顶部孔隙水；二是泡沫具有可压缩性，掌子面渣土在刀盘的挤压之下，泡沫缩小而压力升高，推动渣土进入泄压口（其他改良剂在此种情况下会产生压力骤升或流失失效）。

基于以上分析可知，渣土改良时，宜以泡沫为主，膨润土浆液及水为补充，当地层特别缺水时，可考虑掌子面加水改良。

（2）设备能力要求

泡沫系统要采用单管单泵控制，可降低泡沫管路堵塞的概率；配备膨润土系统，必要时将膨润土和泡沫剂同时加注，进行渣土改良（注意不能同管注入）；配备自动控制加水量的水注入系统，其能更好地控制加水量，还可降低掘进时刀盘结泥饼的概率。

（3）砂卵石地层渣土改良要求

①增加掌子面及切口内渣土的流动性，避免出土不畅而导致的闭塞事故，避免仓内结砂饼，同时降低刀盘面板对掌子面的正压力，减少扰动量。

②提高切口内渣土的抗渗透能力，避免喷涌而造成较大的地表沉降或坍塌事故。

③降低切口内渣土及掌子面土体的内摩擦角，减少对刀盘、刀具的磨损，降低盾构刀盘扭矩。

2.推进过程中土压力的控制

砂卵石地层掘进要尽量减小土压的波动，保证开挖面的稳定，以控制地面的沉降量。根据地质情况、洞顶覆土深度、地面沉降量合理确定掘进土压值。

若为密实型卵石层，其具有一定的自稳性，因此可采用欠压模式掘进，根据相关地质经验一般采用0.5~0.8 bar，根据实际埋深及地面监测情况做出相应调整。

3.仓位

宜采用半仓渣位或稍高于半仓渣位掘进，泡沫稳定注入，用泡沫稳定上部开挖面的土压平衡，利用气体的弹性延缓切口进土量与螺旋输送机出土量不匹配的操作误差的影响。用稍低于要求的土压值掘进，可降低扭矩及推力，减小刀盘刀具的磨损，提高掘进速度。推进完成时适当提高渣土切口位,确定符合技术要求的土压值。

当采用高仓位推进时,要求渣土具有良好的流动性,还要降低渣土的内摩擦系数,以降扭矩;推进时必须保证切口内进土量与螺旋输送机出土量相匹配。螺旋输送机转速过快过慢都不利于开挖面的动态平衡,从而引起土压波动。掘进时尽量保持速度稳定,调节推力稳定速度,有利于控制土仓内的土压平衡。

长时间停机时为了减少时间因素的影响,应使用膨润土、膨润土砂浆、恒盾泥等进行封仓。

4. 出土量的控制

(1) 严格控制每环的出土量

保证螺旋输送机出土量与推进速度成正比的动态平衡,出现超排及时分析原因,并采取有效防治措施,推进时出土方量可用渣斗进行估量并通过门吊辅助称重确定。

(2) 做好动态渣土管理

每斗出渣方量与推进油缸管理行程成正比,做到早预防、早发现、早控制,防止因超挖引起地面大的沉降或坍塌。

5. 同步注浆及二次补浆

(1) 同步注浆

在姿态和盾尾间隙允许的情况下,一般是上面多注,注浆速率需与推进速率保持一致,保证注浆均匀饱满。推进速率较快时,可适当增加下部管路的注浆速率,以保证注浆效果。调整合适的砂浆配比,缩短砂浆初凝时间,尽快稳定管片姿态。

(2) 做好浆管维护

盾构掘进过程中出现注浆管路堵塞时,应停机疏通管路后方可掘进,避免注浆不及时而引起地面沉降情况发生。根据砂卵石地层特点,同步注浆量一般为理论值的 150%~200%,上部实际注浆压力为 1.5 bar 左右,下部为 2 bar 左右,根据地面监测情况可做适当的调整。砂卵石地层中注浆压力偏低,注浆要以注浆方量控制为主、注浆压力控制为辅。

(3) 注浆量控制

对超挖段做好记录,此处同步注浆不宜过多。谨防同步注浆进入开挖仓,而造成仓内板结、刀盘结泥饼。待安全通过后可采用双液浆填充。

(4) 止水环

富水砂卵石地层中,砂浆注入建筑空隙后,因地下水较多砂浆不能及时初凝,砂浆中的水泥会被稀释,或者将水泥冲到地层卵石空隙中,达不到预制砂浆凝固效果要求。若砂浆凝固后强度不够,可能会因盾构推力过大,管片出现错台或浮动。因此,要在盾尾后 6~8 环的位置注双液浆做止水环,每隔 5 环左右做一次止水环,不仅能尽快地稳固管片,还可增加衬砌接缝的止水功能。

4.5.4 工程案例

1. 工程概况

成都地铁 17 号线一期九江北站—白佛桥站盾构区间长约 2.8 km,本区间除始发端位于中密卵石土地层,其余区段位于密实卵石土地层:卵石成分以花岗岩、灰岩、砂岩为主,磨圆度好,分选性差,粒径一般为 20~180 mm,占 70%~80%。岩土层渗透系数为 25 m/d。本标段对现场挖出的土层进行了取样筛分,卵石粒径>150 mm 的占 33.5%。

2. 盾构针对配置

(1)刀盘

①刀盘最大开挖直径为 8634 mm(盾体直径为 ϕ8580 mm)。

②整体做耐磨处理,开口率为 36%。

③刀盘上配有 4 个移动搅拌叶片,土仓隔板上配备 2 个固定搅拌叶片。

(2)刀具

配备单刃滚刀 36 把、双刃滚刀 10 把、主刮刀 66 把、边缘刮刀 24 把、刀座保护刀 31 把、焊接型先行刀 32 把、焊接型切削刀 6 把、磨损检测刀 3 把、磨损检测条 2 处、注入口保护刀 10 把、超挖滚刀 1 把。

(3)扭矩、推力

①最大脱困扭矩为 36487 kN·m。

②总推力为 76000 kN,最大推进速度为 80 mm/min。

(4)螺旋输送机

①螺旋输送机为有轴式,内径为 1000 mm。

②螺旋叶片外周焊接了合金块,螺旋叶片侧面及螺旋轴上进行了耐磨堆焊。

③螺旋输送机前筒体内表面焊接了 HARDOX500 的耐磨条,大大提高了螺旋叶片及螺旋输送机筒体的耐磨性能。

④有前端闸门(双闸板)和后端出土双闸门,其中双闸门配有 2 个液压储能器。

⑤螺旋输送机最大扭矩为 302 kN·m,最大转速为 20 r/min,最大输出介质粒径为 ϕ400 mm×610 mm。

(5)渣土改良系统

①9 台泡沫泵、4 台加泥泵。

②刀盘面板均匀布置 10 个加泥、加泡沫注入口,每个注入口均为单管单泵设计,其中 3 个为加泥、加泡沫互换共用,在连接桥处设管路转换开关。

(6)同步注浆系统

配备 3 台双出口同步注浆泵。

3. 参数控制

(1)总推力

前 155 环总推力较高,为 30000~45000 kN。之后推力控制在 25000 kN 左右,约占总推力 76000 kN 的 33%。图 4-16 为总推力数据统计图。

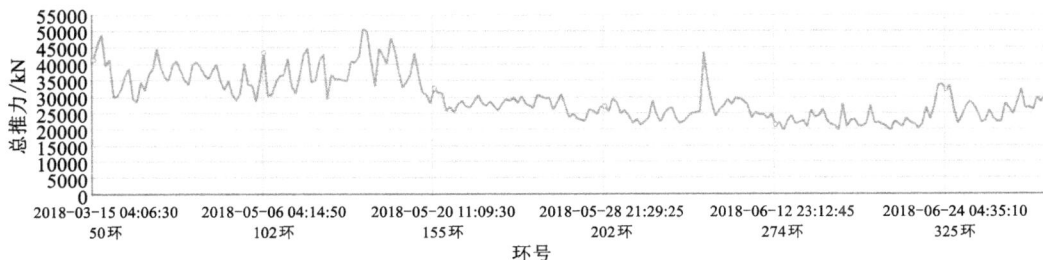

图 4-16　总推力数据统计图

（2）刀盘扭矩

刀盘实际平均扭矩为 12000 kN·m，在设计理论计算范围内，占额定扭矩 24324 kN·m 的 50%~60%，扭矩可控。图 4-17 为刀盘扭矩数据统计图。

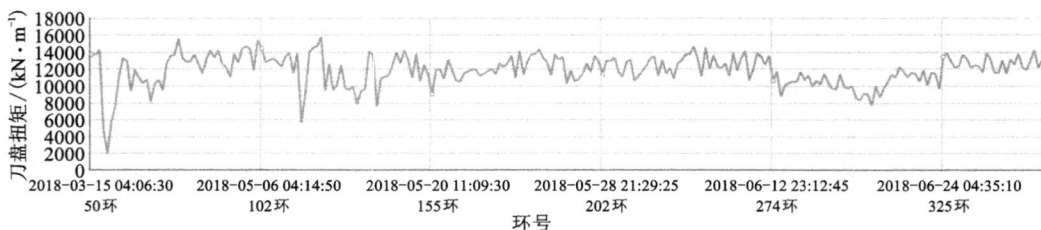

图 4-17 刀盘扭矩数据统计图

（3）掘进速度

在始发加固范围内掘进速度保持在 15~25 mm/min，之后正常段掘进速度平均控制在 65 mm/min。图 4-18 为掘进速度数据统计图。

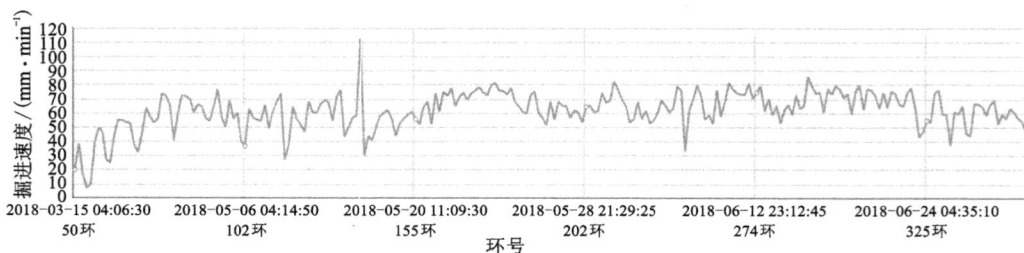

图 4-18 掘进速度数据统计图

（4）切口压力

采用欠压推进模式，上土压平均控制在 0.7 bar 左右。图 4-19 为土压数据统计图。

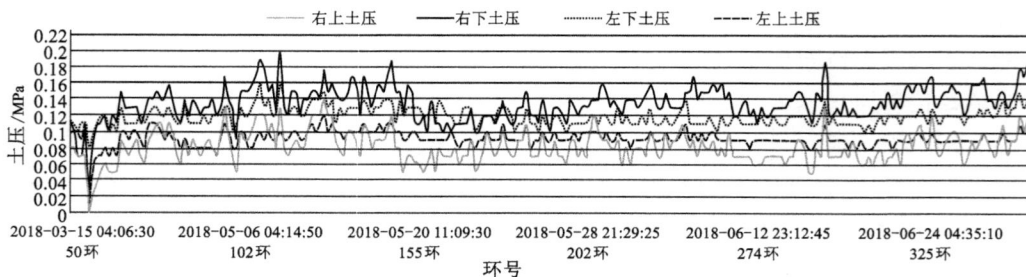

图 4-19 土压数据统计图

（5）渣土改良

根据实际施工分析，膨润土+泡沫+水的改良方式虽然能起到较好的改良效果，但渣温较高，经分析应该是加入膨润土后注水量减少，而卵石和盾构刀盘间的摩擦产生的热量得不到充分降低(膨润土浆液的降温效果不如水的降温效果)。若长期仓内高温，膨润土在仓内容易结泥饼。

因此在正常推进中，均采用分散型泡沫剂+水的改良方式，注入量根据地层情况和掘进参数情况进行调整，多数情况下泡沫原液的用量为 80~150 L/环（1.5 m/环），泡沫混合液比例 2%~3%（通常为 2.5%），发泡倍数为 10~15 倍，注水量根据地层水量情况实时调整，改良后的渣土流塑性较好，出渣量可控，满足施工要求。穿越风险源地段采用膨润土+泡沫+水的改良方式以确保安全。

（6）出土量控制

此砂卵石地层出土量较难控制，在掘进过程中超方时有发生，在超方部位形成地下空洞甚至地面沉陷。为了施工安全和地面安全，配备了专门的地面处理应急队伍，当出现超方和异常情况时，立即跟踪钻孔探测空洞并回填。

（7）同步注浆

由于砂卵石地层具有受扰动松散的特性，其在隧道周边形成了一圈松散带，而且地层损失也发生（增加）了变化，常规的注浆量已经不能满足填充掘进间隙。因此，在砂卵石地层中的同步注浆应提高注入量，并且可以用压力来控制同步注浆。另外，由于地层具有强透水性，选用可硬性浆液作为同步注浆液，能快速稳定管片，且使浆液凝固后能与周边砂卵石地层相适应。管片脱出盾尾数环后可进行二次补充注浆。

采用浆液配比（kg/m³）为水泥：膨润土：粉煤灰：砂：水 = 250：100：330：600：530，初凝时间为 6 h，平均同步注浆量为 12 m³ 左右，注浆压力控制在 0.2~0.4 MPa，能较好地保证管片壁后注浆饱满。在做好同步注浆的同时，在盾尾脱出管片 5~10 环开始进行二次注浆。

（8）常见问题分析和处理

1）卡刀盘

参数逐渐恶化后会发生卡刀盘情况，一般是仓内渣土改良不足产生，其最优处理为增加膨润土浆注入，逐步松开推进油缸，使仓内渣土增加临空面，便于泄压流动。缓慢转动刀盘待稳定后逐步正常推进。

骤然卡顿，可能遇到孤石，利用刀盘左右旋转，如不能启动则想办法处理孤石。

2）卡螺旋输送机

停止推进，反转刀盘，增大泡沫注入，反转螺旋输送机待扭矩稳定后，正转启动瞬间将速度提高到最大，扭矩降低后停止。

3）喷涌

喷涌可能是切口仓位太低，或细颗粒太少形成通道，处理措施为加大膨润土改良，在土压不升高的情况下关闭螺旋输送机继续掘进；当土压升高后开启螺旋，瞬间猛抽待平衡后正常掘进。

（9）小结

砂卵石地层中掘进，渣土改良尤为关键，要保证渣土具有良好的流动性，应避免仓内土体固结，降低卵石土的内摩擦角，达到降扭矩的作用；选择合理的土压值，尽可能降低土压的波动，控制好出土量，达到控制好地面沉降量的目的；选择适宜地层及设备的最佳掘进参数；保证同步注浆量，必要时二次补浆或注双液浆。

4.6 高水压地层施工

4.6.1 高水压地层

1.定义

高水压地层一般情况是指地下水压力高、埋深大、透水性强的地层。

2.地层特点

通常表现在盾构法施工穿越江河湖海的隧道工程中，由于隧道的静水压力通常很大，盾构在高水压下施工，容易引发突发性地面塌陷，给施工增添了许多难度，同时对盾构的性能提出更高的要求。

3.该地层条件常用的盾构类型

综合高水压地层的特性，一般在地层水压大于 0.3 MPa 时，选用泥水平衡盾构进行隧道施工。泥水平衡盾构具有以下特点：

①泥水平衡盾构对不稳定或地下水位高的软弱地层，含水砂层、黏土、冲积层，以及洪积层等流动性高的土质，使用效果较好。

②泥水平衡盾构具有土层适应性强、对周围土体影响小、施工机械化程度高等优点；在砂层中进行大断面、长距离的推进，大多采用泥水加压式盾构。实践证明，掘进断面越大，用泥水加压式盾构的效果越好。

③泥水加压式盾构除在控制开挖面稳定以减少地面沉降方面较为有利外，还在减少刀头磨损、适应长距离推进方面显示出优越性。

4.6.2 施工难点及应对措施

盾构在高水压下施工难度较大。选择合适的泥水压力和掘进参数、配置合理的泥水指标、制定可行的隧道止水方案、选择合适的注浆方案和浆液配比，可防止盾构在掘进过程中出现切口土体坍塌、刀盘结泥饼、隧道上浮等，保证盾构隧道的安全施工。其施工难点及应对措施见表4-13。

表 4-13　高水压地层中盾构施工难点及应对措施(泥水盾构)

难点	分析	应对措施
掌子面失稳	盾构在掘进过程中,掌子面一直处于平衡状态,但由于盾构处于高水压下,地下水涌出及泥砂被带出等,会造成掌子面坍塌、地表下沉。因此,盾构在高水压下掘进,必须采取措施来维持掌子面,它是泥水盾构在高水压地层中掘进的一个难点	①采用复合式泥水盾构掘进时,根据地质条件、水文条件及地层压力,适当调整泥水压力,保证泥水压力与掌子面土压力、水压力之和平衡,并保持其稳定性。在盾构掘进过程中,还要注意保持送排泥量的均衡,加强出土量的监测,以防泥浆压力损失过大,造成掌子面失稳。盾构掘进前首先确定切口压力理论设定值。通过对设置在刀盘外周的压力计、液位仓波动情况、盾构送排泥浆量进行分析,确定掌子面压力设定值是否合理,并及时调整。对配备超前钻孔注浆系统的盾构设备,可通过盾构上半部开设注浆孔、从盾构向掌子面注浆加固上半部掌子面等来处理掌子面坍塌。 ②盾构在高水压区穿过砂性土层时,易造成掌子面失稳,因此,必须减慢掘进速度,降低盾构推力和刀盘转速,防止掘进过快造成掌子面失稳。 ③掘进时做好泥水质量管理,控制好最大颗粒粒径、粒径分布、泥浆水密度和泥浆水压力,并做好以下参数的测量和控制:泥浆比重;黏性;屈服值;含砂量;过滤特性。盾构在砂层中掘进时泥浆比重 ρ 宜控制在 $1.2\sim1.3$ g/cm^3,其他地层泥浆比重较小,宜控制在 $1.05\sim1.1$ g/cm^3。 ④加强盾尾注浆、注脂质量管理,防止泥浆通过盾尾流入隧道,造成掌子面和隧道上部土体坍塌和沉陷。 ⑤推进过程中,当干砂量过大时,提高地层探测频率,以便及时掌握切口正面土体坍塌情况,并及时根据具体施工情况及时调整参数,使干砂量的数据接近理论值,减少正面土体塌方的可能。 ⑥由于泥水及地下高压水的冲蚀,浆液达不到及时稳固隧道的目的,盾构穿过砂性土层地段时,容易造成顶部坍塌,增加了隧道掘进的不安全性。加强背填注浆质量管理,不仅要充填建筑间隙及控制地表沉降,而且要使浆液不受泥水的侵蚀,尽快具有一定的早期强度,控制隧道的上浮量,缩短隧道达到稳定状态所需的时间。必要时再补充二次注浆,使注浆体充填均匀,形成稳定的止水层,达到加强隧道衬砌的目的。 ⑦加强高水压区地表沉降观察。当发现隧道沉降过大时应适当增加同步注浆量,必要时进行补压浆。 ⑧对盾构的操作进行严格的要求,加强对盾构姿态的合理控制,控制盾构掘进纠偏量,严格控制超挖量,同时防止盾尾漏浆,控制隧道沉降。 ⑨加强泥浆管理,防止超挖。加强高水压地段泥浆质量控制、泥浆送排监控,适当提高泥浆比重并控制其黏度,保证泥膜质量,提前计算掘进速度与送排泥的关系,发现排泥异常,及时调整参数,防止超挖造成塌陷。 ⑩利用土体探测装置,检查正面土体的稳定情况

续表4-13

难点	分析	应对措施
结泥饼	泥水盾构长距离掘进混合地层与硬岩地层时,长距离掘进导致刀盘的温度升高,切削下的渣土在高温泥浆中易形成泥饼,导致刀盘开口和刀箱被堵塞,造成刀盘扭矩增大和掘进速度下降,如不及时冲洗会使滚刀偏磨,甚至刀盘磨损	1. 在盾构设计中可通过以下方法降低结泥饼风险: ①盾构设计刀盘开口率适当加大,尽可能实现土体进仓顺利。 ②刀具布置合理,被切削后的土体块度均匀,能提高掘进和出土效率,防止泥饼产生。 ③盾构中心设置大功率清洗泵,有效冲洗刀盘上附着的渣土。 ④刀盘内侧设搅拌棒,盾构隧道施工中切削土体随刀盘一起转动,可加速土体流动及排浆泵的出渣,减少泥饼的形成。 2. 为防止泥饼形成,在盾构施工中可通过以下方法降低结泥饼风险: ①盾构掘进过程中每隔1 h改变一次刀盘旋转方向。当改变刀盘转向时须切换相应的进浆口。 ②盾构每掘进0.5 h须暂停,将刀盘转速调到1.5 r/min,大流量清洗刀盘10分钟(清洗时须密切关注切口压力波动与液位变化)后再恢复掘进。 ③盾构掘进过程中应始终打开清洗泵对刀盘进行冲刷。若清洗泵发生故障,可延长停机时冲洗刀盘的时间,或者停机维修。 ④盾构掘进过程中主驱动密封达到48℃时应暂停掘进,待温度下降至正常后再恢复掘进。 ⑤盾构掘进过程中每隔1 h监测进、排浆管的温度一次,当出现排浆管温度大于进浆管温度3~5℃时须暂停掘进,将刀盘转速调到1.5 r/min,大流量清洗刀盘,待进、排浆管温度基本一致再恢复掘进。 ⑥盾构掘进过程中每隔1 h观察泥水分离站筛分情况,发现有泥丸或泥团出现时应查明原因并解决,之后继续推进。 ⑦盾构掘进过程中随时观察进、排浆管泥浆黏度和比重,地面泥浆站每隔1 h检测一次泥浆黏度和比重,如出现泥浆比重大于1.2或黏度大于35 Pa·s时,须暂停推进,向回浆池添加清水,将刀盘转速调到1.5 r/min,大流量清洗刀盘1 h以上,待调整池内浆液调到比重1.18左右、黏度30 Pa·s左右后再恢复掘进。 ⑧在每环掘进完成后,应继续进行泥浆循环,尽量排空刀盘仓内堆积的渣土,防止其大量地附着在刀盘上
隧道上浮	盾构在高水压区掘进时,由于隧道受地下高压水及泥浆的包裹,隧道较长时间处于悬浮状态。同时,由于同步注浆浆液的初凝时间较长,注浆压力控制不当,浆液随地下水窜入建筑物外围地层中,造成隧道上浮、管片开裂	①施工期间严格控制隧道轴线,使盾构尽量沿着设计轴线推进,每环均匀纠偏,减少对土体的扰动。 ②提高同步注浆质量,要求有效控制浆液初凝时间,使其遇泥水后不产生裂化,并要求浆液具有一定的流动性,能均匀地布满隧道一周,及时充填建筑空隙。 ③当发现隧道上浮量较大且波及范围较广时,应立即采取对已建隧道进行补压浆的措施,以割断泥水继续流失的路径。 ④在同步注浆的基础上进行二次注浆,在隧道周围形成环箍,每隔10~20 m打一道环箍,使隧道纵向形成间断的止水隔离带,以减缓、制约隧道上浮,从而控制隧道变形。 ⑤加强隧道纵向变形的监测,并根据监测结果进行针对性的注浆纠正。如调整注浆部位及注浆量,配制快凝及提高早期强度的浆液。 ⑥加强地表地形沉降监测。 ⑦大直径过江隧道后部结构与盾构施工同步进行,以增加隧道配重

续表4-13

难点	分析	应对措施
泥浆的泄漏和喷出	为保证掌子面前方土体的稳定,泥浆压力必须与切口水土压力保持平衡,若泥浆压力过大,会导致泥浆向隧道后方流窜,甚至通过盾尾泄漏至隧道内或通过隧道顶部岩层窜出地表	①掘进时根据地下水位变化情况,对切口水压进行相应调整,严格控制切口水压波动范围,并使其略低于注浆压力。谨防浆液大量后窜影响注浆效果。 ②提高同步注浆质量,每环推进前,须对注浆浆液进行取样试验,严格控制其初凝时间和浆液稠度。在注浆过程中,合理掌握注浆压力,使注浆量、注浆速度与盾构掘进速度相匹配。严格控制同步注浆压力,并在注浆管路安装安全阀。 ③均匀足量压注盾尾油脂。盾尾油脂压注采用自动和手动模式相结合。适当加大盾尾油脂的压注量。盾尾局部漏浆时,及时采用手动模式在漏浆部位补注油脂。 ④管片居中拼装,以保证盾尾间隙均匀。安装时如果盾构与管片间隙一边过大一边过小,会造成盾尾间隙不均匀,从而降低盾尾密封效果,甚至损坏盾尾尾刷。 ⑤严格控制出土量,原则上按理论出土量出土,可适当欠挖,保持土体的密实,以免地下水渗入土体并进入盾构。 ⑥若出现机械故障或其他原因造成盾构停止,应注意观察切口压力波动情况与盾构姿态变化值,必要时采取措施防止盾构移动。 ⑦盾尾出现漏浆后,盾尾间隙未调整前,必要时在管片外弧面粘贴止水海绵,以便盾尾漏浆时吸水膨胀封堵
盾构密封系统损坏或失效	盾尾密封主要是防止地下水、泥水和壁后注浆浆液渗入盾壳后部,确保开挖面的稳定和盾构的正常掘进。盾尾密封装置由于随盾构移动而向前滑动,当其配置不合理或受力后因磨损、拉伸或剪切导致损坏时,就会使密封失效。盾尾密封失效的后果:注浆浆液、地层中水(或江水)和砂流入隧道,造成地表沉陷,从而危及设备和施工人员的安全,严重时可能造成整条隧道被淹等灾难性事故。 保证盾构良好的密封性能是盾构法施工成败的关键,在高水压下施工又提高了对盾构密封材料的要求	①为了提高盾尾的止水性,盾尾采用多道密封,可选择采用5道钢丝刷密封或4道钢丝刷密封加1道钢板束密封。 ②盾构必须严格遵照地质资料所提供的最高地下水压力进行设计。盾尾密封及铰接密封所能承受的最大压力必须大于隧道的最大切口水压力。 ③盾尾密封刷在始发前,必须保证手涂油脂的涂抹量,防止密封刷磨损过快导致密封效果降低。 ④通过地质资料的分析,盾构在通过高水压地层前,必须做好刀具和盾尾密封的检查工作。 ⑤采用自动或手动装置经常向密封刷注脂,严格控制盾构密封注脂量,避免同步注浆浆液对钢丝刷的损害。 ⑥盾构拼装机可拆除盾尾内的管片,以便在入江前停机直接对盾尾的前两道钢丝刷进行检查和更换。 ⑦必须保证同步注浆质量,防止地层内异物侵入盾构机或隧道结构内部。 ⑧管片拼装前注意盾尾的清理,确保无杂物随管片拖入尾刷造成密封面破坏,导致密封失效。 ⑨管片居中拼装,如果盾构与管片间隙一边过大一边过小,可能会降低盾尾密封效果。 ⑩盾构转弯过程中注意盾尾间隙的调整,防止管片拉坏盾尾。 ⑪配制初凝时间较短的双液浆进行壁后注浆,压浆部位在盾尾后5~10环,还要合理设置压力,避免双液浆前窜。 ⑫在江河中段推进时,在每块管片外侧垫上止水海绵条,封堵管片与盾尾间的空隙。必要时在管片与盾壳间隙内填塞钢丝球,以加强盾尾密封效果

续表4-13

难点	分析	应对措施
地层内不明障碍物	由于地下工程地质条件的复杂性及地质勘探的局限性，隧道穿越的地层不可能完全查明，盾构掘进工作面前方可能会出现各类障碍物，造成盾构较大破损甚至无法正常推进	由于物探水平限制，可能有其他物体在刀盘前方，如孤石、沉船等。为了保证盾构顺利掘进，可采取以下对策： ①派专人对筛分设备出渣口进行巡查，发现异常情况及时停机检查。 ②值班工程师注意刀盘部位的异常响动，发现有金属碰撞的声音等应当立即停止推进，探明情况后再继续推进。 ③盾构司机注意刀盘扭矩、推力等异常情况。 ④如果出渣口发现有块状金属物或木块被筛分出来，说明刀盘前方可能存在异物，应当减慢速度，注意刀盘扭矩等值的变化，保证设备不被损坏。 ⑤发现刀盘有异常响动后，应当及时分析可能原因。如果刀盘前方响声较大并一直持续，则考虑人员带压进仓查看。异物较大则必须排除，保证盾构掘进
管片接缝渗漏	盾构隧道是通过拼装的管片来实现隧道的一次成型。在高水压下，保证隧道的止水及抗渗等级是衡量工程质量的一项重要标准。而管片接缝部位是盾构隧道止水的薄弱部位，加强管片接缝止水工作，能提高隧道止水能力	①管片间的止水主要通过安置在管片侧面的止水材料进行封堵地下水，选择的止水材料必须经过检验合格、符合止水要求后方可使用。 ②在下井前和拼装前均应设专人检验管片止水材料粘贴是否合格，对翘边或脱落的必须处理后方可下井或拼装。 ③管片拼装必须严格执行规范要求，应无贯穿裂缝，无大于 0.2 mm 宽的裂缝及剥落现象。 ④制订详细的注浆施工工艺流程及注浆质量控制程序，严格按要求实施注浆、检查、记录、分析，及时作出 P(注浆压力)-Q(注浆量)-t(时间)曲线，分析注浆效果，以反馈、指导下次注浆。 ⑤认真做好管片嵌缝止水处理工作。 ⑥对隧道漏水点进行补注浆处理，注浆材料可选用水泥水玻璃双液浆
江(河)底冒浆	泥水加压式盾构在掘进过程中，泥水不断循环，开挖面的泥膜因受刀盘的切削而处于形成—破坏—形成的过程中。由于地层变化等因素，开挖面的平衡是相对的。当地层孔隙较大、地下水水压很高时，泥浆特性(密度、黏度、压力等)必须适应地层的变化而及时调整，合适的泥水质量和泥水压力对于开挖面的稳定是至关重要的。而对于盾构掘进前方一些不确定的地质因素，显然存在一定的风险。其产生的后果主要为：	1.预防措施。具体来说主要采取以下几个措施防止江(河)底冒浆。 ①定时观测江(河)水位。 在盾构进入江河中段以前，对线路范围内的江(河)底高程进行一次全面测量，在盾构进入江边时开始定时观测江河水位的变化情况，准确掌握盾构顶部的覆土深度和水位高度，从而准确计算切口泥水压力。一般来说，江河水位按照 1 次/天的频率进行观测，当一天内水位变化较大时加大频率，按照 2 次/天的频率进行观测。 ②严格计算切口泥水压力、控制切口水压波动范围。 在江河中段推进前，提前对江河中段的切口泥水压力进行计算，计算里程按照每 10~20 m 一个断面。江(河)底高程变化较大时还必须减小分段长度，从而更准确地掌握切口泥水的变化情况。 a.切口水压上限值宜按以下公式计算： $$P_{上} = P_1 + P_2 + P_3$$ 式中：$P_{上}$ 为切口水压上限值，kPa；P_1 为地下水压力，kPa；P_2 为静止土压力，kPa；P_3 为变动土压力，一般取 10 kPa。 b.切口水压下限值宜按以下公式计算： $$P_{下} = P_1 + P_2' + P_3$$ 式中：$P_{下}$ 为切口水压下限值，kPa；P_2' 为主动土压力，kPa。

续表4-13

难点	分析	应对措施
江(河)底冒浆	①前方地表或江(河)底产生较大隆起或沉陷；②推进过程中出现超浅覆土，导致盾顶、江水回灌、泥水冒溢等事故；③承压水引起突然涌水回灌、盾构正面塌方	一般认为，计算公式中的下限值为主动土压力值，为了避免切口水压力过小，主动土压力值还要加上经验值 10 kPa。同时，如果在比重、地层分层厚度、有效内摩擦角、水位深度等方面取值不准，也会造成计算值与实际值的偏差。 在江(河)中段推进时，为了避免压力设置过高造成江(河)底冒浆，可以适当调低切口泥水压力值，这样可能造成江(河)底小范围沉降，但不影响盾构推进。 在推进过程中，严格控制切口水压。控制在设计水压 − 0.1 bar ~ +0.1 bar 之间可保证开挖面稳定。在盾构穿越浅覆土区域时，可手动控制切口水压，人工调整施工参数。相邻两环的泥水压力差不得大于 0.2 bar。 ③控制同步注浆压力。 根据土力学理论，要保证盾构上方土体稳定，则盾构顶部垂直压力需大于泥水压力和压浆引起的泥水压力之和。由此可见注浆压力的大小也对防止顶部冒浆起着重要作用。因此应严格控制同步注浆压力，并在注浆管路中安装安全阀，以免注浆压力过高而顶破覆土。 注浆压力根据以下公式确定： $$P = P_1 + P_2 + P_3$$ 式中：P 为注浆压力；P_1 为相应位置的切口水压力；P_2 为管阻(根据长江隧道管阻压力试验，取 2 bar)；P_3 为常数，取 1.5 bar。 $$P_上 = P + 1 \text{ bar};$$ $$P_下 = P - 1 \text{ bar};$$ 在施工中为了防止同步注浆压力过大造成盾尾漏浆，压力按照上下一定梯度的方式进行设置，即上、中、下三对注浆孔出口压力，下侧一对注浆孔比上侧一对注浆孔分别大 0.1 MPa。 2. 冒浆后的对策。 ①当发现江(河)底冒浆时，如果是轻微的冒浆，在不降低掌子面水压的情况下能够推进，则向前推进，同时适当加快推进速度，提高拼装效率，使盾构尽早穿过冒浆区。 ②当冒浆严重不能推进时，将掌子面水压降低到土压+水压平衡为止；提高泥水比重和黏度；为了能使盾构向前推进，检查掘削干砂量，确认有无超挖；掘进一定距离后进行充分的壁后注浆；将掌子面水压返回到正常状态，进行正常掘进。 ③当发现江(河)水由盾尾处流入隧道时，应首先分析当前情况，组织力量进行抢险。抢险过程中，在漏水部位相应压注聚氨酯；同时安排好排水工作，保证进入盾构的水顺利排出隧道。 盾构在江(河)中段推进时，由于无法直接观测江(河)底是否冒浆，因此盾构司机在推进过程中应当密切关注切口和泥水仓的压力波动情况。做到及时发现，及时采取措施，避免较大事故发生。

4.6.3　工程案例

1. 工程概况

南京纬三路过江通道位于长江大桥上游约 5 km，采用双层双管、X 型 8 车道盾构方案。S 线隧道从江北工作井始发，穿越长江北岸大堤后进入长江。首先从主江下穿，到达梅子州风井，进行刀具检修后进入夹江，到达 S 线南岸工作井接收。隧道过江段设计为盾构隧道，掘进线路全长 4135 m，盾构隧道大部分处于粉细砂、砂卵石地层中，局部处于淤泥质粉质黏土中，部分地段穿越软硬不均地层。盾构隧道穿越基岩的最大单轴抗压强度为 128 MPa，基岩石英含量高达 65%，采用泥水平衡盾构施工，盾构开挖直径为 ϕ15.03 m。隧道有 560 m 长区段地层从上到下为砂砾、圆砾及卵石、强风化粉砂岩属于上软下硬复合地层，最高水压达 7.4 bar，石英含量高达 65%，对盾构刀具磨损很大。图 4-20 为复合地层分布图。

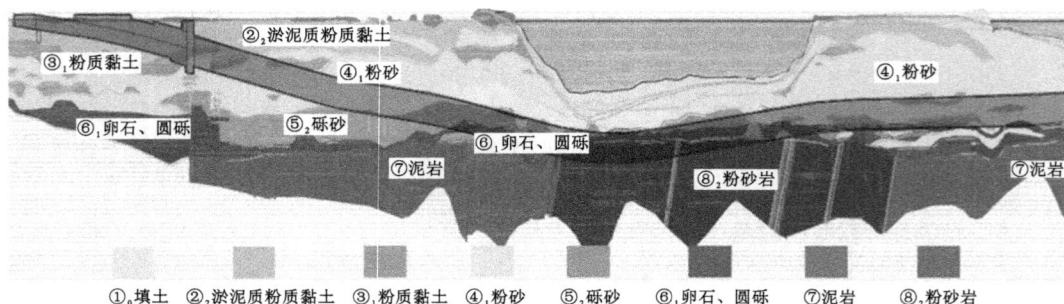

图 4-20　复合地层分布图

2. 盾构整机参数

表 4-14 为盾构整机参数。

表 4-14　盾构整机参数

名称	参数
盾构类型	气压泥水平衡盾构
整机长度/m	约 132
整机质量/t	约 3600
整机工作压力/MPa	1
刀盘	重型复合刀盘，开挖直径 15030 mm，开口率约 36%
主驱动	电驱动（变频驱动），作业时（100%）36585 kN·m 最大时（120%）43902 kN·m 脱困时（150%）54878 kN·m
设备最大推力	140672 kNa 350 bar
拖车数量	3 节拖车
装机功率	约 6600 kW（不含 P1.1 及中继泵）

续表4–14

名称	参数
最小转弯半径/m	1000
最小竖曲线半径/m	1000
适应最大坡度/‰	45

3. 主要掘进控制重点

（1）泥浆性能

泥水盾构使用泥水的目的，除了靠泥膜稳定开挖面、防止塌方外，还需将切削下来的渣浆流畅地运往地面，经泥、渣分离后循环利用。

在上软下硬的地层中，在选定泥浆密度时，必须充分考虑土体的地层结构，在满足设备运行能力的前提下提高泥浆密度，通常采用原土和高黏土进行调整。

泥水除了必须具有适当的黏度外，还应：

①防止泥水中的黏土、砂粒在泥水仓内沉积，保持开挖面稳定；

②提高黏性，增大阻力，防止逸泥；

③使开挖下来的弃土以流体输送，后经处理设备滤除废渣，实现泥、渣分离；同时为了满足长距离渣土输送要求，泥水的流速控制在160~210 m/min 范围内。

在上软下硬复合地层掘进过程中，泥浆性能主要通过泥浆密度、泥浆黏度等参数进行控制。控制重点及控制范围如下：

①泥浆密度：为保持开挖面稳定，须把开挖面的变形控制到最小，在理论上泥浆密度应达到开挖面土体的密度，此时的泥浆密度较高。高密度的泥浆会引起泥浆泵超负荷运转及泥浆处理困难，而低密度的泥浆形成泥膜速度较慢，对开挖面稳定不利。因此，在选定泥浆密度时，必须充分考虑本区段上部高渗透性卵石、下部高强度硬岩复合底层的地质特点，在满足设备运行能力的前提下提高泥浆密度，经理论计算及试验研究，通过使用原土及高黏土进行调整，本区段泥浆密度控制在 1.15~1.25 g/cm³ 范围内。

②泥浆黏度：根据地层及掘进参数要求，采用高黏土进行调整，使泥浆具有适宜的黏度。在上软下硬复合地层掘进过程中，泥浆黏度在 30~35 Pa·s 范围内；同时控制泥浆 pH 为 8~10、泌水率<2%。

（2）掘进参数控制

在盾构法施工的掘进过程中，对参数的控制主要包括推力、刀盘转速、掘进速度三个方面，要根据地层条件、刀盘状态、同步注浆状况、泥浆质量等因素确定掘进参数。而扭矩为被动参数，可作为其他参数的选择是否合理的重要反馈数据。

1）推力

在上软下硬的地层掘进过程中，在上部砂卵石层，刀具的切削扭矩较小，施加较小的推进力即可获得较高的掘进速度，然而在下部泥质砂岩层则恰恰相反。因此，在该地层掘进时，推进油缸推力可根据以下原则确定：

①根据刀盘实时扭矩选择合适推力，保证刀具得到最小自转扭矩，防止刀具偏磨。

②控制掘进速度，将刀具贯入度控制在 10~15 mm/r。

③根据软硬地层比例，合理分配推进油缸油压分布，即降低上部油缸压力、增大底部油

缸压力,同时控制最大压差≤1000 kPa,防止过大的翻转扭矩造成盾构 V 形掘进姿态。

④在满足刀具最小扭矩、掘进速度的前提下,尽量降低推进油缸压力。

2)刀盘转速

在上软下硬地层中掘进,上部砂卵石层自稳能力差,所需切削扭矩极低,而下部泥质砂岩层硬度较高,刀具受力较大,尤其是砂卵石层与泥质砂岩层的交界处对刀盘、刀具的损伤严重,因此,尽量避免刀具遭受过大的瞬时冲击荷载。同时,为降低刀盘对地层的扰动,应适当降低刀盘转速,提高刀盘扭矩,转速宜控制在 0.75~1 r/min。

3)掘进速度

较高的掘进速度对泥水的输送能力、泥水分离设备的处理能力等要求较高,而较低的掘进速度又存在超挖风险。为保证刀具的贯入度及适应泥水分离设备的处理要求,在上软下硬复合地层掘进时掘进速度应控制在 10~15 mm/min。

(3)同步注浆

为实现壁后注浆的目的,在上软下硬复合地层进行同步注浆,注入浆液必须迅速、充分地填充盾尾空隙。分析当前地质条件及工程特性,本区段选用掺入少量水泥的硬性浆液进行盾尾同步注浆。注浆浆液应具有:

①良好的和易性(流动性)且离析少,保证 3 h 流动度>20 cm。

②浆液的固化时间在 8 h 至 24 h 之间。浆液固化既不能太快造成浆液管堵塞,也不能太慢造成无法约束管片的位移,并产生隧道在浆液中漂移的现象。

③早期强度与原状土的强度相当,浆液固化过程中不发生泌水现象,硬化后的体积收缩率小,渗透系数小。

④稠度控制在 12~15 s,不被泥水和地下水稀释。

同步注浆质量的好坏,直接关系到前期沉降量和后续地表沉降的控制。合适的注浆量是控制管片错台和管片上浮的重要因素,也是控制地表沉降的重要手段。由于浆液在土体中的渗漏现象,实际工程中注浆量应大于理论注浆量,一般控制为理论注浆量的 150%~180%。

为保证浆液较好地渗入周围土体中,注浆压力须大于隧道底部的土压力值,确保填充而不造成劈裂,根据经验可取 1.1~1.2 倍的静止土压力。根据地层土质条件,由监测结果分析、反馈,南京纬三路过江通道上软下硬复合地层掘进段注浆压力理论值定为 3 bar,施工过程中根据现场情况及时进行微调。

(4)盾构姿态控制

良好的盾构姿态能有效减小掘进过程中的摩擦力及对周围地层的扰动,使盾构能更好地在上软下硬地层中掘进。在推进过程中,因上下地层硬度差异,掘进千斤顶参数设定的不同可能会引起掘进方向的偏差;同时由于盾构表面与隧道间的摩擦力不均匀,开挖掌子面上的土压力以及切口环切削欠挖地层引起的阻力不均匀,亦会引起一定的偏差。且开挖掌子面岩层分界面起伏较大,掌子面土层软硬不均,也可能引起方向偏差。即使在开挖掌子面土体的力学性质十分均匀的情况下,受刀盘自重的影响,盾构也有低头的趋势。因此,在掘进过程中,应对竖直方向的误差进行监测和控制。盾构姿态的调整主要从以下几方面进行控制:

①在满足掘进速度要求的情况下,降低盾构推力。

②避免快速纠偏,避免盾构呈过大的蛇形状态前进,造成推力加大。

③调整各推进油缸的油压并通过调节油缸行程来控制盾构姿态。

④合理调节各组导向油缸的差值，并通过导向油缸的压力差来稳定盾构姿态。

⑤减缓盾构掘进速度，在掘进的瞬间使刀盘上下部位受力尽量相同，减少对刀具的偏磨及盾构下俯现象。

⑥适当控制盾构纠偏力，防止纠偏造成刀盘受力不均，从而影响盾构的掘进姿态。

⑦盾构通过软硬不均地层(即作业面土体的抗压强度等力学性能指标存在很大差异的地层)时，根据掌子面的地质情况，对液压掘进油缸进行分区操作。

（5）刀具优选、检修及更换

①刀具优选。

盾构初装滚刀为罗宾斯分体式双刃滚刀，在掘进至里程 SDK4+740 附近处，刀盘扭矩异常增大，开仓检查后发现仓内大量刀具磨损过度、出现刀具偏磨现象。通过对比研究发现，初装分体式双刃滚刀及现有的一体式双刃尖齿滚刀在复合地层掘进中存在较大的不足，分体式双刃滚刀在上软下硬地层中，滚刀与地层软硬交界面之间的作用力较大，并且大粒径石块与刀刃之间的碰撞极易造成刀刃断裂、崩刃的现象，如图 4-21 所示。推力过大造成滚刀轴承骨架损坏，液体润滑油流失，泥浆和碎渣进入刀具轴承，进而导致滚刀转动异常、滚刀偏磨。一体式双刃尖齿滚刀由于其合金刀齿高出刀刃太多且为尖形构造，易发生合金刀齿折断现象。以上问题大大降低了滚刀刀具

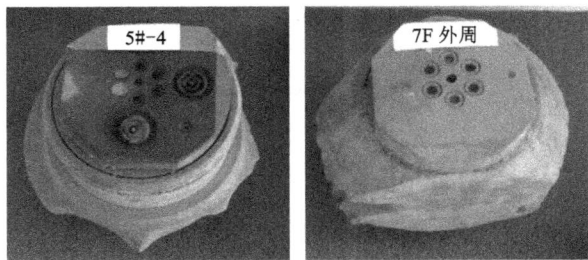

图 4-21　刀具偏磨及崩刃

使用寿命，增加更换刀具频率，使得更换刀具成本增大，费时费力。

为了避免分体式双刃滚刀及一体式双刃尖齿滚刀在使用过程的弊端，提高盾构对硬岩段的适应性，加快施工进度，施工方提出一体式双刃球齿滚刀的刀具更换方案，即在一体式双刃尖齿滚刀的基础上(图 4-22)，将尖齿优化为球齿，增加了合金刀齿的埋深，缩减了合金刀齿露出刀刃的长度，刀刃顶部合金刀齿之间为 3 mm 厚耐磨堆焊，并将液体润滑油改为润滑油脂，减少由轴承破坏造成的润滑油流失，用于硬岩段复合地层的掘进刀具。图 4-23 为一体式双刃球齿滚刀。

图 4-22　一体式双刃尖齿滚刀

图 4-23　一体式双刃球齿滚刀

②刀具检修及更换。

因复合地层掌子面上软下硬、岩性差异明显，下部穿越的强风化粉砂岩，其强度可达 120 MPa，在复合地层区域掘进需定期(每掘进 20 环例行)和不定期(当掘进参数异常时，如

出现扭矩突然增大、排渣异常等情况)开仓进行检查并更换磨损严重刀具。因硬岩段刀具损坏严重、维修工作量大、维修持续时间较长，采用饱和法开仓技术能大幅度缩短停机检修刀具时间，加快工程进度。

饱和法开仓技术可以避免压缩空气开仓技术存在的弊端。饱和法开仓技术是指自开仓之日起，进仓人员经历一次加压过程，即一个作业周期(15～30天)内，在设定压力的生活仓生活和休息，每天乘坐穿梭仓，被运送至盾构泥水仓内从事盾构刀具检修工作4～6 h，结束当天工作后乘坐穿梭仓返回生活仓，待一个作业周期完成后一次性减压返回常压状态的工作方式。这种技术避免了压缩空气带压开仓每次进仓工作人员都需要加压、减压的问题，使得人员在泥水仓内的工作时间大大延长，极大地提高了进仓人员在仓内的工作效率。

南京市纬三路过江通道 S 线隧道盾构段全长约 4135 m，共计 2070 环，穿越粉砂岩总计 560 m。2013 年 9 月 10 日—2014 年 9 月 29 日，先后停机进仓检修及更换刀具 8 次，更换滚刀 292 把、刮刀 184 把，采用饱和法开仓技术进仓作业近 300 次，共计饱和带压进仓作业超 1000 h。如果采用常规的压缩空气开仓技术进仓，初步预计需 10000 h 以上的作业，且相关费用会增加 20 倍左右。

4.7 岩石地层

4.7.1 岩石地层特性

影响盾构在岩石地层中掘进的地质因素有岩体质量指标(RQD)、岩土渗透性、岩石软化性。

①岩体质量指标(RQD)：用来表示岩石的完整性，其值越高，岩石的完整性越好。

②岩土渗透性：岩土渗透系数(k)值的大小取决于岩土的成因、颗粒大小、颗粒级配、黏粒含量及土的密实度等。对于基岩，其岩土渗透系数不仅取决于其成因，而且与风化程度、裂隙发育程度及裂隙的连通性等有关。盾构在岩石中掘进，地下水过大易造成螺旋输送机喷涌、管片上浮等一系列问题。

③岩石软化性：岩石浸水后强度和稳定性降低的性质称为岩石软化性。岩石软化性的大小常用软化系数(K_d)(软化系数 K_d＝岩石饱水状态的抗压强度/岩石干燥状态的抗压强度)来衡量。

4.7.2 工程案例

1. 工程概况

①福州地铁 2 号线福州大学站—董屿站(总长约 1788 m)，覆土深度为 15.62～23.28 m，盾构从福州大学站始发后约 140 m 进入微风化花岗岩，其最大单轴天然挤压强度为 195.7 MPa，平均值为 120 MPa，饱和单轴抗压强度平均值为 117.93 MPa，长约 280 m；然后进入一段长约 500 m 的砾质黏土地层；再进入一段长约 40 m 的上部为砾质黏土、下部为微风化花岗岩的典型上软下硬地层；在靠近董屿站一侧有 750 m 基本上为粉质黏土和淤泥质土。可看出整个区间的地质是软硬不均。图 4-24 为福州地铁 2 号线福州大学站—董屿站地质纵断面图。

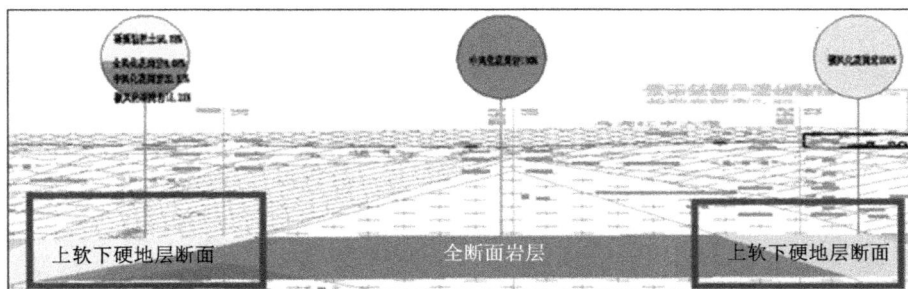

图 4-24　福州地铁 2 号线福州大学站—董屿站地质纵断面图

②福州地铁 2 号线董屿站—厚庭站区间主要穿过微风化混合岩地层〈9Z〉、中风化混合岩地层〈8Z〉，渣样分析反映出此段岩层裂隙发育，岩石单轴抗压强度达到 101MPa。由于工期紧，此段由原设计矿山法施工变更为盾构法施工。图 4-25 为福州地铁二号线董屿站—厚庭站地质纵断面图。

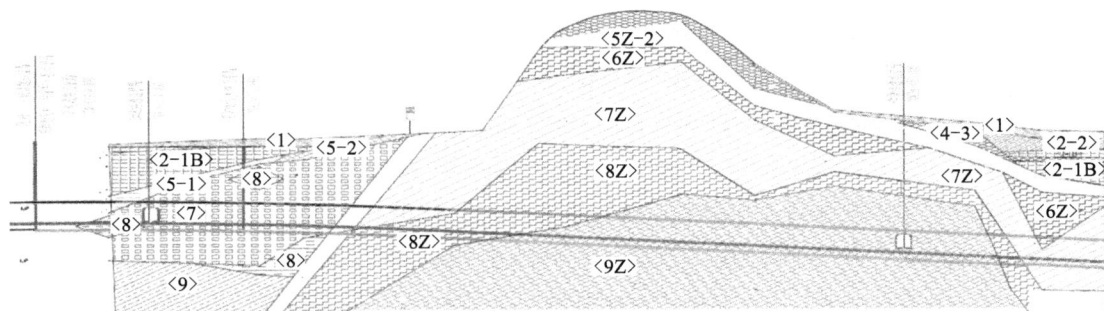

图 4-25　福州地铁 2 号线董屿站—厚庭站地质纵断面图

2. 盾构针对配置

（1）刀盘刀具的配置及刀盘特点

盾构在岩石中掘进，关键是刀盘刀具的布置必须适应该地层的掘进，同时也要做好掘进管理及施工过程中的刀盘刀具管理。

1）刀盘刀具配置

①刀盘开口率为 34%。

②滚刀总刃数 44，刃间距为 86 mm，全部为单刃滚刀；仿形刀 1 把；焊接型先行刀 41 把；主切削刀 70 把；外周保护刀 20 把；刀箱保护刀 16 把。为确保较好的切削效果，滚刀高出刀盘面板 160 mm，焊接型先行刀高度为 135 mm，主切削刀高度为 110 mm，这三者之间的高度差为 25 mm 和 50 mm。

2）刀盘特点

此刀盘中心开口率较大，辐条之间最大开口约为 750 mm，可通过较大块粒的卵石及切削下的石块，能从螺旋输送机顺利排出，减少刀盘前面的刀具的磨损，也可降低掘进过程中刀盘的转矩。此刀盘适用于中软岩、中硬岩，岩石强度在 80 MPa 以上的地层。图 4-26 为刀盘刀具布置图。

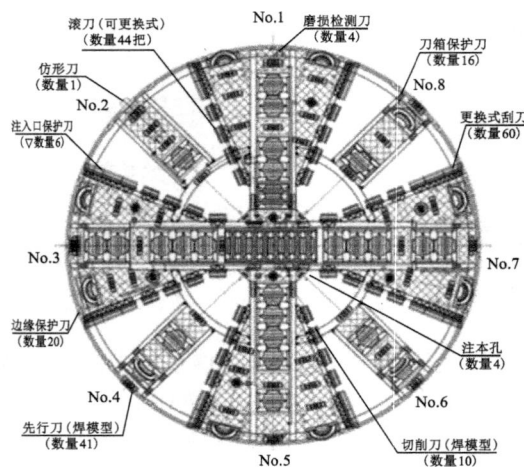

图 4-26　刀盘刀具布置

（2）盾构的有效推力

盾构的有效推力是指刀盘作用于工作面上直接将岩土切削或破碎下来所需要的实际推力。有效推力＝总推力－盾壳与围岩之间的摩擦力－盾尾密封与管片之间的摩擦力－拖拉后配套设备的拉力。

在岩石段，采用敞开式掘进模式，增加总推力主要会使刀盘的推力增大。根据滚刀的设计能力，每把刀正面推力一般都限制在 250～300 kN。在这种情况下，若在岩石段掘进，一旦对刀盘的推力过大，就会产生"多米诺骨牌效应"，滚刀将一个个地被损坏。同时，总推力过大可能导致管片破损开裂。在施工过程中，通过对围岩特点及各种施工参数的分析和判断，及时将总推力与有效推力进行比较，以正确指导施工。

福州大学站—董屿站岩石采用盾构掘进，通过盾体注浆孔在盾体四周注入膨润土，以降低盾壳与围岩之间的摩擦力，在总推力不变的情况下增加盾构的有效推力。

3. 施工应对措施方面

盾构组装后滚刀间距、开口率等一些参数一般无法改变，这就需要我们在熟悉盾构性能的基础上扬长避短，尽可能发挥盾构的优良性能，保证掘进的顺利进行。

（1）掘进模式

在微风化岩石中，岩石在开挖后应力重分布形成"应力拱"，致使坍塌具有延时性，故此种地层若条件许可应尽可能采用敞开式掘进模式。

（2）掘进参数设定

盾构在岩石中掘进要选择合理的掘进参数，包括掘进总推力、刀盘转速、扭矩及掘进速度等。

1）掘进总推力

推力是影响刀具磨损的最重要的参数，其大小直接决定了刀具所承受的荷载。推力过大，虽然短期内掘进速度很快，但过大的荷载会使滚刀轴承受挤压变形，继而影响滚刀的转动，最终造成滚刀刀圈的偏磨或断裂。

盾构在岩石中掘进总推力控制在 10000~15000 kN。在施工过程中，根据地层岩性差异及各种施工参数的分析和判断进行调整。

2）刀盘转速及驱动功率

刀盘转速也是影响刀具磨损的一个主要因素。在岩石地层中，过大的转速会造成盾构震动颠簸，加快刀具的磨损。在岩石中掘进刀盘转速控制在 1.5~2.0 r/min，驱动功率为 90 kW×10 台。

3）额定扭矩及脱困扭矩

在岩石中掘进刀盘宜采用低贯入度方式掘进，即高刀盘转速、低推进速度，一般情况下控制贯入度为 5 mm/r 左右，确保扭矩一般为额定扭矩的 60%~80%，防止刀盘卡死。［额定扭矩 5631 kN·m，脱困扭矩 7320 kN·m。］

（3）刀盘防结泥饼措施

刀盘主驱动采用外啮合的形式，土仓隔板是不旋转的，隔板上设置了 2 个搅拌棒，可增加泥土的流动性。在搅拌棒侧面设置有高压喷水口，可对刀盘的牛腿进行有效的冲洗，防止中心缝隙的堵塞，从而防止切口隔板泥饼的形成。在刀盘的中心有 4 个高压水冲洗口，刀盘上设置有 6 个泡沫注入口、4 个膨润土注入口，且都为单管单泵。应根据不同地质情况，及时启动泡沫和膨润土注入泵，对渣土进行改良，可以有效地防止刀盘中心结泥饼的现象。

（4）掘进姿态控制

盾构在岩石段掘进时应控制好姿态，避免频繁纠偏。在岩石地层中掘进，如果不断地调整盾构姿态就会使滚刀受力不均匀，在某个方向上过大的推力有可能导致局部滚刀变形损坏。

（5）同步注入泡沫

在掘进中根据需要适当使用泡沫，起到润滑刀具、降温和改良土体等作用。遇到地下水较少时，适当加一些水对刀具进行冷却。

（6）注浆管理

管片背后注浆遵循"同步注入，快速凝结，信息反馈，适当补充"的原则。

管片背后同步注浆充填系数一般为 1.3~1.5。在岩石段，管片背后同步注浆充填系数取 1.3 即可。采用敞开式掘进模式时，若同步注浆量过大，浆液会沿盾壳与围岩间隙进入切口造成浪费。管片脱出盾尾 3 环后，在 1 点及 11 点位置利用吊装孔进行二次补注双液浆，这既可以把管片拱顶背后充填密实又可以防止管片上浮。

在岩石中注浆压力最大不得超过 0.5 MPa，注浆压力过大易造成管片破碎开裂。

（7）刀具管理

在岩石中掘进，刀具磨损较快，必须准备足够的刀具（尤其是滚刀）并及时检查和更换刀具。

①刀具的磨损程度可以通过施工参数的变化作出初步判断。如果出现推力过大、推进速度小、扭矩偏小、盾构姿态很难纠正的情况时，就要考虑刀具是否磨损严重，要安排开仓检查刀具；如果连续出现刀盘或螺旋输送机被卡住，则立即停机进行检查；如果从出渣土中发现碎石不均匀，且伴有大块的石头出现时，就可能是滚刀损坏，应立即停机检查。检查刀圈是否磨损超限、断裂、变形，固定刀圈的螺帽是否松动或掉落，以及刀座是否有裂纹等，一旦发现立即采取补救措施。

②刀盘不要配置不同厂商生产的刀具。由于不同厂商生产的刀具存在一定的差异，滚刀在岩石中掘进时会被分批破坏，从而影响掘进。

③采用信息化刀具磨损监测和可视化刀具检查相结合的刀具管理系统，配合人员进仓查刀、换刀等手段，对刀具预测预备、及时发现及时更换。避免盾构刀盘卡死、刀盘磨损、盾构跑偏等故障发生。

④换刀位置的选择尤其重要。在采用信息化监测刀具磨损的情况下，选择在全断面岩层中常压开仓，检查刀具的磨损情况，并更换刀具，减少带压进仓作业的风险。

⑤刀具超过规定磨损量必须换刀，特别是周边滚刀过度磨损不及时更换易造成盾壳卡死被困。

⑥盾构掘进过程中要勤开仓检查、勤换刀，超过规定磨损量必须换刀。刀具更换完毕后，彻底检查一遍固定刀圈的螺帽是否拧紧，盾构开仓往前掘进 100 mm，切口处派人观察滚刀是否存在不转的情况，如果存在应及时更换处理，然后再检查一遍固定刀圈的螺帽是否松动。

⑦在推力作用下，滚刀随着刀盘的转动和自身的旋转在开挖面上沿同心圆固定轨迹进行破岩作业。刀具磨损存在差异造成掌子面高低不平，刀具更换完恢复掘进前，须进行掌子面"找平"，即掘进推力和速度不宜过大，让更换的刀具有时间进行轨迹拟合，否则易导致刀圈非正常断裂。

（8）地下水发育，易产生喷涌的防治

①地面无建筑物，失水不会造成地层固结、沉降过大，通过切口背板上的球阀往外放水可以减少喷涌发生。

②通过气压阻止裂隙水向切口汇聚，减少喷涌发生。

③通过管片吊装孔二次注入双液浆进行环向封堵，拦截管片背后的水流向切口汇集，减少喷涌发生。

④下坡时在距离尾盾最近的一环管片，用编织袋装渣堆成围堰拦截喷涌漏下的渣，以减少尾盾清理工作量，缩短掘进与拼装之间的时间间隔，提高效率。

⑤在切口内注入膨润土，加高分子聚合物进行渣土改良，减少喷涌发生。

4.8 上软下硬地层

1.定义
在盾构施工中，典型的上软下硬地层即下部为岩层、上部为土层。

2.地层特点
盾构在此类地层中施工时，因掘进断面范围内的上下地质不同，其各方面岩土性质也存在较大差异，因此需要综合考虑上下地层的性质，进行掘进模式和掘进参数的选择和控制。

3.施工难点及应对措施
上软下硬地层中盾构施工难点及应对措施见表4-15。

表 4-15　上软下硬地层中盾构施工难点及应对措施

难点	分析	应对措施
刀盘、刀具磨损	1. 软岩部分土体相对较易切割剥落，而硬岩则相反，这便造成刀盘、刀具的受力不均。处于硬岩位置的部分刀盘、刀具承受了绝大部分的力，刀盘、刀具所受损伤变大。 2. 刀盘、刀具从软土进入硬岩时，在软硬交接的位置会存在瞬时冲击而造成损伤	1. 将刀盘转速适当降低，将其所受瞬时冲击控制在安全荷载范围之内。 2. 注重推力的优化降低，控制推进速度，控制刀具在硬岩中的贯入度。 3. 采用合理的土体改良方法，通常以泡沫改良为主，通过润滑减少刀具在切割硬岩时的损伤，同时也利于保证上部土体的改良和土压平衡的建立
地表沉降	若仅仅考虑刀盘保护因素采用硬岩方式掘进，则会由上部土体平衡压力过小导致超挖问题，造成地表沉降	采用全土压平衡模式进行掘进施工，确定能满足上部土体稳定的平衡压力
姿态偏差	1. 在上软下硬地层推进中，因开挖面各区域所需的切割力存在较大差异，分区油缸压力较难控制，易产生姿态偏差。 2. 盾体上下方所处的地层不同，造成地层跟盾构表面存在不平衡的摩擦力，造成姿态偏差。 3. 若掌子面岩层分界处有着较大起伏，同样会产生方向偏差	1. 根据已掌握的岩层的分界位置，合理确定分区油缸压力，尽量与对应的岩层区域相匹配。 2. 加强姿态控制和纠偏控制，发现盾构姿态偏差时及时调整。 3. 通过刀盘正反转控制滚动偏差

4.9　特殊天气工况施工

本节所述特殊天气工况是指冬季低温、夏季高温及雨季这三类对盾构施工或后配套保障会造成影响的天气情况，此时需要采取一些措施以保证盾构正常掘进。

4.9.1　冬季低温

1.冬季低温的定义及施工特点

（1）冬季低温的定义

根据盾构施工的特点，我们将室外日平均气温连续 5 天低于 5℃ 作为冬季低温的起点，在施工中采取一些措施以消除或减少低温带来的影响。

（2）冬季低温的施工特点

在冬季低温天气施工时，对于盾构本身而言，由于在隧道内掘进，且掘进过程中设备本身会发热，只要采取可靠措施封闭洞门位置，减弱外部冷空气和隧道内热空气的对流，保证盾构温度持续在 10℃ 以上，则对盾构本身掘进影响不大。盾构掘进一般覆土在 10 m 以上（除特殊地段如出入段线等），冻土层远远达不到这个深度（例如哈尔滨地区冻土层最大是 2.5 m），所以对盾构掘进时的刀盘开挖不会有任何影响。

但即便如此，由于盾构掘进时多道工序衔接作业、环环相扣，冬季施工的低温天气对盾构的掘进效率依然会产生很大的影响。其主要影响了盾构掘进时消耗品（循环水、砂浆、盾尾油脂、润滑油、泡沫、膨润土)的使用、管片止水条的粘贴、龙门吊的低温作业，以及配电柜、电瓶车、搅拌站等设备在低温条件下的运行等方面。

2. 冬季低温施工难点及应对措施

表4-16为冬季低温施工难点及应对措施。

表4-16　冬季低温施工难点及应对措施

难点	分析	应对措施
搅拌站粉煤灰罐、水泥罐上料不畅	搅拌站粉煤灰罐、水泥灌向搅拌系统上料一般采用螺杆泵运输形式。但冬季施工气温较低，厂家出厂的粉煤灰和水泥存在干湿不均的情况，现场存储粉煤灰和水泥有时也会有潮气进入，粉煤灰和水泥在低温情况下容易结成硬块，导致上料时堵塞螺杆泵，严重时会烧毁螺杆泵电机	粉煤灰和水泥灰进场时进行严格的检查，确认干燥。泵送入粉煤灰罐和水泥罐后要做好防潮措施。粉煤灰罐和水泥罐向搅拌系统上料口处螺杆长度尽量减小，并且坡度尽量降低。若是上料螺杆泵太长，考虑使用双级螺旋供料
搅拌站下料口堵塞	由于冬季施工低气温，砂浆在管路内的凝结速度远高于正常施工时的凝结速度。这导致在冬季施工时管路堵塞的可能性变大，下料口堵塞的频率会有显著的提高	为了防止搅拌站下料管路堵塞，可在布置搅拌站下料管时充分考虑，尽量加大下料管路的坡度，使下料速度变快，必要时可以采取泵送下料的形式；此外是加强管理，严格执行下料后管路冲洗制度。在冬季施工温度非常低时，可以考虑用适当温度的热水洗管
龙门吊主梁在冬季低气温下屈服强度降低	钢材的屈服强度与气温有直接关系，在冬季低气温的情况下，龙门吊主梁的屈服强度显著降低	龙门吊主梁在冬季施工时屈服强度降低，首先要考虑在门吊选型时选择耐低温性能好的钢材，或者提高选用钢材的等级。对于已经选用了普通钢材的龙门吊，可以考虑适当地降级使用。如45 t龙门吊最大只起重40 t
龙门吊变频器故障	变频器是电机拖动的控制元件，精密度较高，对于使用时的环境温度也有较为严格的要求，既不能较低，也不能较高。冬季施工环境温度较低时，变频器不能正常使用，严重时甚至会烧坏变频器	变频器是龙门吊控制使用的精密元件，为了保证变频器的正常运行和工作性能，在冬季施工时需要对龙门吊变频器采取保温处理。可以考虑采用加热器或者空调等进行温度控制，保证温度在10~30℃。在极寒地区，可以对龙门吊配电室搭盖保温棚，在内部配套加热措施，保证变频器正常运行时的温度
电瓶车电瓶容量下降	电瓶容量和温度有直接关系，温度降低时，电瓶容量随之降低，从而缩短了电瓶使用的时间，提高了更换电瓶的频率	冬季施工由于气温低，电瓶车蓄电池的容量明显下降，这时要加强对电瓶车的管理，每日交接班时检查电瓶电压，发现电压不足及时更换电瓶，避免电瓶车电量不足引起事故。在极端低温条件下，需要在地面设置单独的充电房，并在充电房内采取加热和保温的措施，以保证电瓶的使用寿命和容量

续表4-16

难点	分析	应对措施
电瓶车轨道打滑	冬季施工时气温较低，空气中的水蒸气容易在轨道表面凝结，形成薄薄的一层水雾或冰，从而导致轨道打滑，刹车距离变长	冬季施工时如遇低温天气，空气中的水蒸气在接触到电瓶车轨道时遇冷结冰，导致电瓶车在轨道上打滑。另外冬天下雪，轨道面上积雪后也容易造成电瓶车打滑，致使电瓶车起步时轮子空转，并且电瓶车刹车距离变长。所以在冬季施工时，需要安排专门人员做好电瓶车的轨道管理，保证电瓶车轨道面上的干燥程度，有积雪时及时清理，做好防结冰措施。在冬季施工时还要加强对电瓶车的维护保养，保证刹车系统功能正常
循环水管路结冰	冬季施工时若温度已经达到了水的结冰温度，则循环水管路容易结冰，而且管路里面结冰后需要找到结冰位置并采取清理或者融化的措施，工序非常麻烦	冬季施工时循环水管路容易结冰，导致循环水无法供应到盾构上对发热设备进行降温而被迫停机。冬季循环水管路结冰往往长度较长，无论采取加热融冰措施或者是其他措施清理循环水管路，工序都非常麻烦，耽误正常施工生产。所以冬季施工时，必须做好循环水管的保温措施，如利用保温棉包裹。极寒天气可以对水管采用伴热带伴热，再用保温棉包裹的方法。并且在冬季施工中，要尽量保证循环水泵的持续运行，用不断循环的方式避免循环水管内部结冰
泡沫原液结冰	土压盾构掘进时土壤改良几乎必须使用泡沫剂，一旦泡沫原液结冰，将无法泵送，得不到盾构掘进所需的泡沫混合液	土压盾构掘进时往往需要使用改良剂对开挖掌子面进行土壤改良。常用的就是泡沫剂。泡沫剂原液在现场存放时如果结冰，将导致泡沫原液无法被泵送入泡沫混合液箱中进行泡沫混合液的配制。所以要保证泡沫原液的储存温度，防止泡沫原液结冰。可以在现场搭建保温库房，对泡沫原液进行存放，并保证存放时的温度
盾尾油脂低温冻结	盾尾油脂在低温条件下容易冻结成块，无法泵入盾尾油脂管路。并且盾尾油脂在低温情况下会变硬，引起盾尾油脂泵打不动盾尾油脂，甚至长时间空打，打坏盾尾油脂泵的密封	盾尾油脂起到密封盾尾壳体和管片之间间隙的作用，泵送进入的压力也较大。冬季施工时如果盾尾油脂温度太低，会导致盾尾油脂变硬，使泵送盾尾油脂变得困难，并且极易损坏盾尾油脂泵的密封件。一般来讲，盾尾油脂温度低于5℃，便需要采取加热等软化油脂的措施，改善其泵送性能。所以，冬季施工要保证盾尾油脂使用时的温度。可以将盾尾油脂在保温库房内存放，并在盾构上始终备用一桶盾尾油脂，保证盾尾油脂使用时在合适的温度
润滑油低温冻结	润滑油在冻结成块后也无法泵送，导致盾构润滑系统缺少润滑而出现故障。即使润滑油没有冻结成块，低温也会使润滑油的流动性变差，泵送困难，甚至打坏润滑油泵的密封导致油泵漏油	润滑油是机械设备能够正常运转的润滑剂，不可或缺。冬季施工时润滑油脂也需要在保温库房内存放，以保证其使用时的可泵送性及流动性。 冬季施工时所有设备的齿轮油应当更换为耐低温齿轮油。尤其对于极寒天气，需使用耐低温性能可以达到-45℃的齿轮油，以保证设备的正常运转

3. 工程案例

（1）工程概况

哈尔滨地铁 3 号线二期会展中心站—海河东路站区间盾构施工工程。左线隧道长 885.580 m，全部为盾构法施工；右线隧道长 888.675 m，其中盾构法施工长度 701.229 m，施工使用直径 6240 mm 的土压平衡盾构。由于工程地处哈尔滨，冬季十分寒冷且维持时间较长，根据施工计划安排，此盾构区间左线计划从 2017 年 10 月 2 日至 2018 年 1 月 31 日进入为期近四个月的冬季施工阶段。为了确保盾构区间左线冬季施工的顺利进行，必须制定有效的施工保障措施及方法，指导盾构冬季施工，保障冬季施工期间的施工安全及施工质量。

（2）采取具体保障措施

1）井口封闭保温

盾构组装、调试、始发工作区域主要为海河东路车站底板，为了能够将外界的风、雨、雪隔离，计划将盾构始发井口、吊装口及整个车站入口封闭进行保温。

①始发井口封闭。始发井口用方木加竹胶板进行满面铺设，并覆盖棉被，顶层采用塑料薄膜密封，防止雪水掉落，起到防风保暖的作用，如图 4-27 所示。

图 4-27　井口封闭保温

②物资吊装井口封闭。盾构施工物资吊装井口需要经常开闭，龙门吊通过物资吊装孔将地面的物资吊运至电瓶车上，通过电瓶车运输至盾构施工部位。因此吊装口封闭采用方便开闭的方式，计划采用保温棉门帘悬挂的方式，利用厚棉被拼接成保温门帘，在隧道入口处及中板至底板间垂直悬挂，并在电瓶车轨道位置预留小号通行门，当电瓶车行进时，信号工提前打开保温门帘上的通行门，方便电瓶车进出。图 4-28 为物资进出口封闭保温图。

2）拌浆站及设备防护

搭设保温板房封闭拌浆站，并在板房内部安设供暖设备，提高保温棚内部温度，保障拌浆站的浆液循环流通。拌浆站板房规格为 37 m × 28 m，建筑面积 1036 m²，保温棚主要分为分离设备区、挖机工作区及其他区域。在保温棚内安装白炽灯，保证内部可见度。图 4-29 为拌浆站封闭示意图。

保温棚搭设完成后，棚顶覆盖棉被，外层用彩条布封闭，以尽可能减少热量流失；内部采用热风幕进行供热保温。图 4-30 为输浆管理保温防护。

在膨润土站靠道路一侧进料口处做板房，规格为 12 m × 5 m × 5.5 m，中间用隔板分开，

图 4-28　物资进出口封闭保温

安装 1 个 4 m×4 m 的推拉门方便材料进入及小挖机进出，安设 1 个 2 m×1 m 的门方便施工人员进出。

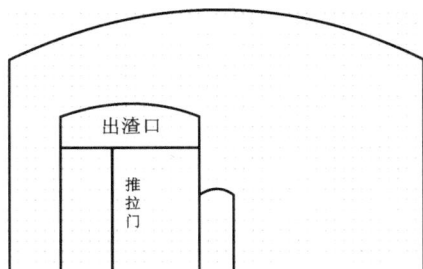

图 4-29　拌浆站封闭示意图

图 4-30　输浆管理保温防护

3）管路防护

与盾构施工相关的所有管路分两种形式进行防护：

①有条件进行埋设的管路要"穿棉衣"（保温棉包裹），上部覆盖一层稻草进行保温。确定埋深在 2 m 以下后，进行土方回填覆盖。对覆土层不足 2 m 处进行电伴热带的缠绕。强降温天气对管路进行加热。

②若管路裸露在外无法埋设，应先给管路缠绕电伴热带，再包裹上保温棉。

拌和站内部浆液管回路以及注浆管管路均采用以上两种保温措施。砂浆搅拌站至洞口处的输浆管路不能埋得过深，以防堵管等情况发生。砂浆搅拌站清洗管道时，用热水箱提供的热水进行清洗。

4）施工用水

盾构施工用水来自原车站的降水井，利用中板上的循环水池进行储存和向外供水。如果循环水温度低至 0℃ 以下就会结冰，无法向盾构内供水，盾构施工将中断。根据哈尔滨地区的实际情况，盾构施工区域底板即使封闭，温度依旧无法达到 0℃ 以上，无法满足施工需求，因此采取在循环水箱上安装伴热管进行加热的方式，并设计温度控制回路，当水箱内水温降至一定值时，伴热管开始加热保证施工用水正常。

5）油料防护

盾构冬季施工时主要应对油脂类物资进行保温防护，如盾尾油脂、润滑脂、黄油、齿轮油等。在中板内建立保温库房，将上述物资批量放入其中进行保温，等里面的物资材料快用完时补充新的物资。保温库房要设置一根供暖管路，由热水箱的热水进行供暖，保证库房平均温度不低于10℃。为了保证各种油料的安全，严禁使用电加热设备及锅炉采暖。图4-31为油料保温防护图。

图4-31　油料保温防护

6）盾构管片密封材料粘贴防护

管片的止水材料粘贴在冬季施工期间是盾构施工最难解决的问题，施工方考虑了以下两个方案：

①在管片生产厂家的厂房内进行施工，合格后再运输至工地进行使用；加强运输过程中管片密封部位的防护工作，严禁冻伤、碰撞。

②在现场制作一个可移动的、能容纳3环管片止水材料粘贴的制作棚。管片止水材料粘贴制作棚如图4-32所示。当管片生产厂家供应不上时，可以现场制作，也可以修补在运输过程中冻坏止水材料的管片，保证盾构施工的连续性。

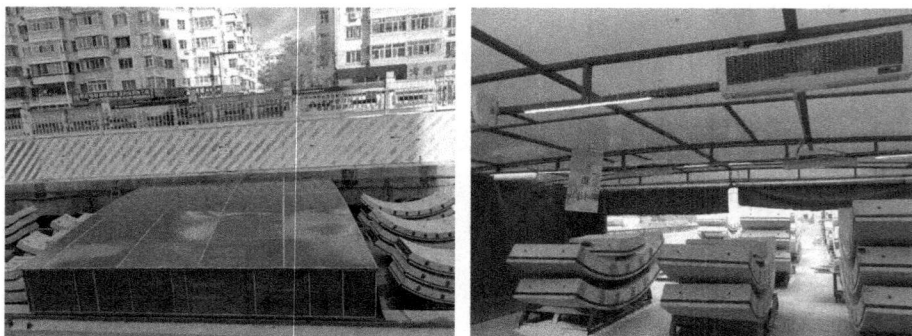

图4-32　管片止水材料粘贴制作棚

7）电瓶充电防护

盾构施工中电瓶车是不可缺少的一个组成部分，电瓶又是电瓶车的重要组成部分。由于电瓶充电需电解液及蒸馏水，为做好电瓶充电工作，确保电瓶车正常运行，可采取以下两种方案：

①对电瓶做保温防护，在临时吊装口旁边做板房防护，长宽高分别为 4 m、3 m、2 m。更换电瓶时，需用龙门吊吊装，因此把板房顶部一部分设计成可活动式，方便吊运。

②电解液最低可在-35℃使用，根据历年哈尔滨最低气温，基本很少达到-35℃，因此采用无水充电。

8）拌浆站用水加温

拌浆站选用数控智能电加热锅炉，此锅炉的优点是节能环保，水温、时间可自行设置，自行控制；环保性好，体积小，安装使用方便，无压力，为常压锅炉，自动补水，锅炉置于膨润土站内，利用管道泵循环采暖。拌浆站内还配备热水箱及热风幕，可提供热水制浆、洗管路等，热风幕置于砂浆搅拌站搅拌罐一侧。

9）暖气加温

当封闭空间也无法满足温度要求时，可采用暖气片加温。如果气温特别寒冷，普通暖气片散热效果不佳，热量扩散慢，采暖效率低，可以采用标准壁挂式薄板暖气片。暖气片使用专用薄板加工制作而成，耐腐蚀，散热好，采用串联大循环的供暖方式，这样使室内整体温度平衡，不存在供暖死角，能保证正常生产。

此盾构区间冬季施工在采取以上措施后，于 2017 年 10 月 3 日始发，2018 年 1 月 6 日接收，共掘进 885.58 m，平均每日掘进 9.6 m。顺利完成会展中心站—海河东路站区间冬季施工的任务。

4.9.2　夏季高温

夏季高温对盾构的施工影响主要体现在对盾构运行的影响、对隧道内作业环境的影响。

1.对盾构运行的影响及注意事项

（1）高温影响

①夏季温度过高，盾构内正常运转的电机、油泵、电子元件、变压器等运行中产生大量热量的单元及系统，在高温的作用下，极易产生温度过载现象，导致高温报警频发，系统停止工作，甚至导致部件损坏。

②液压油方面，温度过高导致液压油质加速老化，黏度、容积效率均下降，油液的使用寿命缩短，因而泄漏增加，系统效率下降，甚至使机械设备无法正常工作。

③由于油黏度下降，滑动部位油膜被破坏，摩擦力增加，磨损加剧，因此又引起系统发热，更增加了升温，结果造成泵、阀、马达等的精密配合面因过早磨损而失效或报废。加速橡胶密封件老化变质，寿命缩短，甚至丧失其密封性能，使液压系统严重泄漏。

④盾尾油脂温度过高，会导致油脂过稀、黏度降低，从而达不到预期效果。

（2）注意事项

①加强盾构各散热、冷却系统的检查维护，确保各系统在允许温度范围内正常工作。

②加强冷却循环水系统的检查维护，防止循环冷却水温度过高造成冷却效果降低或失效。

③妥善储存保管各类油料，禁止暴晒、高温造成油料老化和性能降低。

④经常检查机内各类油，性能降低影响盾构运行时及时更换。

⑤注意电器柜、液压油泵、电机等散热设施，禁止有覆盖物。

⑥定期巡检温度过高部位，发现问题及时解决。

⑦定期巡检各个密封部位，注意温度升高导致的内部膨胀、密封失效。

2.对隧道内作业环境的影响及改善措施

盾构隧道施工作业处于相对封闭的空间环境，夏季时整体环境气温较高，加上盾构大功率机电设备运行时产生的热量排放，隧道工作面环境温度将会较高。为了改善作业环境，常采取以下措施：

①隧道内施工期间应实施连续不间断通风，风管长度应随着隧道的掘进连续跟进，专人负责风管的安装维护、风源处的干燥及环境清洁，出风口应尽量紧靠开挖工作面，以保证隧道内清洁空气的流通量。

②必要时可使用空冷设备，将压入隧道的新鲜空气降温后输送至工作面。

③加强隧道内作业人员的防暑降温保护。

④在高温位置放置冰块降温。

⑤设备不使用时尽量熄火关闭，减少热源。

4.9.3　雨季

雨季盾构施工主要注意各项防雨覆盖和排水工作，具体注意事项如下：

①坚持关注每日天气预报，加强防汛值班，暴雨和恶劣天气前后要专门检查临时设施、各种设备电器的安全，发现隐患立即整改。

②根据天气预报发布暴雨情况，提前在工作井洞口周边和通道进口处设置防护围堰，避免雨量过大时雨水流入工作井和通道内损坏设备，影响洞内安全作业和文明施工。

③做好止水密封材料的防雨止水，包括止水密封原材料和已经粘贴的半成品的防雨止水。

④雨前做好井内设备的止水保护，尤其是电器设备。井内提前放置好水泵，雨水过大时做好排水工作。

⑤下雨天盾构掘进过程中，由于地下水位变化，要注意盾构掘进各项参数的调整。

⑥及时检测同步注浆液原材料含水率，保证施工配比的准确和浆液的性能，浆液输送时要做好防雨覆盖工作，避免雨水稀释或因雨水中的杂物而变质。

⑦加强雨天泥水盾构泥浆的指标检测和管理，有条件时宜对调制准备好的浆液采取防雨措施。

⑧下雨天应加强对盾构上方地面的监测，确保管线安全和地面变形可控。雨天加强对监测点的保护及基准点的复测。

⑨盾构掘进过程中时刻关注洞门止水、管片止水，防止雨季雨水过多造成水位上升而引起洞门、管片渗漏水。

⑩渣土坑边缘应砌墙或堆土袋围护，防止渣土外流。渣土要及时外运，避免雨水冲刷稀释渣土而外流。

第 5 章　附属结构施工

5.1　洞门

5.1.1　施工工艺

洞门分为始发洞门和接收洞门两种。图 5-1 为环梁洞门示意图。

①始发洞门处存在零环管片，在进行洞门施工时，须先拆除洞门止水压板、密封帘布和零环管片。

②接收洞门需要根据最后一环管片与洞门的具体位置关系确定采取整环管片拆除、管片切割还是其他方案。无论哪种方案，均须先拆除洞门止水压板、密封帘布。

③洞门按设计进行施工，一般采用现浇混凝土结构。

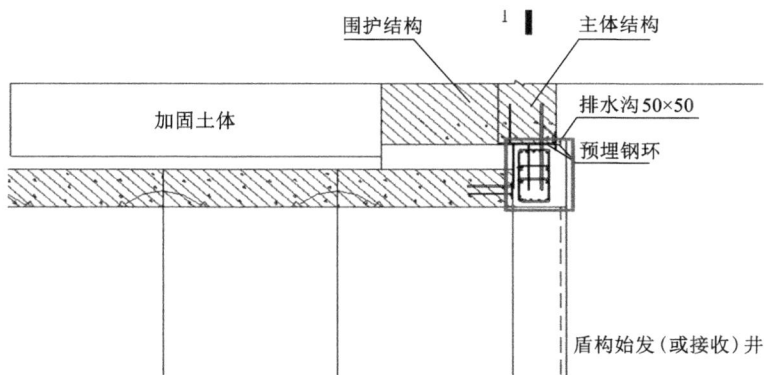

图 5-1　环梁洞门示意图

5.1.2　施工工艺流程

洞门施工工艺流程图如图 5-2 所示。

5.1.3　洞门壁后注浆

为达到在洞门环片拆除和洞门施工中隧道安全和止水的目的，应首先对洞门附近的隧道进行补充注浆。有些车站的主体结构与围护结构被止水板分隔，可能存在渗水现象，也应进行相应的注浆堵水，即在该部位环向钻凿注浆孔，埋设注浆管并注浆。

```
                    ┌─────────────────┐
                    │   洞门补充注浆   │◄──────────┐
                    └─────────────────┘           │
                            │         ┌─────────────────────┐
                            │         │  注浆效果未达到要求  │
                            ▼         └─────────────────────┘
                    ┌─────────────────┐           │
                    │  拆除零环管片   │           │
                    └─────────────────┘           │
                            │                      │
                            ▼                      ▼
                    ┌─────────────────┐   ┌─────────────────┐
                    │  拆除洞门环板   │   │   现浇混凝土    │
                    └─────────────────┘   └─────────────────┘
                            │                      │
                            ▼                      ▼
                    ┌─────────────────┐   ┌─────────────────┐
                    │    基面处理     │   │   混凝土养护    │
                    └─────────────────┘   └─────────────────┘
                            │                      │
                            ▼                      ▼
                    ┌─────────────────┐   ┌─────────────────┐
                    │  止水材料安装   │   │   拆除模板      │
                    └─────────────────┘   └─────────────────┘
                            │                      │
  ┌──────────┐             ▼                      ▼
  │ 钢筋加工  │──►┌─────────────────┐   ┌─────────────────┐
  └──────────┘   │ 钢筋及预埋件安装 │   │   外观修整      │
                 └─────────────────┘   └─────────────────┘
                            │                      │
                            ▼                      ▼
                    ┌─────────────────┐   ┌─────────────────┐
                    │    模板安装     │   │   检查验收      │
                    └─────────────────┘   └─────────────────┘
```

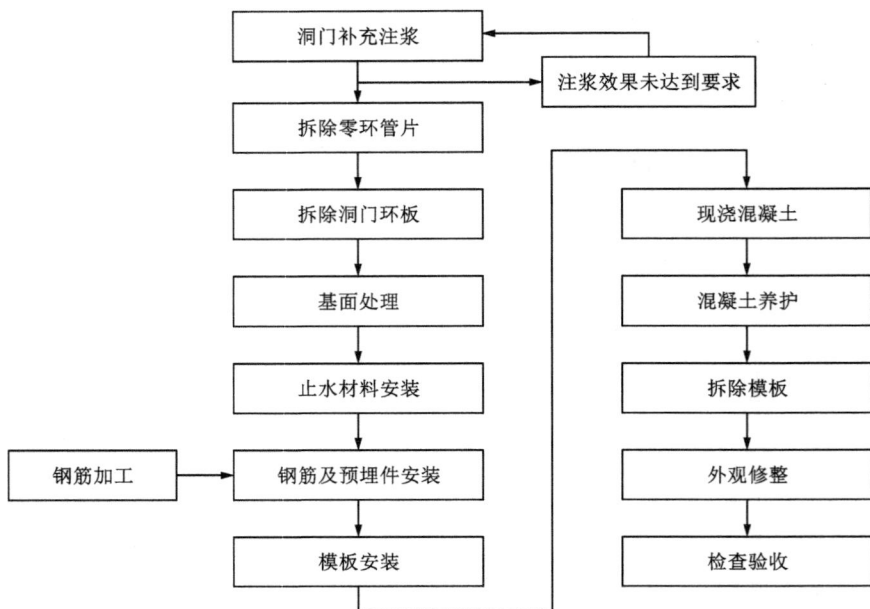

图 5-2　洞门施工工艺流程图

5.1.4　端头管片切割破除或整环拆除

根据现场具体情况,确定对端头管片采用拆除还是切割破除处理。通常的做法是在隧道内的管片超长较多时,为了保证安全,采用切割破除外露部分的方法;在隧道内管片超长较少,拆除安全有保障时,采用整环拆除的方法。

1.管片切割破除方法

使用水钻在临界处沿管片内径钻孔一圈,此时管片沿临界处断开,然后对外露管片进行拆除。

2.管片整环拆除方法

①在洞门处补充注浆完成并确保洞门处不渗漏水的前提下,拆除洞门止水压板及密封帘布。

②从F块开始拆除。松开F块的纵环向连接螺栓,以外端螺栓孔作为吊点,穿入钢丝绳向外牵引移动拆除。为保证安全,F块的里端需要与邻近管片做适当的柔性可调连接,防止管片猛然掉落。

③以类似的作业方法,依次拆除其他块。需要注意的是,各块连接螺栓只有在轮到拆除了才能松开并去掉。

④管片拆除后,将洞圈清理干净并凿除相邻环管片外端的混凝土保护层,露出内部钢筋,以与洞门钢筋焊接。

5.1.5　脚手架搭设

在作业范围内搭设施工脚手架。脚手架搭设要满足相关规范、标准要求。当洞内还有施工作业需要通行时,应预留相应的门洞。

5.1.6　止水施工

止水施工主要包括止水材料的粘贴(或其他的止水形式)、洞门环梁浇筑后的注浆堵水。洞门止水示意图如图 5-3 所示。

1. 止水材料的粘贴

①按设计位置和数量安装止水材料。对止水材料两头搭接部位，预留要求的长度，以便黏结。

②在需要粘贴止水材料的部位用水清洗干净，待表面干燥后，均匀涂刷黏结剂。

③黏结剂涂刷后，晾置一段时间，待手指触之不粘时，再将止水材料黏结压实。

④必要时沿止水材料长度方向每隔一段距离采取其他措施辅助固定。

⑤止水材料应闭合成环，其间

不留断点，安装后应平顺，不得出现脱胶、起鼓、歪曲等现象。

⑥浇筑混凝土振捣时，应避免振捣棒触及止水材料。

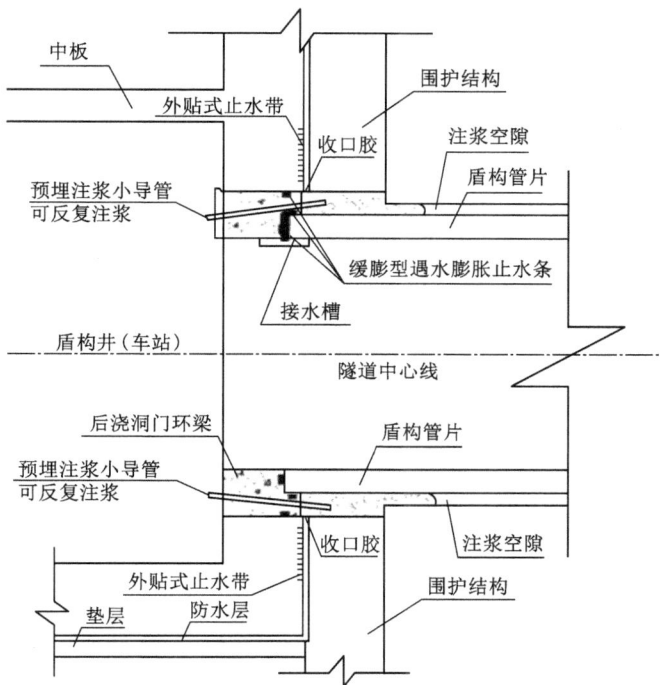

图 5-3　洞门止水示意图

2. 止水施工注意事项

①混凝土在施工时应充分考虑收缩应力和变形开裂，做好预防工作，避免产生微小裂缝引起渗漏。

②保证止水材料在混凝土具有一定的强度后才开始膨胀，切实发挥止水作用。止水材料的粘贴基面一定要光滑平整，没有台阶、蜂窝麻面。止水材料在粘贴或固定时一定要牢固，防止在施工时被碰脱落。

③切实做好施工缝的嵌缝工作，作为第二道防线，可以弥补因止水材料接头处密封不严、拐角处开裂或因弹性密封垫和管片边角部位施工损坏而引起的渗漏。

5.1.7　钢筋绑扎

根据设计要求，结合现场洞圈与成环管片的尺寸位置，确定洞圈钢筋的布置。将不同型号的钢筋下料成型后按要求焊接并绑扎成型。钢筋在原位焊接时，要对止水材料进行防护，防止烧伤止水材料。

5.1.8　模板安装与支护

模板应选用易定型、易加工模板。模板加工及支护尺寸精度应符合相关规范要求，模板支护应牢固可靠，确保在混凝土浇筑过程中不胀模、跑模，以确保工程质量。

模板安装支撑完成后，要进行测量检查，确保洞门环梁内径真圆度和端面平齐。通常在端头模板预留振捣窗口，并设置活动盖板，振捣完成后可立即封闭，顶部预留浇筑窗口并安装混凝土放料槽。

5.1.9 混凝土浇筑与养护

混凝土应符合设计要求及施工需要。混凝土到场后应进行验收，并做好相应的验收记录。

1. 混凝土浇筑

因洞门浇筑操作空间狭窄，需采用漏斗、导流槽等辅助浇筑设施，在无顶板孔洞的洞门施工时还需二次倒运混凝土。浇筑前准备好相关设备，确保浇筑时间尽量短。

浇筑时要注意控制混凝土自由下落的高度，从下到上依次向预留的振捣孔注入混凝土，直至浇筑完成。浇筑过程中注意捣固应均匀密实，确保混凝土质量达到设计强度及止水等级。整个洞门的混凝土浇筑须一次完成，不可产生施工缝。现浇混凝土应与隧道和端墙密贴、稳固连接。

2. 拆模修整及养护

混凝土强度满足规定要求后拆除模板，拆除工作由上而下有序进行，禁止用撬棍重击，注意不要磕碰混凝土边角。模板拆除后洒水覆盖养护14天以上，防止混凝土产生裂纹，影响止水效果。对局部孔洞、漏浆麻面、缺棱角、错台等缺陷进行修整。

5.2 手孔封堵、嵌缝

手孔封堵、嵌缝是隧道衬砌后期处理施工的内容，一般在隧道成型并变形稳定后进行，是隧道止水、外露螺栓防腐及隧道整体外观质量重要的组成部分。

5.2.1 手孔封堵

1. 工艺流程

通常根据手孔位置的不同，封堵方法也有所差异，常见的手孔封堵方法有整个孔全填充封堵和螺栓外加保护罩封堵。具体需要按设计文件实施。两种手孔封堵工艺流程分别如下：

①整个孔全填充封堵：手孔清理→涂刷界面处理剂→孔内满填封堵材料→抹平并清理残留。

②螺栓外加保护罩封堵：手孔清理→在螺栓保护罩内加入适量封堵材料→将保护罩加盖到外露螺栓上→清理保护罩外溢出的材料。

2. 封堵材料

封堵材料种类及性能应满足设计和规范要求。常用的封堵材料有丙烯酸乳液、防腐水泥砂浆、早强微膨胀水泥砂浆（如硫铝酸盐超早强水泥砂浆、AEA铝酸钙微膨胀水泥砂浆）、聚硫密封胶（使用保护罩时）、双组分改性发泡聚氨酯材料（使用保护罩时）等。

3. 封堵施工方法

清理隧道内渣土、泥浆及杂物。对管片连接螺栓进行全面检查，发现有松动及时复紧。手孔填充前先清除孔内的泥浆、螺栓边的松动水泥块等杂物，清除连接螺栓表面浮锈并进行防锈处理。然后在外露螺栓上和混凝土基面涂刷界面剂。

（1）整个孔全填充封堵

①隧道两腰以下手孔可直接将封堵填料填入孔内，填充完毕后立即进行抹面，初凝后进行第二次抹面，确保平整度。

②为保证拱顶手孔的填充密实性，在拱顶封堵时可使用一些辅助工具，例如一次性盒式顶进方法，具体如下：

a. 加工一个矩形钢制盒子，上下端敞开，端口略大于手孔表面尺寸，盒子体积与手孔相当。盒子下端设限位并配一个与盒子截面相匹配的端板，使盒子的端板只能从上端口顶出。

b. 搅拌一盒填充材料，然后将盒子举起，用盒子将手孔全覆盖。

c. 用钢管将盒子端板向上顶起，直至盒子内水泥浆全部被推入手孔。

d. 把盒子顺钢管退出，钢管仍顶住盒子的端板，使端板继续紧贴手孔。

e. 待手孔内封堵材料硬化至可以自稳后，将端板拆下，抹平手孔表面。

（2）螺栓外加保护罩封堵

采用保护罩封堵时，在保护罩内填充适量的封堵材料，将保护罩准确盖到外露螺栓上，填充材料要充满保护罩且与螺栓紧密连接，保护罩开口端与手孔混凝土面密贴，最后清理干净保护罩外溢出的残余封堵材料。

4. 施工要点

①对于施工界面处理，要求手孔混凝土面不得有积水、泥土、灰尘等，具体处理时可用钢丝刷、细毛刷进行清洗，并用喷灯烘干。对于存在渗漏水的部位，暂时不进行嵌缝或封孔施工，只进行标记和记录，待处理完渗漏水后，再进行基层清理及后续施工。

②封堵用各材料的比例应严格按拟定的配比进行拌制，随拌随用。应按照用量控制一次拌和量，在初凝前使用。已开始硬化的封堵拌和物不得继续用于填充，确保填充的密实性和牢固性。

③封堵材料填充过程中应保持密实性。

④手孔满填时，充填完毕后其表面应保证与管片内弧面有同等平整度。

⑤封堵用保护罩，要求根据现场螺栓的实际长度进行尺寸调整，但必须满足能够紧贴手孔混凝土面，且不能突出于管片内弧面。

⑥在保护罩内填充的材料要求一次填充饱满，确保螺栓全部被紧密包裹。

5. 常见质量问题及预防

（1）与管片色差大

封堵后的手孔与管片色差大，可能存在原因及预防措施如下：

①水泥配比不佳可能导致色差大。此时可调整水泥的掺入量或水泥品种，不断地进行适配对比，直到色差满足要求后才开始进行大面积的手孔封堵施工。

②细骨料本身颜色或含泥量过高都可能引起色差大。若是细骨料本身颜色影响，可更换不同产地的细骨料；若是含泥量影响，可对细骨料进行冲洗，做去泥处理，待含泥量满足要求后再使用。

（2）裂缝

手孔封堵裂缝可能存在原因及预防措施如下：

①若手孔基面与封堵材料间存在裂缝，可能是因为封堵材料收缩，或基面清理不足，或基

面处理剂不能满足要求。此时需要找出具体原因并做针对性的处理。若是封堵材料收缩引起，则调整配比增加其膨胀率；若是基面清理不足引起，则对基面进行更全面的清理，保证基面无水、无尘、无杂物；若是基面处理剂不能满足要求引起，则更换满足要求的基面处理剂。

②若封堵材料本身出现裂缝，可能是因为收面工作没做好，或后续养护不良。预防措施是初凝前要进行首次抹面，初凝后进行二次抹面，必要时进行三次抹面，但在终凝后不得再进行抹面处理，并加强后续养护工作。

（3）错台、表面粗糙和蜂窝麻面

错台、表面粗糙和蜂窝麻面等均属于后续清理和抹面处理工作不足引起，加强相应的工作即可解决。

5.2.2 嵌缝

1. 工艺流程

不同种类的嵌缝的工艺流程有所不同。其基本工艺流程如下：

纵、环缝清理→基层处理（涂刷界面处理剂）→嵌入里层嵌缝材料→嵌入表层密封嵌缝材料→抹平→清理。

2. 嵌缝施工方法及注意事项

①嵌缝前对施工界面进行处理，要求纵、环缝嵌缝槽内和手孔混凝土面不得有积水、泥土、灰尘等，具体处理时可用钢丝刷、细毛刷进行清洗并用喷灯烘干。对于存在渗漏水的部位，暂时不进行嵌缝或封孔施工，只进行标记和记录，待处理完渗漏水后再进行基层清理及后续施工。

②对管片接缝缺棱、破损处进行修补，错台较大位置进行打磨处理。

③嵌缝材料应嵌入到预定的深度并与管片密贴，表面应平整、无翘曲，接头处应相接、无间断。

④当嵌填时采用挤出枪或腻子刀将嵌填材料填入和抹平，施工时要注意挤出速度和倾斜角度，做到挤出均匀，填充密实，防止气泡与孔洞形成。

⑤若管片接缝间存在高差，则要两端抹平，不要出现明显的台阶。

5.2.3 安全注意事项

手孔封堵、嵌缝施工与隧道掘进施工同时进行时，需要重点注意交叉施工安全：

①手孔封堵、嵌缝施工必须安排专人进行监护，对来往机车发出警示，提醒封堵施工人员避让机车。

②施工作业区域设置反光警示装置或设警示灯。

③注意施工材料、工具的摆放位置，不得掉落在机车轨道上。

④机车在靠近手孔封堵或嵌缝作业区域时须减速慢行，按喇叭提醒作业人员机车正在接近，并确认机车能正常通过。

⑤机车在装载材料、设备时须对装载的宽度、高度进行确认，避免在通过时与作业平台发生冲突。

⑥在电线、电缆附近进行手孔封堵前，必须由电工对电线、电缆进行检查，如发现绝缘层损坏，应立即修复。

第6章 常见问题分析及预防处理

6.1 始发阶段

6.1.1 掌子面渗漏水、土体流失

掌子面渗漏水、土体流失是盾构始发阶段事故的主要诱因，且导致的事故往往都是较大的事故。如何及时正确地处理掌子面渗漏水、土体流失，把事故扼杀在摇篮里，是盾构始发的关键。下面我们分别就打探孔前、打探孔时、洞门凿除中、盾构始发时出现掌子面渗漏水、土体流失的现象、原因、处理方法及预防措施进行简要阐述。

1. 打探孔前

（1）现象

在洞门内围护结构表面出现孔洞或裂缝，内部有清水、浑水、夹砂水流出（图6-1）。

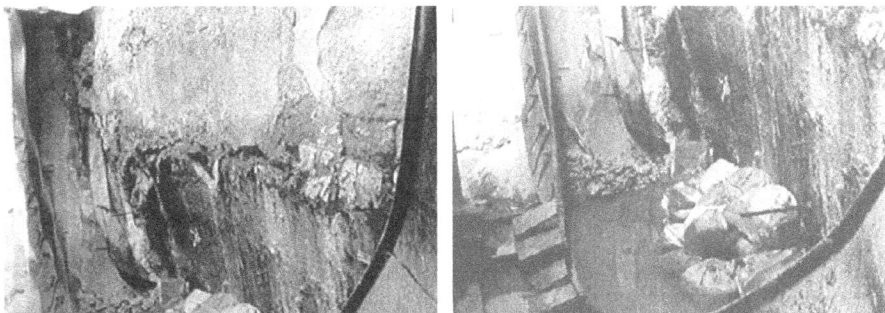

图6-1 洞门围护漏水

（2）原因

①车站围护结构质量存在缺陷。

②端头加固质量存在缺陷。

③围护结构未深入隔水层或局部有缺陷，车站结构与围护结构间结合不密实，地下水从围护结构与车站结构之间的孔隙流出。

④降水井布置不合理或未起效果。

⑤地层透水性较强且富水。

⑥地下水位高，与基坑内部形成较大压差。

（3）处理方法

①监测端头区域地下水位，若是端头具备降水条件的均可增加降水井。降低端头地下水位，以减少水压差。

②若是少量清水渗流不会造成严重后果的可暂不处理。如清水流量较大可进行壁后注浆，降水后观察效果，直至水流消失或可控。

③若是围护结构存在开裂甚至变形，应分析围护结构受力情况。如存在继续变形甚至垮塌风险，须对围护结构进行补强，必要情况下在洞门钢环内填充钢筋混凝土，钢筋须与既有钢环连接成整体。在端头区域补强注浆或重新加固，待结构稳定后方可凿除洞门内部墙体。

④若孔隙或裂缝流出浑水甚至夹砂水，则须立即用棉纱、木楔、快硬水泥等进行封堵，压力较大不好封堵时，可预留引流管。引流管周围用棉纱、快硬水泥封堵，待周围水泥强度达标后，通过引流管注入双液浆或聚氨酯等进行堵漏，渗漏堵住之后须在壁后注浆加固，从源头上解决问题。

⑤配备应急排洪泵，工作井积水较多时及时排出。

⑥密切观察水土流失可能影响的范围，加强沉降监测频率。必要时用地质雷达或钻孔观察方法探测地下空洞。若有空洞存在，立即疏散周围车辆、人员，通过灌砂、砂浆、混凝土以及注浆将空洞回填充实。

（4）预防措施

①施工前进行详细的地质勘探，并根据结果有针对性地进行设计。

②严格控制围护结构施工质量。

③采用合理的端头加固方案，并严格按照方案实施。

④合理布置降水井，并保证降水井正常工作。

2. 打探孔时

（1）现象

洞门凿除前进行超前探测，当钻机钻透围护结构时有清水、浑水、夹砂水沿孔流出（图6-2）。

图6-2　洞门探孔漏水

（2）原因

①端头加固方案不合理，不适应水文地质情况。

②端头加固整体质量不达标，加固体内有过水通道。

③端头加固体与围护结构间连接不密实，两者之间有过水通道。

④降水井降水效果不理想，端头地下水位较高。

（3）处理方法

①在洞口准备好砂袋、水泥、镀锌管、球阀、木楔、方木、电钻等应急物资和工具。

②首先通过水位观测孔观察端头地下水位。如果水位高于预埋钢环底面，应检查降水井工作情况：若有降水井不工作，则须及时恢复；若降水井均正常工作，则必要时增设降水井，以保证水位控制在理想高度。

③配备并接好应急排洪泵，工作井积水较多时及时排出，并派人及时清理沉积的泥砂。

④有少量清水流出时，可在探孔上埋设带球阀的预埋管，管周围用棉纱和快硬水泥封堵，后期根据降水情况及时观察渗流情况：若变小或消失则可不做处理；若有变大或变浑现象，应及时关闭球阀，在地面沿壁后垂直注浆或通过预埋管水平注浆，直至封堵完成。

⑤探孔有浑水或夹砂水流出且压力和流量可控时，在探孔中埋入带球阀的注浆管，管壁周围用棉纱和快硬水泥封堵，待水泥强度达标时关闭球阀，后期根据其他探孔情况判断可能的来水方向，有针对性地进行垂直或水平注浆，待浆液凝固后打开探孔观察，若还有浑水或夹砂水流出，关闭球阀继续注浆，直至不流水或有少量清水流出，此时在已开孔位置周围继续钻新孔或用小钻头沿已埋管内部钻孔，探查壁后加固情况。若均无水或有少量清水流出则可进行洞门凿除条件验收。

⑥探孔有浑水或夹砂水流出且压力和流量较大时，及时用木楔、棉纱、快硬水泥等进行封堵，水流控制住后在壁后进行注浆，待浆液凝固后在原位置周围重新开探孔观察，若还有浑水或夹砂水流出，继续封堵注浆，直至不流水或有少量清水流出。如果始终不见效果，可考虑重新做端头加固或采取冷冻加固。

⑦密切观察水土流失可能影响的范围，加强沉降监测频率，必要时用地质雷达或钻孔观察方法探测地下空洞，若有空洞存在，立即疏散周围车辆、人员，通过灌砂、砂浆、混凝土以及注浆将空洞回填充实。

（4）预防措施

①针对端头水文地质情况合理设计加固方案。

②严格把控端头加固施工质量，并等到强度达标后方可打探孔。

③端头加固施工时尽量使加固体与围护结构连接密实，必要时在加固体与围护结构间增设一排高压旋喷桩。

④合理布置降水井，并保证降水井正常工作。实时监测端头区域地下水位，水位不达标或波动较大时，及时查明原因。

3. 洞门凿除时

（1）现象

洞门凿除过程中前方掌子面有清水、浑水、夹砂水流出甚至土体垮塌（图 6-3）。

（2）原因

①凿除前探孔布置不合理，未能超前探知隐患。

②凿除过程中降水井未正常工作或其他原因导致地下水位升高。

③加固方法不合理或加固体质量不达标。

④加固体外围隔水效果较好但靠近洞门附近局部有质量缺陷。

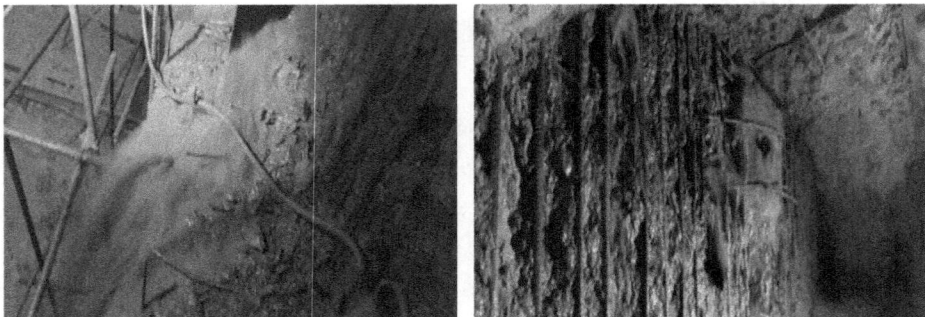

图 6-3　凿除洞门时漏水

（3）处理方法

①始发前，在洞口准备好砂袋、水泥、水泵、水管、方木、风钻等应急物资和工具。

②配备并接好应急排洪泵，工作井积水较多时及时排出，并派人及时清理沉积的泥砂。

③洞门凿除过程中，派专人 24 h 观察掌子面，有异常立即疏散作业人员，将情况通知相关人员，并根据具体情况分析应对措施。如有人员被埋或受伤，在确保救援人员自身安全情况下尽快组织施救，并将伤员就近送到具备医疗条件的医院。

④若渗流量可控，及时用棉纱、木方、快硬水泥等进行封堵，必要时预埋下引流管，并用钢板、方木支撑封牢，防止土体坍塌，在钢板与围护结构之间用双快水泥填充密实，待双快水泥达到强度后，从引流管注入聚氨酯堵水，然后对有涌水涌砂部位的正上方进行坑外双液注浆加固处理，并在施工现场预先准备砂石料、喷浆机，根据涌水涌砂及掌子面稳定情况判断是否进行喷浆处理。

⑤提前在盾构正前方上部的圈梁上准备橡胶复合雨布捆扎备用。若喷涌量较大，迅速拆除盾构前方脚手架，将雨布放下并包裹住刀盘；盾构向前推进，使刀盘接触土体，保持土体稳定。同时盾构外壳和洞门密封帘布形成密封，然后通过洞门外预留注浆孔对洞门内压注大量的聚氨酯，直至彻底封堵漏水涌砂。最后从地面进行土体加固，满足要求后盾构回退，重新进行始发施工。

⑥及时隔离坍塌区域和土体流失影响范围，用地质雷达或钻孔观察方法探测地下空洞，若有空洞存在，立即通过灌砂、砂浆、混凝土以及注浆，将空洞回填充实。

（4）预防措施

①凿除前合理布置探测孔，并严把质量关，尽量提前发现隐患，加固体质量不达标不准进行凿除施工。

②凿除过程中派专人观察降水井的工作情况及水位探测孔中的水位，配备备用发电机，防止意外断电导致降水井无法工作。

③选择合适的加固方法并严格控制施工质量。

④通过钻孔取芯的芯样分析，提前判断壁后有松散土体并采取注浆等处理措施。

4. 盾构始发时

（1）现象

洞门凿除完成后掌子面垮塌、涌水涌砂，或盾构刀盘贯入土体而盾尾尚未完全进入预埋钢环时，盾体与止水装置间、止水装置与洞门钢环间涌水涌砂(图 6-4)。

（2）原因

①掌子面失去围护结构支撑自身失稳。

②端头加固存在过水通道，在失去围护结构封堵后通道被打开形成水流，水流进一步冲刷土体形成涌水涌砂甚至垮塌。

③盾构掘进刀盘将壁后加固体贯穿，沿盾体外侧形成过水通道，且洞门止水装置未能有效包裹盾体，或者止水装置局部损坏。

图 6-4　盾构始发时漏水

④止水装置安装质量不过关，局部脱落或承受不住水压被冲开。

（3）处理方法

①只是部分土体垮塌而没有形成喷涌时，可在排除继续垮塌可能后组织人员将垮塌土体清理，清理过程中防止二次垮塌伤人情况发生，清理结束可继续始发。

②若有明显的喷涌则应立即将盾构推进使刀盘顶住掌子面，如果具备推进条件则可始发推进，如因涌出砂土将盾构下部抬升，盾构不能顺利通过洞门钢环，则应在注浆止水后将盾构退回，清理好下部渣土后重新始发。

③盾构已经始发，掘进盾体与止水装置间有喷涌的，在前盾还未进入洞门时，必须停止盾构推进，使用钢筋将环形折页板焊接成整体，打开注浆阀进行双液注浆或聚氨酯处理。同时保证地面降水井的正常运行。如前盾完全进入洞门，则停止盾构推进，使用前盾自带的超前注浆孔进行注浆处理。

④由止水装置质量缺陷导致止水装置与洞门钢环间涌水涌砂的，应立即对止水装置薄弱处使用型钢支撑加固，并将此处折页板与周围几块焊接成整体，使用快硬水泥、棉纱封堵，并预留引流管，待水泥上强度后通过引流管注双液浆或聚氨酯，同时利用钢环上预埋的注浆孔进行注浆或聚氨酯处理，直至封堵好为止。

⑤及时隔离坍塌区域和土体流失影响范围，用地质雷达或钻孔观察方法探测地下空洞，若有空洞存在，立即通过灌砂、砂浆、混凝土以及注浆将空洞回填充实。

（4）预防措施

①端头加固时严把质量关，通过探孔提前探知土体薄弱处，并采取措施加固。

②合理布置探孔，尽可能提前发现过水通道，如果仍有遗漏，在发现的第一时间进行封堵，防止问题扩大。

③如果围护结构是地连墙，洞门凿除时尽量保证地连墙迎土侧钢筋混凝土保护层完整。

④盾构安装止水装置前，检查橡胶帘幕后部有无大的混凝土块，有则及时清理。在帘幕上涂抹黄油，减少其与刀盘的摩擦。灌入过程中派专人对洞门上下左右进行观察，防止刀盘与止水装置干涉而拉坏止水装置。

⑤安装止水装置时应定位准确，安装质量应符合要求，盾构始发轴线要反复计算，防止与洞门钢环及止水装置发生干涉。

6.1.2　盾构始发段轴线偏离设计

1.现象

由于盾构出洞推进段的推进轴线上浮，偏离隧道设计轴线较大，要待推进一段距离后盾构推进轴线才能被控制在隧道轴线的偏差范围内。

盾构千斤顶推力与其所受阻力中心位置始终不在一条直线上，从而形成一力偶，导致盾构偏向。

2.原因

①洞口土体加固强度太高，使盾构推进的推力增大。部分盾构刚始发时，开始几环的后盾管片是开口环，上部后盾支撑还未安装好，千斤顶无法使用，因此推力集中在下部，使盾构产生一个向上的力矩，盾构姿态产生向上的趋势。

②盾构正面平衡压力设定过高导致盾构正面土体拱起变形，引起盾构轴线上浮。

③盾构机械系统故障造成上部千斤顶顶力不足。

3.处理方法

①施工过程中，在管片拼装时加贴楔子或者利用转弯环，调正管片环面与轴线的垂直度，便于盾构推进纠偏控制。

②在管片拼装时尽量利用盾壳与管片间隙做隧道轴线纠偏，改善推进后座条件。

③用注浆的办法对隧道做少量纠偏，便于盾构推进轴线的纠偏。

4.预防措施

①正确设计出洞口土体加固方案，设计合理的加固方法和加固强度。施工中把握加固质量，保证加固土体的强度均匀，防止产生局部的硬块、障碍物等。

②施工过程中正确设定盾构正面平衡土压。

③及时安装上部后盾支撑，改变推力的分布状况，有利于盾构推进轴线的控制，防止出现盾构上浮现象。

④正确操作盾构，按时保养设备，保证机械设备的完好。

6.1.3　盾构接收段姿态突变

1.现象

盾构接收后，最后几环管片往往与前几环管片存在明显的高差，影响了隧道的有效净尺寸。

2.原因

①盾构接收时，由于接收基座中心夹角轴线与推进轴线不一致，盾构姿态产生突变，盾尾内尚未完全固定的管片环位置随之发生偏移。

②最后两环管片在脱出盾尾后，与周围土体的空隙由于洞口处无法及时填充，在重力的作用下产生沉降。

3.处理方法

在洞门密封钢板未焊接以前，用整圆装置将下落的管片向上托起。

4.预防措施

①盾构接收基座要设计合理，使盾构下落的距离不超过盾尾与管片的建筑空隙。

②将接收段的最后一段管片的上半圈部位用槽钢相互连接，以增加隧道刚度。

③在最后几环管片拼装时，注意对管片的拼装螺栓及时复紧，提高其抗变形的能力。

④接收前调整好盾构姿态，使盾构标高略高于接收基座标高。

6.1.4　基座变形

1. 现象

在盾构始发过程中，盾构基座发生变形，使盾构掘进轴线偏离设计轴线，有时还会影响洞圈止水效果。接收时拉坏管片，造成渗漏水、碎裂、高差等，严重影响盾构正常始发，甚至不能进出洞。

2. 原因

①盾构基座的中心夹角轴线与隧道设计轴线不平行，盾构在基座上纠偏产生了过大的侧向力。

②盾构基座的整体刚度、稳定性不够，或局部构件的强度不足。

③盾构姿态控制不好，盾构掘进轴线与基座轴线产生较大夹角，致使盾构基座受力不均匀。

④对盾构基座的固定方式考虑不周。

3. 处理方法

①先停止推进，对已发生变形破坏的构件分析原因，进行相应的加固。对需要更换的部件，先将盾构支撑加固牢靠，再更换破坏部件。

②盾构基座变形严重，盾构在其上又无法修复和加固时，只能采取措施使盾构脱离基座，创造工作条件后对基座修复加固。

4. 预防措施

①盾构基座形成时中心夹角轴线应与隧道设计轴线方向一致，当洞口段隧道设计轴线处于曲线状态时，可考虑盾构基座沿隧道设计曲线的切线方向放置，切点必须取洞口内侧面处。

②基座框架结构的强度和刚度能克服始发段穿越加固土体所产生的推力。

③合理控制盾构姿态，尽量使盾构轴线与盾构座中心夹角轴线保持一致。

④盾构基座的底面与始发井的底板之间要垫平垫实，保证接触面积满足要求。

6.1.5　盾构后靠支撑位移及变形

1. 现象

在盾构始发过程中，盾构后靠支撑体系在受到盾构推进反力的作用后发生支撑体系的局部变形或位移。

2. 原因

①盾构推力过大，或受始发千斤顶编组影响，造成后靠受力不均匀、不对称，产生应力集中。

②盾构后靠混凝土充填不密实或填充的混凝土强度不够。

③组成后靠体系的部分构件强度、刚度不够，各构件间的焊接强度不够。

④后靠与负环管片间的结合面不平整。

3.处理方法

①将强度不够的缝隙填充料凿除，重新填充缝隙以及裂缝，并经过养护后达到要求强度再恢复推进。

②对变形的构件进行修补及加固。根据推进油压及千斤顶开启数量计算出发生破坏时的实际推力，对后靠体系进行验算、检验。

③对于发现裂缝的接头及时进行修补。

4.预防措施

①在推进过程中合理控制盾构的总推力，且尽量使千斤顶合理编组，使之均匀受力。

②采用混凝土或水泥砂浆填充各构件连接处的缝隙，除填充密实外，还必须确保填充材料强度，使推力能均匀地传递至工作井后井垫。在构件受力前还应做好填充混凝土的养护工作。

③对体系的各构件必须进行强度、刚度检验，对受压构件一定要做稳定性验算。连接点要采用合理的连接方式保证连接牢靠，构件安装要定位精确，并确保焊接质量以及螺栓连接的强度。

④尽快安装上部的后盾支撑构件，完善整个后盾支撑体系，以便开启盾构上部的千斤顶，使后盾支撑系统受力均匀。

6.1.6　加固体及周边土体坍塌

1.现象

盾构始发过程中土体过多流失，加固区域及周边土体坍塌。

2.原因

主要原因为：加固体整体性差，未起到控制水土流失的作用，同时盾构掘进存在超挖现象。具体分析如下：

（1）加固体存在设计缺陷

①设计的加固措施不适用于当地地质条件，导致加固体效果难以达到设计需要。

②加固体设计范围不足，存在施工风险。

③未设置应急降水井等辅助措施。

（2）加固体施工质量问题

①桩身垂直度不足，桩身偏斜，桩间不咬合，存在涌水通道。

②施工过程中对加固料掺量及技术参数控制不到位。加固体不连续，完整性差。

③加固时注浆管或钢筋等异物落入隧道范围内。

④夹层的处理措施不当。

⑤冻结施工过程中冻结管渗漏，未形成冻结帷幕。

（3）始发及辅助措施不合理

①取芯后未回灌砂浆密实。

②洞门密封存在装置安装缺陷。

③应急物资未准备到位。

④过早破除围护结构，使掌子面暴露时间过长，或拆除墙体方法错误。

⑤盾构刀盘出加固体前未及时建压。

⑥盾尾进入密封装置后未及时封闭洞门。

⑦冷冻加固盾构通过后未采取融沉注浆。

3. 处理方法

（1）洞门凿除阶段

在凿除洞门过程中若出现突发涌水涌砂地面塌陷现象，应立即停止洞门凿除，用棉纱对该部位进行填塞，同时使用双快水泥进行封堵，预埋下引流管，并用钢板封牢。在钢板与围护结构之间，用双快水泥填充密实，同时保证降水井的正常出水。待双快水泥达到强度后，从引流管注入聚氨酯堵水，然后对有涌水涌砂部位的正上方进行坑外双液注浆加固处理，并在施工现场预先准备砂石料、喷浆机，若发生掌子面坍塌则立即进行喷浆处理。

（2）盾构始发过程中

当前盾还未进入洞门，发现有较严重的涌水、涌砂现象时，必须停止盾构推进，使用钢筋将环形折页式压板焊接成整体，打开止水箱体上注浆阀进行双液注浆或聚氨酯处理。同时保证地面降水井的正常运行。

当前盾完全进入洞门，发现有较严重的涌水、涌砂现象时，停止盾构推进，使用前盾自带的注浆孔进行可硬性浆液注浆处理。

（3）盾尾进入加固体后

盾构始发、接收时，因端头土体加固不好或土体松动、掘进速度过快、土压力设置较低，易出现出土超量、沉降超限等现象。在发生出土超量、地面沉降超限情况下，应快速使盾构抵达掌子面，并立即对端头土体采取注浆方式进行加固，同时于管片背部与洞门密封处采用二次注浆封堵，待到具有一定强度时方可掘进。若地面发生大面积塌陷，则用混凝土回填。

（4）洞门涌水涌砂，地面严重塌陷

对洞口和地面进行注浆、封板等堵漏，减少土体流失。特别严重的状况下工作井回灌水或土体等。

4. 预防措施

①根据工程地质及水文地质条件结合制订合理的加固措施。

②有水的情况下应该保证加固体长度大于盾体长度 2 m 以上。

③在富水砂层中施工，若参数选取不合理，则达不到预计的加固效果。可通过试桩和调整施工工艺来解决，如搅拌桩、三重管旋喷和二重管旋喷控制。

④竖向取芯检测：目测判断加固体强度是否满足设计要求，是否连续；试验判断加固体强度、抗渗性能。在砂层中，特别注意加固体的连续性是否良好，取芯率要在 90% 以上。取芯位置一般选取桩间咬合部位（应控制好桩体垂直度）。取芯数量按规范选取，且每个端头不应少于 3 根。

⑤水平取芯检测：在凿除洞门前 15~20 天对掌子面超前水平探孔，探孔应全断面布置且不少于 9 孔，掌子面不得有明显渗水。若达不到设计要求，应及时采取注浆或复喷等方式补强。

⑥冻结法测温检测：确定冷却速度、厚度等参数。冻结帷幕平均温度不低于零下 10℃。

⑦注浆与冷冻拔管施工中防止钻杆与冷冻管陷入掘进区域。

⑧降水井施工与冷冻施工应控制管道垂直度，以免进入盾构掘进区域扰动、破坏加固土体。

⑨洞门凿除应采用二次破除方式,施工前制订合理的洞门凿除计划,减少掌子面暴露时间。注意应减少洞门凿除工作对加固体的振动与破坏。

⑩盾构刀盘进入原状土前建立起设计压力值,根据除土量及时调整。

⑪因始发、接收施工的特殊性,应该严密注意出土量及土压情况,同时加大监测频率,控制地面沉降值。

⑫制订应急预案,现场应急物资应到位。

6.2 掘进阶段

6.2.1 盾构姿态超限

1.现象

盾构掘进轴线与隧道设计轴线偏差超出允许范围。

2.原因

①盾构超挖或欠挖,造成盾构在土体内的姿态不好,导致盾构掘进轴线产生过量的偏离。

②盾构测量误差导致盾构掘进轴线的偏差。

③盾构纠偏不及时或纠偏不到位。

④盾构处于不均匀土层,即处于两种不同土层相交的地带时,两种土的压缩性、抗压强度、抗剪强度等指标不同。

⑤盾构处于非常软弱的土层中,如果推进停止的间隙过长,当正面平衡压力损失时,会导致盾构下沉。

⑥拼装管片时,拱底块部位盾壳内清理不干净,有杂质夹杂在相邻两环管片的接缝内,会使管片的下部超前,轴线产生向上的趋势,影响盾构掘进轴线的控制。

⑦同步注浆量不够或浆液质量不好,泌水后引起隧道沉降,从而影响盾构掘进轴线的控制。

⑧浆液不固结,使隧道在大的推力作用下引起变形。

3.处理方法

通过合理选择各分区千斤顶及刀盘转向等来调整盾构的姿态,必要时开启铰接油缸和超挖刀辅助纠偏。

盾构掘进姿态调整与纠偏应掌握以下几个原则:

①以盾尾间隙控制为主、线型控制为辅。

②掘进过程中一次纠偏量不能过大,即油缸行程差不能过大,应控制在60mm以内。

③掘进过程中各区力差不能过大,应控制在总推力的5%以内。

4.预防措施

①正确设定平衡压力,使盾构的出土量与理论值接近,减少超挖与欠挖现象,控制好盾构的姿态。

②盾构施工过程中经常校正、复测及复核测量基站。

③发现盾构姿态出现偏差时应及时纠偏,使盾构正确地沿着隧道设计轴线前进。

④盾构处于不均匀土层时，适当控制推进速度，多用刀盘切削土体，减少推进时的不均匀阻力。也可以采用向开挖面注入泡沫或膨润土的办法改善土体，使推进更加顺畅。

⑤当盾构在极其软弱的土层中施工时，应掌握推进速度与进土量的关系，控制正面土体的流失。

⑥拼装拱底块管片前应对盾壳底部的垃圾进行清理，防止杂质夹杂在管片间，影响隧道轴线。

⑦在施工中按质保量做好注浆工作，保证浆液的搅拌质量和注入方量。

6.2.2 推进参数异常波动

由于盾构的可操作性很强，掘进参数的选择不能一概而定，需根据不同的实际情况选择相应的掘进参数。如：在地质条件较破碎的情况下应采用低速掘进，但刀具磨损较快时，应考虑调整刀盘转速和掘进速度以获得最佳的贯入度。又如：盾构栽头且偏离轴线较大时，应防止过急纠偏造成管片开裂、错台或渗水等问题。所以掘进中一定要根据现场实际情况，灵活正确地选择掘进参数。

掘进参数的选择依据主要包含地质情况判断、盾构当前姿态、地面监测结果和盾构状况等。当掘进参数出现异常时，应从这几个方面进行分析纠正。

1. 切口压力波动

切口压力主要由水压及土压组成（还有渗透力的作用），一般按照土体埋深考虑静水压力，以及适当考虑土压，其中土压应根据具体地质情况进行计算。实际掘进中的土压除考虑静水压力以及理论上的土压外，还应将实际出土量、地表沉降、地面建筑物状况及隧道上方管线布置结合起来考虑。在掘进过程中，盾构司机通过对掘进速度、出土速度的控制实现盾构的切口压力与掌子面的土压和水压平衡，防止地层坍塌。

（1）原因

①推进速度与螺旋输送机的旋转速度不匹配。

②当盾构在砂土土层中施工时，螺旋输送机因摩擦力大可能形成土塞而被堵住，出土不畅，使开挖面平衡压力急剧上升。

③盾构后退，使开挖面平衡压力下降。

④土压平衡控制系统出现故障，造成实际土压与设定土压的偏差。

（2）预防措施

①正确设定盾构推进的施工参数，使推进速度与螺旋输送机的出土能力相匹配。

②当土体强度高，螺旋输送机出土不畅时，在螺旋输送机或切口处适量地加注水或泡沫等润滑剂，提高出土效率。当土体很软，出土很快影响正面压力的建立时，适当关小螺旋输送机的闸门，保证平衡土压的建立。

③管片拼装作业中，要正确伸缩千斤顶，严格控制油压和伸出千斤顶的数量，确保拼装时盾构不后退。

④正确设定平衡土压以及控制系统的控制参数。

⑤加强设备维修保养，保证设备完好率，确保千斤顶没有内泄漏现象。

2. 总推力偏大

正常推进推力由刀盘切削土体的推力、切口压力对盾体的阻力、盾体与土体的摩擦力、后配套拉力等组成，即总推力。不同的地层，总推力的范围也是不同的，必须把盾构总推力控制在允许范围内，避免因盾构总推力过大，管片位移或破损。

（1）原因

①盾构刀盘结泥饼，导致开口率减小，进土不畅通。

②盾构正面地层土质发生变化。

③盾构正面遭遇较大块的障碍物。

④后配套设备与管片剐蹭。

⑤刀具磨损严重。

（2）预防措施

①合理使用渣土改良材料，防止刀盘结泥饼，保证出土畅通。

②隧道轴线设计前，应对盾构穿越沿线做详细的地质勘察，摸清沿线影响盾构推进障碍物的具体位置、深度，以使隧道轴线设计时考虑到这一状况。

③定期检查后配套设备的行走情况。

④加强刀具管理，勤检查勤更换，特别是边缘刀具的检查，防止卡顿的情况出现。

⑤合理设定平衡压力，加强施工动态管理，及时调整控制平衡压力值。

3. 刀盘扭矩偏大

刀盘扭矩指盾构掘进过程中，刀盘转动时需要刀盘驱动系统提供的作用力。影响刀盘扭矩变化的因素有掘进速度、地质因素、渣土改良状况、刀具状况、泥饼情况。当掘进速度快时，刀盘对土体的切削量增加，扭矩增加。当地层地质发生变化，刀盘切削土体需要的切削力变化时，扭矩也会相应变化。当渣土改良效果发生变化时，如果切口内渣土流动性变差，则刀盘搅拌力矩增大。如果刀盘与掌子面之间的渣土流动性变差时，摩擦力会发生变化，刀盘扭矩也会发生明显变化。黏性土挤压黏结成泥饼，同样会增加刀盘扭矩。

（1）原因

①渣土改良不到位。

②地层变化。

③存在泥饼。

④推力影响。

⑤刀具损坏。

（2）预防措施

①在掘进过程中应时刻注意渣土的状态，随时调节泡沫和水的注入量，保持渣土的可塑性和流动性。

②加强地质勘测，详细了解盾构推进断面内的土质状况，遇到地层变化后及时调整掘进模式。

③加强刀具管理，勤检查、勤更换、勤清泥饼，检查周期可根据施工地质条件和刀盘状态适当调整，但必须保证刀盘运转可靠。

④根据地层合理匹配推进速度、推力、刀盘扭矩。

6.2.3 管片破裂及渗漏水

盾构隧道管片破裂及渗漏水主要表现在部分管片拼缝渗漏、管片崩角、螺栓孔渗水、管片裂缝等，给盾构隧道质量造成了一定影响。如不有效解决隧道渗漏水问题，有可能造成地下水侵入隧道结构与附属管线，影响隧道的使用寿命。

1. 原因

①管片拼装不熟练。管片拼装工对拼装机的使用不熟练，在管片拼装过程中会出现破损及错台，从而导致管片渗漏水。

②靴板挤压。盾构推进油缸靴板面为一整个平面，在推进时会挤压管片止水材料，造成止水材料被挤压变形或粘贴不牢，从而造成渗漏水。

③靴板旋转。在盾构推进油缸伸出的过程中，在重力作用下靴板发生旋转，导致靴板轴线与管片轴线接触时不重合，局部受压过大。

④盾尾间隙。盾构在推进过程中控制不好会造成一侧间隙过小，从而影响管片的拼装质量，造成破损和渗水；在挤压力过大的情况下会形成管片裂缝。

⑤隧道拱顶压力不足。盾构在浅埋软弱地层中掘进，且处于下坡区段，为防止盾构低头，上下压力会不同，导致顶部油缸压力过小，不能将止水材料挤压密实。

⑥管片螺栓未拧紧。管片螺栓未按设计要求拧紧，造成拧紧扭矩不足，不能将止水材料挤压密实，致使拱顶渗漏。

⑦同步注浆未填充密实。同步注浆配比选择不合理或注浆量不充足，使管片没有及时得到巩固，造成隧道内的管片来回浮动、挤压，导致破裂渗漏。

⑧止水材料局部破损。止水材料未粘贴牢固，在存放、吊装、运输、拼装的过程中出现脱胶、破损现象，拼装时表面杂物未清理干净，造成管片拼缝渗漏。

⑨二次注浆不及时。未及时进行二次注浆，地下水从管片薄弱部位渗漏。

⑩推进油缸选择不合理。部分油缸选择跟随模式，造成个别油缸压力过大，造成破损、裂缝。

2. 预防措施

①组织拼装机专业操作培训，尽可能充分了解盾构设备。

②严格控制注浆配比及注浆量，在不同区域选用适宜本地质条件的注浆配比及合理的注浆量，及时巩固已成型的管片，减少管片在地层中的浮动。

③充分建立拼装工与盾构司机的沟通机制，使盾构司机能及时预判下一环的盾构姿态，也使拼装工能及时根据盾构姿态调节盾尾间隙，减少因盾尾挤压造成的破裂渗漏。

④对已拼装成型的管片及时进行复紧，避免因管片局部松动受力、挤压而破裂渗漏。

⑤在曲线转弯时提前调整盾构姿态，避免出现快纠急纠的情况，从而造成管片被严重挤压而破裂渗漏。

⑥及时测量管片姿态，如出现严重浮动，及时进行二次注浆进行巩固。

6.2.4 泥水循环管路异常

1. 现象

①泥水仓内波动异常。

②吸口搅拌卡死，正反转时油压达到峰值。

③软管有抖动现象。

④SAMSON 系统排气不畅。

⑤送排泥流量偏差过大。

⑥泥浆泵漏浆。

⑦地层发生变化。

⑧泥水站干渣量小。

⑨泥浆阀开关时不能完全关闭或打开。

2. 原因

①由于地层发生变化，刀盘切削下来较大粒径的石块堵在吸口、卡住搅拌，造成吸负压现象。

②操作不当，造成 SAMSON 空气系统排气滤芯被垃圾堵塞。

③未安装分流器格栅和吸口格栅的，大石块通过管路后堵在排泥泵后方，无法通过反循环冲洗将其冲回仓内。

④PE 软管、挠性接头质量较差（承受压力冲击不达标）。

⑤始发时泥浆管路支架安装不合格，未根据盾构坡度变化安装管路支架。

⑥管路和泵口堵塞会造成泵体震动和软管抖动。

⑦轴封水压力和流量不达标时盘根会磨损，造成泥浆泵漏浆，泵口处挠性接头会吸扁拉环。

⑧泥浆黏度和比重不达标会导致管路里的悬浮颗粒无法通过泥浆被带走，其慢慢积累后管径会变小甚至堵塞，引起爆管。

⑨泥水管路阀门由空气和液压两种模式控制其开度，冲洗尤为重要，而阀体有垃圾时开关会受限，造成爆管。

⑩冷干机未启动。

3. 处理方法

①送排泥流量偏差过大时，切入旁通模式，调整好压力后进行反循环冲洗。

②如较大石块堵在台车管路后方，无法进行反循环冲洗时，可在送排泥泵的功率、管路承受冲击压力的能力范围内调大流量疏通管道。

③冷干机冷媒缺少时应及时添加，防止高温造成盾构自动停机。

④压力变送器螺丝松动或掉下来时不要自行安装，因为这会造成仓内压力骤变从而引起爆管，应由专业维修人员进行维修操作。

⑤如果 SAMSON 设定压力始终是峰值且不动时，此时的仓位压力不准确，应及时更换 SAMSON 压电转换模块或步进马达。

4. 预防措施

①经常正反转动泥水仓搅拌，合理使用中心冲洗泵。

②操作人员必须仔细认真观察各个压力参数，发现异常及时处理。

③将排泥泵吸口压力报警值设置范围加大，及早反馈异常。

④注意进排泥流量偏差，发现异常及时查明原因并采取处理措施。

⑤有吸空压现象及时进行反循环模式冲洗（注意控制进排泥泵转速）。

⑥气动柜应予以遮挡，并做好环境卫生。

⑦注意查看挠性接头的规格型号是否满足施工要求。应常备挠性接头和钢管连接垫片。

⑧所有有挠性接头的地方应安装保护罩（壳），防止爆管时石子伤人。

⑨经常观察保压系统气动三连件的滤芯颜色，正常为白色，当发生颜色变化时需要更换。

⑩禁止在盾构自带管路上随意开孔。

⑪掘进过程中维保人员应加强巡视。

⑫应按要求值控制泥浆黏度和比重(膨润土要有专门的发酵池)。

⑬外循环水池用自来水,勿用地下水。地下水含砂量较大时,将会导致泵轴套磨损、滤芯堵塞等。

⑭合理安装管路支架,避免将接管器拉坏。

⑮仓内排泥口有两个时,应交换使用,避免长时间停用造成积渣堵塞。

6.2.5　管片错台、上浮

1. 管片错台

(1)原因

①管片上浮。

②注浆压力过大,或各区域注浆压力偏差大。

③拼装时对位不准确。

④推进油缸分区压力设置不合理,管片受力不均。

⑤管片选型不当。

⑥纠偏时急纠大纠。

⑦盾构姿态与管片姿态不匹配,盾尾间隙过小,造成盾尾与管片直接接触挤压。

⑧连接螺栓未及时复紧。

(2)预防措施

①根据设计线路制订整条隧道的管片排版计划,确保现场有相应管片满足盾构姿态调整需要。应与盾构司机积极沟通,制订当班的盾构姿态与管片拼装点位选取计划,避免盾构或管片姿态单一调整的现象出现。

②提高拼装工的操作能力和技术,熟悉和掌握拼装要领,保证拼装完成管片的环、纵缝高差等符合规范要求。

③管片安装时利用微调装置将待装的管片与已安装的管片的内弧面纵向调整到平顺相接,以减小错台。

④同步注浆压力及注浆量必须得到有效控制,注浆压力及注浆量不得超过限值。

⑤在管片安装前进行的检查中若发现问题,应及时进行处理。管片型号不正确的必须进行更换、止水材料损坏的应进行修复、螺栓等材料不够的应及时补充等。

⑥管片安装到位后,应及时推出相应区域的油缸。

⑦管片安装质量应以满足设计要求的隧道轴线偏差和有关规范要求的椭圆度,以及环、纵缝错台标准进行控制。

⑧管片安装前应对管片安装区进行清理,清除污泥、污水,保证安装区及管片相接面的清洁。泥水盾构管片拼装作业环境在施工时易造成工作区域积水现象,及时采用污水泵排除积水,处理好管路渗漏点,为管片拼装创造良好的工作环境。防止因未将拼装作业区内积水排出而影响对管片的准确定位,影响管片成环质量。

⑨及时按规定进行复紧。

⑩纠偏应缓纠慢纠,纠偏较大时应制订纠偏计划后,按计划进行。

⑪控制分区油缸压力差值。

2. 管片上浮

（1）原因

①工程水文地质原因。在含水地层掘进时，掘进形成的建筑空隙里充满水，管片周围的水压差使管片具有上浮的趋势。

②管片背后注浆质量不佳。当管片脱出盾尾后，由于掘进过程的蛇形、超挖及理论间隙，管片与地层之间存在环形建筑空间。建筑空隙采用注浆填充，如果注浆量、注浆压力、浆液质量不能满足要求，空隙就得不到密实填充。当隧道顶部不密实时，就增大了管片上浮的可能。

③连接螺栓未及时复紧，管片整体性差，个别管片上浮。

（2）预防措施

①保证浆液的质量、初凝时间、注浆量、早期强度满足要求。

②保证各注入点的压力均匀、差异满足要求。

③宜在距离盾尾一定长度的位置做止水环。

④及时进行二次注浆（二次注浆宜采用双液浆）。

⑤及时进行连接螺栓复紧。

⑥必要时在隧道内进行压重处理以抵抗上浮。

6.2.6 盾尾漏浆

1. 原因

①注浆材料和配比选择不当。

②始发时手抹盾尾油脂的涂抹质量差。

③注浆压力过大或者注浆量过多，导致尾刷击穿，造成漏浆。

④负环管片拼装完成后，没有充分将油脂充满前后油脂仓后再往前推进。

⑤盾构姿态失控和管片选型不合理。若盾构姿态控制不好、管片选型不当，会使盾尾间隙不均匀，盾尾刷一边紧一边松，间隙大的地方很有可能会漏浆；间隙小的地方盾尾刷容易受损，给漏浆造成隐患。

⑥管片质量和拼装质量低下。如果管片在拼装之前就存在缺陷，或者拼装时操作不当，使止水材料断裂、管片崩裂或者间隙过大，都会造成渗水和漏浆。

⑦油脂的注入量和注入压力。盾尾密封油脂的注入量和注脂压力要在适当的范围之内，注入量少则不足以保护尾刷，过大则造成材料的浪费。

2. 预防措施

①选用合适的浆液配比。

②盾构始发前要在盾尾刷钢丝内涂抹油脂，涂抹标准为每根钢丝上要沾满油脂。

③注浆压力不能超过盾尾刷最大承载压力。

④负环管片拼装完成后，要充分将油脂填充间隙。

⑤合理地控制盾构姿态，保证盾尾间隙。

⑥管片选型要合理，拼装要谨慎，杜绝野蛮拼装，拼装之前一定要将管片清理干净。

⑦保证盾尾密封油脂质量合格、注入压力足够、注入量饱满。

6.2.7　注浆管堵管

1. 原因

①停止注浆的时间太长，留在注浆管中的浆液变硬，引起堵塞。

②浆液中的砂含量太高，沉淀在浆管中，使浆管通径逐渐减小，引起堵塞。

③注浆管的三通部位在压浆过程中有浆液积存，时间长了会沉淀凝固。

2. 预防措施

①停止推进时定时用浆液进行循环回路，使管路中的浆液不产生沉淀。若长期停止推进，应将管路清洗干净。

②拌浆时注意配比准确，搅拌充分。

③定期清理浆管，清理后的第一个循环用膨润土泥浆压注，使注浆管路的管壁润滑良好。

④经常维修注浆系统的阀门，使它们启闭灵活。

⑤治理方法：将堵塞的管子拆下，将堵塞物清理干净后重新接好管路。

6.2.8　出渣量超方

1. 现象

由于盾构的特殊构造，我们无法观察掌子面的情况，只能通过出渣量的大小来推算掌子面的情况。

2. 原因

①掘进速度与螺旋输送机转速不匹配。

②地层变化。

③渣土改良不到位。

3. 处理方法

如出土量超标，可在超标位置地面及附近探查空洞并注浆填充。在出土量超标位置加大同步注浆量，必要时进行二次注浆加固。

4. 预防措施

①优化掘进参数，使各个掘进参数达到平衡，保证盾构平稳掘进。

②加密地质勘探孔的数量，准确定位地层突变的位置，提前制订施工方案，选择合适的掘进模式。

③加强盾构司机对各个系统的熟悉程度，提高专业技术水平和责任心，时刻保持清醒的头脑。

④合理选用渣土改良的材料，如泡沫、膨润土、聚合物、细颗粒，提高渣土的流动性、塑性，减少摩擦。

6.3　接收阶段

6.3.1　掌子面渗漏水、土体流失

因接收阶段打探孔前与打探孔时出现的掌子面渗漏水、土体流失情况及处理方法与始发

阶段基本一致，这里不再做说明。本节主要就洞门凿除与盾构接收时出现掌子面渗漏水、土体流失的现象、原因、处理方法及预防措施进行简要阐述。

1. 洞门凿除时

（1）现象

洞门凿除过程中前方掌子面有清水、浑水、夹砂水流出甚至土体垮塌。

（2）原因

①凿除前探孔布置不合理，未能超前探知隐患。

②凿除过程中降水井未正常工作或其他原因导致地下水位升高。

③加固方法不合理或加固体质量不达标。

④加固体外围隔水效果较好但靠近洞门附近局部有质量缺陷。

⑤盾构到达停机位置后盾尾密封环箍未做好，存在后方来水。

（3）处理方法

①接收前，在洞口准备好砂袋、水泥、水泵、水管、方木、风钻等应急物资和工具。

②配备并接好应急排洪泵，工作井积水较多时及时排出并派人及时清理沉积的泥砂。

③洞门凿除过程中派专人 24 h 观察掌子面，有异常立即疏散作业人员，将情况通知相关人员，并根据具体情况分析应对措施。如有人员被埋或受伤，在确保救援人员自身安全情况下尽快组织施救，并将伤员就近送到具备医疗条件的医院。

④若渗流量可控，及时用棉纱、木方、快硬水泥等进行封堵，必要时预埋引流管，并用钢板、方木支撑封牢，防止土体坍塌，在钢板与围护结构之间用双快水泥填充密实，待双快水泥达到强度后从引流管注入聚氨酯堵水，然后在涌水涌砂部位的正上方进行坑外双液注浆加固处理，对盾构后方管片进行二次注浆或聚氨酯处理，同时可利用盾体超前注浆孔注入聚氨酯进行止水。

⑤若喷涌特别严重，可对洞门用钢板和型钢整体封堵或对工作井进行回填、回灌处理，待注浆加固合格后重新清理工作井，进行盾构接收（图6-5）。

⑥及时隔离坍塌和土体流失影响范围，用地质雷达或钻孔观察方法探测地下空洞，若有空洞存在，立即通过灌砂、砂浆、混凝土以及注浆将空洞回填充实。

图6-5　洞门封堵

（4）预防措施

①凿除前合理布置探测孔，在探孔情况均理想且切口或泥水仓排空后压力没有明显变化时，可安排人员进仓观察。如果仓内仍未发现明显出水通道，可安排进行凿除条件验收。

②凿除过程中派专人观察降水井工作情况及水位探测孔中的水位，配备备用发电机防止意外断电导致降水井无法工作。

③选择合适的加固方法并严格控制施工质量。

④通过钻孔取芯的芯样分析提前判断壁后是否有松散土体并采取注浆等处理措施。

⑤盾构在加固区掘进时按照设计保质保量进行同步注浆，盾构到达停机位置后在盾尾和前盾超前注浆孔处做止水环箍，严格控制环箍质量。

2. 盾构接收时

（1）现象

洞门凿除完成后掌子面涌水涌砂，或盾构与止水装置间、止水装置与洞门钢环间涌水涌砂。

（2）原因

①加固体质量有缺陷，在失去围护结构支撑后形成过水通道。

②探孔预埋管过长，盾构停机前将探孔预埋管顶住憋死，使探孔无法反映加固区的真实情况。

③盾构掘进将加固体贯穿，沿盾体外侧形成后方来水通道，且盾尾密封环箍及超前止水环箍均有缺陷。

④止水装置安装质量不过关，局部脱落或承受不住水压被冲开。

（3）处理方法

①配备并接好应急排洪泵，工作井积水较多时及时排出。

②在盾构尚未被止水装置包裹时应迅速清理刀盘前方障碍物，用棉被、方木等将涌水涌砂处进行封堵，同时以最快速度将盾构推进，使止水装置尽快包裹盾体，在脱出盾尾的几环邻近管片的注浆孔中注入双液浆或聚氨酯。

③盾体与止水装置间有喷涌的，停止盾构推进，收紧止水装置外侧弹簧钢板，使用钢板将盾体与预埋洞门钢环焊接密封，然后在隧道内对相邻几环进行整环的二次注浆处理，在浆液凝固后再割除钢板，盾构再次推进。

④由止水装置质量缺陷导致止水装置与洞门钢环间涌水涌砂的，应立即对止水装置薄弱处使用型钢支撑加固，并将此处折页板与周围几块折页板焊接成整体，使用快硬水泥、棉纱封堵，并预留引流管，待水泥上强度后通过引流管注双液浆或聚氨酯，同时对脱出盾尾的管片进行二次注浆，直至封堵完成为止。

⑤盾尾脱出钢环后及时进行洞门二次密封，防止发生意外。

⑥及时隔离坍塌和土体流失影响范围，用地质雷达或钻孔观察方法探测地下空洞，若有空洞存在，立即通过灌砂、砂浆、混凝土以及注浆将空洞回填充实。

（4）预防措施

①端头加固时严把质量关，确保隔水效果。

②合理布置探孔，在探孔情况均理想且泥水仓排空后压力没有明显变化时，可安排人员进仓观察，如果仓内仍未发现明显过水通道，可安排进行凿除条件验收。

③盾构在加固区掘进时按照设计保质保量进行同步注浆，盾构到达停机位置后在盾尾和前盾超前注浆孔处做止水环箍，严格控制环箍质量。

④安装止水装置时应定位准确，安装质量符合要求，提前进行盾构姿态测量，及时纠偏保证接收轴线，姿态准确。

⑤提前将管片、浆液、电瓶车等准备到位，凿除完洞门后以最快速度使盾体推进至止水装置处，形成止水密封。

第 7 章　盾构后配套及场地布置

7.1　关键机械设备配置

7.1.1　水平运输机械设备

1.选用原则

盾构掘进施工中，水平运输分为有轨运输和无轨运输两类。应根据隧道空间、长度、坡度、盾构类型、掘进速度及施工组织等综合考虑选用，基本原则是运输能力应满足施工要求，运输设备性能应安全可靠。

①有轨运输用于铺设小型轨道，其采用列车编组运输渣土和材料。列车编组一般包含电瓶车、渣土车、砂浆车、管片车等，其主要特点是适应性强、较经济、对洞内空气质量影响小，适用于各种断面隧道，尤其适用于小断面隧道，因此在地铁等小断面隧道中广泛应用。为了保证运输效率，在配置时应优先考虑一次运输量不少于一环施工的材料和渣土。大断面隧道无法一次运输完时可考虑分两次运输。当长距离运输时，宜在适当位置设置会车道。

②无轨运输一般是利用轮胎走行的汽车运输渣土和材料，其主要特点是机动灵活，适用于大断面隧道。采用无轨运输方式时，需要采取有效的通风方式，保证隧道内空气质量良好。

在运输方式选取时，首先要保证盾构的正常掘进，然后考虑经济效益及充分发挥运输方式的特长。

目前在地铁盾构隧道中广泛采用有轨运输方式，其列车编组的配置直接影响到盾构掘进施工效率。本节在对电瓶车、渣土车、砂浆车、管片车选用要点进行说明，并以某 6252 mm 直径的地铁隧道列车编组选用为例，对相应配置的选用进行举例说明。

2.电瓶车

电瓶车是列车编组的动力设备。

（1）选用要点

①电瓶车必须具备在隧道最大坡道上安全起动并牵引满负载列车正常行驶的能力。

②具备电制动、空气制动和手制动三种制动方式。

③具有变频装置，以适应不同的工况。

④配备的蓄电池单次充电需保证 10 km 的运输，且不得少于一个进出循环的运输距离。

⑤由于列车编组为一个统一的运输整体，因此，对整体的刹车、轨距、连接方式等应有整体的部署。

（2）实例

在该 6252 mm 直径的地铁隧道中，根据具体的情况选用如下：45 t 电瓶车，整体采用排气制动，轨距 900 mm，连接方式采用 G3/4 快速接头，距轨面连接高度 430 mm。

3. 渣土车

渣土车是运输渣土的直接载体。

（1）选用要点

①渣土车必须具有一定的刚度和强度，保证在龙门吊吊运时不发生变形或断裂；同时不宜设计得过重，不宜过分增加龙门吊负荷。

②渣土车的渣斗和底盘必须是相对独立的两部分，以使龙门吊在吊运时只吊起渣斗，而底盘不被同时吊起。

③单列车编组的渣土车总容积应保证一次性装载完一环的掘土量（较大时为两列车编组）。

④渣土车的宽度不得超过盾构内部的最大限宽，且要有一定的富余量。

⑤转弯半径不得小于隧道的最小平面曲线半径。

⑥渣土车的长度及砂浆车、管片车的长度需综合考虑，整节列车的长度不能超过盾构内水平皮带输送机的限定长度，否则最后端的渣土车将无法装运渣土。

（2）实例

在该 6252 mm 直径的地铁隧道中，管片每环长度为 1.2 m，渣土车选用如下：

①计算每环掘进的渣土实方量 V。

$$V = \frac{\pi D^2 L}{4}$$

式中：D 为盾构切削外径，m；L 为管片每环长度，m。

计算得每环掘进的渣土实方量为 36.82 m³。

②计算每环掘进的渣土虚方量。

根据国内各修建地铁城市区域的地质情况，渣土的松散系数为 1.2~1.9，此处取 1.5，故每环出土量约为 55.23 m³；再考虑渣土改良剂注入量及部分富余量，选用 4 节 17 m³ 的渣土车，一次运渣量 68 m³。

③确定渣土车尺寸。

每列列车为 4 节渣土车、2 节管片车和 1 节砂浆车，列车长度按照不超过盾构内水平皮带输送机长度（49 m）进行控制，选用的渣土车长度为 6.259 m，各节车之间的距离为 0.65 m；盾构内部宽度限界为 1.6 m，渣土车宽度取 1.5 m；渣土车顶部高度按不超过盾构内部高度限界进行控制，取 2.399 m。综合以上因素并结合管片车、砂浆车设计，确定渣土车的尺寸为长×宽×高＝6.259 m×1.5 m×2.399 m。

④考虑到渣土车在龙门吊吊运时需顺利翻渣，因此在渣土车两侧分别设计了起吊轴和偏心翻转轴。

4. 砂浆车

砂浆车主要是将浆液从洞外运到盾构后方台车上的储浆池内。

（1）选用要点

其选用应遵循满足每环同步注浆的最大注浆量这一原则。同步注浆量经验计算公式为

$$Q = \frac{\pi(D^2 - d^2)\lambda L}{4}$$

式中：Q 为注浆量；λ 为注浆率（根据地层确定）；D 为盾构开挖直径，m；d 为管片外径，m；L 为管片每环长度，m。

（2）实例

在该 6252 mm 直径的地铁隧道中，砂浆车选用如下：

①计算每环所需的注浆量和砂浆车容量。

盾构切削外径 6.252 m，管片外径 6 m、长 1.2 m，计算理论注浆量为：$V = \pi(D^2 - d^2)\lambda L/4 = 3.14 \times (6.252^2 - 6^2) \times 1.2 \times 2.0/4 = 5.82$ m³（注浆率按最不利的 2.0 考虑），再考虑一部分富余系数后确定砂浆车容量为 7 m³。

②砂浆车宽度应小于盾构内宽度限界尺寸（1.6 m），则宽度取 1.4 m。

③浆液需从矿浆车中顺利抽出，应设置防止沉淀的专用搅拌机构，且搅拌驱动机构应控制噪声，搅拌功率为 18.5 kW。

④由于砂浆流体含有固体颗粒，砂浆车应具有密封结构；砂浆输送泵应质量可靠、使用耐久，砂浆出口压力为 1.2 MPa，功率为 11 kW。

⑤砂浆箱体与行走悬挂装置应为一体。

5. 管片车

管片车是将管片从洞外运至盾构管片吊运范围的载体。

（1）选用要点

①满足一次运输至少一环管片的运输能力（大断面隧道可分两次运输）。

②宽度满足管片稳固放置需求的同时，不得超过盾构内部的最大宽度，且有一定的富余量。

③转弯半径不得小于隧道的最小平面曲线半径。

④管片叠放在管片车上时，必须和管片车是柔性接触，即设置专门的橡胶垫，橡胶垫位置应适于管片受力，防止运输过程中管片的损坏。

⑤行走装置应设置缓冲装置，制动可靠。

（2）实例

在该 6252 mm 直径的地铁隧道中，砂浆车选用如下：

①每环管片 6 片，每节管片车叠装 3 片管片，每列车配 2 节管片车。

②考虑盾构内部宽度限界尺寸（1.6 m）及管片设计尺寸（1.2 m），管片车设计为 1.46 m 宽。

③按照管片的弧形，应将管片车设计成"凹"形结构，以保证最底层管片和管片车"三线"的充分接触，并应留有管片吊绳抽出的空间。

④3 片管片叠放在管片车上，盾构起重小车起吊最上面一片管片时，必须考虑能从第二片的最上部顺利通过。

⑤综合考虑以上情况，确定管片车的尺寸为长×宽×高 = 3.44 m×1.46 m×0.54 m。

7.1.2　同步注浆拌和站

同步注浆拌和站应根据运输距离、砂浆最大需求量进行选择。

拌和站主要由搅拌机、物料称量系统、物料输送系统、物料储存系统、控制系统等五大系统及其他附属设施组成。下面以某盾构工程砂浆拌和站选用分析计算为例对拌和站选型配置进行举例说明。

1. 盾构同步注浆需用量的确定

$$Q_{\text{同步注浆}} = \frac{\pi(D^2 - d^2)\lambda_1 L}{4}$$

式中：λ_1 为注浆扩散系数（根据地层确定）；D 为盾构开挖直径，m；d 为管片外径，m；L 为管片每环长度，m。

本例 λ_1 取 1.5，D 取 6.28 m，d 取 6 m，L 取 1.5 m，则计算得 $Q_{\text{同步注浆}} = 6.07$ m^3。考虑部分消耗，取每环 $Q_{\text{同步注浆}} = 6.5$ m^3。

2. 搅拌机按施工能力选型

按双线掘进最大量 2 环/h 考虑，砂浆搅拌能力为 2×6.5 = 13 m^3/h。富余系数取 2（理论与实际操作相差较大），则需拌和站能力为 2×13 = 24 m^3/h，可按 30 m^3/h 考虑设计能力。

根据搅拌能力需求选用 JS750 强制性搅拌机，配料斗为 HPJ1200A（砂石秤最大称量值 2000 kg、配料精度±2%；粉料秤最大称量值 360 kg、配料精度±1%；水秤最大称量值 300 kg、配料精度±1%）。

3. 水泥储存罐的选型

按理论掘进速度 30 环/天计算，需要砂浆量为 30×6.5 = 195 m^3。根据配比，每立方米中约含水泥 150 kg，则每天需要水泥量为 29.25 t。

选用 80 t 容量的水泥储存罐，可储存 2.7 天的水泥用量。

4. 粉煤灰储存罐的选型

同水泥储存罐选型。考虑进料路途远，选用 80 t 容量的粉煤灰储存罐。

5. 螺旋输送机的选型

为与 JS750 搅拌机配套，选用两台型号为 LS-Y219、功率为 11 kW 的螺旋输送机。

综上所述，该砂浆拌和站所选用设备列表见表 7-1。

表 7-1　某盾构掘进工程砂浆拌和站配置

名称	型号/规格	数量
强制式搅拌机	JS750	1 台
水泥储存罐	80 t	2 个
配料斗	HPJ1200A	1 个
螺旋输送机	LS-Y219	2 台

7.1.3　竖向起吊运输设备

盾构掘进施工中，配合水平运输设备将渣土、砂浆、管片及物料上下吊运的设备统称为竖向起吊运输设备，主要采用龙门吊，极少数特殊情况下也可采用吊车。在设备选用时，需考虑最大荷载量、吊装效率、施工场地条件等因素。其选用配备要点如下：

①起吊能力满足最重物件的起吊运输。一般最重物件为满载的渣土箱，渣斗自重+满载

渣土重量。

②根据施工场地的条件、情况自行设计跨距，并确定是否采用悬臂结构，但净高一般设计为 8 m 以上，以保证翻渣机构所需的正常高度。

③根据施工场地的条件、情况，龙门吊布置一般有两种方式，即平行于盾构掘进方向和垂直于盾构掘进方向。翻渣机构也分为两种，即龙门吊中央翻渣和侧面翻渣两种形式，选用时可根据实际情况自行设计。

④应尽可能减少龙门吊行走距离，即要求管片存储场、渣土坑应距井口尽量近，以减少龙门吊行走距离，提高吊运效率。

⑤为保证大车行走平稳，大车行走机构一般采用变频设计。

⑥为节省垂直运输的时间，保证吊运时的稳定性，主起升机构一般采用变频设计、双制动。

⑦起吊扁担应采用自动平衡装置，吊具可拆卸，摘挂方便灵活。

⑧应设计一副钩，以吊运管片及小型物料，提高吊运效率。

⑨龙门吊设计时还需考虑声光报警、防雷、防潮、手动夹轨装置、起升高度限位装置、起重量限位装置、大小车行走限位装置、起升高度显示仪、重量显示仪、避雷针、风速仪、蜂鸣器等。

7.1.4 泥水循环及泥水处理设备

泥水系统由泥水处理系统、泥水循环系统及综合管理系统组成，是泥水平衡盾构施工中确保工作面稳定及排渣的关键组成部分。

1. 泥水处理系统

泥水处理系统设于地面，主要由泥水调制系统和泥水分离系统组成。

（1）泥水调制系统设备及配套

泥水调制系统设备主要包括输送和补充浆液用的渣浆泵、防止沉淀的刮泥机和搅拌器等。泥水调制系统配套设施一般有清水池、新浆池、调整池、剩余池、沉淀池。见图7-1。

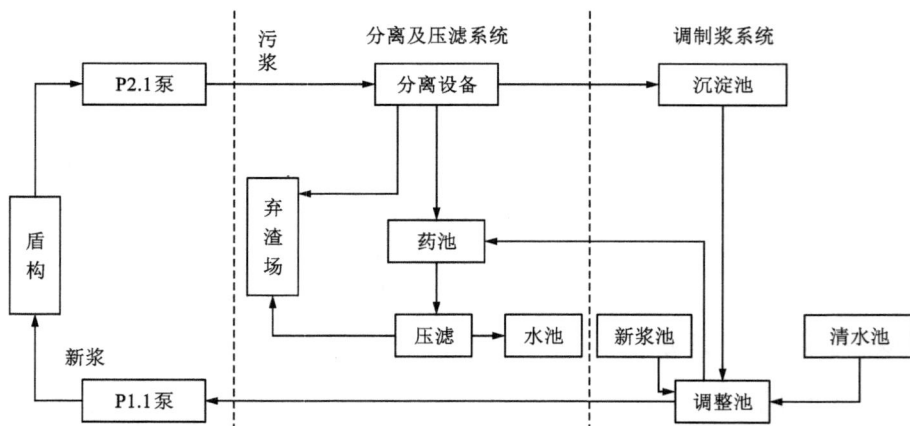

图7-1 泥水调制系统设备及配套

调制设备及配套的配备以满足盾构正常掘进所需调制浆量来计算确定。

下面以某工程的调制设备及配套的配置进行计算说明。

1）需浆量的确定

估算每环需要补充新浆量约 110 m³。

2）调制新浆能力配置及新浆调制方案

①配置。采用 2 个 30 m³ 新浆拌制槽调制浆液。每个新浆拌制槽的新浆拌制总时间约 20 min，2 个槽体共可拌制 180 m³/h 调制浆。另配备 3 个 200 m³ 的新浆贮备槽，新浆拌制后共可存放 600 m³ 调制浆，相当于近 5 环的用量，既有利于拌制后的新浆得到进一步的水解，又能使新浆的拌制时间趋于灵活。另外，当盾构处于某些地层，新浆用量增大时，可及时提供所需的新浆用量。

②新浆调制方式。新浆拌制采用射流泵和搅拌机联合的搅拌方式，浆液能得到充分的搅拌。制浆槽内设液位器，能自动控制清水用量。制浆完毕往外泵送浆液，槽内浆液处于低位时能自动控制停泵。

3）调整池和剩余池配置及浆液调整方案

①配置。调整池和剩余池有效容积各为 880 m³，两者相互独立，在正常情况下，单个池即可满足 1 环的掘进量。调整池和剩余池是将泥水送入盾构之前的最后两个池子，池内设搅拌器和液位计。a. 搅拌器是用来防止杂质在池内沉淀，使槽内液体更为均匀。b. 液位计除用于了解池内液位状态外，也用于控制泵的启动和停止，防止池内浆液的满溢以及浆液虚空引起泵体空吸运转而损坏。c. 在调整池内还设有差压式密度计，可实时了解进入盾构的泥水比重，并根据比重情况，由控制系统自动按设置值对输送的泥水做出调整。

②自动调浆方式。采用静态调浆方式；调整池和剩余池之间由平板闸门连接通断，当盾构掘进时，可关闭二者之间的闸门，单独对调整池进行下一环的浆液调整。调整方式可全自动和半自动。例如：从沉淀池进入调整池的浆液比重 ρ 为 1.33 时（差压式密度计自动测或人工测），有效容积 880 m³ 的调整池需要进入的泥水量约为 570 m³，该量由液位控制，当达到该液位时，自动关闭沉淀池至调整池的闸门，并控制清水泵往调整池加水稀释，需加入的清水和调制的新浆（视送泥水指标要求）约为 310 m³。清水泵的停止同样由液位控制，此时调整池内的浆液比重 ρ 将达到 1.15 的指标要求。闸门和清水泵的启、闭可根据进入调整池泥水的比重，通过计算设定液位的高低来达到控制目的。该过程也可在泥控室进行半自动操作，控制闸门和泵的动作。

（2）泥水分离系统设备及选型

泥水分离系统的优质高效运行，可以为盾构掘进提供保证，同时减少制浆材料的消耗和电力消耗，达到节约成本的目的；相反，若分离粒度不合适、分离效率低、分离后的浆液无法满足盾构施工的需要时，则弃浆、补充新浆液、储浆池清淤的工作量都会增加，从而增加盾构施工成本，降低总体施工效率。

1）组成

泥水分离系统关键设备包括处理污浆的分离设备、压滤设备。

①分离设备。

分离设备对泥浆的处理一般分为三个层次。

第一层：预筛分或粗分，是对 3 mm 以上的颗粒进行分离。主要部件是筛板，动力源是振动电机。

第二层：一级处理。目前一级处理的分离粒度为 74 μm，对 74 μm 以上颗粒的分离效率为 80%~90%，主要部件是筛板、旋流器，动力源是振动电机和输送浆液的渣浆泵。

第三层：二级处理。二级处理的分离粒度一般为 30 μm 左右，对 30 μm 以上的颗粒分离效率为 70%~80%，主要部件是筛板、直径更小的旋流器，动力源是振动电机和输送浆液的渣浆泵。

旋流器为不完全分离，对粗砂、粉细砂的分离效率为 80% 左右，达到 90% 已经相当困难，并且随着浆液中小直径黏土、粉土颗粒比例的增加，分离效率明显下降，对 5 μm 以下的黏土、粉土颗粒基本不能分离。要处理污浆中的小颗粒，减少废浆的排放量，就要利用压滤系统。

②压滤设备。

压滤设备主要包括处理污浆的压滤机、输送污浆的隔膜泵和提供挤压力的空压机等。

压滤设备通过调整滤布缝隙的孔径，可以处理 5 μm 以下的小颗粒。经处理后的浆液基本以清水的形式排出。

2）关键设备选型

①分离设备选型。

分离设备的选型关键是污浆处理量、旋流器直径及组数、浆液输送泵的选择。其中污浆处理量、旋流器组数、浆液输送泵的选择是由盾构的直径、最大掘进速度决定的；旋流器直径是由地层中主要颗粒含量决定的。有如下三组公式：

$$Q > Q_{max}$$

$$Q_{maxD} = \frac{60 V_{max} Q}{100}$$

$$Q_1 = \frac{\pi D^2}{4}$$

式中：Q 为分离设备处理量，m^3；Q_{max} 为最大掘进速度时的排浆量，m^3；Q_{maxD} 为最大掘进速度时每小时干渣出渣量，m^3；n 为水渣比例；V_{max} 为最大掘进速度，cm/min；Q_1 为每米干渣出渣量，m^3；D 为盾构开挖直径，m。

旋流器处理能力计算如下：

$$Q_x = 2.69 n D d_i (20\alpha)^{0.2} \Delta P^{0.5} \left[\rho_m \left(\frac{1.5D}{d_0} \right)^{1.28} - 1 \right]^{-0.5}$$

式中：Q_x 为旋流器处理能力，m^3/h；n 为旋流器个数；D 为旋流器直径，cm；d_i 为旋流器进浆口当量直径，cm；α 为旋流器锥度，(°)；ΔP 为旋流器进口压力，MPa；ρ_m 为进浆液密度，g/cm^3；d_0 为旋流器溢流管直径，cm。

旋流器分离粒度计算如下：

$$d_{50} = 1098.6 D^{0.18} d_0^{0.32} d_i^{0.25} \mu_m^{0.5} \left[tg\left(\frac{\alpha}{2} \right) \right]^{0.5} (\rho_d - \rho_m)^{-0.5} (3D - 2d_0)^{-0.5} \Delta P^{-0.25}$$

式中：d_{50} 为旋流器分离粒度，μm；D 为旋流器直径，cm；d_0 为旋流器溢流管直径，cm；d_i 为旋流器进浆口当量直径，cm；μ_m 为浆液的塑性黏度，Pa·s；α 为旋流器锥度，(°)；ΔP 为旋流器进口压力，MPa；ρ_d 为浆液中分散相密度，g/cm^3；ρ_m 为进浆液密度，g/cm^3。

②压滤机选型。

压滤机选型不受颗粒最小直径的影响，主要是基于每小时的最大干渣出渣量考虑。每小时的最低处理量 $Q_{minc} > 0.3Q_{maxD}$，每小时最大处理量 $Q_{maxc} < 0.5Q_{maxD}$。所以压滤机干渣处理量 Q 的选择范围：$0.3Q_{maxD} < Q < 0.5Q_{maxD}$

在选型的过程中，还应根据项目的实际特点进行选择，如废浆的排放，综合考虑实用、环保、经济等特点，做出最适合项目实际的选择。

2. 泥水循环系统

泥水循环系统由送泥泵、排泥泵、送泥管、排泥管、延伸管线系统、辅助设备等组成。送泥泵将处理好的泥水通过送泥管输送到泥水仓和掌子面。而排泥泵则将携带渣土的泥水从排泥口排出，通过排泥管输送到地面的泥水处理设备进行分离。

根据盾构的切削断面、送泥浓度、掘进速度、排泥浓度计算送泥流量和排泥流量，再根据流体能输送的石块大小与排出土砂的临界沉降流速来决定排泥管径。

送泥泵位于地面上，位置固定。初级泥浆排泄泵站位于盾构后配套拖车上，随盾构推进而前进；二级泥浆排泄泵站可根据实际需要选择安装位置，它的位置固定在隧道内部，一般与初级排泥泵的距离不超过 1 km。

延伸管线系统：通过此系统可以保证盾构在正常掘进工作过程中的管线延伸，防止发生泄漏，使掘进过程能持续地进行。管线延伸系统的长度一般为 6~10 m。

中继泵站：当管线里程过长，泥浆和水的泵送压力降低到一定程度时就必须设置中继泵站进行二次泵送，为水和泥浆的输送提供足够的压力和流速。

辅助设备：在供水管和排水管上都安装有泵送设备、阀门、流速传感器和压力检测设备，用以分别监视和控制水和泥浆的流速和压力，从而保证泥浆以最佳的流动状态被输送到泥水处理设备。

7.2 场地布置

7.2.1 总体布置原则

①充分利用可用场地，做到科学、合理、经济。施工临时设施在满足施工生产的同时，应做到布局整洁、大方、紧凑、清爽。

②场地布置需严格遵守业主及所在地方有关部门的要求、规定，不超出招标文件规定的施工用地范围。

③各功能分区合理，便于施工和利于提高施工效率。

④临时设施工程在满足使用的前提下，充分利用各种永久性建筑物、构筑物，降低临时设施费用。

⑤场地布置应尽量减少对道路、交通等公用设施的干扰，充分利用既有交通，减少施工临时便道工程。

⑥施工场地一次布置到位，尽量不进行中途挪移，以减少二次建设造成的浪费。

⑦生产、生活区域分开布置。

7.2.2 土压盾构施工场地

土压盾构施工场地功能分区一般有管片储存区、物料储存加工区、同步注浆拌和区、膨润土搅拌区、弃渣储存区、冷却循环水池、电瓶车充电区。图7-2为某盾构场地平面布置示意图。

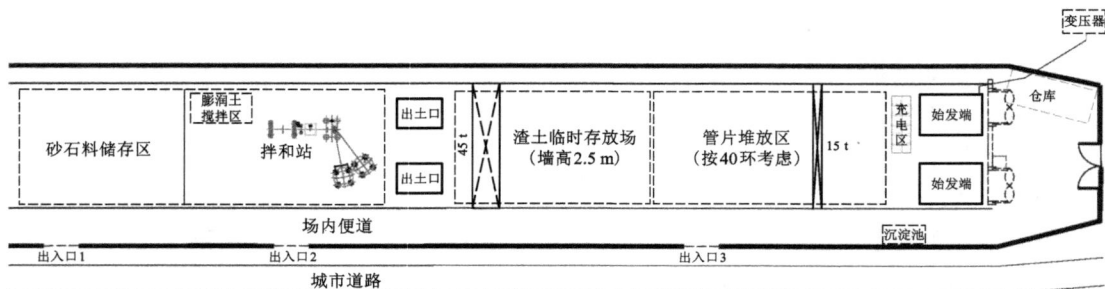

图7-2 某盾构场地平面布置示意图

1. 管片储存区

管片储存区为准备用于隧道施工的管片的临时堆放场地，也可作为止水材料粘贴的施工场地。图7-3为管片储存区场地布置示意图。其布置要点如下：

①布置位置应临近盾构施工下井口及施工便道，方便管片进场，也便于粘贴好止水材料的管片下井。

②管片储存区场地规模应根据盾构施工进度及管片进场供应效率综合确定，其最大

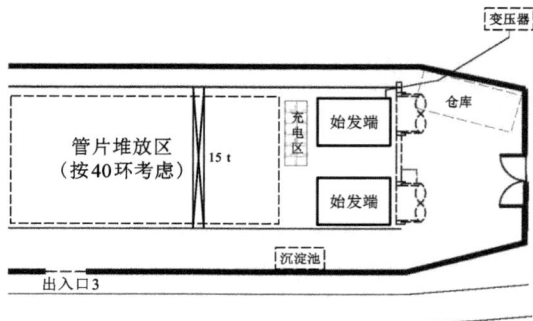

图7-3 管片储存区场地布置示意图

储存量应达到管片进场、使用的循环平衡要求，且应考虑至少1~2天的富余量。

③管片堆放布局应合理，便于作业人员施工。

④管片储存区的地基应满足管片堆放承载要求，有条件的可进行硬化。

⑤布置管片储存区时，应考虑大型机械(如门吊等设施)的安装及运行。

⑥管片储存区应布置止水防火设施、排水系统，设置相应的安全警示牌，提醒施工人员此处为吊装作业区域。

⑦管片储存区应设置临时围挡。

⑧管片储存区如有条件，可设置管片止水材料储存仓库，便于施工。

图7-4所示的管片储存区利用既有结构顶板进行布置，长40 m，宽16 m。最大储存量为40环管片，满足左右双线2天掘进的需求量，并且场地内设置有可移动止水雨棚，

图7-4 管片储存区

用于已粘贴止水材料的管片防雨。管片储存区在门吊运行范围内，南侧有供车辆进出的施工便道，东侧及西侧均有下井口。

2. 物料储存加工区

物料储存加工区为盾构施工消耗品（如润滑油、密封油脂、泡沫、膨润土、管片螺栓、走道板等材料）的储存和加工区域。其布置要点如下：

①应尽量利用场地闲置区域、临近施工便道进行布置，方便材料的进场及使用。

②物料储存区域应建设临时堆放仓库，仓库数量、大小根据其储存功能、施工需求、供应周期而定，材料应码放整齐，码放位置以不影响施工为准。

③物料储存仓库应布局合理，不影响施工，存储空间能满足施工进度需求。

④仓库布置应保证储存物资安全，配备相应的防火、防涝、防盗等设施（图7-5）。

⑤对于存储量大的消耗材料，如泡沫剂、油脂、黄油等物资，需较大场地时可合理利用场地闲置区域放置。

⑥布置位置需方便材料运输、装卸、下井，并配置相应的标识牌。

⑦物资码放应整齐、牢靠、不超高，防止倾覆，如图7-6所示。

图7-5　物料储存仓库

图7-6　物料储存区域

⑧材料加工区域应设置挡雨棚、围挡，配电箱设置符合规范要求。

⑨材料应分类堆放，按材料类别分别制定相应的堆放保存要求。

3. 同步注浆拌和区、膨润土搅拌区

同步注浆拌和区、膨润土搅拌区为盾构施工同步注浆材料、膨润土渣土改良材料的生产场地（图7-7）。其布置要点如下：

①场地布置应临近电瓶车运行区域，且有一定的垂直运输空间布置砂浆及膨润土浆液输送管路。

②场地位置上方的空间应充足，以满足膨润土、粉煤灰、水泥等材料储存罐的放置需求。

③场地规模应根据拌和设备占地、材料储存占地、车辆临时停放占地、场内便道占地等综合计算确定。

④同步注浆拌和设备生产能力及材料堆场容量应满足施工进度需求。

⑤拌和区域的设置应便于同步浆液运输至盾构施工区域。

⑥拌和区设置应避免低洼地段，排水设施要完善，材料堆场要设置防雨棚及围护墙。

⑦拌和区的设置需临近便道，以满足运输车辆进出场需求，并留有足够车辆（如铲车

等）作业停放区域。

⑧材料堆放以及设备运行应满足消防、环保、卫生及采光要求。

⑨膨润土搅拌区要设置膨化池（容积满足施工需求）、搅拌桶及输送管路，输送泵功率、扬程符合盾构掘进区间长度。

⑩拌和区周边相应供、储水设施及供、储水量符合施工需求。

⑪拌和站出入口应做到人车分流，避免运量大时造成安全隐患。

某盾构拌和站及料场如图7-8所示，采用 HZS75 型号搅拌系统 1 套，砂浆拌和能力为 20 m³/h 左右，拌合能力足够左右线同时进行盾构掘进施工（每环用量约 5 m³）。拌和站配备膨润土搅拌筒 1 台，膨润土膨化池 3 个（13.5 m³/个）。拌和区紧邻盾构出土口西侧，便于管道运输砂浆至砂浆车，南侧为施工便道和工地南门，利于车辆进出。两侧围挡加高并设置喷淋防尘。

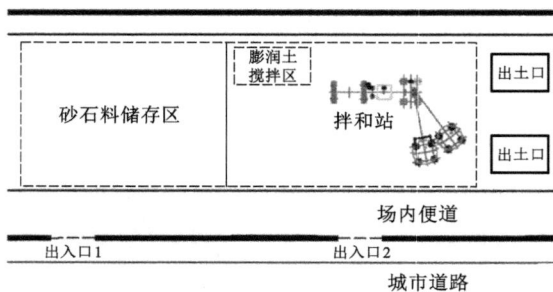

图 7-7　同步注浆拌和区、膨润土搅拌区布置示意图

图 7-8　拌和站及料场

4.弃渣储存区

弃渣储存区是土压盾构掘进出来的砂石、渣土临时存放场地。其布置要点如下：

①应临近井口及施工便道，便于渣土垂直吊运及装车出场。临近的施工便道须至少满足 2 辆渣土车错车。

②场地应在渣土垂直起吊后门吊的运行范围内。

③场地面积、容积应根据出渣能力及施工渣土生产能力计算，保证储渣量满足施工生产进度，且不得小于 2 天的盾构出渣量。

④渣土坑场地设置应满足所在地方市容环卫规范要求。

⑤场地基础应满足最大渣土承载重量，避免出现安全隐患。

⑥渣土储存场的布置应便于车辆运输及机械设备施工（有条件的可在场地内布置施工栈桥）。

⑦渣土坑内应设置排水设施，避免因坑内积水而出渣困难。

⑧渣土坑应设置围护矮墙及安全警示牌，防止人员坠落。

⑨场地出口应设置洗车槽，车辆清洗后出场。

⑩弃渣储存区附近围挡需加高，以防止渣土飞溅造成污染，并安装喷淋设施降低扬尘。

图 7-9 为弃渣储存区场地布置：渣土坑利用既有结构顶板进行布置，周边设置低矮防护墙，长 33.4 m，宽 18.2 m，高 2.5 m，容积 1520 m³，能够储存 41 环渣土，满足日常掘进中左

右双线 2 天的出渣量。位于场地 45 t 龙门吊运行范围内，西侧靠近盾构出土口，便于渣土吊运出井，南侧为施工便道，便于渣土运出。两侧围挡加高并设置喷淋装置，以防止渣土飞溅，降低扬尘。

5. 冷却循环水池

冷却循环水池是为盾构提供冷却水降温的临时储水装置。其布置要点如下：

①应尽量利用结构闲置空间，采用砖砌结构或钢结构储水，布置位置不影响其他工序施工即可。

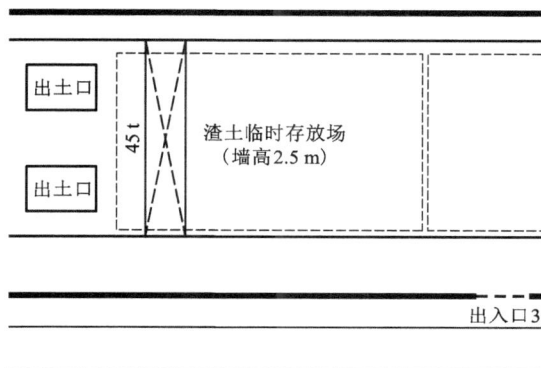

图 7-9　弃渣储存区场地布置示意图

②配备增压泵及冷却水输送管路。储水装置上方布置冷却塔，在高温时对冷却水进行降温，功率满足降温条件即可。

③冷却水储存量根据区间管路长度及盾构冷却用水计算，应满足盾构施工用水。

④冷却循环系统附近应有供水设施，满足循环水所需供水量。蓄水量应根据循环水管及盾构内循环水量计算，满足盾构冷却降温循环水量需求。

⑤冷却循环水池应设置围挡及安全警示牌，防止人员坠落。

⑥循环水进出水管处应设置滤网或其他过滤设施，防止管路堵塞。

6. 电瓶车充电区

电瓶车充电区是电瓶车编组的充电区域。其布置要点如下：

①由于其场地需求较小，可利用盾构施工区附近车站内狭小闲置空间进行布置，也可在地面布置。

②场地应便于施工吊运。

③保证区域内电力供应，有条件时布置于电瓶车运行区域周边，便于电瓶更换吊装。

④充电区域设置围挡防护、安全警示牌等。

⑤电瓶车充电区域内应保证通风，避免设置于密闭空间。

⑥根据电瓶数量配置相应的充电机，充电机应垫高防止积水，并设置防雨棚。

例如某盾构区间电瓶车充电区布置为：位于盾构始发井附近，设有止水雨棚与配电箱，便于充电及吊运下井；共设置 12 个充电点，满足左右线各 2 辆电瓶车的运行需求。

7.2.3　泥水盾构场地

1. 泥浆池

泥浆制作、循环及储存池是泥水平衡盾构施工的后配套设施，按功能划分主要有清水池、新浆池（膨化池）、调整池、剩余池、沉淀池。图 7-10 为泥浆制作区及沉淀池示意图。其布置要点如下：

①场地布置区域选择应结合施工现场情况，利用结构顶板或在面积较大空地设置钢结构泥浆池进行建设。

②结合盾构设备及地质情况计算各池的容积。

③各池布置位置应便于泥水循环管路的铺设，利于日常掘进施工。

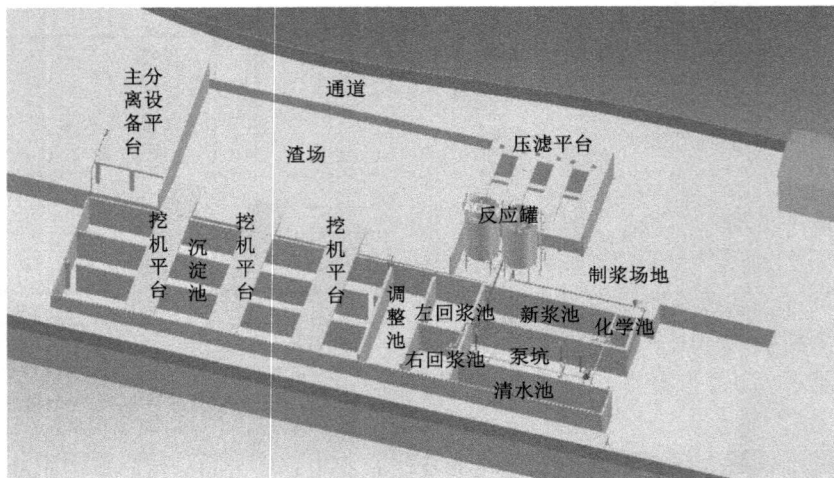

图 7-10　泥浆制作区及沉淀池示意图

④泥浆制作、循环设备应具有与盾构推进速度相适应的处理能力，材料堆场应满足盾构掘进施工所需用量，储存池的储存量应满足整个泥水循环系统的循环总量且满足盾构施工需求。

⑤泥浆制作、循环及储存池应有足够空间布置机械设备，并有便于车辆进出作业及停放的便道。

⑥储存池应设置雨棚及止水围挡，配备应急水泵、安全警示标牌等。

⑦泥浆制作区域应增高围挡并设置喷淋装置，做好场地文明施工。

2. 渣土筛分、压滤区

渣土筛分系统及压滤系统是泥水平衡盾构施工的后配套设施。制浆系统、调浆系统、筛分系统、压滤系统通过管路组合在一起，泥浆循环到各个系统进行处理，使盾构施工泥浆达到所需指标，总体占地较大（图 7-11）。其布置要点如下：

①渣土筛分设备应能有效地分离泥浆中的泥土和水分，并具有与推进速度相适应的处理能力。

②渣土筛分、压滤区布置应便于废渣排放运输及分离浆液的运输。

图 7-11　渣土筛分

③渣土筛分区域附近应设置有施工便道，便于作业车辆进出。

④应设置洗车池，对运输渣土车辆进行清洗，并设置防尘设备，场地围挡增高防止渣土飞溅。

⑤废渣堆放场地应能满足承载要求，应设置排水设施，避免积水导致出渣困难。

⑥应尽可能远离附近居民楼和商户。

⑦筛分、压滤系统出渣口需考虑环保要求。压滤系统如图 7-12 所示。

图 7-12　压滤系统

第8章 工程验收

根据《盾构法隧道施工及验收规范》（GB 50446—2017）、《地下铁道工程施工质量验收标准》（GB/T 50299—2018）、《地下止水工程质量验收规范》（GB 50208—2011）、《地下工程止水技术规范》（GB 50108—2008）相关条文规定，盾构掘进法施工应对规定的项目进行施工过程中间检验和成型隧道验收。

注：当项目合同、业主及设计文件有相应规定时，应按相应规定执行；当国家及行业对规范标准进行修订或发布新规范标准时，按修订后的规范标准或新规范标准执行。

8.1 施工过程中间检验

8.1.1 管片制作检验及现场验收

（1）管片制作检验

管片制作检验主要是指模板、钢筋、混凝土及制作成型的单块预制管片检漏测试和水平拼装检验，表8-1为钢筋混凝土管片制作质量检验项目及检验标准。

表8-1 钢筋混凝土管片制作检验项目及检验标准

检验项目			检验标准
模板	宽度及弧弦长		±0.4 mm
钢筋	钢筋品种、级别、规格、位置		符合设计要求
	钢筋加工	主筋和构造筋长度	±10 mm
		主筋折弯点位置	±10 mm
		箍筋外轮廓尺寸	±5 mm
	钢筋骨架	长、宽、高尺寸	+5 mm、−10 mm
		主筋间距、层距	±5 mm
		箍筋间距	±10 mm
		分布筋间距	±5 mm

续表8-1

检验项目		检验标准
钢筋混凝土管片	结构性能检验	符合设计要求
	抗压强度	符合设计要求
	抗渗压力	符合设计要求
	中心注浆孔预埋件抗拉拔	符合设计要求；当设计无要求时，不应低于管片自重的7倍
	外观	不应有严重缺陷，一般缺陷应采取技术措施进行处理（缺陷等级划分见表8-3）
	环、纵向螺栓孔	畅通、内圆面平整，不应有塌孔
	几何尺寸　宽度及弧长	±1 mm
	几何尺寸　厚度	+3 mm、-1 mm
	主筋保护层厚度	符合设计要求或-3 mm～+5 mm
	检漏	无渗漏
	水平拼装　环向缝间隙	2 mm
	水平拼装　纵向缝间隙	2 mm
	水平拼装　成环后内径	±2 mm
	水平拼装　成环后外径	-2～+6 mm

（2）管片现场验收

管片现场验收项目分为主控项目和一般项目，同时符合则为质量指标合格。表8-2为管片现场验收及验收标准。

①主控项目的质量达到100%时，应为合格。

②一般项目的质量达到95%及以上时，应为合格。

③应具有完整的施工质量验收依据和质量验收记录。

表8-2　管片现场验收及验收标准

验收项目		验收数量及方法	验收标准
主控项目	管片混凝土强度、抗渗等级、结构性能	每批次检查，检查试验报告、检验报告和出厂合格证	符合设计要求
	钢筋混凝土管片外观质量	全数检查，观察或尺量	不应有严重缺陷
	钢管片外观质量	全数检查，目测或放大镜观察	不应有裂缝

续表8-2

验收项目		验收数量及方法	验收标准
一般项目	钢筋混凝土管片几何尺寸	每 200 环抽查 1 环，尺量	宽度及弧长±1 mm
			厚度+3 mm、−1 mm
	钢筋混凝土管片主筋保护层厚度	每 200 环抽查 1 环，尺量	符合设计要求或−3 mm～+5 mm
	钢管片表面锈蚀	全数检查，观察	符合 GB/T 8923.1—2011规定的 C 级及以上
	钢管片几何尺寸	每 100 环抽查 1 环，尺量	宽度±0.5 mm
			厚度+3 mm、−1 mm
			螺栓孔位及直径±1 mm
			宽度±0.5 mm
			环面与端面、环面与内弧面的垂直度2′
			端面、环面平整度 0.2 mm
	钢管片焊缝	全数检查，目测或放大镜观察	不应有裂缝、咬边、亏焊、焊瘤等质量缺陷
备注	存在一般缺陷的管片数量不得大于同期生产总数的 10%；对于一般缺陷，应由生产单位按技术要求处理后重新验收		

钢筋混凝土管片外观质量缺陷等级划分见表8-3。

表 8-3　钢筋混凝土管片外观质量缺陷等级划分

名称	缺陷描述	缺陷等级
露筋	管片内钢筋未被混凝土包裹而外露	严重缺陷
蜂窝	混凝土表面缺少水泥砂浆而形成石子外露	严重缺陷
孔洞	混凝土中出现深度和最大长度均超过保护层厚度的孔穴	严重缺陷
	混凝土中有少量深度和最大长度未超过保护层厚度的孔穴	一般缺陷
夹渣	混凝土内夹有杂物且深度达到或超过保护层厚度	严重缺陷
	混凝土内夹有少量杂物且深度小于保护层厚度	一般缺陷
疏松	混凝土局部不密实	严重缺陷
裂缝	从管片混凝土表面延伸至内部且超过设计给出的允许宽度或深度的裂缝	严重缺陷
	其他少量不影响管片结构性能或使用功能的裂缝	一般缺陷
预埋部件缺陷	管片预埋件松动	严重缺陷
	预埋部位存在少量麻面、掉皮或掉角	一般缺陷

续表8-3

名称	缺陷描述	缺陷等级
外形缺陷	外弧面混凝土破损到密封槽位置	严重缺陷
	存在少量且不影响结构性能或使用功能的棱角磕碰、翘曲不平或飞边凸肋等	一般缺陷
外表缺陷	密封槽及平面转角部位的混凝土有剥落缺损	一般缺陷
	其他部位的混凝土表面有少量麻面、掉皮、起砂或少量气泡等	一般缺陷
备注	发现严重缺陷的管片不应使用,一般缺陷应采取技术措施进行处理并重新验收合格后才允许使用	

8.1.2 盾构掘进及管片拼装检验

主要对隧道掘进中线、壁后注浆、隧道止水、管片拼装及连接等的质量进行检验。

1. 隧道掘进中线

盾构掘进中应严格控制中线平面和高程,其允许偏差均为±50 mm。发现偏离应逐步纠正,不得猛纠硬调。

2. 壁后注浆

管片与地层间隙应填充密实。应根据地质条件、隧道条件、工程环境、地表沉隆状态,通过试验确定注浆材料、配比及参数,同时应符合设计要求。

3. 隧道止水

隧道止水应包括管片自止水、管片接缝止水和特殊部位止水。管片自止水的检验见8.1.1"管片制作检验及现场验收"。

(1)管片接缝止水

①止水材料应按设计要求选择,施工前应分批进行抽查。

②止水密封条粘贴应符合如下规定:应按管片型号选用;变形缝、柔性接头等接缝止水的处理应符合设计要求;密封条在密封槽内应套箍和粘贴牢固,不得有起鼓、超长或缺口现象,且不得歪斜、扭曲。

③当采用遇水膨胀橡胶密封垫时,应按设计要求粘贴。

④当采用嵌缝止水材料时,应清理管片槽缝,并应按规定进行嵌缝作业,填塞应平整、密实。

⑤管片止水密封质量应符合设计要求,管片拼装时不得缺损。

(2)特殊部位止水

①当采用注浆孔注浆时,注浆后应对注浆孔进行密封止水处理。

②注浆孔及螺栓孔处密封圈应定位准确,并应与密封槽相贴合。

③隧道与工作井、联络通道等附属构筑物的接缝处,应按设计要求进行止水处理。

4. 管片拼装及连接

管片拼装前,管片止水密封材料的粘贴效果应验收合格。应根据设计要求和纠偏需要选择管片类型、排版方法、拼装方式和拼装位置。拼装时应定位准确,逐块依次拼装成环,管片连接螺栓紧固扭矩应符合设计要求,管片拼装完成脱出盾尾后应及时复紧。当在富水稳定岩层掘进时,应采取防止管片上浮、偏移或错台的措施。拼装过程中的拼装质量控制应符合以下要求：

①管片不得有内外贯穿裂缝、宽度大于 0.2 mm 的裂缝及混凝土剥落现象。

②螺栓质量及拧紧度应符合设计要求。

③管片拼装过程中应对隧道轴线和高程进行控制，允许偏差和检验方法见表 8-4。

④拼装中管片错台允许偏差和检验方法应符合表 8-4。

表 8-4　盾构掘进及管片拼装检验项目及检验标准

检验项目		检验数量及方法	检验标准
掘进中线	平面和高程	逐环，全站仪测中线或自动导向系统测量	±50 mm
壁后注浆	注浆参数	逐环，试验检测	符合设计要求
	注浆效果	逐环，注浆压力、注浆量及地面沉隆综合分析	回填密实
	地面沉隆	按设计间距布点，测量	符合设计要求
管片在盾尾内拼装时	隧道轴线平面和高程	逐环，全站仪测中线	地铁隧道±50 mm 公路隧道±75 mm 铁路隧道±70 mm 水工隧道±100 mm 市政隧道±100 mm 油气隧道±100 mm
	衬砌环椭圆度	每 10 环检验 1 次，断面仪、全站仪测量	地铁隧道 5‰D 公路隧道 6‰D 铁路隧道 6‰D 水工隧道 8‰D 市政隧道 5‰D 油气隧道 6‰D
	衬砌环内错台、环间错台	逐环，尺量	地铁隧道 5 mm、6 mm 公路隧道 6 mm、7 mm 铁路隧道 6 mm、7 mm 水工隧道 8 mm、9 mm 市政隧道 5 mm、6 mm 油气隧道 8 mm、9 mm
连接螺栓	螺栓质量	每批次检查，检查产品合格证、产品性能检测报告和材料进场检验报告	符合设计要求
	拧紧度	逐环，观察检查和力矩扳手检查	符合设计要求
管片衬砌环		逐环，目测、尺量	管片不得有内外贯穿裂缝、宽度大于 0.2 mm 的裂缝及混凝土剥落现象

盾构止水验收项目及验收标准见表8-5。

表 8-5　盾构止水验收项目及验收标准

验收项目		验收数量及方法	验收标准
主控项目	止水材料	每批次检查，检查产品合格证、产品性能检测报告和材料进场检验报告	符合设计要求
	管片混凝土强度、抗渗等级	每批次检查，检查试验报告、检验报告和出厂合格证	符合设计要求
	隧道衬砌渗漏水量	逐环，观察检查和检查渗漏水检测记录	符合设计要求
一般项目	管片接缝密封垫/条及其沟槽的断面尺寸	逐环，观察检查和检查隐蔽工程验收记录	符合设计要求
	密封垫/条安装	逐环，观察检查	准确安装在沟槽内，应套箍和粘贴牢固，不得歪斜、扭曲，管片拼装时不得损坏
	嵌缝槽尺寸及断面构造形式	逐环，观察检查和检查隐蔽工程验收记录	符合设计要求
	嵌缝	观察检查	嵌填应密实、连续、饱满，表面平整，密贴牢固
	连接螺栓	观察检查	全部穿进并拧紧，衬砌内表面的外露铁件的防腐处理应符合设计要求

8.2　成型隧道验收

盾构成型隧道验收项目及验收标准见表8-6。

表 8-6　盾构成型隧道验收项目及验收标准

验收项目		验收数量及方法	验收标准
主控项目	管片衬砌	全数检查，观察检验和检查施工记录	无贯穿性裂缝，无缺棱掉角，管片接缝应符合设计要求
	隧道止水	逐环检查，观察检验和检查施工记录	符合设计要求
	隧道轴线平面和高程	每10环检验1次，全站仪测中线、水准仪测高程	地铁隧道±100 mm 公路隧道±150 mm 铁路隧道±120 mm 水工隧道±150 mm 市政隧道±150 mm 油气隧道±150 mm
	衬砌内轮廓	每5环检验1次，全站仪、水准仪测量	严禁侵入建筑限界

续表8-6

验收项目		验收数量及方法	验收标准
一般项目	衬砌环椭圆度	每 10 环检验 1 次，断面仪、全站仪测量	地铁隧道 5‰D 公路隧道 8‰D 铁路隧道 6‰D 水工隧道 10‰D 市政隧道 8‰D 油气隧道 8‰D
	衬砌环内错台、环间错台	每 10 环检验 1 次 (4 点/环)，尺量	地铁隧道 10 mm、15 mm 公路隧道 12 mm、17 mm 铁路隧道 12 mm、17 mm 水工隧道 15 mm、20 mm 市政隧道 15 mm、20 mm 油气隧道 15 mm、20 mm

8.3　工程竣工验收资料

地铁隧道工程竣工验收时通常应提供以下资料 (当业主或规范有明确规定时执行相关规定)，施工过程中必须重点进行收集整理归档：

①原材料、预制管片等成品、半成品质量合格证明文件。

②各种试验报告和质量评定记录。

③隐蔽工程验收记录。

④工程测量定位记录。

⑤隧道衬砌环轴线高程、平面偏移值。

⑥隧道衬砌渗漏水检测。

⑦图纸会审记录、变更设计或洽谈记录。

⑧监控量测记录。

⑨开、竣工报告。

⑩竣工图。

第 9 章　盾构设备维修保养

9.1　盾构维修保养安全、健康、环保作业指导

9.1.1　基本注意事项

1.安全规章

(1)遵守岗位安全规程

①盾构维修人员必须受过专业训练,具备盾构维修资格;进行设备维修时,遵守相关安全规则、注意事项。

②身体不适、服用药物(含催眠药类)及酒后不允许操作。

③共同作业时,一定要设指挥员,根据制定方案工作。

(2)安全装置

①确认所有的防护装置、防护罩是否装在正常位置,如果破损,及时修理。

②认真了解盾构联锁、溢流阀等安全装置。不得随便调节盾构联锁装置、溢流阀。解除盾构联锁装置必须严格按盾构生产厂家提供的使用说明进行操作。

③认真了解设备使用边界条件参数及安全操作规程。注意:与压力仓有关的相关工具需妥善保管,严禁非专业人员操作压力仓相关球阀等开关。

(3)穿戴正规的服装和保护用品

①不得穿着过于肥大的服装、禁止佩戴饰品,以避免被设备上的元件钩住而发生意外伤害。若工作服和劳保用品附着上易燃品,应及时更换,以免着火烧伤。

②根据工作情况穿戴保护眼镜、安全帽、安全靴、口罩、手套等。

③用锤子敲打销子等物体时,金属片、异物可能飞溅,必须使用保护眼镜、安全帽、手套等保护用具。另外,确认附近无人后再进行作业。

④各种保护用具在使用前确认其性能,检查是否损伤。

2.作业安全

(1)禁止随便更改设备的设定参数

①为防止电气火灾,勿随意变更热继电器等设定值。

②为防止盾构损伤,勿随意变更溢流阀压力等液压设定值。

③需要变更设备参数时,应由厂家专业人员指导操作。

（2）设备改造

①不得随意对设备进行改造。

②如需改造，由厂家相关技术人员进行指导操作，以免造成人身事故、设备损坏。

（3）施工架、高空作业时的注意事项

①为了确保施工架安全，不要在作业台上放置不必要的物品。

②现有作业台有坠落的危险时，尽量不要拆卸。

③从作业台向外探出作业时有坠落的危险，必须系上安全带。

④作业台锈蚀劣化时有坠落的危险，要加强日常检查，劣化的部分要更换、修补。

⑤作业台上用螺栓固定的地方，有因螺栓松动而发生连接部分脱落、坠落的危险，需经常检查螺栓是否松动。如松动，按照技术要求及时紧固。

⑥有从作业台开口处坠落的危险时，应注意作业安全。

⑦零件和工具需要放置妥当，防止掉落伤害下面的作业人员。

（4）上下时使用扶手

上有扶手的台阶时，要用三点支撑身体（双脚单手或单脚双手）。

（5）油、油脂处严禁烟火

①勿将烟头、火柴等接近可燃物。

②存放油的容器的盖或塞子一定旋紧或塞紧。

③将油放在指定的地方保管，除有关人员外不许接近。

④在适当的温度下，采用设备使用说明书中推荐牌号的油。

（6）高温时操作的注意事项

盾构运行过程中，液压油、齿轮油等液体温度高，并蓄有压力。在这种状态下，打开盖或加油、换过滤网时可能会发生高温油喷出灼伤事故。为防止事故发生，应按以下顺序操作：停泵，等到油温降低后，缓慢松开盖，并在压力消失后再打开。

（7）不使用超容量的设备

如在插座上插入超过许可载荷的设备，则有发生火灾的危险，因此不得使用规定载荷以上的设备。

（8）焊接作业时的注意事项

焊接作业时，焊接火花的飞溅等有发生火灾的危险，勿在焊接场所附近放置油、棉丝等易燃物。

（9）注意高压电

如漏电或触电，将会发生重大伤亡事故，因此要经常检查电气配线是否有损伤和漏电保护器是否正常工作。

（10）齿轮等旋转物不得用手触摸

齿轮、泵装置的联轴等旋转物有夹手的危险，运转时勿将手靠近。在卸下保护罩时勿开机。

（11）检查泄漏情况和可能落下的物体

螺栓及球阀的柄等因振动等而松动时，有因泄漏造成二次伤害的危险，要对螺栓、柄等的紧固情况进行日常检查。推进油缸靴板连接件如损坏，落下时会对下方正在工作的人员造成伤害，应定期检查防止落下装置是否正常。

9.1.2 紧急情况注意事项

（1）确保紧急逃生通道通畅

确认逃离路线通畅，发生紧急情况时及时撤离。

（2）紧急关闭闸门

如不熟悉停电等关闭闸门的方法，喷发时很难控制，因此全体作业人员应熟知紧急关闭闸门的操作。闸门关闭时有夹住手脚的危险，勿将手脚放入闸门内。

（3）确认急停开关的位置

确认各设备急停开关的位置，以便在紧急情况下能立即采取对策。

（4）确认应急灯状态

定期检查应急灯的工作状态（停电时亮灯）。

（5）备齐灭火器和急救箱

备齐灭火器，以应对可能发生的火灾。确定急救箱的保管地点并配置足够的急救箱。确定火灾、事故的处理方法。

9.1.3 检查、维修注意事项

1. 检查、维修前

（1）应挂警示牌

设备检查、维修时，如其他非相关人员无意中触摸按钮或打开泵，会造成重大人身事故，因此要在操作屏上挂"禁止运行"的警示牌，必要时设备周围也要挂。检查、维修作业应为两人及以上进行实施。

（2）使用合适的工具

应使用合适的维修作业工具，不得使用不合适或不合格的工具，以免发生危险。

（3）勿随意改变设备的设定值

解除盾构联锁状态运行时，可能会造成设备的损坏、人身伤害事故的发生，因此勿触动溢流阀及随便变更压力。

（4）人闸前仓门通道打开检查时的注意事项

前仓门打开前，经充分处置，确认无出水、无坍塌危险后，在监视员在场的情况下，小心操作。

（5）加油中的注意事项

溢出的油属危险品，必须马上擦掉。拧紧堵头、盖。加油时注意换气。

（6）切断开关后再进行检查、维修

不切断开关，接触配线会发生触电事故，因此进行检查、维修作业时必须切断开关。

（7）存在土压、泥水压时的注意事项

盾构推进油缸回收时，受土压、泥水压作用，有发生盾构后退而夹住手脚的危险。应在主机和管片间设置坚固的支撑件后再行作业。

（8）泵停机后再进行检查、维修

检查、维修作业必须在关掉各个泵之后进行。注意不要让身体、衣服接触动作部分。

（9）蓄能器的使用方法

①解除蓄能器的油压回路的压力时，按蓄能器厂家提供的使用说明书进行操作。

②蓄能器中充有高压氮气，若使用不当则非常危险，应注意以下事项：勿在蓄能器上打孔，或让火源接近；勿在蓄能器上焊接；气体充入时参照蓄能器的使用说明；蓄能器报废时，必须排空气囊中的气体，且应委托专业公司处理。

2. 检查维修中

（1）闲人莫进

检查、维修中，除必要的作业人员外，其他人员不得接近。打磨、焊接及使用锤子时要注意避免伤害周围的人。

（2）机械下方的作业

在机械下方作业前，务必确认上边无不稳定物后再进行作业。机械支撑不可靠时，禁止进入机械下面作业。

（3）经常保持机械清洁

溢出的油或油脂，以及散乱的破片是危险源，应及时清理，保持机械的清洁。另外，电气系统中进水，会导致动作不良、误操作，因此勿对电机、操作台、配电柜、电气设备进行水洗和蒸汽清洗。

（4）高压软管的使用说明

勿弯曲、敲打高压软管。松动、破损的油脂软管、液压软管必须及时处理，以防油或油脂泄漏。

（5）高压油的注意事项

注意液压回路中常会有内压。在内压为零之前，勿进行供油、排油或检查、维修作业。从小孔泄漏的高压油有损伤皮肤、眼睛的危险，要戴安全眼镜、厚手套防护，检查时用厚纸、胶合板垫在检查部位。

（6）开仓检查、维修的注意事项

①开仓检查前，确认开挖面内的气体浓度满足规定的安全值后再进入，杜绝发生缺氧、气体中毒和爆炸事故。

②进入开挖面时，有因塌陷造成伤害的危险，所以，作业负责人应监视开挖面的状态，如含水情况，以及是否涌水，及时、明确作出指示。

③在带压进仓作业过程中，严禁随意动用与压力仓相关的开关或部件。

④进入开挖面时，戴好安全帽，穿好长靴或安全鞋，高空作业时系好安全带。

⑤在土仓内，有被凸出物挂住而负伤、跌倒、坠落的可能，所以须穿不易被挂住的工作服。

⑥打开仓门前，务必使用球阀等确认开挖面是否出水。

⑦在开挖仓内使用明火时，存在火灾、缺氧的风险，所以要遵守以下规定：

a. 事前确认是否有可燃性气体及其状态。

b. 不能将可燃物带进开挖面内，不得已带入的可燃物须用阻燃物覆盖。

c. 在附近配备灭火器、水、砂子。

d. 设置通风、换气设备。

e. 确保逃离通道通畅。

⑧从人闸进入开挖面内时,如不遵守带压作业的规定,会造成人身伤害事故,故应遵守以下事项:

a.严格按规定要求控制加压减压时间。

b.严格执行批准方案的压气压力。

c.在开挖面不使用明火。

d.禁止带入可燃物(禁止带入火柴、打火机)。

(7)高温、高压时维修的注意事项

刚停机时,油均处于高温、高压状态,在这种状态下进行放油、换过滤器等操作时,会发生烫伤。因此应等温度下降、泄压后再进行。

(8)管片拼装机维修中的注意事项

管片拼装机旋转时,作业人员有被回转环、提升油缸等旋转物夹住的危险,故旋转中不得接近。

(9)废弃物处理

①处理油、溶剂、滤芯等有害物时,遵守有关法规、规则。

②勿向下水道、河流中倾倒废油。

③废油务必排到容器内,禁止直接向地面排油。

9.1.4 安全保障设备和安全标识

1. 安全保障设备

(1)紧急状态停止按钮

任何时候只要按动主控室控制面板上的紧急停止按钮,就可停止所有正在运转的设备,并切断主电源供应(除紧急照明电源外)。另外,部分锁定开关如维修保养开关也在控制室的控制面板上。控制盒上的紧急停止按钮只能切断本系统的所有能源供应。

(2)警示灯和警报器

警示灯和警报器的作用不仅表示系统故障,也能警示工作人员注意设备的运转情况,从而防止事故的发生。

管片拼装机运行时有声音警示信号。采用真空吸盘抓取管片出现松动时,声音警报器将发出警报。

(3)盾构中装有通话装置的位置

主控室、人闸外、人闸内、最后一节台车。

(4)防火系统

在工作过程中必须防止火灾的发生,消除火灾隐患。在盾构及台车上应布置灭火器,灭火器应按国家标准定期校验。

(5)气体测定

盾构通常配置有便携式气体检测仪,可检测隧洞内 CO_2、CO、O_2、CH_4、H_2S 的浓度,当所测气体的浓度超出规定范围时会进行声光报警。气体检测仪按说明书定期校验。

(6)其他说明

液压系统装有安全阀,不能轻易改变其设定值。

所有电缆和电动机均不能超载使用,不能短路,不能改变预设参数。盾构工作过程中必须确保通风设备的正常运转，且不得中断。必须保证电力的正常供应，以及工业用水和冷却水的供应。

以上所述安全保障设备每周至少检查一次，以确保其完备和良好的性能。

2. 安全标识

安全标识应经常保持清洁。若发生丢失，应及时补全。

9.2　盾构设备维修、保养

9.2.1　一般要求

①为了保证盾构安全高效地工作，使设备的完好率和利用率达到较高的水平，应按规定对盾构设备进行维修保养。

②盾构维修保养采用日常巡检保养和定期停机维修保养相结合的方式。每天进行日常巡检保养，每周停机一次进行强制性集中维修保养。采取以日常巡检保养为主、定期停机维修保养为辅的方式。

③维修保养工作必须制定维保计划，并且应严格按计划执行。

④维修保养采取责任工程师签认制度。所有维修保养工作内容都要有书面记录，并且由责任工程师检查签认。对电气和液压系统的任何修改（包括临时接线等）都要做详细记录、签字并存档。

⑤维修保养工作必须遵循以下安全规定：

a. 只有当机器停止操作时才能进行维护工作。

b. 断开要维护的电气部件的开关，并确保维护期间不会启动。

c. 在液压系统维护之前，必须关闭相关阀门及降压，必须防止液压油缸的缩回和液压马达的意外运行。意外泄漏的高压油会造成人员的伤亡和液压设备的损坏。

d. 液压系统维护时必须注意清洁，严禁使用棉纱等易起毛的物品清洁管接头内壁、油桶、油管等。

9.2.2　故障查找建议

盾构上的零部件因磨损可能会出现故障，故障源来自两方面：液压系统元件和电子系统元件。

如果控制板上的控制元件已起动而功能并未实现，可检查液压系统和电子系统的连接，从而确定是哪一部分的故障。应首先断开电气连接阀，然后按下控制键。如测量仪器显示电压或电流正确，则可初步确定故障是液压系统元件造成的。

下面汇总了盾构设备常见的故障类型、故障产生的原因与处理故障的对策，其中盾构设备包括：液压动力单元（表 9-1）、驱动齿轮油（齿轮油）（表 9-2）、自动注脂（油脂）（表 9-3）、盾尾油脂（表 9-4）、盾构主体（表 9-5）、刀盘装置（表 9-6）、出土装置（表 9-7）、排泥装置（表 9-8）、管片拼装机（表 9-9）、铰接装置（表 9-10）。

表 9-1　液压动力单元常见故障及说明

异常现象		原因	对策
1. 液压泵供油不足或者无法供油	1	操作盘的开关等电路故障（电磁阀不动作）	需要检查、修理、更换零部件等； 向盾构厂家寻求指导
	2	油温低或者液压油的黏度高	预热运行，使油温上升到适宜温度（30~60℃）后，再进行常规运行； 使用推荐黏度的液压油
	3	吸油管或者滤网堵塞	清洗或者更换吸油管或者滤网； 堵塞严重时，对整个液压回路进行清洗，更换新油
	4	吸油管中吸入了空气	油箱内的油位低于滤网位置时，须添加液压油（在油缸伸出的状态下，如果液压油补充过量，随着油缸的缩回，有时油会溢出，需要注意）； 检查配管连接处
	5	软管、配管等被压扁或堵塞	如有可能，对压扁的软管等进行修理； 如果堵塞部位无法确定，或者修理困难时，向盾构厂家寻求指导
	6	泵内部磨损，吸油能力下降	需要检查、修理、更换零部件等； 向盾构厂家寻求指导
2. 压力不上升	1	溢流阀的压力设定不良	将压力调整为适当的值（带红色▲标记）（适当的值不明确时，向盾构厂家寻求指导）
	2	溢流阀的动作不良	检查溢流阀，修理、更换零部件等； 向盾构厂家寻求指导
	3	液压回路系统内部泄漏	检查管路，查出漏点并修理
	4	泵及设备磨损，密封圈损坏	更换密封圈或更换阀块
	5	设备的动作不良，使压力回路直接通往油箱回路	确定换向阀的位置，确定加载阀是否得电
3. 泵发出异常声响	1	油温低或者液压油的黏度高	预热运行，使油温上升到适宜温度（30~60℃）后，再进行常规运行； 使用推荐黏度的液压油
	2	吸油管或者滤网堵塞	清洗滤网； 堵塞严重时，对整个液压回路进行清洗，更换新油
	3	吸油管中吸入了空气	油箱内的油位低于滤网位置时，须添加液压油（在油缸伸出的状态下，如果液压油补充过量，随着油缸的缩回，有时油会溢出，需要注意）； 检查配管连接处
	4	泵内部故障	需要检查、修理、更换零部件等； 向盾构厂家寻求指导

续表9-1

异常现象		原因	对策
4. 液压油的油温高于适宜温度(30℃~60℃)	1	液压油量不足	补充液压油至规定的量(在油缸伸出的状态下,如果液压油补充过量,随着油缸的缩回,有时油会溢出,需要注意)
	2	冷却水流量不足或水温高	检查冷却水流量,检查外循环冷却水是否正常
	3	溢流阀的设定压力过高	将压力调整为适当的值(带红色▲标记)(适当的值不明确时,向盾构厂家寻求指导)
5. 漏油	1	配管接头松动	紧固接头; 紧固后仍然泄漏时,向盾构厂家寻求指导
	2	液压油的黏度低	使用推荐黏度的液压油; 如果油温过高,冷却液压油
	3	密封圈、O形圈、密封面等不良或者损坏	需要检查、修理、更换零部件等; 向盾构厂家寻求指导

表 9-2　驱动齿轮油(齿轮油)常见故障及说明

异常现象		原因	对策
1. 泵排不出润滑油,或者排量不足	1	油温低或者润滑油的黏度高	预热运行,使油温上升到适宜温度(30~60℃)后,再进行常规运行; 使用推荐黏度的润滑油
	2	过滤器堵塞	清洁过滤器
	3	油箱内的齿轮油不足	加润滑油至油箱的规定油位
	4	自动加油泵的电动机故障	需要检查、修理、更换零部件等; 向盾构厂家寻求指导
	5	泵内部磨损,吸油能力下降	
2. 泵的排油压力不上升	1	溢流阀的压力设定不良	将压力调整为适当的值(带红色▲标记)(适当的值不明确时,向盾构厂家寻求指导)
	2	溢流阀的动作不良	需要检查、修理、更换零部件等; 向盾构厂家寻求指导
	3	泵及设备磨损,密封圈损坏	

表 9-3　自动注脂(油脂)常见故障及说明

异常现象		原因	对策
1. 泵排不出油脂,或者排量不足	1	油脂桶内的油脂不足	更换油脂桶,或者补充油脂
	2	油脂的黏度过高	使用推荐黏度的油脂
	3	自动注脂泵或者附属设备故障	需要检查、修理、更换零部件等; 向盾构厂家寻求指导

续表9-3

异常现象		原因	对策
2. 泵的排脂压力不上升	1	泵及设备磨损，密封圈损坏	需要检查、修理、更换零部件等；向盾构厂家寻求指导
3. 注脂压力异常	1	泵、软管、配管、分配阀以及注脂对象内堵塞	参照自动注脂检查补充要领，调查堵塞部位（跳闸的指示器的配管系统）；如有可能，对软管等进行修理；如果堵塞部位无法确定，或者修理困难时，向盾构厂家寻求指导

表9-4　盾尾油脂常见故障及说明

异常现象		原因	对策
1. 泵排不出盾尾油脂，或者排量不足	1	油脂桶内的油脂不足	更换油脂桶，或者补充油脂
	2	向泵供气的气压或空气量不足	向泵供给适当的气压或空气量
	3	自动注脂泵或者附属设备故障	需要检查、修理、更换零部件等；向盾构厂家寻求指导
2. 泵的排脂压力不上升	1	向泵供气的气压不足	向泵供给适当的气压
	2	泵及设备磨损，密封圈损坏	需要检查、修理、更换零部件等；向盾构厂家寻求指导
3. 盾尾油脂的压力比常规挖掘时还高	1	土体的压紧力上升	虽然不是设备的异常所致，但由于来自土体的压紧力可能会引发其他异常，因此应注意
	2	泵、软管、配管内堵塞	调查堵塞部位，如有可能，对软管等进行修理；如果堵塞部位无法确定，或者修理困难时，向盾构厂家寻求指导

表9-5　盾构主体常见故障及说明

异常现象		原因	对策
1. 油缸不动作	1	操作盘的开关等电路故障（电磁阀无动作）	需要检查、修理、更换零部件等；向盾构厂家寻求指导
	2	由于回路总压力设定阀的动作异常，液压油从泵直接返回油箱（虽然动作，但压力不上升）	
	3	油缸的控制电磁阀故障	
	4	油缸故障	

续表9–5

异常现象		原因	对策
2.油缸的动作不顺畅	1	因连续重载运行、解除联锁等引发超过常规运行条件的操作	调整运行操作条件
	2	油缸安装位置偏离	需要检查、修理、更换零部件等；向盾构厂家寻求指导
	3	伸缩切换阀故障	
	4	油缸故障	

表 9–6　刀盘装置常见故障及说明

异常现象		原因	对策
1.刀盘不旋转	1	操作盘的开关等电路故障（马达无运转声）	需要检查、修理、更换零部件等；向盾构厂家寻求指导
	2	刀盘马达故障（马达无运转声）	
	3	由于土体压力、泥水压力或者开挖面障碍物等，刀盘旋转阻力增大	如果强制运行，会导致小齿轮、齿圈等的损坏；应避免重载运行，采用少量挖掘及轻载
	4	重载导致扭矩不足	
	5	小齿轮、齿圈损坏	需要检查、修理、更换零部件等；向盾构厂家寻求指导
2.刀盘的旋转不顺畅	1	由于土体压力、泥水压力或者开挖面障碍物等，刀盘旋转阻力增大	如果强制运行，会导致离合器的损耗，以及小齿轮、齿圈等的损坏
	2	润滑油断油，使得刀盘旋转阻力增大	确认自动加油（润滑油）的状态
	3	刀盘马达故障	需要检查、修理、更换零部件等；向盾构厂家寻求指导
	4	小齿轮与齿圈啮合不良或者磨损	

表 9–7　出土装置常见故障及说明

异常现象		原因	对策
1.螺旋输送机不旋转	1	操作盘的开关等电路故障（马达无运转声）	需要检查、修理、更换零部件等；向盾构厂家寻求指导
	2	螺旋输送机马达故障（马达声音异常等）	
	3	油压泵故障	
	4	溢流总阀故障	
	5	切换旋转方向的电磁阀故障	
	6	螺旋输送机卡入砾石等障碍物	清除砾石等障碍物

续表9-7

异常现象		原因	对策
2. 螺旋输送机的旋转不顺畅	1	螺旋输送机马达故障（马达声音异常等）	需要检查、修理、更换零部件等；向盾构厂家寻求指导
	2	油压泵故障	
	3	溢流总阀故障	
	4	切换旋转方向的电磁阀故障	
	5	切削土砂流动性不足	注水、加泥或增加注入量
3. 闸门不动作或者动作不顺畅	1	操作盘的开关等电路故障（马达无运转声）	需要检查、修理、更换零部件等；向盾构厂家寻求指导
	2	油压泵故障	
	3	溢流总阀故障	
	4	切换开、关方向的电磁阀故障	
	5	闸门开闭油缸故障	
	6	闸门滑动部卡入砾石等障碍物	清除砾石等障碍物
	7	闸门护栏部卡住	需要检查、修理、更换零部件等；向盾构厂家寻求指导
	8	闸门板弯曲	

表 9-8　排泥装置常见故障及说明

异常现象		原因	对策
1. 破碎机不运转	1	操作盘的开关等电路故障（马达无运转声）	需要检查、修理、更换零部件等；向盾构厂家寻求指导
	2	破碎机马达故障（马达声音异常等）	
	3	油压泵故障	
	4	溢流总阀故障	
	5	破碎机卡入砾石等障碍物	清除砾石等障碍物
2. 破碎机的运转不顺畅	1	破碎机马达故障（马达声音异常等）	需要检查、修理、更换零部件等；向盾构厂家寻求指导
	2	油压泵故障	
	3	溢流总阀故障	
	4	切换旋转方向的电磁阀故障	
	5	切削土砂流动性不足	注水、加泥或增加注入量

续表9-8

异常现象		原因	对策
3.闸门不动作或者动作不顺畅	1	操作盘的开关等电路故障(马达无运转声)	需要检查、修理、更换零部件等;向盾构厂家寻求指导
	2	油压泵故障	
	3	溢流总阀故障	
	4	切换开、关方向的电磁阀故障	
	5	闸门开闭油缸故障	
	6	闸门滑动部卡入砾石等障碍物	清除砾石等障碍物
	7	闸门护栏部卡住	需要检查、修理、更换零部件等;向盾构厂家寻求指导
	8	闸门板弯曲	

表 9-9 管片拼装机常见故障及说明

异常现象		原因	对策
1.管片拼装机不旋转	1	操作盘的开关等电路故障(电磁阀无动作声音)	需要检查、修理、更换零部件等;向盾构厂家寻求指导。
2.管片拼装机的旋转不顺畅	1	由于吊装质量等超过设计规格,管片拼装机的旋转负载增大	如果强制运行,会导致小齿轮、齿圈等的损坏,因此请避免这种重载运行
	2	平衡阀的调整不良	需要检查、修理、更换零部件等;向盾构厂家寻求指导
	3	驱动用小齿轮与齿圈啮合不良	
	4	旋转环、径向辊接触部的间隙不足	
3.管片拼装机不能升降、滑动、支承	1	管片拼装机的变形、撞击、油脂供应中断等,使得油缸及导套的滑动面烧结或卡住	需要检查、修理、更换零部件等;向盾构厂家寻求指导;确认变形、损伤的部位及状态
4.管片拼装机的升降、滑动、支承不顺畅	1	滑动面的油脂供应中断	给滑动部注脂
	2	油缸及导套弯曲或拉扯	需要检查、修理、更换零部件等;向盾构厂家寻求指导
	3	油缸内的密封圈损伤	

表 9-10 铰接装置常见故障及说明

异常现象		原因	对策
无法铰接或铰接不能复位	1	操作盘的开关等电路故障(电磁阀无动作声音)	需要检查、修理、更换零部件等;向盾构厂家寻求指导
	2	初始压力设定溢流阀或防损溢流阀故障	
	3	铰接油缸故障	
	4	铰接油缸推力不足	增加铰接油缸的作业根数;增加主体周围的超挖量
	5	盾构主体不协调	排除不协调原因

9.2.3 维修保养

9.2.3.1 各系统、部位维修保养要点

1.刀盘、刀具、回转接头

（1）刀盘

对于刀盘的维保主要有以下几点：

①定期进入开挖仓检查刀盘各部分的磨损情况，检查耐磨条和耐磨格栅是否过度磨损，必要时可进行补焊。

②检查刀盘内搅拌棒的磨损情况，以及搅拌棒上的泡沫孔是否堵塞。在有条件的情况下检查刀盘面板、各焊接部位是否有裂纹产生。

（2）刀具

不同地质可采用不同的刀具。对不同的刀具的磨损情况进行检验时，须使用专用的磨损量检验工具。定期进入开挖仓检查刀具的磨损情况，根据地质情况决定是否换刀。

刀具检查按照以下标准执行：

①当安装刀具为先行刀、外周保护刀、注入口保护刀时，检查刀具是否刃口崩刃、刃口磨损、合金缺损、焊缝剥落，当刃口磨损或合金缺损至接近刀具基体时必须更换。

②安装刀具为磨损检测刀时，当刀具磨损至泄压状态时，必须更换磨损检测刀，以及检查整盘刀的磨损情况。

③检查主刀磨损情况，对于掉齿或刃齿磨损至基体的刀具必须更换。对掉落的主刀必须安装新主刀。

④检查所有安装刀具螺栓紧固情况，松动时紧固。

⑤在刀盘的每月检查中，所有螺栓必须用风动扳手紧固一次。

⑥所有刀具安装件必须清洁。用水、钢刷清洁，用毛巾抹干后才可安装。

（3）回转接头

①经常检查回转接头的泡沫管是否有渗漏，并及时进行处理。

②每天对回转接头部分的灰尘进行清理，防止灰尘进入回转接头密封。

③检查回转接头润滑脂的注入情况，如有堵塞应及时处理。

④经常检查回转中心的转动情况，如有异常须立即停机并进行处理。

2.盾体铰接密封、铰接油缸、推进油缸

①及时清理盾壳内的污泥和砂浆。

②检查铰接密封是否漏气和漏浆。

③铰接密封注脂时，推进油缸与铰接油缸的球头部分加注润滑脂。

④检查推进油缸靴板与管片的接触情况（正常时二者边缘平齐）。

⑤检查盾尾密封情况，如有漏水和漏浆要及时处理，并检查盾尾油脂密封系统的工作情况。

⑥在每环管片安装之前，必须清理管片的外表面。

3.螺旋输送机

①检查螺旋输送机油泵是否有漏油现象，如漏油则须停机并进行处理。

②检查螺旋输送机驱动及液压管路是否有漏油现象，如漏油即进行处理，并注意清洁。

③检查螺旋输送机油泵电机温度是否过高,如果温度过高即查明原因并进行处理。

④检查变速箱油位,如果变速箱油位过低,须添加齿轮油。

⑤检查驱动部轴承的润滑情况,及时清理杂物。

⑥检查螺旋片磨损情况,如果磨损严重,应补焊耐磨层。

⑦用超声探测仪检查螺旋输送机管壁厚度,记录检测数据并向机电部门汇报。

⑧清洁传感器电路灰尘,检查电路接线端子是否松动,如松动即紧固。

⑨定期检查出土闸门应急关闭情况(闸门全开时能完全关闭闸门,若不能完全关闭,即检查蓄能器是否良好。)

4. 管片系统管片吊机、管片拼装机

(1)管片吊机

①经常清理管片吊机行走轨道,注意给行走链条加润滑脂。

②检查控制盒按钮、限位开关动作是否灵活正常。必要时检修或更换。

③检查电缆卷筒动力电缆或电缆线滑环,防止电缆卡住、拉断。

④定期检查管片吊具的磨损情况,必要时进行修理和更换。

(2)管片拼装机

①清理工作现场的杂物、污泥和砂浆。

②检查油缸和管路是否有损坏或漏油现象,如有故障应及时处理。

③检查电缆、油管的拖链。如有松动或破损要及时修理和更换。

④检查电缆卷筒动力装置,防止电缆卡住、拉断。

⑤定期(每周)给液压油缸铰接轴承、伸缩滑板等需要润滑的部位加润滑脂并检查公差和破损情况。

⑥定期检查管片拼装机旋转角度限位开关。

⑦检查抓取机构和定位螺栓是否有破裂或损坏现象,若有必须立即更换。

⑧定期检测抓取机构的抓紧压力,必要时进行调整。

⑨检查油箱油位。

⑩检查各按钮、继电器、接触器是否卡死,是否有粘连现象。测试遥控操作盒。如有故障及时处理。

⑪检查充电器和电池,电池应及时充电以备下次使用。

⑫检查控制箱、配电箱是否清洁、干燥、无杂物。

5. 注浆系统

①每次注浆前应检查管路的畅通情况,注浆后应及时将管道清理干净;防止残留的浆液不断累积堵塞管道。

②每次注浆前必须对注浆口的压力传感器进行检查,紧固其插头和连线。

③注浆前要注意整理注浆管,防止管道缠绕或扭转,从而增大注浆压力。

④定期检查注浆管的使用情况,如发现泄漏或磨损严重应及时修理或更换。

⑤经常对砂浆箱及其砂浆出口进行清理,防止堵塞。

⑥定期对注浆系统的各阀门和管接头进行检查,修理或更换有故障的设备。

⑦定期对注浆系统的各运动部分进行润滑(具体润滑方式参考注浆泵保养说明书)。

⑧定期检查砂浆箱轴承润滑情况。

⑨定期清洗注浆泵及注浆管路。

6. 气体保压、工业用气、空气管路

①用于气体保压的储气罐是压力设备，要经常检查其泄漏情况并及时维修。

②储气罐的泄水阀每日打开一次排除油水。在湿气较重的地方，每 4 h 打开一次。

③经常检查管路和阀门有无泄漏，并及时进行修复。

④定期对保压系统做功能性检测，确保其正常工作。

⑤经常检查空气管路上的油水分离器，清洗并加油。

⑥定期检查各个三联件及减压阀的设定值是否满足工况要求。

7. 刀盘轴承用齿轮油

（1）主轴承

①每天检查主轴承齿轮油油位。在盾构主体前方隔板部的机内脚手架左前方周围装有刀盘轴承用齿轮油的油位计，应确认油位处于油位计正中间并做记录。在盾构主体前方隔板部的轴承壳上部设有排气兼加油口，请从该处补充适当的齿轮油。

②定期检查齿轮油泵出口的压力表所显示的压力值，正常压力范围为 3~5 bar，过高或者过低需要分析原因。

③检查主轴承齿轮油温度。在油温为 60℃ 以下的适宜温度范围内运行刀盘，如果不正常须立即停机并检查原因。

④定期检查齿轮油滤芯，并根据压差开关反映的情况判断是否需要更换齿轮油滤芯。

⑤定期取主轴承齿轮油油样送检，根据检查报告决定是否需要更换齿轮油或滤芯（更换齿轮油时必须更换滤芯）。

⑥检查主轴承密封油脂分配器动作是否正常，循环开关工作是否正常。在检查刀盘时，进入开挖仓检查主轴承密封油脂的溢出情况。

⑦检查主轴承内外圈润滑脂的情况。观察油脂分配器工作是否正常，卸油指示器是否有油脂溢出，如有溢出表明管路堵塞，要及时检查清理。

⑧定期检查主轴承与刀盘连接螺栓的紧固情况。

（2）减速机

①检查减速机油位，如油位过低应先找出漏油故障，解决故障后补充齿轮油。

②检查减速机温度是否在正常范围内（-20~80℃）。

（3）主驱动密封

①每个标段结束后检查端面密封的磨损情况；检查密封唇口是否有明显的缺陷。

②在润滑和温度良好的情况下，密封使用寿命计算值大于 10000 h，但根据使用经验，土压平衡盾构平均工作 5 km 就需要更换密封。一般要求密封使用距离不超过 5 km，达到公里数后，即使密封唇口表面完好，也必须更换。

8. 液压系统

（1）日常维护

①检查油箱油位，必要时加注液压油。

②检查阀组、管路和油缸有无损坏或渗漏油现象，如有要及时处理。

③定期检查所有过滤器的工作情况，并根据检查结果和压差传感器的指示更换滤芯。

④定期取油样送检。

⑤经常监听泵的工作声音，发现异常应及时停机检查。

⑥经常检查泵、马达和油箱的温度，发现异常要及时检查处理。

⑦经常检查液压油管的弯管接头，发现松动要及时上紧。

⑧经常检查冷却器的冷却水进/出水口的温度和油液的温度，必要时清洗冷却器的热交换器。

⑨定期检查液压系统的压力，并与控制室面板显示值相比较。

⑩在对液压系统维修前，必须确保液压系统已停用并已卸压。

⑪盾构液压系统的油温不得超过 70℃，否则会对元件造成损坏。

（2）液压系统的加油和换油必须严格按照盾构说明书规定的程序执行

①通常盾构始发 200 m 后，对油品进行检测，对超过 NAS9 级的油进行更换，以后每 1000 h（纯掘进时间）或一年更换一次液压油。

②正常情况每两个月进行油品检测。

③液压油尽量采用厂家推荐的品种，禁止将不同规格、品牌的油混合使用。

④每次加油前必须对所选用的油品进行抽样检测，检测合格方可使用。

⑤液压油加注过程中较易被污染，为了保证加注到油箱的液压油的纯净，在灌注液压油箱时应遵循下列步骤（齿轮油加注也应按此步骤操作）：

a. 停止液压站、过滤器及冷却管线的所有泵。

b. 清理油箱及其周围的杂物，清洁油箱顶部的污物。

c. 打开液压油箱盖，连接灌注站（灌注站由油箱、供给泵、液压管线、10 μm 过滤器组成）。

d. 启动灌注站，向油箱中注油，当油位达到要求时停止灌注。

e. 清洁剩余油污后，将油箱盖盖好。

f. 要注意油位的变化，不能使油液溢出。

g. 注意灌注过程中，不要混入污染物。

（3）维修注意事项

①液压系统一旦发现泄漏，必须立即维修，维修过程中应采取适当的方式避免污染油液，必须保持液压系统的清洁。

②维修工作结束后，在重新开动机器前必须确定所有的阀门已打开，特别是某些特定的蓄能器的阀门。

③液压管被碾压或过度弯曲都可能造成保护外皮的损坏。如果保护外皮受损就有可能影响其最大工作压力，而致使危险发生。（碾压或过度弯曲液压管还可能造成压力损失和回油压力过高。）

（4）拆装液压管路的要求

①在拆卸液压管甚至任何管路时，必须用专用清洗剂彻底清洁接头及其周围。扳手也应清洁，并用绸布擦拭干净（图 9-1）。在拆卸管路时，不得戴手套。

②拆开管路后，不能立即连接的，需用专用钢堵头将管口封堵，以免粉尘及水介质进入。封堵前堵头应清洗干净（图 9-2）。

（5）过滤器更换滤芯的要求

当下列情况出现时，应及时检查并更换滤芯元件（更换滤芯前应清洁过滤器外壳）：

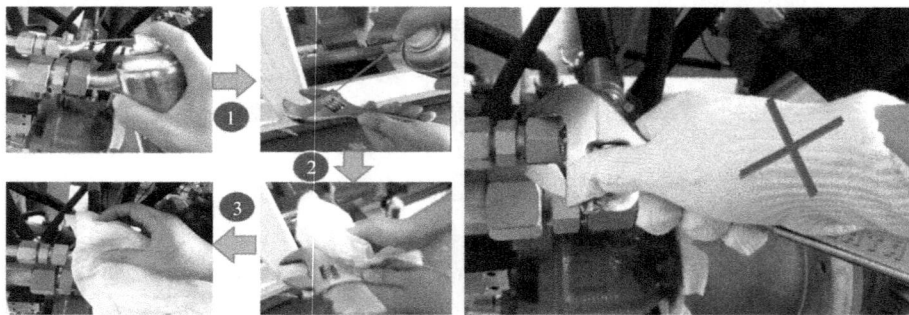

图 9-1　拆卸液压管

图 9-2　封堵、固定管口

①盾构始发 200 m 后。

②过滤器压差检测装置报警。

③控制板上灯光显示过滤器故障或人机界面显示其出现故障。

④经过较长时间的停用后。

⑤过滤器顶部的堵塞显示开关跳起。

由于过滤器直接接在液压主回路上，属于高压设备，且滤芯易污染，受到污染后无法清洗，不可再次使用，所以更换过滤器滤芯应严格按照下列步骤进行，防止发生危险和损坏设备。

①断开设备开关阀门并使其泄压。如果未泄压就拆开过滤器外壳，则过滤器中的残留物由于高压会发生喷射性泄漏，可能损坏设备和给人身带来伤害；过热的液压油可引起火灾或烫伤。

②回油过滤器更换细节。过滤器结构图如图 9-3 所示。握住过滤器顶部的旋转把手将拧下的滤芯头 3 和滤芯元件 2 一起拉出，放在预先准备好的塑料布上（确保塑料布是清洁的），轻轻地左右晃动将滤芯元件从滤芯头中取出，检查滤芯表面是否有可见的污染物（如有

可见的污染物须提取其样本送检,用以确定污染源)。检查滤芯外壳和滤芯头是否损坏,损坏元件必须更换。适当清洁滤芯外壳和滤芯头。确保滤芯外壳上的 O 形密封圈完好无损后,用干净的液压油适当清洗。将少量的干净的液压油加注在滤芯头的 O 形密封圈和螺纹上,再将滤芯头旋入滤芯外壳内,使滤芯的中心孔与滤芯外壳的中心轴对齐。重新安装好。检查滤芯头顶部的堵塞开关并将其复位。

③进油过滤器更换细节。拧下过滤器外壳,并把剩余的液压油倒入一容器中(这部分液压油将用于杂质分析,不能再次加注到液压系统中)。适当清洁过滤器外壳。取出滤芯元件并检查其表面是否有可见的污染物。(如有可见的污染物须提取其样本送检,用以确定污染源)。检查滤芯外壳和分流阀是否损坏,损坏元件必须更换。适当清洁滤芯外壳和分流阀。确保滤芯外壳的 O 形密封圈和轴承环完好无损后,用干净的液压油清洗。装回原位后在其上加注少量液压油,并使滤芯的中心孔与滤芯外壳的中心轴对齐。将少量清洁的液压油加注到滤芯外壳的螺纹上,并将滤芯外壳与滤芯头上紧。

④打开阀门给液压系统加压,测试过滤器是否泄漏。如有泄漏,检查安装过程是否有错误,并更换出现故障的设备。操作时要注意损坏部件必须更换、严禁使用管道扳手上紧过滤器头部、严禁用锤子敲打过滤器任何部位、滤芯元件不能清洗不可重复使用。

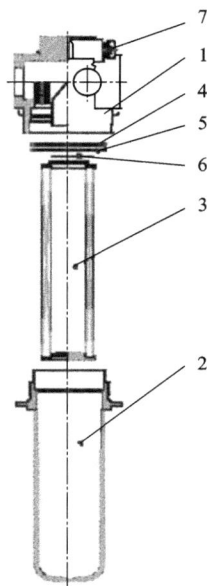

1—过滤器盖;2—过滤器壳体;3—滤芯;4—O 形圈;5—O 形圈;6—轴承环;7—排气螺栓。

图 9-3　过滤器结构图

9. 泡沫系统

①定期清洗泡沫箱和管路,清洗时要将箱内沉淀物和杂质彻底清洗干净。

②检查泡沫泵的磨损情况,必要时更换磨损的组件。

③检查泡沫混合箱进水气动球阀与流量计工作是否正常。

④检查压缩空气管路情况,必要时清洗管路。

⑤检查电动阀和流量传感器的工作情况,电动阀开闭动作是否正常,流量显示是否正确,如有必要进行维修或更换。

⑥定期检查旋转接头处的泡沫管路有无堵塞。当注入压力大于 5 bar 时,说明管路已经发生部分堵塞,要及时清洗。等完全堵塞后再疏通管路将非常困难,因此需要提前预防。

⑦每天需要打开电动阀与热式质量流量计之间的放水球阀进行排水,排水的同时手动打开电动阀用空气冲刷。

⑧定期检查空气减压阀,保证压力范围为 5~7 bar。

10. 加泥系统

①定期检查加泥泵工作是否正常,定期添加轴承和传动部件的润滑油。

②定期检查气动球阀动作是否正常。

③定期清理加泥箱。

④定期检查加泥管路,及时清理管路的弯道和阀门部位,防止堵塞。

⑤定期检查流量传感器、压力传感器、液位传感器的工作状态。

⑥当注入压力大于10 bar时，要注意冲洗管路，防止加泥喷口被堵死。一旦堵死处理将非常困难。

11. 通风系统风机、风管卷筒、风管

①检查洞内外风机工作是否正常，有无异常声响。

②定期检查叶片固定螺栓有无疲劳裂纹和磨损。

③定期检查、润滑电机轴承。

④检查风筒吊机电机减速机的运行情况。

⑤根据掘进情况及时延伸和更换风管。

⑥检查风管有无破损现象，及时修补或更换。

12. 水系统冷却循环水、排水系统

①检查进水口压力（控制在4~8 bar）和温度（不高于28℃），如压力过低或温度过高，应检查隧道内的进水管路的闸阀、水泵及冷却器工作是否正常。

②检查水过滤器，定期清洗滤芯，定期清理自动排污阀门。

③检查水管路上的压力和温度指示器，如有损坏及时更换。

④检查水缆卷筒、软管，如有损坏应及时修理，并对易损坏的软管做防护处理。

⑤检查水缆卷筒的电机、变速箱及传动部分，如有必要加注齿轮油，并为传动部分加注润滑脂。

⑥定期检查主驱动马达变速箱、冷却器和温度传感器，清除传感器上的污物。

⑦定期检查热交换器，并清除上面的污物。

⑧每天检查排水泵，如有故障应及时修理。

⑨每天检查所有的水管路，修理更换泄漏、损坏的管路闸阀。

⑩经常检查内循环水泵的压力是否为3~6 bar。如果压力低于3 bar，需要调整泵出口球阀开度，将压力调整到允许范围内。

⑪经常检查加水泵出口压力，通过调节旁通的闸阀开度，使泵正常工作时的压力保持在10~12 bar。

13. 盾尾油脂系统

①检查油脂桶是否还有足够的油脂，如不够应及时更换。

②经常检查油脂泵站的油雾器液位，如低于低液位，则加注润滑油（32号液压油）。检查盾尾油脂泵的工作压力，将压力控制在要求值范围内，动作次数设定为5次（1.1 L/min）。

③检查油脂泵的气管是否有泄漏现象，如有泄漏应及时修理或更换。

④更换油脂桶时应对油脂量位置开关进行测试。

⑤检查盾尾密封注脂次数或压力是否正常，否则应检查油脂管路是否堵塞。应重点检查气动阀是否正常工作。

⑥盾尾油脂密封气动阀的检查：在盾尾油脂密封系统中，位于油脂注入口部的电磁气动阀的作用尤为重要，但其易发生故障，应进场进行检查。由于其结构和安装位置问题，对它进行检测和维修保养比较困难，具体维保方法如下：

a. 检查电磁气动阀的管路、接头是否有漏气和漏油现象，必要时更换管路和接头。

b. 检查空气管路上的油气分离器的油液位，必要时加注润滑油。

c. 将主控制室内的盾尾油脂密封控制旋钮转到手动控制挡位，分别控制每路油脂管路使

其单独工作。

d. 配合主控室操作人员检查电磁气动阀气动控制回路的电磁阀是否工作正常。（当主控室人员进行操作时，观察电磁阀的指示灯是否有正常的闪烁指示。）

e. 如果电磁阀动作正常，注意监听气动回路的动作声音。（指示灯闪烁的同时应有气动阀的排气声。）还可以通过用手触摸气动阀的阀杆是否转动来确认工作状况。

f. 防止水进入阀体。如有水进入阀体可能会引起阀体故障。

14. 集中润滑泵站

①检查油脂桶是否还有足够的油脂，如不够应及时更换。

②检查油脂泵的电信号是否正常，以及泵是否正常工作。

③更换油脂桶时应对油脂量位置开关进行测试。

15. 供电系统

供电系统主要包括高压电缆、高压开关柜、变压器、配电柜、应急发电机、电缆箱等。

（1）高压电缆

①检查高压电缆有无破损，如有破损及时处理。

②检查高压电缆铺设范围内有无可能对电缆造成损坏的因素，如有则要及时采取防范措施。

③定期对高压电缆进行绝缘检查和耐压试验（做电缆延伸时进行试验）。

（2）高压开关柜

①高压电缆长时间存放再次使用时，应先对高压开关柜进行绝缘耐压检测。

②定期进行高压开关柜的分断、闭合动作试验，检查动作的可靠性。

③检查高压接头的紧固情况。

（3）变压器

①变压器应有专人维护保养，并定期进行维护、检修。

②检查变压器散热情况和温升情况。

③定期对变压器进行除尘工作。

④监视变压器是否在额定状况下运行，电压、电流是否显示正常。

⑤注意监听变压器的运行声音是否正常。

⑥注意检查设备表面，不允许出现外部放电现象。

（4）配电柜

①检查配电柜电压和电流指示是否正常。

②检查电容补偿控制器工作是否正常。

③检查补偿电容工作时的温升情况，温度是否在允许的正常范围内。

④检查补偿电容有无炸裂现象，如有则要更换。

⑤检查补偿电容控制接触器的放电线圈有无烧熔现象。接线端子应定期检查紧固情况（建议每三个月紧固一次），如有松动或烧熔要尽快更换。

⑥检查配电柜内的温度是否正常，检查配电柜的风扇是否正常工作。

⑦检查低压断路器过载保护和短路保护是否正常。

⑧检查大容量断路器和接触器工作时的温升情况，如温度较高，说明触点接触电阻较大，需要进行检修或更换。

⑨检查柜内软启动器、变频器是否正常。

⑩对主开关定期进行 ON/OFF 动作试验，检查其动作可靠性。

⑪经常对配电柜及其元件进行除尘。

⑫定期对电缆接线和柜内接线进行检查，必要时进行紧固。

（5）应急发电机

①检查柴油箱油位是否正常。

②检查冷却水位是否正常。

③检查各连接部分是否牢靠、电刷是否正常、压力是否符合要求、接地线是否良好。

④检查有无机械杂音、异常振动等情况。

16. 主机控制系统 PLC、人机界面、控制面板、传感器

（1）PLC

①检查 PLC 基板的安装状态。

②检查 I/O 模块等的安装状态。

③检查 PLC 连接线是否松动，如有松动则紧固接线端子。

④检查 PLC 通信口插头连接是否正常。

⑤定期清洁 PLC 及控制柜内的灰尘。

⑥定期检查 PLC 电源电压。

⑦定期检查 PLC 指示灯状态。

⑧备份 PLC 程序。

（2）人机界面

①检查人机界面与 PLC 的通信线路连接是否可靠。

②定期清洁人机界面和控制柜内的灰尘。

③备份人机界面的程序。

（3）控制面板

①检查控制面板内的接线情况，必要时进行紧固。

②定期清洁灰尘（注意止水）。

③定期检查按钮和旋钮的工作情况，如有损坏及时更换。

④检查控制面板上的 LED 显示是否正常。

⑤定期对控制面板上的 LED 显示进行校正。校正时要使用标准信号发生器，先校正零点再校正范围，二者要反复校正。

⑥定期对推进油缸和铰接油缸行程显示与油缸实际行程进行测量校对，如有误差应及时校准。（校准方法详见维保操作说明。）

（4）传感器

①检查各种传感器的接线情况，如有必要，应紧固接线、插头、插座。

②清洁传感器，特别是接线处和插头处要清洁干净。防止水和污物造成故障。

③检查传感器的防护情况，如有必要，应采取防护措施。防止损坏传感器。

④定期用压力表对压力传感器在控制面板上的显示情况进行检查和校准。

17. 皮带输送机

①检查各滚子和边缘引导装置的滚动情况，如滚动不好，应清洗并润滑或更换。

②检查皮带的磨损情况,如皮带磨损严重,即更换皮带。

③检查皮带是否有跑偏现象,如皮带跑偏需进行校正。

④检查各轴承润滑情况,及时添加润滑脂。

⑤检查皮带松紧情况,必要时增加皮带张力。

⑥清洁电路、电机。

⑦检查电路接线端子是否松动,如松动则需紧固。

⑧检查断路器、接触器、继电器触点烧蚀情况,如烧蚀明显,则用细砂纸打磨平整;如严重烧蚀,则需更换触点。

⑨定期检查和清洁所有零件。

18. 连接桥(牵引杆步廊)、台车

①经常清理连接桥上杂物,避免干涉测量通道。

②检查连接桥与后方作业平台连接的油缸、与台车连接的连接杆。避免脱落、变形。如有变形,应及时加强结构。

③检查台车与台车之间的连接杆是否连接、松动。

④检查台车在牵引力作用下是否变形,若有,应及时脱开连接杆,然后加强台车结构。

⑤检查台车车轮是否滚动,若没有则应及时检修,避免硬拖使结构变形。

19. 一、二次葫芦系统

①检查制动器的运转情况,若动作异常,应及时维修或更换。

②检查链条外观,避免小车卡顿或脱轨。

③检查链条的清洁与润滑,及时补充油脂。

④检查滑动离合器的运转。

⑤检查尾部限位开关动作情况。

⑥测量链条的磨损程度。

⑦测量吊钩的磨损程度。

⑧带钩滑车的螺钉检查。

⑨检视挂钩和钩瓶。

⑩检查定位螺钉。

⑪检查刹车螺丝的紧固程度。

⑫检查从动链轮的润滑情况。

⑬检查是否有加紧螺钉力矩造成的变形、是否有腐朽现象。

⑭调节滑动离合器与制动器。

⑮润滑齿轮。

20. 泥浆管

经常检查泥浆管的状况(包括减振器、橡胶管和钢管),必要时提前更换和补焊。定期监测泥浆管最前部的磨损情况,决定是否需要补焊或更换。

9.2.3.2　维保项目及维保频率

为保证盾构设备良好状态,建议按以下项目及频率进行维保及检查。

1. 机械维保检查项目及频率

中交天和 6 m 盾构的机械维保检查项目及频率建议表见表 9-11。

表 9-11 机械维保检查项目及频率建议表 (以中交天和 6 m 盾构为例)

分类	No.	检查项目	运行时	1次/天	1次/周	1次/月	1次/3个月	1次/半年	1次/1年	巡检	备注	记录
主体方面	1	各部件的形状是否异常?		○								
	2	焊接部位是否开裂等?		○								
	3	各装置的安装是否松动及异常?		○								
	4	盾构油缸、撑靴等的安装是否异常?		○								
	5	撑靴附近是否土砂等堆积?									每天作业结束时清扫	
	6	后方作业平台安装至纵梁的部位是否异常?		○								
	7	管片输送装置的形状是否异常? 滑动部是否异常?		○								
车架方面	1	车架是否浮起, 是否脱轨?	○									
	2	牵引装置的连接处是否变形? 连接螺栓是否松动?	○									
	3	车架的形状是否异常?	○									
	4	车轮是否转动?	○									
润滑方面	1	轴承部、减速机中的齿轮油温度是否适当? (刀盘轴承、刀盘液压马达减速机、管片拼装机、液压马达、减速机、其他)	○								适宜温度 30~60℃	
	2	轴承部、减速机中的齿轮油油位是否适当?	○								通过油位计确认	
	3	轴承部、减速机的齿轮油中是否有杂质?		○							通过排油确认	
	4	刀盘轴承的齿轮油供给是否充分?		○							通过检视窗确认	
	5	刀盘轴承自动润滑回路的过滤器是否堵塞?		○							通过过滤器的指示器确认	
	6	油脂的余量是否充足?	○								开工时确认	

续表 9-11

分类	No.	检查项目	运行时	1次/天	1次/周	1次/月	1次/3个月	1次/半年	1次/1年	巡检	备注	记录
润滑方面	7	注脂泵的动作是否正常？	○									
	8	油脂是否泄漏？	○									
	9	分配阀的动作是否正常？	○									
	10	油脂的压力是否过高？	○									
	11	充填油脂部是否有杂质？				○					检查口确认	
盾尾油脂	1	盾尾油脂的余量是否充足？	○								开工时确认	
	2	盾尾油脂泵工作是否正常？	○									
	3	盾尾油脂是否泄漏？	○									
	4	电动切换阀的动作是否正常？	○									
	5	油脂的压力是否过高？	○									
动力单元、液压	1	液压油箱的油量是否适量？	○								开工时确认	
	2	泵的旋转方向是否正确？	○									
	3	泵、马达在运行中是否有异常声响？	○									
	4	主压力的设定是否正常？	○									
	5	变量泵的流量控制是否灵敏？	○									
	6	软管、配管等是否振动？	○									
	7	软管、配管等是否漏油？	○									
	8	液压油的温度是否适宜？	○								适宜温度 30~60℃	
	9	电磁阀的动作是否正常？	○									
	10	泵、马达、联轴器的安装是否松动及异常？			○							
	11	加油口是否有脏物等堵塞？			○						加油前务必进行检查	

续表 9–11

分类	No.	检查项目	运行时	1次/天	1次/周	1次/月	1次/3个月	1次/半年	1次/1年	巡检	备注	记录
动力单元、液压	12	泵内是否空气混入？			○							
	13	泵的排气作业				○						
	14	液压油是否脏污？（自主外观自检）				○						
	15	液压油是否脏污？（生产厂家进行的检查）									1次/半年	
	16	过滤器的清洁（每3个月进行一次检查）					○				应更换为网眼在40 μm 以下的滤芯	
	17	油缸的排气是否充分？液压油中是否有空气混入？		○							拆下配管、阀时检查	
刀盘方面	1	运行中是否异常的声响及振动？	○									
	2	运行中是否异常发热？	○									
	3	是否漏水？	○									
	4	测量仿形刀（超挖刀）伸缩的累计流量计是否为零点？	○									
	5	仿形刀（超挖刀）伸缩时的油压变动是否异常？	○									
	6	大口径轴承的齿轮部是否异常？		○							通过检视窗进行目视确认	
	7	轴承座以及设备类的安装部位是否松动、裂缝等异常？		○								
	8	减速机及马达的安装螺栓是否松动？		○								
	9	减速机的通气孔是否堵塞？		○								
	10	旋转检测部是否异常？（信号紊乱、配线损伤等）		○								

续表 9-11

分类	No.	检查项目	运行时	1次/天	1次/周	1次/月	1次/3个月	1次/半年	1次/1年	巡检	备注	记录
刀盘方面	11	刀具是否磨损?									在中间工作并等可进行确认的位置进行适当的检查	
管片拼装机方面	1	旋转环和小齿轮的啮合是否良好?	○								齿隙 0.5~3.0 mm	
	2	升降装置的动作是否灵活?	○								进行负载、动作位置、动作方向等的检查	
	3	径向辊是否正常旋转?	○									
	4	油缸在运行中是否有异常声响及振动?	○									
	5	管片夹紧部分的销、支架是否有变形、磨损和裂缝?	○									
	6	连接软管、电缆等是否损伤?		○								
	7	旋转环上是否有土砂附着、堆积?		○								
	8	滑动面是否有异常磨损?			○							
搅拌器	1	搅拌器有无异常声音或振动?	○									
	2	搅拌器轴承有无异常?	○									
螺旋输送机方面	1	螺旋输送机的动作是否正常?	○									
	2	驱动部是否折断、损坏?		○								
	3	闸门板是否变形?		○								
	4	闸门的动作是否正常?	○									
	5	转速表的动作是否正常?	○									
	6	是否有异常声响、振动及发热?	○									

续表9-11

分类	No.	检查项目	运行时	1次/天	1次/周	1次/月	1次/3个月	1次/半年	1次/1年	巡检	备注	记录
铰接装置	1	滚动止动销是否正常？	○									
	2	滚动固定支架是否有裂缝？	○									
	3	铰接部是否有土砂等异物进入？	○									
	4	铰接密封是否漏水？	○									
	5	主体盾构壳体是否变形？	○							每次启动时检查		
加泥系统	1	定期检查加泥泵是否正常工作	○									
	2	定期添加轴承和传动部件的润滑油		○								
	3	定期清理膨润土箱	○									
	4	定期检查膨润土管路，及时清理管路的弯道和阀门部位，防止堵塞		○								
	5	定期检查流量传感器，压力传感器，液位传感器的工作状态		○								
	6	当注入压力大于10 bar时，要注意冲洗管路，防止膨润土喷口被堵死；一旦堵死后处理非常困难	○									
泡沫系统	1	定期清洗泡沫箱和管路，清洗时要将箱内沉淀物和杂质彻底清洗干净		○								
	2	检查泡沫泵的磨损情况，必要时更换磨损的组件		○								
	3	检查泡沫混合箱进水气动球阀与流量计工作是否正常		○								

续表 9-11

分类	No.	检查项目	运行时	1次/天	1次/周	1次/月	1次/3个月	1次/半年	1次/1年	巡检	备注	记录
泡沫系统	4	检查压缩空气管路情况，必要时清洗管路		○								
	5	检查电动阀和流量传感器的工作情况，检查电动阀的开闭动作是否正常，检查流量显示是否正确，如有必要须进行维修或更换		○								
	6	定期检查旋转接头处的泡沫管路有无堵塞，当注入压力大于 5 bar 时，说明管路已经发生部分堵塞，要及时清洗；等完全堵塞后疏通管路将非常困难，因此须提前预防		○								
	7	每天需要打开电动阀与热式质量流量计之间的放水球阀进行排水，排水的同时手动打开电动阀用空气冲刷		○								
	8	定期检查空气减压阀，保证压力范围为 5~7 bar		○								
水系统、冷却循环水	1	检查进水口压力（控制在 4~8 bar）和温度（不高于 25℃），如压力过低或温度过高，应检查隧道内的进水管路的闸门、水泵及冷却器工作是否正常		○								
排水系统	2	检查水过滤器，定期清洗滤芯，定期清理自动排污阀门		○								
	3	检查水管路上的压力和温度指示器，如有损坏及时更换		○								
	4	检查水管卷筒、软管，如有损坏应及时修理，并对易损坏的软管做防护处理		○								

续表 9-11

分类	No.	检查项目	运行时	1次/天	1次/周	1次/月	1次/3个月	1次/半年	1次/1年	巡检	备注	记录
水系统冷却循环水、排水系统	5	检查水管卷筒的电机、变速箱及传动部分，如有必要应加注齿轮油，并为传动部分加注润滑脂		○								
	6	定期检查主驱动马达变速箱、冷却器和温度传感器，清除传感器上面的污物			○							
	7	定期检查热交换器，并清除上面的污物			○							
	8	每天检查所有的水管路，修理更换泄漏、损坏的管路闸阀		○								
	9	经常检查内循环水泵的压力是否为 3~5 bar，如果压力低于 3 bar，需要调整泵出口球阀开度并将压力调整到允许范围内		○								
	10	经常检查加水泵出口压力，通过调节旁通的闸阀开度，使泵正常工作时的压力保持在 10~12 bar		○								
	11	增压泵及内循环水泵在停机时间较长后，启动前需要打开泵出口手动球阀，并打开排气阀排气		○								
空压机维保	1	检查空压机管路的泄漏和出气口的温度，如有异常应及时排除		○								
	2	保持机器的清洁，防止杂物堵塞顶部的散热风扇		○								
	3	每天检查一次润滑油液位，确保空压机的润滑		○								
	4	定期对空压机进行维保				○						

续表9–11

分类	No.	检查项目	运行时	1次/天	1次/周	1次/月	1次/3个月	1次/半年	1次/1年	巡检	备注	记录
注浆系统	1	每次注浆前应检查管路的畅通情况，注浆后应及时将管道清理干净，防止残留的浆液不断累积堵塞管道	○									
	2	每次注浆前必须对注浆口的压力传感器进行检查，紧固其捅头和连线	○									
	3	注浆前要注意整理，疏导注浆管，防止管道缠绕或扭转，从而增大注浆压力	○									
	4	定期检查注浆管的使用情况，如发现泄漏或磨损严重应及时修理或更换		○								
	5	经常对砂浆罐及其砂浆出口进行清理，防止堵塞	○									
	6	定期对注浆系统的各阀门和管接头进行检查，修理或更换有故障的设备		○								
	7	定期对注浆系统的各运动部分进行润滑		○								
盾尾油脂气动球阀检查	1	检查电磁气动阀的管路，接头是否有漏气和漏油现象，必要时更换管路、接头		○								
	2	检查空气管路上的油气分离器的油液位，必要时加注润滑油		○								
	3	将主控制室内的盾尾油脂密封控制钮旋转到手动控制每档位，分别控制每路油脂管单独工作		○								

续表 9-11

分类	No.	检查项目	运行时	1次/天	1次/周	1次/月	1次/3个月	1次/半年	1次/1年	巡检	备注	记录
盾尾油脂气动球阀检查	4	配合主控室操作人员，检查电磁气动阀气动控制回路的电磁阀是否工作正常（当主控室人员进行操作时，观察电磁阀的指示灯是否有正常的闪烁指示）		○								
	5	如果电磁阀动作正常，注意监听气动回路的动作声音（指示灯闪烁的同时应有气动阀的排气声）；还可以通过用手碰触气动阀的阀杆是否转动来确认		○								
	6	将油脂泵送系统控制旋扭拧至自动挡，油脂泵送压力调至泵送频率 5 次/min（或 1.1 L/min）		○								
油脂桶更换说明	1	将油脂泵送系统控制旋扭拧至维修挡		○								
	2	调节气缸压力至 6 bar 油脂桶通风阀，将气锤操作手柄上抬，提升气锤，将气锤从油脂桶中提出		○								
	3	搬开空的油脂桶，将新油脂桶正放在气锤下方		○								
	4	拧开气锤上的放气螺杆，关闭油脂桶通气阀，下压气锤操作手柄，将气锤压入油脂桶中		○								
	5	一旦气锤进入油脂桶，则调节气锤压力，降至 2 bar（压力不能高于 2 bar）；将泵送手动阀拧至手动工位，可听见脂很高的"啪啪"声，其频率降低后，表示已开始注脂		○								

续表9-11

分类	No.	检查项目	运行时	1次/天	1次/周	1次/月	1次/3个月	1次/半年	1次/1年	巡检	备注	记录
	1	制动器的运转		○								
	2	链条外观检查		○								
	3	链条的清洁与润滑				○						
	4	滑动离合器的运转				○						
	5	限位开关操作					○					
	6	测量链条的磨损程度					○					
一二次葫芦的保养	7	测量吊钩的磨损程度							○			
	8	紧固带钩滑车的螺钉					○					
	9	监视挂钩和钩瓶					○					
	10	检查定位螺钉							○			
	11	监视刹车螺丝的紧密度							○			
	12	从动链轮的润滑							○			
	13	检查是否有加紧螺钉力矩造成的变形，是否有腐蚀现象							○			
	14	调节滑动离合器与制动器							○			
	15	润滑齿轮		○								

2. 电气维保检查项目及频率

中交天和 6 m 盾构的电气维保检查项目及频率建议表见表 9-12。

表9-12 电气维保检查项目及频率建议表（以中交天和 6m 盾构为例）

分类	No.	检查项目	检查内容	运行时	1次/天	1次/周	1次/月	1次/3个月	1次/半年	1次/1年	巡检	备注	记录
动力柜	1	漏电断路器（ELB）	动作测试，使 NFB 为 ON，按下 ELB 的测试按钮应跳闸	○									
	2	漏电继电器（ELR）	动作测试，使 NFB 为 ON，按下 ELR1 的测试按钮应跳闸	○									
	3	外观有无损伤？	无熔丝断路器、漏电断路器、漏电继电器、电磁开关、定时器、指示灯、按钮开关、熔丝、端子排	○									
	4	定时器（TR）	动作测试（延迟时间的确认）	○									
	5	指示灯（TL）	灯泡是否断丝？	○									
	6	电磁开关（MS）	动作测试	○									
	7	管片输送装置的形状是否异常？滑动部是否异常？	电磁铁有无峰鸣声？	○									
	8	热继电器（FR）	热继电器的动作测试：使电磁电器为"ON"，按下热继电器的复位按钮，电磁开关即跳闸；跳闸后应按下复位按钮			○							
	9	牵引装置的连接处装置是否变形？连接螺栓是否松动？	接点的磨损（接点的厚度是新品的50%）				○						
	10	端子熔丝	检查熔丝（检查是否熔断？）		○								

续表 9-12

分类	No.	检查项目	检查内容	运行时	1次/天	1次/周	1次/月	1次/3个月	1次/半年	1次/1年	巡检	备注	记录
动力柜	11	端子部的松动	检查熔丝(检查是否熔断? 紧固端子螺钉)			○							
	12	无熔丝断路器(ELB)	端子连接紧固是否松动?			○							
	13	接线端子	端子有无磨损?					○					
	14	按钮开关(PB)	动作测试(按下、回复动作、接点磨损程度)					○					
操作盘、操作箱	1	外观有无损伤?	按钮开关、指示灯、定时器、继电器、端子排	○									
	2	指示灯(PL)	灯泡是否断丝?	○									
	3	定时器(TR)	动作测试(延迟时间的确认)	○									
	4	继电器(R)	动作测试	○									
	5	端子部的松动	检查熔丝(检查是否熔断? 紧固端子螺钉)			○							
	6	按钮开关(PB)	动作测试(按下、回复动作、接点磨损程度)					○					
管片拼装机操作箱	1	外观有无损伤?	箱体、按钮开关	○									
	2	端子部的松动	按钮开关			○							
	3	其他	清除箱内的水分、灰尘、土砂等物			○							
电磁开关	1	外观有无损伤?	电磁开关、定时器、端子	○									
	2	端子部的松动	检查熔丝(检查是否熔断? 紧固端子螺钉)	○									
	3	定时器(TR)	动作测试(延迟时间的确认)	○									
	4	电磁开关(MS)	动作测试	○									
	5	动作异响	电磁铁有无蜂鸣声?	○									

续表 9-12

分类	No.	检查项目	检查内容	运行时	1次/天	1次/周	1次/月	1次/3个月	1次/半年	1次/1年	巡检	备注	记录
电磁开关	6	复位功能测试	热继电器的动作测试：使电磁开关为"ON"，拉动热继电器的复位杆，电磁开关即跳闸；跳闸后应推入复位杆			○							
	7	接点磨损程度	接点的磨损（接点的厚度小于新品的50%时更换）					○					
高压柜	1	隔离开关	根据GB、IEC和其他机构规定的安全规程，隔离要进行工作的区域，并保证电源不会被重新接通					○					
	2	变压器柜、电容柜、开关柜	检查开关装置、控制、联锁、保护、信号和其他装置的功能					○					
	3	变压器柜、电容柜、开关柜	检查箱变的附件和辅助设备，也要检查绝缘保护板，它们应保持干燥和清洁					○					
	4	变压器柜、电容柜	在运行电压下，设备表面不允许出现外部放电现象，这可以根据噪声、异味和辉光等现象来判断	○									
	5	变压器柜、电容柜、开关柜	检查母线和接地系统的螺栓联接是否拧紧					○					
	6	变压器柜、电容柜、开关柜	隔离触头的功能是否正确					○					

续表9-12

分类	No.	检查项目	检查内容	运行时	1次/天	1次/周	1次/月	1次/3个月	1次/半年	1次/1年	巡检	备注	记录
PLC	1	PLC柜	检查周围环境温度、湿度、空气		○								
	2	PLC电源	检查电源电源电压	○									
	3	PLC模块	检查模块安装			○							
	4	CPU	检查电池					○					
	5	风扇	检查运转动作	○									
	6	照明灯具	检查照明功能	○									
	7	接地线路检查	检查接地线路连接			○							

3. 油脂润滑部位及注入频率

中交天和 6 m 盾构油脂润滑一览表见表 9-13。

表 9-13　油脂润滑一览表（以中交天和 6 m 盾构为例）

部件（系统）名称	润滑方式	润滑点位置	润滑部位	润滑量	润滑周期	油脂品牌	备注
主驱动	自动	控制室	外密封第一道	26 mL/min	连续润滑	EP2	
	自动	控制室	外密封第二道	11 mL/min	连续润滑	EP2	
	自动	控制室	外密封第三道	12 mL/min	连续润滑	EP2	
	自动	控制室	内密封第一道	19 mL/min	连续润滑	EP2	
	自动	控制室	内密封第二道	8 mL/min	连续润滑	EP2	
	自动	控制室	内密封第三道	9 mL/min	连续润滑	EP2	
前盾	手动	前端闸门	密封	20 mL	每周	EP2	
	手动	前端闸门油缸	衬套	20 mL	每周	EP2	
	手动	人仓门	耳座	挤出见新油	每周	EP2	
	手动	铰接式超前注浆管	球状关节	挤出见新油	三个月	EP2	
回转接头	手动	转子轴承	滚动轴承	30 mL	每周	EP2	
	自动	转子密封	密封装置	30 mL/h	连续润滑	EP2	
	自动	转子密封	第一道密封	180 mL/h	连续润滑	EP2	
	自动	转子密封	第二道密封	30 mL/h	连续润滑	EP2	
	自动	转子密封	第三道密封	30 mL/h	连续润滑	EP2	
中盾	手动	推进油缸	球头	20 mL	每周	EP2	
	自动	铰接密封	铰接密封	1.2 mL/min	连续润滑	EP2	
	手动	铰接油缸	耳座（球头）	20 mL	每周	EP2	
后盾	手动	注浆球阀	盾尾注浆口	挤出见新油	每清洗一次	EP2	
管片拼装机（移动式）	手动	红蓝缸	关节轴承	20 mL	每周	EP2	
	手动	轴向移动油缸	关节轴承	20 mL	每周	EP2	
	手动	抓举头摆动缸	关节轴承	20 mL	每周	EP2	
	手动	转动油缸	关节轴承	20 mL	每周	EP2	
	手动	连接梁	轭架伸缩外筒	100 mL	每周	EP2	
	手动	抓举头	关节轴承	20 mL	每周	EP2	
	手动	回转支承	回转支承	直至旧油挤出	10 天	EP2	
	手动	前滚轮	左右滚轮	100 mL	每周	EP2	
	手动	后滚轮	左右滚轮	100 mL	每周	EP2	
	手动	行走梁	左右行走轨道	表面涂抹均匀	每周	EP2	

续表9-13

部件(系统)名称	润滑方式	润滑点位置	润滑部位	润滑量	润滑周期	油脂品牌	备注
管片拼装机（固定式）	手动	抓举头	关节轴承	20 mL	每周	EP2	
	手动	防倒轮	转轮油嘴	直至旧油挤出	每周	EP2	
	手动	径向轮	轮子侧面油嘴	直至旧油挤出	每周	EP2	
	手动	轴向平移油缸	关节轴承	20 mL	每周	EP2	
	手动	抓举头摆动缸	关节轴承	20 mL	每周	EP2	
	手动	转动油缸	关节轴承	20 mL	每周	EP2	
	手动	提升油缸	关节轴承	20 mL	每周	EP2	
	手动	提升导柱	外套筒油嘴	20 mL	每周	EP2	
	手动	驱动齿轮	齿轮表面	1 kg	每月	3#锂基脂	涂抹
	手动	旋转环	齿轮表面	4 kg	每月	3#锂基脂	涂抹
	手动	摇摆球面轴承	轴承	20 mL	每周	EP2	
螺旋输送机	手动	伸缩油缸	关节轴承	20 mL	每周	EP2	
	手动	伸缩节外筒	伸缩节内筒	200 mL	每伸缩一次	EP2	
	自动	驱动装置	密封装置	50 mL/h	连续润滑	EP2	
	手动	后仓门油缸	关节轴承	20 mL	每周	EP2	
	自动	控制室	出渣门一密封	100 mL/h	连续润滑	EP2	
	自动	控制室	出渣门二密封	100 mL/h	连续润滑	EP2	
	手动	驱动轴承	驱动轴承	后续添加	油浴润滑	齿轮油	
	手动	减速机	齿轮箱	后续添加	油浴润滑	齿轮油	
喂片机	手动	喂片机油缸	关节轴承	20 mL	每周	EP2	
	手动	喂片机移动油缸	关节轴承	20 mL	每周	EP2	
	手动	喂片机橡胶轮	轴承	挤出见新油	每月	EP2	
	手动	喂片机钢轮	轴承	20 mL	每月	EP2	
后方作业平台、连接桥（牵引桥）	手动	连接桥油缸	关节轴承	20 mL	每周	EP2	
	手动	后方伸出平台	偏心轮	20 mL	每周	EP2	
	手动	牵引杆	伸缩杆	20 mL	每周	EP2	
一、二次梁	手动	电动葫芦	电动葫芦	1.6 L	每月	齿轮油	
	手动	行走机构					免维护
	手动	一、二次梁链条	链条	3~4 kg	每月	3#锂基脂	涂抹
	手动	二次平衡梁旋转吊具	旋转吊具	20 mL	每周	EP2	

续表9-13

部件(系统)名称	润滑方式	润滑点位置	润滑部位	润滑量	润滑周期	油脂品牌	备注
后配套拖车	手动	砂浆罐前轴浮动密封	浮动密封	挤出见新油	每周	EP2	
	手动	砂浆罐后端轴承及密封圈密封	轴承及轴	挤出见新油	每周	EP2	
	手动	砂浆罐后轴浮动密封	浮动密封	挤出见新油	每周	EP2	
	手动	砂浆罐后端轴承及密封圈密封	轴承及轴	挤出见新油	每周	EP2	
	手动	管片吊机系统链条	链条	表面涂抹均匀	每周	SHELL320	
	手动	油脂吊机	轴承	挤出见新油	每周	EP2	
	手动	轮对	轴承	挤出见新油	每月	EP2	
	手动	推进泵电机	电机轴承	35 mL	4500 h	EP2	
	手动	管片拼装机泵电机	电机轴承	35 mL	4500 h	EP2	
	手动	螺旋输送机泵电机	电机轴承	60 mL	3200 h	EP2	
	手动	风筒吊机轴承座	轴承	挤出见新油	每周	EP2	
	手动	材料吊机	轴承	挤出见新油	每周	EP2	
	手动	二次风机	轴承	100 mL	每12个月	EP2	
皮带机	手动	尾部改向滚筒	轴承	挤出见新油	每周	EP2	
	手动	驱动滚筒轴承座	轴承	挤出见新油	每周	EP2	

4. 液压油、齿轮油更换周期

(1)液压油建议更换周期在本手册前文中已介绍,在此不再赘述。

(2)齿轮油建议更换周期见表9-14。

表9-14 齿轮油建议更换周期

更换间隔		工况
第一次	500 h	一天不少于10 h
	200 h	一天10~24 h
第二次及以后	每6个月	一天不少于10 h的低润滑油温度(低于70℃)
	每1000 h	一天不少于10 h的高润滑油温度(70~120℃)
	每月	一天10~24 h

参 考 文 献

［1］李建斌. 中国隧道掘进机技术进展与展望［J］. 现代隧道技术, 2024, 61(2)：178-189.

［2］陈馈, 王江卡, 谭顺辉, 等. 盾构设计与施工［M］. 北京：人民交通出版社, 2019.

［3］蔡现阳. 长大深埋隧道工程开挖施工方法比选研究［D］. 北京：清华大学, 2016.

［4］李海滨, 余刘成, 李明宇, 等. 浅覆土大直径盾构管片上浮规律及控制分析［J］. 地下空间与工程学报, 2024, 20(6)：2000-2009.

［5］康健, 张善, 马英博, 等. 富水复合地层的冻结加固施工方法研究［J］. 中国设备工程, 2023(20)：23-25.

［6］林赉贶, 夏毅敏, 贾连辉, 等. 安装参数与掘进参数对滚刀破岩阻力的影响［J］. 浙江大学学报(工学版), 2018, 52(6)：1209-1215.

［7］赵先琼, 邓凯, 张亚洲, 等. 大直径盾构隧道成型质量巡检方法研究［J］. 工程科学学报, 2024, 46(2)：365-375.

［8］胡青山, 吴嘉浩, 何源福, 等. 土压平衡盾构机洞内更换盾尾刷技术［J］. 工程建设与设计, 2024(17)：206-208.

［9］宋伟浩, 张红升, 何彦行, 等. 盾构区压均衡分配与力矩参数边界分析［J］. 隧道建设(中英文), 2024, 44(S1)：247-256.

［10］Zhang Y K, Gong G F, Yang H Y, et al. Precision versus intelligence：Autonomous supporting pressure balance control for slurry shield tunnel boring machines［J］. Automation in Construction, 2020, 114：103173.

［11］朱雅琴. 超大直径泥水盾构壁后注浆施工过程分析［D］. 武汉：武汉理工大学, 2018.

［12］张靖宇. 泥水盾构隧道穿越复杂环境的风险评估与控制对策研究［D］. 济南：山东大学, 2019.

［13］萧健澄. 泥水盾构穿越基坑漏压处理措施［J］. 铁道建筑, 2016, 514(12)：49-52.

［14］孟海峰, 翟志国. 大直径泥水盾构停机点地层加固措施及开挖舱密封技术探讨［J］. 隧道建设(中英文), 2011, 31(S2)：26-34.

［15］黄怀朋. 复杂地质条件下泥水盾构过群桩施工技术研究［J］. 铁道工程学报, 2012, 29(5)：63-68.

［16］LÜ X L, ZHOU Y C, HUANG M S, et al. Experimental study of the face stability of shield tunnel in sands under seepage condition［J］. Tunnelling and Underground Space Technology, 2018, 74：195-205.

［17］商兆涛, 匡星晨, 夏琴, 等. 大直径盾构施工穿越复合地层引起地表位移预测［J］. 合肥工业大学学报(自然科学版), 2025, 48(2)：251-259.

［18］苟长飞. 温州软土地层盾构隧道基于长期沉降控制的地基加固方案分析［J］. 城市轨道交通研究, 2025(5)：90-95.

［19］李亮, 陆勇, 范存新, 等. 厚粉黏土层中盾构掘进诱发地层变形响应因素影响［J］. 城市轨道交通研究, 2025(5)：35-41.

［20］赵修杰, 朱俊, 杨平, 等. 复合地层上下叠交隧道盾构始发技术与实测［J］. 林业工程学报, 2025, 10：

60-67.

[21] 魏纲, 李航, 齐永洁, 等. 洞内注浆对盾构隧道竖向沉降的影响[J]. 中南大学学报(自然科学版), 2025, 56(1): 222-233.

[22] 张景轩, 张力, 封坤, 等. 基于现行混凝土结构设计规范的盾构隧道管片接头抗弯承载力理论改进模型研究[J]. 工程力学, 2025: 105-117.

[23] 郑顺华, 王迎超, 陈帆, 等. 地铁隧道涌水涌砂灾害特征及灾变模式分析[J]. 浙江大学学报(工学版), 2025, 59(1): 152-166.

[24] LIU F X, WANG Q Y, JI Z Y, et al. Performance assessment and structural design of the atmospheric cutterhead of slurry shield machine[J]. Mech Sci Technol, 2022, 36(11): 5611-5624.